齐鲁方志人

QILU FANGZHIREN

山东省地方史志办公室 编

方志出版社
Publishing House of Local Records

图书在版编目（CIP）数据

齐鲁方志人/山东省地方史志办公室编. -- 北京：方志出版社，2017.11

ISBN 978-7-5144-2692-2

Ⅰ.①齐… Ⅱ.①山… Ⅲ.①地方志—编辑工作—山东 Ⅳ.①K295.2

中国版本图书馆CIP数据核字（2017）第281343号

齐鲁方志人

编　　者：山东省地方史志办公室
责任编辑：徐　宏

出 版 人：冀祥德
出 版 者：方志出版社
地址　北京市朝阳区潘家园东里9号（国家方志馆4层）
邮编　100021
网址　http://www.fzph.org
发　　行：方志出版社图书经销中心
电话（010）67110500
经　　销：各地新华书店
印　　刷：济南黄氏印务有限公司

开　　本：889×1194　1/16
印　　张：26.75
字　　数：403千字
版　　次：2017年11月第1版　2017年11月第1次印刷
印　　数：0001～1000册

ISBN 978-7-5144-2692-2　定价：188.00元

序

盛世修志，志载盛世。党的十九大开启了全面建成小康社会、建设社会主义现代化强国的新征程，中国特色社会主义进入新时代。习近平总书记在十九大报告中强调指出：“深入挖掘中华优秀传统文化蕴含的思想观念、人文精神、道德规范，结合时代要求继承创新，让中华文化展现出永久魅力和时代风采”。作为中华优秀传统文化的重要组成部分地方史志事业，是中华民族特有的文化基因。在进入“新时代”的历史条件下，史志工作者肩负着为党立言、为国存史，修志问道、直笔著史的神圣使命。只有深入学习贯彻党的十九大精神，以习近平新时代中国特色社会主义思想统领一切工作，抢抓新机遇、积极新作为、开启新篇章，才能充分发挥好“存史、资政、教化”作用，为决胜全面建成小康社会，夺取新时代中国特色社会主义伟大胜利，实现中华民族伟大复兴的中国梦贡献力量。

近年来，山东省史志系统以习近平新时代中国特色社会主义思想为指导，全面贯彻执行《全国地方志事业发展规划纲要（2015—2020）》《山东省地方史志事业发展规划纲要（2016—2020）》，在省委、省政府的正确领导下，在中国地方志指导小组及其办公室的精心指导下，围绕一个目标、提高两个站位、突破三个重点、落实“六全”任务（围绕走在前列的目标定位，提高政治站位和文化站位，重点在改革创新、完善机制、转变作风等方面不断实现新的突破，统筹推进史志法规规章、发展规划、第二轮修志、综合年鉴编纂、方志馆建设和信息化建设全覆盖“六全”目标任务），促进山东史志事业实现创新发展、持续发展、领先发展，保持了高位运行的良好态势，取得了令人瞩目的丰硕成果，创造出多项全国第一：在全国率先出台省级史志事业发展规划纲要，并实现省市县三级史志事业发展规划全覆盖；第一个提出“三全”目标任务（到 2018 年全面完成第二轮修志任务、省市县三级综合年鉴全部达到“一年一鉴、公开出版”，到 2020 年省市县三级方志馆全部建成）；第一个实现省市县三级史志工作法规体系全覆盖；第一个实现上半年出版省级综合年鉴；第一个实现省市县三级地情网站全覆盖和第二轮改版升级；第一个由省政府办公厅印发方志馆建设管理规范；第一个在抗战胜利 70 周年前夕推出抗战研究成果，第一个为中国艺术节志编修志书——《第十届中国艺术节志》，等等。中国地方志指导小组组长王伟光同志批示指出“山东地方志工作在刘爱军团队的努力下，勇于担当，主动作为，取得了显著成果，创造出‘山东经验’，走在全国前列”。中国地方志指导小组常务副组长李培林同志批示指出“山东史志工作取得了显著成果，创造出‘山东经验’，成为全国史志系统的‘领头羊’和‘排头兵’，要在全国地方志系统总结、推广山东经验”。

成绩的取得得益于党中央、国务院和省委、省政府对史志事业的高度重视和大力支持。习近平总书记强调，“要高度重视修史修志，把历史智慧告诉人们，激发我们的民族自豪感和自信心，坚定全体人民振兴中华、实现中国梦的信心和决心”。李克强总理对史志工作作出三次重要批示，提出了“修志问道、以启未来”的史志工作新定位，要求“各级政府都要关心和支持地方志事业发展”。省委、省政府也将史志事业作为经济文化强省建设的重要内容，刘家义书记在省第十一次党代会报告中明确要求“推进地方史志等事业创新发展”。近年来，省领导对史志工作作出 107 次批示，特别是时任省长郭树清同志，作出 23 次批示。史志工作连续四年写入省政府工作报告。

成绩的取得离不开中国地方志指导小组及其办公室领导的关心和厚爱。新一届中指组及其办公室成立以来，全面贯彻落实党中央、国务院各项重大决策部署，改革创新，谋划长远，真抓实干，全国史志事业呈现出蓬勃发展的大好势头，迎来了新的春天。中指组及其办公室领导对山东史志工作给予大力支持。王伟光组长、李培林常务副组长多次听取山东史志工作汇报，作出批示、指示，为山东史志工作指明了方向。中指组秘书长，中指办党组书记、主任冀祥德多次莅临指导、实地调研，给予了全方位的关心支持。

成绩的取得更离不开全省史志系统广大干部职工辛勤耕耘、无私奉献。面对辛苦、艰苦、清苦的“三苦”史志工作，大家凭着“板凳宁坐十年冷，文章不写半句空”的韧劲，继承和发扬“修志问道，直笔著史”的方志人精神，精诚团结、敢于担当、开拓进取、敬业奉献，充分展现了方志人新时代的精神风貌，奏响了在新的历史条件下，抢抓机遇、积极作为、继续谱写新篇章的最强音，涌现出许多可歌可泣的感人事迹。为全面展示全省史志系统广大干部职工团结拼搏、秉笔直书的精神风采，今年5月组织开展了齐鲁方志人征文活动，全省上下迅速响应、积极撰写，有个人感悟、也有难忘经历、还有深入思考，全方位、多角度展示了史志人的所思、所想、所为。现将优秀作品集结出版，目的是讲好史志人自己的故事，让更多的人了解史志、走近史志、支持史志，促进我省史志事业转型升级、创新发展，继续走在全国前列。

山东省人民政府办公厅党组成员
山东省地方史志办公室主任　刘彦军

2017年11月

目录

齊魯方志人 QI LU FANG ZHI REN

铁肩担道义　妙手著文章

——敢接硬活、善出成果的县志处

翟世林

翟世林，1965年生，山东聊城人，中共党员，省委党校在职研究生学历。1987年聊城师范学院毕业。先后在聊城市经贸委、省经贸委、省政府办公厅工作，曾任副科长、科长、主任科员、助理调研员。2004年10月任省史志办人事秘书处处长。2006年参加省委党校第16期中青年干部培训班。2011年4月至今，任省史志办副主任。

在省史志办机关，有这样一个团队：他们秉持为党立言、为国存史、为民修志的崇高情怀，坚持不懈地辛勤笔耕、默默奉献，直笔著史、阐善瘅恶；他们以高度的责任心和文化自信，长年累月地奔波于市县和基层，调研督导、评审评议，开展培训、精心指导；他们以强烈的使命感和担当精神，开拓创新、锐意进取，敢涉险滩、敢闯难关，承接了许多硬任务，啃下了许多硬骨头，推出了许多新成果。他们就是以“什么活都敢接”著称的先进处室——市县基层志编纂指导处（简称县志处）。

2013年10月，第十届中国艺术节（简称“十艺节”）在山东成功举办。为全面记录十艺节申办、筹办、举办过程，他们领受了编纂《第十届中国艺术节志》的任务。在前九届没有修志先例和成功经验可资借鉴的情况下，他们反复研讨、科学论证，设计框架、修订篇目，同时开展组织协调、业务指导、编辑加工等项工作。仅用一年多时间，就圆满完成编纂出版任务。全志200多万字，图文并茂，印制精美，满足了人们回顾十艺节精彩瞬间的精神需求，使十艺节成为全省乃至全国人民鲜明的文化记忆。人民网、新华网等30多家新闻媒体作了报道，称赞首开国内利用方志记载艺术节之先河。

山东是方志大省，现存历代旧志647种，约占全国的8%。系统搜集、整理和开发这些弥足珍贵的历史典籍，对于传承弘扬优秀齐鲁文化意义重大。面对这项艰巨浩繁的系庞大统工程，他们迎难而上，在组织省内外专家反复论证的基础上，制定了旧志整理五年规划，制发了《关于开展旧志整理工作的意见》，着手整理《山东省历代方志集成》，将散乱于全省各地甚至海外的历代山东旧志全部搜集起来，统一编序、统一开本、统一装帧、统一体例、统一版式，抢救古籍，惠及学林。2014年，影印出版宣统版《山东通志》，全志12函128册11600个筒子张，是山东历史上规模最大、内容最翔实、体例最完备的通志。2015年，影印出版31种珍贵府州志，计46函275册26000个筒子张1300余万字。2016年，整理出版省卷和济南卷，收录42种旧志。目前正在编辑青岛、淄博、东营、枣庄、烟台卷。《山东省历代方志集成》全部出版后，将填补省内旧志整理学术空白，使这些珍贵的典籍文献得以更好地保存和传播。

为传承弘扬齐鲁优秀传统文化，在新型城镇化进程中让人们“记得住乡愁”“留得住乡情”，他们借力中国名镇志、名村志文化工程和山东“乡村记忆工程”，在全省大力推动乡镇村志编修工作。在充分调查研究的基础上，研究制定了《关于做好乡镇村志编修工作的意见》，争取省政府办公厅行文发布。组织实施了齐鲁名镇志、名村志文化工程，重点打造100部名镇、名村志精品，每部志书给予1万～2万元出版资助。连续三年举办全省乡镇村志编修业务培训班，培训骨干400多人。目前，乡镇村志编修在全省蓬勃开展，渐成燎原之势，累计出版1000多部。《冶源镇志》入选首批中国名镇志文化工程的四部样板志书之一。《棘洪滩街道志》《王村镇志》《胜坨镇志》《刘家沟镇志》《中心店镇志》申报第二批中国名镇志文化工程，《古现东村志》《陶家夼社区志》申报中国名村志文化工程。乡镇村志编修在全省文化建设中将写下浓墨重彩的一笔。

2015年是中国人民抗日战争暨世界反法西斯战争胜利70周年。为响应中央和省委、省政府的号召，他们深入开展抗战研究，讲好山东抗战故事。组织发动全省史志系统力量，仅用7个月时间，编纂出版《山东抗战将士记忆》《山东抗日根据地图志》《山东抗战战事史料汇编》《山东抗战纪念设施和遗址名录》，搜集老照片1000余幅，采访102位抗战老兵，汇辑164部市县志书史料，调查抗战纪念设施和遗迹790处，总计200多万字。时任山东省长郭树清5次作出批示给予肯定。2016年，他们与临沂市史志办通力合作，编纂《亲历沂蒙抗战》《沂蒙抗战大事记》《沂蒙抗战歌曲选》《沂蒙抗战将士记忆》4部书，110多万字，600余幅图片，全方位、多角度真实再现了沂蒙人民抗战史诗。中国社会科学院院长、中国地方志指导小组组长王伟光为丛书作序，出版发行后受到社会各界广泛赞誉。

援助新疆和西藏，是党中央、国务院从战略和全局高度作出的重大决策部署。20多年来，山东先后派出八批援疆援藏干部，极大地促进了新疆和西藏经济社会发展。用志书的形式全面、客观、系统地记述山东援疆援藏工作，深入总结援疆援藏经验，宣传援疆援藏工作成就，展示援疆援藏干部风采，这在全国也是首创。为此，他们组织精干力量，先期赴西藏、新疆调研，与西藏、新疆地方志工作机构和山东省援藏干部中心管理组、省援疆工作指挥部联系对接，广泛搜集援藏援疆资料。2016年8月，召开《山东省对口支援新疆志》《山东省对口支援西藏志》编纂工作启动会议，同时举办了专题培训班。目前编纂工作稳步推进，2019年即可编纂出版。丰富地方志表现形式，让志书走出书斋，走向寻常百姓，是史志工作面临的新课题。为挖掘阐发齐鲁优秀传统文化，推广普及史志成果，他们以山东纪念抗战胜利

70 周年丛书和《齐鲁诸子名家志》为蓝本，联合影视公司共同策划制作了纪念抗战胜利电视专题片和齐鲁历史名人动漫。纪念抗战胜利纪录片，分为人物传记纪录片《山东抗战口述史》、专题故事片《山东抗战将士传略》和文献片《山东抗战纪念设施和遗址》三种题材，目前制作完成 18 集。齐鲁历史名人动漫，将《齐鲁诸子名家志》收录的 28 位历史人物改编成动漫，目前《辛弃疾》《李清照》《姜太公》《孟子》动漫片进入后期制作。他们在总结经验的基础上，正在加紧制作动漫《孔子》《曾子》《孙子》《墨子》和纪录片《家风家训》等，通过多种形式展示丰富多彩的齐鲁文化。

这个只有八九个人的团队，之所以完成许多常人看来“不可能”完成的任务，创造出一个又一个“奇迹”，关键是有个好的带头人。李刚处长讲政治、顾大局、敢担当。他的一句口头禅就是“只要思想不滑坡，办法总比困难多”。在他的带领下，全处团结、和谐、稳定，风正、气顺、心齐，赢得领导的认可和机关同志们的赞许，连续两年被评为先进处室。全处同志心往一处想、劲往一块使，全身心地投入工作，体现出史志人应有的精气神。李天程、罗毅带领十艺节志编纂小组夜以继日地组稿、改稿、撰稿、编稿，几乎没有休过节假日。为了让领导尽快签批文件，他们顶风冒雪一大早步行到文化厅找厅长签字。在撰写志稿关键阶段，靠服用安眠药才能休息三四个小时。十艺节志出版后，又着手开展援疆援藏志的编纂。杜泉、魏振华为了搞好《山东通志》整理影印，跑遍了国家图书馆、省图书馆、济南市图书馆、山东大学图书馆，将同一版本旧志比照补缺。王耀生为编写《山东抗战战事史料汇编》，翻遍了各市县的志书和有关资料，辑录战事史料 60 多万字。孙春丽为了撰写好《山东抗战将士记忆》，辗转 20 多个市县，采访 30 多位抗战老兵或当事人，独立撰写了 15 篇稿件和 8 个人物传略。屈婉倩、何莹先后负责《山东史志》刊物的编辑，解阳负责编辑《山东史志动态》，在办好刊物、出好动态的同时，承担了大量事务性工作。每一名同志都兢兢业业、辛勤耕耘，在各自的工作岗位上发挥着不可或缺的作用，他们工作的点点滴滴汇聚成史志事业转型升级、跨越发展的强大正能量。“潮平两岸阔，风正一帆悬”。当前，全省史志工作志、鉴、库、馆、网、用、会、刊、研、史各业并举，面临千帆竞发、催人奋进的大好形势，需要大批敢于担当的集体和干部。敢于接活，是一种精神、一种胆识、一种气魄、一种担当。肩负一份责任，奉献一腔忠诚，打造一流团队，创造一流业绩，是县志处的不懈追求。为了这个目标，他们仍在跋涉、仍在努力……祝愿他们站在新高度、秉承新理念、发扬新作风、再创新佳绩！

赶上了盛世修志的好年景

李　刚

李刚，男，1964年生，山东平阴人，中共党员，省委党校在职研究生学历。1984年山东农业大学毕业。2011年3月任省史志办市县基层志编纂指导处处长，从事市县基层志的审查和业务指导工作，6年来评议评审市县基层志近百部；先后参与组织编纂《第十届中国艺术节志》《山东纪念抗战胜利70周年丛书》《山东抗战研究丛书》、影印版宣统《山东通志》《欧阳中石》《山东简史》等多项史志成果；同时担任《山东省历代方志集成》整理委员会执行副主任，抗战专题电视片和齐鲁历史名人动漫片的监制。2017年10月任省史志办副主任。

我是2011年3月加入史志队伍的。盛世修志，志载盛世。我觉得自己是时代的幸运者，赶上了盛世修志的好年景，遇上了一位德才兼备的好领导，碰到了一帮干事创业的好兄弟。尤其是2013年7月，省政府办公厅党组成员刘爱军同志担任省史志办主任后，团结带领全省史志系统紧紧围绕中心，服务大局，秉笔直书，开拓创新，团结拼搏，无私奉献，把“小的”做“大”了，把“软的”做“硬”了，把“冷的”做“热”了，把“弱的”做“强”了，创造出“山东经验”，走在了全国前列，成为“排头兵”中的“标兵”。这几年的史志工作很精彩、有成效，省领导的批示达100多次，其中省长就近30次之多。在艰苦、清苦、辛苦的修志中，我个人也得到了锻炼、成长和进步，感悟颇多。现将我作为刘爱军团队中的一员，在推动史志事业创新发展中的体会和感悟写出来，与大家分享共勉。

一、筑牢“四个意识”，旗帜鲜明地讲政治，是推动史志事业创新发展的航标灯。我们从事的修志工作，是党领导下的意识形态工作，必须讲政治，坚持正确的政治方向，在维护习近平总书记核心上，脑子要特别清醒，眼睛要特别明亮，立场要特别坚定，深刻领会习近平新时代中国特色社会主义思想，忠诚履行职责。新形势下从事史志工作必须筑牢“四个意识”，特别是核心意识、看齐意识，坚决维护习近平总书记这个核心和党中央权威。要保持绝对看齐，加强理论武装，强化纪律规矩，深入学习习近平总书记系列重要讲话精神，做共产主义远大理想和中国特色社会主义共同理想的坚定信仰者和忠实实践者。自觉向党中央看齐、向习近平总书记看齐、向党的理论和路线方针看齐、向党中央决策部署看齐，以党的旗帜为旗帜、以党的方向为方向、以党的意志为意志。只有这样才能保证史志事业创新发展的正确方向。唯有如此，坚决做到与以习近平同志为核心的党中央保持高度一致，努力做到实事求是地进行编纂，才能保证志书编纂的正确方向，保证志书的政治质量。在志书的编纂、修改过程中，史志工作者必须始终坚持以上立场、观点和方法，使志书内容坚决做到与党的路线、方针、政策保持高度一致，真正体现历史进程的主流、本质和人民群众的利益。

二、围绕中心，服务大局，是推动史志事业创新发展的金钥匙。跟着中心走，贴着中心做，这是从事史志工作几年来最深的一条体会。举个例子，2015年是中国人民抗日战争暨世界反法西斯战争胜利70周年，党中央、国务院和省委、省政府高度重视抗战胜利70周年纪念宣传活动。习近平总书记在主持中央政治局集体学习时强调，要深入开展中国人民抗日战争研究，必须坚持正确历史观，加强规划和力量整合，加强史料收集和整理，加强舆论宣传工作，让历史说话，用史实发言。省领导分别就红色文化建设、开展好纪念抗战胜利70周年活动作出重要批示。山东作为抗战时期的主要战场之一，在全国抗战中发挥了重要作用，到1945年大反攻胜利结束时，山东全省有3500万人生活在解放区的蓝天之下，占党领导的全国解放区人口的三分之一；人民军队发展到33万人，占全国人民军队总数的四分之一；党员发展到30多万人，占全国党员总数的四分之一。在取得辉煌胜利的同时，山东也为抗战胜利作出了巨大牺牲，抗战造成了几百万的人员伤亡和巨额的财产损失。真实的记录历史，就是为了以史为鉴、开创未来。在爱军主任的带领下，我们一班人历时7个月，迅速编纂了山东纪念抗战胜利70周年丛书，真实地记录了102位战争亲历者的记忆、163位英勇牺牲的将士传略、1000多幅反映山东根据地发展历程的珍贵图片，收集全省各地抗战纪念设施和遗址790处，整理68万字的抗战战事史料，全方位、多角度地再现了山东军民奋勇抗战的生动历史。这项工作得到中央和省领导充分肯定，并多次给予表扬和鼓励。

三、领导的重视和支持，是推动史志事业创新发展的源动力。党的十八大以来，以习近平同志为核心的党中央高度重视地方史志工作，习近平总书记三年时间四次对地方志工作发表重要讲话，强调“要高度重视修史修志”。李克强总理三次作出重要批示，刘延东副总理两次接见地方志代表，出席地方志的会议，并多次对地方志工作发表重要讲话、作出重要批示。从我省史志工作的实践看，无论是编纂抗战丛书，还是制作专题片、动漫，还有编纂《山东省对口支援新疆志》《山东省对口支援西藏志》、旧志整理，都是刘爱军主任以超前的眼光、博大的胸怀、高超的艺术，将史志事业与省委、省政府中心工作紧密结合的创新性举措。爱军主任不仅指挥我们“向哪打”，还以上率下、手把手地教我们“怎么打”。爱军主任数次出席专题片和动漫的审片会，并提出指导性意见，帮我们想办法、支妙招、攻难关。正是有了领导的关心支持、同事们的热心帮助，史志工作才事半功倍，顺风顺水。新形势下实现“三全”目标，实现史志事业的创新发展，离不开领导的重视和支持，特别是市、县方志馆的建设，涉及资金等诸多方面，更需要各级领导的支持和帮助。

四、牵住牛鼻子，敢啃硬骨头，是推动史志事业创新发展的妙手棋。这几年为按时完成二轮修志任务，不让一个掉队，采取了四项措施。一是借领导之力，加强督导。王随莲副省长、刘爱军主任发表署名文章，到市县面对面地督导，联合省政府督查室到市县督查，积极争取当地主要领导的重视和支持。二是借专家之力，提高质量。综合地域特色、专业特长、工作进度优化评稿专家组合，实施传帮带。三是关口前移，重心下沉。为弥补事中评审的短板，探索事前精准指导，为市县志的编纂进行辅导培训，提高效率。四是树立先进典型，发挥榜样力量。先后总结推广了临朐、济南、天桥、博山经验，提升精气神、弘扬正能量。我体会实现全省史志事业的创新发展，工作面广量大，任务繁重，必须抓纲带目，纲举目张，在创新发展中抓主要矛盾，抓矛盾的主要方面，只有这样才能事半功倍。

五、与时俱进，开拓创新，是推动史志事业创新发展的加速器。创新是一个国家和民族不断前进的动力和源泉。面对史志事业发展的新形势、新机遇，必须用创新的方式推动其创新发展。一是树立新理念，实施开门修志。系统内部挖潜，与临沂市史志办联合推出山东抗战研究丛书沂蒙篇。旧志整理由各地单打独斗，到省里牵头负责、分工合作，节约成本、提高效率、资源共享，广开门路、优势互补。2017年又与临沂市史志办就编纂《山东抗日根据地志》《山东解放区志》达成了合作协议。二是运用新技术，丰富表现形式。为让志书内容动起来、读志用志活起来，采用人们喜闻乐见的传媒技术，制作完成了纪念抗战胜利专题片和齐鲁历史名人动漫。三是拓展新领域，增强服务现实功能。为大力继承和弘扬我省援疆援藏精神，启动了编纂《山东省对口支援新疆志》《山东省对口支援西藏志》。为更好地发挥资政、教化功用，编纂了《山东简史》。实践充分证明，广大史志干部必须学会用创新的思维和方法研究问题、解决问题，科学把握事物变化发展规律，由被动完成领导交办的任务向自觉开动脑筋、积极作为、创造性地开展工作转变，只有这样才能不断增强史志事业创新发展的内驱动力。

六、打造高素质的人才队伍，是推动史志事业创新发展的奠基石。有了金刚钻，才敢揽瓷器活。这几年在能力建设上，我们采取的措施有：

一是构建团结奋进处室。始终按照“组合起来是长城、单个比拼是英雄”的标准，不断加强自身建设。按时完成“两学一做”规定动作，坚持和完善月通报和专题讲座制度，坚定理想信念，提升综合能力。在学习省领导重要讲话征文、演讲比赛中，我处3名同志获征文一等奖、1名同志获演讲比赛二等奖。二是打造过硬的修志队伍。为切实提升全省修志队伍编纂技能和理论水平，连续6年举办精品志书编修培训班，连续3年举办名镇名村志编修培训班，连续5年召开方志理论研讨会和期刊座谈会，培训专兼职修志人员2000多人次，收到优秀论文350多篇，通过不断优化课程设置、精选授课教师、创新培训方式、加大表彰力度，收到良好效果，全省修志水平显著提高。三是切实发挥好《山东史志》《史志工作动态》的阵地和平台作用，培养史志理论人才。新形势下，在加强史志干部队伍建设上一定要按照“政治上强、业务上精、纪律上严、作风上正”的要求，不断提升史志干部的工作境界，增强大局意识，人人敢于担当，工作作风扎实深入。每位史志干部都要注重学习、注重实践、注重创新，努力成为史志专业的行家里手。鸟择良木而栖，士择良主而仕。事靠大家，功归集体。要搞好团结，懂得感恩，注重家风建设。要树立良好形象，做品格高尚的人，人人为史志事业的创新发展增光添彩。

七、对史志事业执着的忠爱，是推动史志事业创新发展的根本点。水有三种形态：一是固体的冰。冰只有在零度以下才能形成。二是常态的水。在零度到一百度之间的一种状态，但它有惰性，容易向低处流。三是水蒸汽。它是在一百度以上高温基础上形成的，只有它能翱翔蓝天，自由飞翔。我想从事史志工作也应该这样，干一行爱一行，用一百度以上的高温热爱工作、热爱生活、热爱他人。来到省史志办工作后，我争做表率，以上率下，带好队伍，确保每位同志不掉队，积极开展以“六讲”为主题的文明和谐机关建设，修改完善业务规范，举办业务讲座，用身边的事教育身边的人，努力打造一支业务水平高、综合能力强、纪律严、作风硬的史志干部队伍。六年来，带领大家经常加班加点，没有休一天假。编纂山东纪念抗战胜利70周年丛书，时间紧，任务重，夜以继日，累得头发掉成了两块斑秃，血压升到了240，搞完新闻发布会后就住院动了手术。三年来先后完成了

《山东省历代方志集成》通志、府州志、省卷、济南卷的整理影印工作，80 多种，5000 多万字，填补了省内旧志汇集整理的学术空白，为文史研究者和爱好者提供了一份真实可靠的历史文献资料。编纂了《中国第十届艺术节志》《山东简史》，启动了齐鲁名镇名村志编纂等，均具有首创意义。在工作中，注意摆正自己的位置，不揽功不诿过，顾全大局，维护团结，坚持按制度办事，主动关心干部职工的工作生活、成长进步，加强对干部的管理和监督，注意发现苗头性问题，充分利用党支部会、处务会等各种会议，深入推进廉政建设，加强正反典型教育，积极引导广大党员干部自觉加强党性修养，坚持利用微信传播正能量，增强精气神，自觉同各种不正之风作坚决斗争，营造风清气正的良好氛围。

两千昼夜匆匆过，一朝回忆味悠长。季羡林大师曾在《临清市志》的序言中指出："中国历来有修志的传统，历千年而不衰，遍神州而无遗。这在世界上是绝对独一无二的。"也正是因为地方志具有的独特性、可信性、可用性、证据性等特点，使其成为世界历史文化长河中最灿烂的、不可替代的文化瑰宝。

抚摸志书，心潮澎湃；回忆往事，思绪万千！我为赶上盛世修志的好年景而庆幸，为成为刘爱军战队的一员而骄傲，为在平凡的岗位上为经济文化强省建设做了一点点贡献而自豪！

究史志事业之要 践方志人精神

于在水

于在水，1963年生，男，汉族，山东沂水县人，历任省史志办人事秘书处会计员、助理会计师、会计师、高级会计师、副处长、处长至今。

历史是现实的根源，任何国家的今天都来自昨天。只有弄明白我们从哪里来，如何走来，才能明白我们要向哪里去，如何走下去。这是习近平总书记关于历史的论述，如果历史被忘记，奔跑的越快，迷失的越快。总是父祖、先辈的足迹告诉我们应该信仰些什么，应该循着怎样的一条道路前行。

时评者周小平说过：评价一个中国人的好坏，不是看他如何敬神，而是看他如何敬人。中国人的信仰里不缺少宗教，但却从来没让神祇主宰过我们的精神世界。我们崇拜孙思邈妙医圣手，崇拜鲁班巧夺天工，崇拜关公智信勇严，崇拜海瑞正直强项，甚至是毛主席的为人民服务。这些都是为苍生办实事、不替鬼神唱赞歌的人。我们不会像基督徒那样礼拜上帝，也不像穆斯林一般笃信真主。那么中国人信仰些什么？圣贤与家国。这套只属于中国人内心世界的崇拜肇兴于五千年灿烂文明，滥觞于煌煌二十四史。

漫读圣贤论句，掩卷闭目，多有思量。史志事业人事兴替，往来古今，无论老人新手，都应对事业之意义再认识。王伟光讲，地方志工作是坐“冷板凳”，但是方志人要有热心肠，要热爱地方志事业，要有“咬定青山不放松”的执着，更要弘扬修志问道、直笔著史的方志人精神，要以极高的事业心，使“冷部门”热火起来。要明确什么是地方志工作、什么是地方志事业、为什么从事地方志工作以及从事地方志工作的意义、地方志事业发展对中华民族伟大复兴的意义。很有意思的一种思考：我们来看看史书中的史志办是什么呢？史志办当可以翰林院自喻。翰林院，执天下文气教化之牛耳，著记颂圣贤家国之经史。当为天下之文胆，埋政之智库。这些一辈子清苦却执着，平凡却坚韧的学士中，皓首穷经者有之，经世致用者有之，仗节死义者有之。他们有人身上甚至带着一些酸腐的气息，有一股子老学究的派头，却单纯而可爱，为了一些纯粹的理念甘愿奉献自己，这也许就是方志人精神的元素之一。

当改革拉开大幕，欲望如期而至，它像洪水猛兽失去了束缚，冲击着国门，在我们大地上肆虐奔腾。有人好像终于找到了自己的信仰，是票子、位子、车子还是房子？这种信仰是如此世俗，如此“接地气”，可当我们拥有了所有这些，是否感到幸福与充实？如今我们的痛苦与焦虑，社会的功利与乱象似乎都在告诉我们这种信仰究竟是精神鸦片还是灵魂归宿？其实不过是又一个灵魂“异教徒”而已。

我们不是理想主义者，更不是踽踽独行、上下求索的屈翁。毋容置疑，如信仰缺失的人生逢一个信仰缺失的社会，人们便无所畏惧，没有底线，社会将混乱不堪。不敢想象，弄不清来路与归途的人该去往何方？如若再找不到路，便是我们这个时代的悲哀。当是时也，尤其需要呼唤圣贤和家国情怀的回归，史笔下的点点墨迹，志书上的一片丹青，将我们的过去、现在和未来串成一线，找不到路了？去史志中追寻，那是中国人活的信仰，那是中国人活的灵魂。古人聪明，把很多的提醒变成文字，放在那儿等你，甚至怕你不看，就更简单地把提醒放在汉字本身，拆开“盲”这个字，就是“目”和“亡”，是眼睛死了，所以看不见，这样一想，拆开“忙”这个字，莫非是心死了？可是，眼下的人们都忙，为利，为名。所以，我已不太敢说“忙”，因为，心一旦死了，奔波又有何意义？在这个奔跑追逐的时代，史家的笔，文人的墨可以让我们慢下来，静下来，让掉队的精神追一追疲惫的身体。

生逢当世，党和政府上下一心，盛世修志，自己有幸站立于修志队伍中，当感自豪骄傲。多少年，我们方志人直笔著史、修志问道，希望在卷卷史册、笔墨纸砚中为国人找到我们的答案，找回我们的情怀。青灯、白卷、秃笔、石砚，在这与当今社会有些格格不入的平静与宁和中，我们梳理过去的故事，记下民族的历史，记下民情地情，希望在王朝的兴替、孔孟的哲学、老百姓的智慧中找到那些终极问题的答案，找到开始我们人生旅程的初心和原点。史志事业面临前所未有的大好形势，党中央，国务院高度重视和关心史志事业。“让历史说话，用史实发言”“推出高水平的权威专著和通俗读物”是对我们史志人的要求。我们不应该仅仅记述，更应在记述中感动升华自己；不应该仅仅做历史的记录者，更应该做历史的书写者。近几年，在刘爱军主任为班长的领导班子的率领下，全省史志队伍上下协同，勠力同心，创造出“山东经验”，走在全国前列。全省史志工作法规规章体系全覆盖，全国唯一，省市县三级志书按计划出版发行，《山东年鉴》连续三年保持全国第一。省市县三级地情网站不但在全国率先实现全覆盖，还率先实现了第二轮改版升级。省方志馆不断丰富馆藏，规范管理，面向社会征集馆标，增强了文化内涵，扩大了社会影响。国家方志馆黄河分馆暨东营市方志馆馆舍面积达 2 万平方米，全国之最。完成 31 种府州志整理影印，以及《山东省历代方志集成》省卷和济南卷 42 种旧志整理出版工作。一批县级旧志整理出版发行。全省编修乡镇村志 900 余部，“村村修志”工程填补乡村文化建设空白，在全国产生重要影响。史志研究成果《山东省历史地图集》《山东抗战研究丛书》(沂蒙)、《沂蒙革命根据地图志》《泉城撷影》《济南泉水故事》等连续出版，服务中心，利在当代。史志事业硕果累累、不胜枚举。

大而话之，实处着眼。人秘处工作琐碎繁复，千头万绪。思想党务、人事劳资、机关财务、文秘档案，还有各种保障服务工作，不一而足。我在人秘处工作几十年，和人财物打交道，能体会到想要干成干好一件事情，很难。但做不做得好是一回事，用什么样的信念做又是另一回事。案牍劳形，丝竹乱耳，避不开也躲不掉，我只能“欲为圣明除弊事，肯将衰朽惜残年”了。这几十年，自己从一个毛头小子到如今知天命，从一般干部到处室领导，对人秘处感情愈发深厚。千人同心，则得千人力；万人异心，则无一人之用。这几年，人秘处作为中枢处室，直接服务领导上传下达，离领导近则近水楼台，收获自然大，能直接聆听循循善诱的教诲、耳提面命的悉心指导，也不乏拍案震怒的严厉批评。树苗遇好园丁才可参天，人秘处同人迅速成熟，成长成才，团结奋进，不辱使命，为事业发展贡献了力量。让我感动处亦多，有带病坚持工作者、有加班加点废寝忘食者、有舍小家顾大家父母妻儿住院因公无法守护者、有蒙受误解和委屈依然忘我者，更多的是默默无闻、无私奉献者。我们虽没机会做秉笔直书的史官，却有幸为他们搭建平台保障服务，方志人的风采也不可或缺我们这些保障服务者的故事。

修志素有严把政治关之说。这几年，全党开展的群众路线教育实践活动、“三严三实”专题学习教育活动、“两学一做”学习教育，我们严密组织，积极推进，锤炼了队伍，提升了宗旨意识，改善了作风，提高了遵法守纪的自觉性，广大史官政治把关的水平提高多多。要做好一份事业，人才是核心竞争力。史志团队干部的提拔、选用关系到整个部门是否可以高效廉洁的运作，重视人才选拔、培养和使用，构建结构合理的人才队伍，培养和引进一批高端人才，建设一支高素质的修志、研究工作队伍是我们一直秉持的原则。这几年，人秘处完成了诸多任免、奖惩、机关内部干部职工调配、社会人才资源的引进工作，保证了团队的竞争力和活力。著书立说，功在千秋。说来惭愧，人秘处自然不能提笔安天下，还要常常和孔方兄亲近。但是正是这些琐碎细致的财务工作，保证了机关和各处馆的良性规范运作，事业才能不断发展壮大。保障服务给史官们提供了方便的工作生活条件。文秘工作的同人，积极进取，沟通协调，陪同领导政务活动、筹办各类会议、起草或把关文字材料，管理各类档案。他们一样才气纵横，和其他业务处室的笔杆子一样把文字档案工作做得有条不紊，可圈可点。一摞摞公文，或可史书留香，一串串数字，亦有丹青墨笔。

生活不应只是眼前的苟且，还有诗和远方的田野，我们共同为着一个伟大的目标跋涉着，也竭力做好每一件小事，积跬步至千里，积小流至江海。史志工作虽清苦，却自有乐趣，我们只是保障服务者，我们手中的笔圈点人才、生产文牍、记录数字，不书写志书，但是志书中的每一个笔画浸润着我们的理想、我们的心血和我们的付出。不求青史留名，但求汗青写就，不求功垂千秋，但求泽被后人。

修志感想

蒋庆立

蒋庆立，男，1969年6月生。中共党员。1991年毕业于曲阜师范大学，获学士学位；1994年毕业于吉林大学研究生院，获历史学硕士学位（中国近现代史专业）。1994年到山东地方史志办公室工作至今，历任编辑、副编审、编审，2008年任省志编审处副处长，2011年任处长至今。一直从事省志的组织、编纂、审查和业务指导工作，评议省志分志近百部，编纂、总纂志稿60余部，《颜真卿志》《王羲之志》等多部分志获奖；在《中国地方志》《东岳论丛》《海洋信息》《山东战略研究》等刊物发表论文50余篇，出版《欧洲战神》《刘邦的领导艺术》《大学生必读》等著作。工作中多次受到表彰，2014年被省政府办公厅、省人力资源社会保障厅、省公务员局记二等功。

（一）

春秋代序，日月不淹；
暮然回首，几近卅年；

修志问道，苦乐酸甜。
初涉志林，恰逢其艰；
遍列百业，巨制鸿篇；
筚路蓝缕，懵懂茫然。
地无几垄，房无几间；
人无定岗，业无定规；
政府修志，仍属边缘。
几易领导，频换人员；
徘徊数载，仍在原点；
上下内外，多有歧见。
无人无编，无物无钱；
不见效绩，徒增负担；
无为无位，尴尬难掩。
推诿扯皮，冷脸相对；
刁难拒绝，待之白眼；
奔走呼告，不厌其烦。
穷首皓经，明灯长卷；
如切如磋，字斟句断；
如琢如磨，一板一眼。
未忘初心，曲折向前；
一分坚守，豪气冲天；
众手擎志，终成大端。
历史嘱托，舍我其谁；
未来期许，不改其念；
物是人非，寸心可鉴。

（二）

盛世编史，清明修志；

志载盛世，堪存堪鉴。
事业奔腾，躬逢其灿。
思想论断，其命维新；
放眼全局，立意高远；
时代召唤，互融互贯。
规划纲要，顶层设计；
条例规章，履职规范；
全面升级，你追我赶。
齐鲁志业，视野广袤；
开拓创新，六个全面；
转型升级，山东经验。
修志编鉴，主业先行；
网馆升级，平台搭建；
法规规划，系统健全。
文化高地，山东气派；
融入中心，盘活资源；
自信自觉，魅力无限。
提质增效，多业并举；
倒排工期，政府督办；
全国试点，敢为人先。
创新不辍，拳拳亶亶；
为民修志，为党立言；
有为有位，蔚为大观。

（三）

志乃信史，自成一脉；
文化精义，传统经典；
中华文明，相伴相传。

志体为形，资料立本；
求真存实，外拙内虔；
其品高洁，不乱本源。
海纳江河，不辞细流；
弄潮卓越，时代巨澜；
器宏识卓，思深志远。
吐故纳新，承上启下；
展现长卷，时代亮点；
经世致用，求实奉献。
文化自信，接续文脉；
核心价值，滋养甘泉；
古今纽带，精神家园。
中国故事，助力国梦；
引领风气，瘅恶阐善；
历史智慧，治国镜鉴。
不忘本来，面向未来；
承传改革，创新开拓；
依法治志，科学发展。
历史眼光，全球视野；
兼收并蓄，升华批判；
协调共赢，开放发展。
不饰不私，史志品牌；
修用并举，成果多元；
拓展平台，统筹发展。
虽为老树，竟舒新枝；
时代脉动，开其新篇；
与时俱进，不惴其浅！

（四）

修志同人，数祖志典；
忝列一席，新风新颜；
求索苦度，唯有改变。
史学史识，学风改进；
至朴至实，心态改善；
思路改革，天地一变。
坚定信念，人民至上；
情真气平，器局宏远；
常怀敬畏，史家风范。
抬头做人，低头做事；
自信自重，忍辱不辩；
淡泊明志，宁静致远。
问道求索，耕耘方田；
究天人际，立一家言；
执着守望，扼住底线。
不求闻达，风追春秋；
坐言起行，真抓实干；
愿品其苦，涌流清泉。
史志多情，我无怨声；
雪爪鸿泥，常思华年；
重诺约典，来者有羡！

修志感悟

杜 泉

杜泉，1969年1月生，中共党员，山东省委党校本科学历。1989年7月参加工作，1992年9月调入山东省地方史志办公室，历任科员、副主任科员、主任科员。2008年9月任山东省方志馆副馆长。2011年4月任市县基层志编纂指导处副处长。2016年9月任市县基层志编纂指导处调研员。

修志是一项光荣而神圣的传承中华民族优秀传统历史文化的重要事业。修志者承担着传承文明、记录历史、弘扬文化、服务社会、借史鉴今、启迪后人的光荣使命。有人说，“修志者不得志，得志者不修志”。但20多年的修志生涯却使我深感修志实为修“志气”，人生靠的是精气神，“志气”是关键，“气”顺则神通，神通则精足；人靠骨气才能挺直脊梁，靠正气才能树立形象，靠朝气才能迎来希望，靠勇气才能增添力量，靠才气才能书写华章，靠人气才能团结兴旺，靠志气才能实现理想。修志人有修志人的情怀，有修志人的境界，修志人在为国修志、为党立言的同时，也在为自己修身修德、修养志气和气节，实现人生的自我完善和自我修炼，演绎着人类历史的进化和变迁。

一、修志修的是人品，要能吃苦

人品是立身、立业之本。现实社会中，不论是从政还是做学问，首先要有好的人品。做事先做人，人格上有缺陷，拥才自傲，拥才自扰，将一事无成。能吃苦是一种品质，体现的是干工作不仅肯干、会干，而且每一项工作都是投入百分之百的精力去干，无论干什么，都把事业放在心上，责任担在肩上。修志需经艰难的磨砺，并非在书斋闭门静思所能及。难就难在古今资料浩如烟海，进入志书的资料是否真实可靠，要订正；难就难在资料残缺、散失，收集起来很艰难；难就难在横排门类，不能缺项，不能割裂与独立，不能失去整体性；难就难在志书既要符合体例，又要有时代性、科学性、思想性。完全搞散文体、公文体不行，但过于迁就体例，把它局限到没有科学性、思想性、时代感也不行，志书既要避免宣传色彩，又要用马克思主义唯物历史观指导修志工作。为征集第一手资料，需要修志人冒酷暑顶寒风，往返奔波于各个承编单位；为采访一位见证人，需要修志人不远千里，跋山涉水，仔细听、认真记，回来后还得挑灯夜战整理笔记；为核实一个数据，需要修志人遍翻档案，查寻出处，尽搜资料；为考证一处历史古迹，需要修志人翻山越岭，踏遍村落的沟沟岔岔；为修改一篇志稿，需要修志人熬更守夜，字斟句酌，反复推敲。“吃得苦中苦，方为人上人”。正是凭着这种吃大苦耐大劳的牺牲奉献精神，一代又一代修志人，完成一部又一部精品志书，为人们提供无价的精神食粮。

二、修志修的是境界，要能吃亏

修志是一个清苦、寂寞的职业。从现实来讲，修志既当不了大官，也发不了大财。怎样看待修志者的名与利、苦与乐、得与失，关键是要看修志者的个人境界如何？境界高，苦中有乐，失中有得，平凡中有崇高。在中华民族的文化传承中，立德、立功、立言历来被视为人生不朽的三大理想境界。编史修志，正是为时代立言、为人民大众立言。需要修志人顶住外面闲言碎语的压力，藐视外界优惠待遇的诱惑，克服家庭诸多困难的干扰，无怨无悔地编稿，清贫乐道敬业，默默无闻地奉献，凝神静气地埋头耕耘，以“咬定青山不放松、任尔东南西北风”的文化自信，以“为伊消得人憔悴、衣带渐宽终不悔”的文化自觉，以“板凳要坐十年冷、文章不写半句空”的文化自强，全身心地投入到光荣而神圣的修志事业之中。修志工作虽然默默无闻、平凡清苦，但修志人是历史的记录者、传承者，是在从事一项神圣而光荣的事业。有了这样的境界，修志者才能“守得住清贫，耐得住寂寞，无怨无悔地献身于修志事业”，成为真正的历史传承者、文化传播者。

三、修志修的是心态，要能吃气

人生是一个复杂的过程，在工作与生活中无时无处不交织着名与利、得与失、苦与乐、顺境与逆境的矛盾。人生不可能总是一帆风顺，难免会碰到一些诸如职务、职称升迁、家庭变故、别人误解等不尽人意之事。面对一些不尽人意之事，要保持一个良好的心态。修志犹如修身、修德，首先得学会淡泊名利，打消自身一切欲念，远离世间物欲横流，静心秉笔直书，真实记载历史，方可修得精品佳志。修志就得修炼坐冷板凳的真功夫，既没有轰轰烈烈的场面，也没有红红火火的日月，常常是做些出力不讨好的事情，因为它不会虚夸领导，不会粉饰太平，不会涂脂抹粉，要的是秉笔直书、尊重事实、还原历史。修志人容不得眼睛里有半粒沙子，见不得生活中有一点污垢，神经质似的以敏感、变态、炽热的冷静来审视文字；修志人整日咬文嚼字，对所收录的史料做上百次的思考打磨，可谓千锤百炼、千辛万苦、沙里淘金，然后冷静地记载这人世间善与恶、美与丑，默默无闻，寂寞无比，最终把自己也修炼成了“冷血动物”。只有编史修志的人才能明白自己手中的笔有多么重的分量，这支笔写得比刀刻的还深，这几十年、几百年乃至几千年的历史全铭刻在笔下。只有保持一个健康向上的良好心态，不为小事而争，不为一时而争，不为名利而争，才能面对名利得失，保持心理平衡，才能做到庞辱不惊、淡定自如、顺其自然，只有时刻保持豁达的胸襟，才能编修出无愧于人民、无愧于历史的精品佳志。

四、修志修的是学识，要能学习

一部精品佳志，思想观点、价值取向是其灵魂。而志书的思想观念、价值取向，取决于修志人的世界观、人生观、价值观。毛泽东同志曾说：“没有正确的政治观点，就等于没有灵魂。”（《关于正确处理人民内部矛盾的问题》）志书是客观公正地记述一个地方在特定的历史时期所发生的大事、要事，记述一个地方在特定的历史时期政治、经济、文化等方面的发展变迁。志书的内容必然要打上一个时代的历史烙印，必然要反映特定历史时期占社会主导地位的价值取向和真善美的东西。志书行文、格式等技术性的缺陷是可以不断修改，加以弥补的。而政治观点和价值取向一旦出现问题，则是无法弥补的“硬伤”，造成的不良影响是无可挽回的。作为一名优秀的修志人，不仅要具备广博的多元知识结构，同时要具有丰富的专业知识、扎实的理论和文字功底。这就要求修志人学习、学习、再学习，向书本学习、向实践学习、向同行学习，不断扩充知识面，不断提高业务水平。知识是平时点滴积累起来的，业务能力水平也是要在工作实践中不断学习、不断探索、不断总结中提高的，没有捷径可走，要静下心来，踏踏实实，一步一个脚印学习和提高，切不可浮躁，切不可急功近利。只要能静下心来学习，潜心研究，把握修志规律，方可厚积薄发，做修志的“行家里手”，才能担当起对历史负责、对人民负责的修志使命。

人生能修几回志，天降大任在我辈。历史上修志的人多是才华出众、超然自处的名士，而我们这些无名小辈却能与这些儒雅之辈对接历史、传承文化，何其幸运！既做修志人，定当不负使命。自知困难重重、艰辛备尝，也愿踏上快乐修志、和谐修志之征途。

我的年鉴情怀

徐 尉

徐尉，1964年6月出生于山东栖霞，汉族，中央党校大学学历。1982年10月入伍，1985年4月入党。在部队期间历任区队长、副连职参谋、中队长、队长、军务科长、大队长（副团），先后三次荣立三等功。2000年9月转业至省地方史志办公室工作，任主任科员；2002年开始主持方志馆工作；2008年10月任市县基层志编纂指导处副处长、主持工作；2011年4月至今任年鉴工作处处长。

2011年我开始从事年鉴工作，历经六年的磨砺，我领悟到年鉴工作的平凡，感受到年鉴工作的艰辛，年鉴工作中的苦与乐。年鉴人矢志编鉴笔耕不辍的精神，不忘初心根植精品的境界，团结协作砥砺奋进的豪气，敢于担当争创一流的勇气，始终引领着我自觉前行。

说起年鉴工作，有人认为“不就是编一本书吗？一年一本有什么可难的？”其实不然，年鉴是“集万卷于一册、缩一年为一瞬”的资料性工具书，“是昨天的实录、今天的镜子、明天的见证”，具有“信息、窗口、传播、资政、参考、指南”等作用。年鉴要有丰富的内涵，并做到常编常新，讲求时效，这就要求编者要有较高的综合知识储备;年鉴是众手成鉴，把多达几百家的稿件聚在一起，这就要求编者要有一定的组织协调能力；年鉴是政治性、历史性、现实性很强的工作，这就要求编者要有较强的理论水平作支撑。

一、用脑勤思考

做每一件事情，都要多用脑勤思考。年鉴编纂工作年复一年，反复做同一项工作，如果编纂出的成果多年一个样，时间久了编者难免有疲劳之苦，读者也难免有乏味之感，这就需要动脑筋想办法，去改变那些不符合实际的一成不变的模式。

近几年来，在省政府办公厅党组成员、省史志主任刘爱军的带领下，年鉴工作一年一个新台阶。《山东年鉴（2014）》被中国地方志指导小组评为特等年鉴，是全国三部特等省级综合年鉴之一；2015 年省史志办被确定为全国年鉴工作试点单位，是全国三个省级综合年鉴试点单位之一，《山东年鉴》被纳入中国年鉴精品工程；《山东年鉴（2016)》是全国唯一一家实现在出版年度上半年出版的省级综合年鉴，连续三年保持全国第一。四年来,《山东年鉴》进行了近 80 项改革创新,年鉴的实用性起来越强。“变则通，通则久”，通过改革创新，我们实现了多个“第一次”。年鉴工作处第一次由一年编一本书到一年编三本书；《山东年鉴（2014)》第一次引入二维码技术，第一次将出版时间提前到 7 月份;《山东年鉴（2015)》第一次使用动态二维码技术，第一次提前到 6 月份出版；第一次将年鉴文字精练到 120 多万字；第一次设立党和国家领导人在山东图片专版；第一次收录省领导活动的照片；第一次由办公室主要领导亲自主持，全办各处馆负责人集体为年鉴工作巡诊把脉；第一次将组稿会议提前到年鉴出版的当年 11 月份召开；第一次在年鉴出版的当年 11 月份印发下一年年鉴的组稿方案；第一次将年鉴截稿时间提前到 2 月底；年鉴出版后，第一次附上刘爱军主任的亲笔信，向各级领导推介宣传《山东年鉴》；第一次在半个多月内将出版的年鉴赠送到各级领导，第一时间让受众享受到成果；第一次编纂出版填补我省空白的《山东地方史志年鉴》；第一次编纂《山东省情概览》，第一次将出版时间提前到 4 月初；第一次组织在全国具有较大影响的全省学习优秀年鉴活动……

与陌生的朋友见面，经常被问到“你是干什么的？”我说“编年鉴的”，以前常常被追问许多问题，有的连年鉴是哪两个字都不清楚。现在一说，大家基本都知道，并且还说我用过，有时还要赞美一番，这就是我们用脑勤思考，改革创新的成效。

思路一转天地宽，年鉴工作掌握着丰富的资源，只有肯动脑筋，踏实肯干，年鉴事业才会大有作为；只有常编常新，切时所需，不断拓展年鉴的内容，才能满足读者的需求。

二、用心精打造

书评人萨姆•利斯说：“对我们大部分人来说，工作是我们憎恨的一种乐趣，一种让我们脚步变得轻盈的重负，一个没有它我们就无处可去的监狱。”既然选择了年鉴工作，就要把他当成乐趣，用心呵护，用心打造。

“文章是用心写出来的”，年鉴是用心编出来的。年鉴编纂，反对的是粗枝大叶，倡导的是严谨细致。每部年鉴都要精心设计栏目，汇集选用各单位提供的资料，进行反复斟酌修改，每一步都要靠扎实的工作来完成。每一个条目，每一句话，每一个数据，都要百般锤炼，需要一个字一个字的抠，一句话一句话的顺，一个条目一个条目的捋，一个栏目一个栏目的通。年份的准确、资料的真实，数据的可靠、文字的规范，都要加以推敲、细究、考证，敬始而慎终，精益而求精。编纂中想到的是完美，做到的是认真，尽到的是责任，得到的是希望。

有时候我就想，编纂年鉴真是苦，因为他要求时效性特别强，需要经常加班加点，星期天节假日都要用上，有时还要带着稿子回家晚上看，编纂工作基本上占去了所有空闲时间，年鉴稿件编辑加工抢走了整个思维，但用心编纂年鉴的乐趣，游走在浩瀚知识中的快感，促使我不断进步。

从事年鉴工作自我感觉最大的收获就是改变了生活的态度。在一卷卷编纂中，在一遍遍的修改中，在一句句的推敲中，渐渐变得平心静气。这一路走来，有苦有乐，有诸多感动，让我虽苦犹乐的是“直笔著信史，彰善引风气”的年鉴事业，令我感动的是身边默默奉献用心打造精品的年鉴人。

三、用力巧推动

年鉴是由各部门、各单位提供稿件，年鉴编辑部负责编纂的组编模式。组稿动作的快慢，影响着年鉴出版的时效；稿件质量的好孬，关乎年鉴可读与否；编辑的能力水平，决定了年鉴质量的高低。供稿单位与编辑部的协作、省市县三级年鉴工作者之间的合作、年鉴编辑部内部的相互配合就显得尤为重要。为便于沟通交流，我们与各供稿单位之间建立起了交流联动机制，制定了联络表，随时沟通，交换看法，解决问题。在实际工作中，采取“组稿工作提前、编校节奏加快、审核环节前移、与印刷单位紧密配合”的方式，用巧劲推动各项工作的开展，取得了扎扎实实的成效。

年鉴编纂工作是清苦而辛苦的，但职责是神圣的。苦与乐，二者相依在一起，是对立的统一，可以相互转化。苦是乐的源头，乐是苦的归结。“不经风霜苦，难得腊梅香”，下苦功实现上进之志，本身就是一种快乐，以苦为乐，苦中求乐，其乐无穷。参与编修年鉴的人，不但是一种福气，更是一种缘分。正如一位史志同行说的那样，年鉴编纂工作是根的事业，为了花的鲜艳，叶的嫩绿，果的充实，她置身大地，不为人知，默默奉献。花固然显赫，叶也许荣耀，而根最崇高。结缘年鉴，我心无悔。

勤勤恳恳为方志事业作贡献的垦荒人

——记省史志办老修志人王复兴

高　宏

高宏，女，汉族，1959年4月生，大学学历，中共党员。1976年8月参加工作，1985年11月到省史志办工作，历任省史志办人事秘书处副主任科员、主任科员、副处长、调研员，2008年9月任信息工作处处长。

1985年我到省史志办工作时，正是社会主义新方志编修初创阶段，编纂方志工作在全国各地陆续推开，山东、河南、黑龙江、江苏、安徽等地一大批有志者为此奔走呼号，砥砺前行。山东省地方史志办公室创建初期，条件简陋，人手不足，且没有系统的理论指导和可资借鉴的经验，工作起来困难重重。但是，大家都在埋头工作，认真探索方志理论，精心编写志书初稿。此时一位为人低调，心无旁骛，潜心研究方志业务的同志引起了我的注意。经了解，他就是王复兴同志。

复兴老师1943年11月生，淄博市周村区王村镇王洞村人。“文化大革命”结束后考入山东大学历史系明清史专业硕士研究生，1981年11月毕业后分配到山东省地方史志编委会办公室。他在省史志办工作22年，曾任编辑、副编审、编审、《山东省志》副总纂等。先后出版了《方志学基础》（1987年山东大学出版社出版）、《方志编纂学》（主编并撰稿，1989年济南出版社出版）、《省志编纂学》（主编并撰稿，1992年齐鲁出版社出版）、《中国地方志总目提要山东分册》（主编并撰稿，1996年台湾汉美图书有限公司出版）、《市志编纂学》（主编，2014年北京燕山出版社出版）等方志学专著和《山东土特产大全》（主编，1989年济南出版社出版）等。在各级刊物发表方志论文100多篇，5篇入选《〈中国地方志〉优秀论文选编（1981—2011）》。退休后，由省史志办领导推荐，被中国地方志学会选为学术委员。还先后被中国地方志指导小组办公室聘为《方志百科全书》专家组成员、《汶川特大地震抗震救灾志》统稿专家组成员。

复兴老师是最早进入省史志办的元老之一，是社会主义新方志理论探索者。省史志办组建之初不分处室，复兴老师参与的工作有：设计省市县志篇目和编纂方案、组织全省方志培训班并授课、编辑《山东史志通讯》等。《通讯》编辑部人手少，从拟选题、组稿、选稿、编稿到校对几乎是他一人完成的，特别是校对工作，每稿都要校若干遍，而且每期还都要到较远的菏泽市曹县去定稿、印刷，后改为莱芜，仍交通不便。省史志办设置处室后，复兴老师在省志处工作，担任《山东省志》副总纂，并担负部分省志分志的责任编辑。头几年，他付出精力和时间最多的是编辑省志的《大事记》。志书是体现政府观点的权威著述，而《大事记》是省志中很重要的一部分。《大事记》内容如果不全面、不准确，将大大影响省志的权威性和实用价值。厚厚几大本的《大事记》初稿是几位从事近现代史研究的同志编写的，只有事件条目，未列出处。对拿不准的条目，他要一条条地查找资料，予以核实，改正不准确或以讹传讹之处，并补充缺漏，工作量非常大。找不到文字记载的条目，核实起来难度更大。他得知省委组织部一位同志的岳父对山东现代史较熟悉，也很热心，便登门拜访，请求帮助核实《大事记》条目。承蒙应允后，他每天晚上登门请教，持续了半个多月。他当责任编辑负责联系的分志，多与自然科学有关，编纂人员都是大学、科研机构或部门的专家，有的还是省内国内的权威，他们对所编分志的内容非常熟悉，掌握的资料也很丰富，但他们习惯于科学论著的写法，一时对方志的体例和写法不适应。所写初稿的主要问题有：一是为追求系统性而越境而书，写到全国甚至国外；二是常加定义和理论论述；三是过多使用专业语言，业外人不好懂。他与这些编写者交流时，一是态度诚恳，对专家们很尊重；二是讲透方志体例和写法的特点，要求只写山东省境内事物，只写事实，尽量用一般读者能看懂的语言。专家们吃透了方志的体例和写法后，志稿都写得很好。长期共事，日久生情，他与一些专家成了好朋友。去青岛时，《海洋志》主编、山东海洋大学的陈宗镛教授，专门在家里接待他，并邀请他星期天与家人一起游玩。复兴老师很重视志稿评议环节，每部分志稿评议前，他都反复研读志稿，认真修改志稿，并写出详细的发言稿，充分肯定志稿的成功之处，说透存在的问题，提出具体修改意见。他特别重视消灭字词和数字错误等硬伤，他认为有些志书就失败在这些硬伤上，让修志者终生遗憾。在志书印刷前的最后阶段，他除了自己认真校对外，还要求分志编写者校对时一丝不苟，特别要细心辨别同音、同义词的使用和数字的准确性，强调要聘请有这方面专长的人协助校对和核实数字。《黄河志》编志办安排专人对每一个数字都核对原始资料或用不同方法进行计算，纠正了几十处差错。后来他用此例警示其他分志编写者，这也成为分志定稿必经环节。

由于工作头绪多、任务重，还经常要接待来联系工作和咨询问题的人，所以工作时间没有功夫静下心来读书学习。他读书、思考问题和写作都是利用下班后、晚上和星期天。他在省史志办工作 20 多年，夫人一直带着孩子工作生活在淄博。两地分居造成了生活上的不便，缺少了天伦之乐，但也增加了他班后可利用时间。办公室分给他的宿舍几乎未去住过，一直吃住在办公室。后来单位几易办公地点，他还是坚持住办公室，晚上拉开长条沙发就是床铺了。他是真正的以办公室为家。下班后，偌大的办公室静下来，成了他一个人的天下。除继续完成较急的任务外，他有计划地读书、研究问题和写文章，几乎每天都忙至深夜。除一年一次探亲假外，平时很少回家，星期天也很少外出，他把一切可以利用的时间都用在了学习和研究上，给人印象非常深刻。省史志办在省事务管理局第三招待所时，设有游乐室，休息时间可以去打乒乓球、打扑克、下象棋或看电视，可复兴老师几乎没有去过。他好像没有什么这类的兴趣爱好，他的兴趣爱好就是看书、写文章、研究地方志。他那100多篇文章和200万字的书稿，就是这样在许多人难以忍受的寂寞中完成的。正是由于他日复一日、月复一月、年复一年地不懈坚守，才积累起他在方志事业中的成绩。

全省地方志工作起步阶段，省直各厅局和各地市县的修志人员是从各单位注入的新鲜血液，有热情，有干劲，但绝大数人未接触过地方志，甚至不知道方志为何物。他们学习的积极性很高，每次组织培训班他们都要求提供学习材料，可是当时还没有编纂新方志的理论书籍，复兴老师便萌生了将阅读旧志等获得的知识和在实践中摸索出的心得编写成书的想法。读大学和研究生期间，在学习明清史和研究资本主义萌芽时，他看过一些地方志，特别是准备硕士论文《明成祖对蒙古的积极防御政策》时，阅读了山东大学图书馆收藏的有关明代北方的各种志书。但那时是从收集资料的角度阅读志书的，现在要从认识方志、编写新方志的角度写书，难度非常大。他从阅读旧志，特别是旧志序跋，以及前人著述中，获取营养和灵感。经过反复思考，他确定针对修志人员当时最迫切的需要，第一本书主要写方志基础知识和基本理论，要贴近修志实际，防止空谈，定书名为《方志学基础》。然后一部分、一篇篇地写，有些篇章先作为讲稿，听取学员意见后修改。这样大约用了五六年时间写出并逐渐修改完善了这本书。先由省煤炭志办公室内部印了8000册，很快销售一空。1987年由山东大学出版社正式出版，印了一万册。老一辈方志学家傅振伦、董一博作序，素不相识的中国人民大学历史系教授李华、方志学专家黄燕生等多人在《中国地方志》等刊物撰文评论，都给予很高评价。省内外许多方志办踊跃定购，各类方志学习班、培训班当作教材或参考书。一位现在的方志大家说，他从事方志事业是从学习《方志学基础》开始的。一篇介绍中国地方志学会某位学术委员的文章中写到：他学习的第一本专著是《方志学基础》，“他在书上勾勾划划，如饥似渴地啃读”。从两版18000册的印数上也可看出《方志学基础》影响之广。这本书在指引众多方志人走进方志和指导、规范方志编纂等方面，发挥了它的历史作用。而且在第二轮修志工作中仍发挥着指导作用。

省内许多市县和单位举办方志学习班，邀请复兴老师授课，他都是根据各地各单位的特点和需求，准备好讲稿。外省和全国性的学习班、培训班请他去授课，只要时间安排得开，他都欣然答应，不让人家为难。他曾到河北省史志办、北戴河、北京铁路分局、陕西渭南、江苏镇江、扬州、浙江义乌、铁道部等地方和单位，为方志学习班授课。如 1988 年河北省史志办举办 100 多人的全省方志培训班，连续一周时间，由复兴老师主讲。省内外一些市县聘请复兴老师担任学术顾问，或邀请参加志稿评议会，他都当成分内事去做。对于前者，他尽其所能，即顾又问；对于后者，他认真研读志稿，写好评议发言稿。他认为个别人会前不看志稿，评议会上随翻志稿即席而讲的做法，是对方志工作不负责任的态度，且无助于提高志书质量。有的史志办在志书出版后请他写书评，他认为方志评论是总结修志经验、深化理论认识、发展方志学、提高编志能力和方志质量的重要一环，他每写一篇评论，都是在熟悉志书内容的基础上，按照中指组制定的志书质量标准，从整体上和主要方面予以衡量，首先充分肯定成绩，分析成功方面，同时指出不足和可改进之处，对重大疏漏和硬伤也不隐讳。他反对敷衍应付、蜻蜓点水、信口开河、一味吹捧或吹毛求疵的做法。他认为，评志稿和评志书虽然都要求一分为二，但评志稿重在说透存在的问题和如何修改，评志书重在分析优点、成绩和可供学习借鉴之处。还常有各地修志人员给复兴老师写信咨询问题或要求审阅篇目、审读志稿，写信成了他每天晚上最后的一件事，由此，他养成了每信必复、写不完不睡的习惯。由于写信多，他特地找印刷厂定制印有他姓名的信封。退休后整理旧物时，历年的信件竟装了几个纸箱。

退休后，复兴老师并未放下他挚爱的方志事业，甚至可以说他更有时间去思考修志和方志学的一些问题。除应邀参加志稿评议会和撰写志书评论文章外，他把多年思考的问题写成文章发表。他通过阅读方志刊物和新出版的志书，以及与志界朋友交流，密切关注着二轮修志。二轮修志之初，他发表了几篇谈续修志书的文章。当时，有些人主张二轮志书不必记载“静态事物”，他认为这会造成志书内容不全，他在《中国地方志》发文阐述自己的认识，经过讨论，方志界基本统一了“静态事物”也应记载的观点，维持了志书内容的全面和完整。后来，他感到有几个问题会影响二轮志书的质量，便写了几篇文章予以分析。如有些出版较早的二轮志书，利用“人物简介”的名目为生人立传，破坏了历来坚持的“生不立传”原则，如任其蔓延开来，将有损二轮志书的质量。他为此写了一篇文章发表在《中国地方志》上，引起方志界关注，基本取得共识。他发现有些二轮志书存有宣扬官本位思想问题，如任其蔓延，不利于二轮修志健康发展。于是他专门就这一问题给时任中国地方志指导小组常务副组长的朱佳木写了一封信阐述其观点，引起中指组领导重视，后来朱佳木在一次讲话中明确指出修志要重视避免官本位思想的影响。

2014年，他自费出版了从在职时就开始组织主编的《市志编纂学》，了却了多年的一桩心事。至此，他计划中的四本方志学著作就出齐了。

近几年，复兴老师受聘参加了中指组办公室组织的两项重要著述工作。一是《方志百科全书》，他参加了从设计条目、到撰稿、到修改、到定稿的历次专家组会议和各项工作，并撰写部分条目。二是《汶川特大地震抗震救灾志》，这是国务院交给中指组办公室的一项重要任务，统稿工作持续了一年多时间，他从未擅离住地、游玩或访友，始终兢兢业业，夜以继日，对每一段文字都反复推敲，精益求精。在此期间，他90多岁的老母亲病重，他只是回家探视，安排好家人护理，很快返回继续工作。

30多年来，方志事业在复兴老师心中一直占据最重要位置。他表示，今后要趁身体还好，继续为方志事业贡献力量。

转眼间，我也从事史志工作30多年了，耳濡目染一代修志人严谨的治学态度、艰苦平实的作风、忘我的拼搏精神、矢志不渝的修志情怀，成为一种力量激励着我们前行。

老修志人复兴老师是方志事业的垦荒者，是我们的榜样，我们要在以习近平总书记为核心的党中央领导下，发扬方志人的好传统，静下心来修志书，撸起袖子拼命干，勤勤恳恳为史志事业做贡献。

我身边的“小物件”与山东史志事业转型升级

李　坤

李坤，男，1979年7月生，山东沂水人，中共党员，中央党校研究生学历。2001年7月在山东省地方史志办公室参加工作，至2005年底先后在省志编审处、年鉴工作处等从事编辑工作，其间2004年7月—12月在省政府办公厅信息处帮助工作。2006年1月任省史志办综合秘书，同年12月任人事秘书处主任科员。2011年4月至2016年9月任人事秘书处副处长，其间2013年7月至11月抽调至第十届中国艺术节组委会工作，任接待部综合处副处长。2016年9月至今任省方志馆馆长。

提到这几年山东史志工作的变化和山东史志事业的转型升级，总觉得有很多话可以说，有很多的角度可以去写成一篇有血有肉、有事例有感触的文章。毕竟我是这个过程的见证者，并且在这个过程中，我有相当长一段时间承担政务服务、文字综合等工作，这可以使我更加深入地去接触、去思考一些东西。可以说，这几年山东史志事业的转型升级，是一个量变到质变的典型过程，以刘爱军主任科学正确的思路、强有力的工作措施为引领，大家把共同目标建立在共同志向基础上，转化为干事创业、团结奋进的“最大公约数”，迸发出强大的精神力量，完成一项项艰苦细致的工作，留下一排排扎实有力的脚步，一点点成就了山东史志这一享誉全国史志系统的“金字招牌”。中共中央委员、中国社会科学院院长、中国地方志指导小组组长王伟光同志的批示可以说是这个过程和结果最精准、最全面的肯定：“山东地方志工作在刘爱军团队的努力下，勇于担当，主动作为，取得了显著成果，创造出‘山东经验’，走在全国前列。”

作为史志事业转型升级的典型——“山东经验”提出来后，包括我们自己在内，很多人都在探索、总结“山东经验”的成因和要素。这里面有领导的高度重视、扎实推进“六全”目标、在所有工作领域里都进行大刀阔斧的改革创新，等等，内涵十分丰富。而作为一个个体而言，从小的方面着眼，从细节的东西感悟，以小的方面去折射整个山东史志事业的转型升级，以个体的感悟去反映整个事业的变化，似乎能提供一个比较生动的视角去理解其中的深刻内涵。所以我选择了我身边的几个“小物件”，通过它们来见证山东史志事业的转型升级之路。

我与我的相机。作为一名新时期的史志工作者，记录全省经济、政治、社会、文化、生态文明等各方面的发展成就是我们义不容辞的职责，所以史志工作者大都有着比较敏锐的留存资料意识。作为我来讲，承担政务服务的职责和对摄影的爱好相叠加，决定了相机必然会成为我工作的重要工具。近四年来，我发现我的相机“变”了：从外表上看，它从小卡片换成了大单反，拍出的照片更加清晰艳丽，让历史在未来更加真实可靠；从运行轨迹上看，它跟着我三进人民大会堂，也跑过了很多基层单位，上过井冈山，下过三沙岛，跑过宝岛台湾，去过英国德国，走过挪威瑞典，忠实记录了山东史志立足山东、享誉全国、走向世界的光辉历程；从拍摄的人物看，既有刘延东副总理、王勇国务委员、徐匡迪副主席等中央领导，又有王伟光组长、李培林常务副组长等中指组领导，既有郭树清省长、孙伟常务副省长、孙守刚部长、王随莲副省长、季缃绮副省长等我省领导，又有江西省委常委李炳军、安徽省委常委邓向阳等兄弟省领导，充分反映了山东史志受到各级领导的高度重视，其中蕴含着以“有为”得“有位”的工作思路和显著成效。这些年来，我的相机记录了省史志办所有的重要活动，跟随过欧阳中石先生等著名学者，留下了上万张珍贵的照片。山东史志事业的转型升级正在向纵深发展，我的相机快门也正在不断按下，对于它能够给我带来的新成就、新领域、新精彩，我满怀期待并充满信心。

我与我的手机。作为以协调联络为重要工作职责的岗位来说，手机无疑是最重要的工具之一。它是我上传下达、左右协调的得力助手，几乎须臾不离我左右。近四年来，我发现我的手机也“变”了：倒不是说它由摩托罗拉换成了三星，由苹果换成了华为，反映了中国通信业的发展，而是效用有了不小的变化。我保存的联系人更多了，别人保存我号码的也更多了，联系沟通变得更加顺畅了。过去，由于史志工作领域窄，影响小，四处求人，所以很多时候，我的手机都很“尴尬”。拿手机给别人打电话、发短信，不接不回的情况经常出现；有时候对方接了电话，自己自我介绍半天，人家还是不知道史志办是哪个单位；遇上求人办事时就更不用说，不但要时常面对冷言冷语和“官腔”，而且会有对方随时挂掉电话的心理准备。随着山东史志转型升级，工作领域和影响力不断扩大，特别是刘爱军主任毫无保留地发挥自身优势，为我们工作创造出十分良好的外部环境，我惊喜地发现了很多的变化，并且开始很舒心地适应“新常态”：用手机沟通联系的领域更广了，并且电话接通后基本都能直接叫出我名字和职务，使我体会到为人所知、受人尊重的感受；联系协调工作也不再有求人办事的不安和怕被拒之于千里之外的惶恐感，因为现在无论是与办公厅机关联系发文、办事，还是与其他部门协调工作，都十分顺畅，与之前吃惯了“闭门羹”，看惯了“白眼球”相比，个中滋味，甘苦自知。我也深知，这种“新常态”并不是自然而然发生的，其中蕴含的是对刘爱军主任带领我们取得的工作成绩的尊重，对我们工作作风不断转变的认可，对山东史志事业转型升级的肯定。

我与我的笔。作为一名天天与文字打交道的史志工作者，笔无疑是不可或缺的。但这里说的“笔”，并不是实体的“笔”，是指我拿“笔杆子”

起草的各种文字材料。可以说，文字是我们安身立命之本，“拿笔杆”是我们履职的主要手段之一。近四年来，我发现我的“笔”也“变”了：文字材料的类型更多了，从过去以讲话、工作总结为主，变成了讲话、报告、请示、信函……涵盖了公文的所有文种；文字材料的要求更高了，从要及时学习领会并应用党中央国务院、省委省政府最新战略部署的内在要求，到杜绝空话套话写短文的形式要求，特别是最近几年山东史志工作围绕中心、服务大局，使得文字材料的高度、深度、广度都有了全新的“模样”；文字材料的效用更大了，上报给省领导和中指组领导的材料得到省领导近百次批示、中指组领导十几次批示，这在之前是不敢想象的，行文向有关主管部门协调工作，总是能很快得到回应和批复，向系统内发通知部署工作，也总是能得到很好的贯彻落实。随着山东史志事业的转型升级，我对文字工作的看法也发生了很大转变，对我的“笔”也越来越有感情。比如，每当新成果出版，或者某项工作到了一个关键节点，刘爱军主任总是以亲笔信的形式给有关领导和市县党政“一把手”通报情况、宣传史志工作、请求他们对史志工作给予关心支持，每次都能收到特别好的效果。在把领导思路转化成文字的过程中，我的“笔”收获的是文字技巧，而我感受到的是工作思路、胸中格局，可以说，这是山东史志事业转型升级的基石。

山东史志事业的转型升级已拉开大幕，我们每个人都是其中责无旁贷的参与者，我们身边的“小物件”也都是润物细无声的见证者。它们的发展变化蕴含着丰富语言，陪伴山东史志人在传统文化天地间不知疲倦地耕耘，浇灌这片传承着齐鲁文明血脉的文化园地。我们和它们或许也会成为历史，但我们和它们都应该庆幸和满足，我们和它们不但记录了山东改革开放、全面小康的历史，也创造了山东史志转型升级的历史。

我爱方志人

周生茂

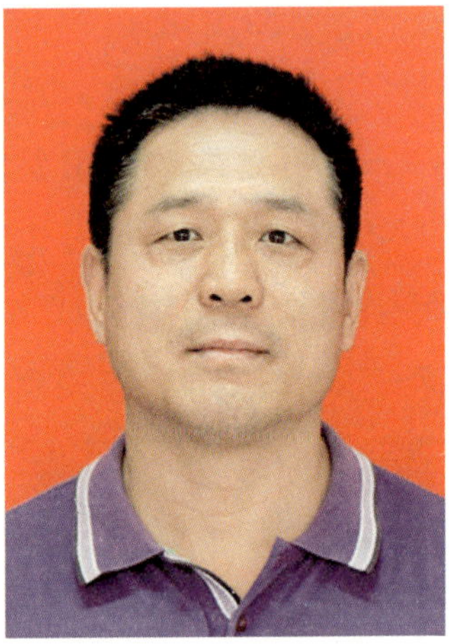

周生茂，男，汉族，江苏徐州人，本科学历。1967年10月生，1986年10月入伍（武警山东总队直属支队），1990年4月加入中国共产党，2002年8月转业到山东省地方史志办公室工作；历任部队战斗班班长、排长、副中队长、副政治指导员、中队长、支队宣传股股长，省史志办副主任科员、主任科员，省方志馆副馆长，省史志办调研员等职务。先后经过武警济南指挥学校、武警指挥学院、中央党校的教育学习。在部队两次荣立三等功，曾被全武警部队评为“百佳优秀四会教练员”。

时光荏苒，岁月如梭。入行方志转眼间已过十五个春秋，这十五年里有艰辛、有曲折，然而更多的是收获和喜悦。回忆当年转业，对一个曾经的军人来说，犹如新兵跳伞，是落在平原、山川还是河流？其内心不可预知的彷徨、忐忑不言而喻。我是一个幸运的伞兵，平稳地降落到省地方史志办公室这片平坦的土地上。放下枪杆子，拿起笔杆子，我从事了一项全新的事业，成为方志队伍里的一分子。这么多年的斗转星移，我从认识方志、学习方志，到钻研方志、热爱方志；转行做行政工作后，从生疏到熟练，从学习独立解决问题，到工作独当一面；从一个副营级军官，到成长为一个正处级领导干部。一路走来，离不开党组织的培养，离不开方志同人的关爱，更离不开方志精神的感召。我深爱着这里的每一个人。

我爱方志人的“低调”。他们每天面对的是没完没了的文字，却能枯燥而不厌烦；他们往往不被人瞩目，也没有前簇后拥，却能静谧而不浮躁；他们收入一般，粗衣素食，却能心安理得而不横攀竖比；他们虽然辛苦、清苦、艰苦，却能把冷板凳坐得热乎乎，把苦差事干得有“腔调”。这里人与人之间，没有勾心斗角，没有官场陋习，就如一个团结和睦的大家庭，彼此坦诚交心、彼此关心帮助。这里上对下和蔼，下对上尊敬，与部队官兵一致、政治平等的要求相似。有人说低调是一种境界、一种风范，更是一种思想、一种哲学。这些尽在方志人身上得到诠释。我沐浴于这一环境中，犹如嗅一缕梅香，暗香扑面，又如欣赏一幅水墨丹青，韵致悠然；虽然他们低调的人生不浓不烈，但是每个方志人的身上却流淌着高雅、丰富而有内涵的气质修为，总能给我踏实和幸福的感觉。

我爱方志人的“执着”。办公室、走廊里没有谈笑风生的欢快，没有互串办公室的闲聊。每个人都是把头深深埋进堆积如山的志书稿件里，或沉思、或批注、或急速地敲击电脑键盘；下班时几乎人人都手拎提包，里面装的是厚厚的稿件，那是回家继续挑灯夜战的节奏；有的年纪轻轻，却早生华发；有的孕妇临近生产，却仍笔耕不辍；这里加班加点成家常便饭，带病工作也习以为常。他们摒弃杂念，耐住寂寞，废寝忘食，殚精竭虑，正是衣带渐宽终不悔，为“志”消得人憔悴的真实写照。年复一年，日复一日，他们几乎把全部身心都投入到修志编纂的工作之中，白天想的是志书，饭桌聊的是志书，连夜里的梦话都是志书。方志事业成为了他们永远的事业，永远的追求，他们用青春甚至生命去书写的不仅仅是志书，更是自己的人生历史，他们不仅仅是为了完成志书编纂的任务，更是为实现自己的社会价值。

我爱方志人的“严谨”。方志即“志古以范今，志今以垂后也”，“博学慎思，立言兴邦”，方志人承担着传承文明、记录历史、弘扬文化、服务社会、借史鉴今、启迪后人的光荣使命。怎敢不词严义密，策无遗算呢？他们在编辑稿件时，字斟句酌，慎而思之，从篇目架构的科学性，到语法标点的准确性，从材料的翔实性到通俗可读性，可谓精益求精，不遗余力，力争尽善尽美。他们从不放过任何一个疑点，都深深地知道，如不严谨，出现瑕疵甚至错误，将会以讹传讹，贻害无穷。中国古代的史官有“秉笔直书”的好传统，成为后世史官竞相继承的品格和史德。所以他们遇有拿捏不准的地方，就组织研讨、查阅资料、请教知名专家、甚至到田间地头寻找知情人士。这种“咬定青山不放松”的韧劲，不正是习近平总书记“谋事要实，创业要实，做人要实”要求的现实体现吗？

方志人的“低调”，方志人的“执着”，方志人的“严谨”，铸成了爱岗敬业、开拓进取、锲而不舍、一丝不苟、淡泊名利、甘愿奉献的方志精神。这种精神既是方志工作者的指路明灯，又是方志工作者克服一个个困难，从一个胜利走向另一个胜利的法宝，同时也是一代代方志人宝贵的精神财富。正是因为有了这种精神，我省的方志事业，才形成了“山东经验”，创造了多项全国第一，取得了辉煌的成就。

也正是在这种方志精神的感召下，我立足本职，为我办方志人开展了扎实而富有成效的服务保障工作。保证了办公区、宿舍区卫生整洁，秩序井然，安全无事故；提升了办公区、宿舍区的办公环境和生活条件，先后进行了水电的一户一表改造、集中供暖改造、外墙保温建设、停车场建设、中央空调建设、老旧供暖供水主水管的更换、院内道路硬化等；在解决历史遗留问题中，不信邪，敢碰硬，勇担当，为国家挽回了经济损失；在急难险重的工作面前，能冲在前面，不误时，不误事。为解决一个难题，曾两天两夜不离现场……“工作让领导放心，服务让群众满意”是我秉承的工作理念，理解方志人，尊敬方志人，热爱方志人是我源源不断的工作动力。我将不停努力，一如既往，无怨无悔地做好机关后勤服务保障工作，以让我办方志人能有更多的精力，打造出更多更好的精品佳志。

十五个春夏秋冬，犹如白驹过隙，眨眼之间就已成过去，回味过去留下的都是美好、都是满足、更多的是感恩。我为我是方志人感到光荣和自豪，我爱方志人。

人才兴则方志兴　人才强则方志强

唐家忠

唐家忠，男，1971年3月生，山东东平人，中共党员，省委党校研究生学历。先后从事财务、人事、党务、老干部工作。2007年评为省直机关优秀党员。2008年9月任副调研员，2011年4月至今任副处长。

蓦然回首，历经36年的艰苦创业，史志事业由无到有，由弱到强。由单一修志、五业并举到“一纳入、八到位”的事业格局。近年来，山东省史志工作围绕中心、服务大局，改革创新、积极作为，取得了丰硕成果，走在了全国前列，被中国地方志指导小组领导誉为“山东经验”，成为全国史志的“领头羊”。成绩的取得，离不开党中央、国务院和省委、省政府的高度重视和亲切关怀，离不开社会各界的热情帮助和积极参与，离不开各级地方工作机构和广大地方志工作者的精心策划和艰苦奋斗。

一、史志人才队伍的发展历程

1981年至1992年，是全省史志人才队伍迅速扩大时期。11年间，史志机构的建立像雨后春笋，全省122个县建立了史志机构，拥有3200多人的专业技术队伍。

1993 年至 1998 年，是全省史志人才队伍调整时期。由于受“一本书主义”的影响，出现了“修志建班子、出书散摊子”的局面，县级史志办独立存在的仅有 56 个，因离退休等原因，特别是大批人员的调离，专业技术人员减少了 70% 以上，人才流失严重，中青年专业技术人才紧缺，史志事业的发展遭遇人才“瓶颈”。

1999 年至 2008 年，是全省史志人才队伍优化发展时期。伴随着第二轮修志的启动、《山东省地方史志工作条例》和国务院《地方志工作条例》的颁布实施，不少地方的史志机构得以恢复重建，规格提高了，编制增多了，吸收了大批优秀人才充实到业务一线，为史志事业的快速发展提供了有力的人才支撑和保障。

2009 年至 2017 年，是史志人才队伍的壮大发展战略机遇期。二轮修志已进入攻坚期和收获期，做好二轮修志试点总结工作，为顺利启动三轮修志工作提供借鉴。新形势下发展壮大人才队伍，为地方志事业发展提供坚强的后盾。通过完善学习制度，拓展学习方式，通过专题培训、举办专家讲座、出国出境考察学习，提高地方志机构工作人员的业务素质，改善史志队伍知识结构。

戴着山东经验和山东模式的桂冠，作为史志人，不得不思索，面对新的机遇，只有建设一支高素质的干部队伍，才能把纵贯古今、横陈百科、代代相济、永不断章的史志事业做大做强。

二、突出“三个加强”，着力提升人才综合素质

一要加强思想建设。思想是行动的先导，做好史志工作，关键在不断提高人的思想认识水平。首先，要讲政治。政治问题，始终是第一位的问题。只有始终保持政治上的清醒和坚定，才能不丧失原则、不迷失方向，才能在大是大非面前旗帜鲜明、立场坚定。讲政治，就要不断地用科学的理论武装头脑，坚持正确的路线、方针、政策，增强政治敏锐性和政治鉴别能力，时刻从政治角度考虑问题、处理问题;就要树立正确的世界观、人生观、价值观，坚持正确的权力观、地位观、利益观，服从、服务于经济社会发展大局。其次，要讲大局。平常的工作要胸怀全局，增强大局意识，树立集体观念，想问题、办事情要从大局着眼。一方面，史志机构

是政府的职能部门，一切工作都要服从和服务于政府的中心工作这个大局。另一方面，个人利益、局部利益要以大局为重，服从整体利益。最后，要讲配合。一部志书不仅涉及范围广、周期长，从总体设计到落实任务；从组建班子、遴选人员到宣传发动；从制定篇目、明确责任、收集材料到初稿、评议稿、送审稿;从出版发行到读志用志。任何一个环节的差错，都会影响到整体工作。因此，每位同志都必须要有很强的主动配合意识，做到每个环节相互衔接、相互协调、相互配合。形成纵向到底、横向到边、层层落实的连动机制。

二要加强作风建设。作风建设事关史志事业的发展大局。加强作风建设，一是弘扬求真务实精神，大兴求真务实之风。要适应我省经济社会发展形势，进一步加强调查研究，紧紧围绕史志工作，深入基层、深入实际、深入群众，摸准实情，找准差距，讲实际、务实事、求实效，脚踏实地，埋头苦干。二是发扬艰苦奋斗的精神，大兴勤俭节约之风。艰苦奋斗，既是一种精神状态，也是一种工作作风，要认清史志事业发展面临的严峻挑战，保持清醒头脑，居安思危，增强忧患意识，继续发扬不怕苦、不怕累，开拓进取、勇于创新的精神，团结奋斗，勤俭节约，艰苦创业。三是发扬精益求精的精神，大兴严谨细致之风。史志工作政治性强，史志工作者要有高度的使命感和责任感，每一项工作都要一丝不苟，严谨细致，精益求精，坚决杜绝政治性差错，不出常识性差错，力争做到“零差错”。

三要加强能力建设。新形势、新任务对史志工作提出了新要求，适应新要求，必须努力提高“三种能力”：一是要提高学习能力。学习是获得知识、提高素质、成就事业的重要途径。在知识经济时代，对每个人来讲，任何权威主要来源于他的知识和能力，来源于他远远高于一般人的知识距离和能力距离。作为史志工作者，我们要围绕完成使命、提高素质强化不断学习、终身学习的意识，培养主动的、吸收性的、灵活的、创新性的学习方法，用科学的理论指导学习实践，用最新的知识丰富我们的头脑。通过学习，善于思考和总结，把感性认识上升为理性认识，不断形成改进工作、创新工作的新思路新办法。二是要提高业务能力。史志工作业务性很强，要立足岗位要求，努力成为“多面手”“业务通”“活字典”，做到日常工作争一流、特色工作出亮点、重点工作出精品、难点工作求突破。三是要提高语言表达能力。史志工作者，必须要能写，把写好文章当作自己的一种责任、一种能力的体现，善于发现、善于提炼、善于研究，主动写、经常写、用心写。还要会讲，要把讲得好当作树立形象、展示才能的重要途径，要言之有物，让听者受益匪浅；观点新颖，让听者耳目一新；引人入胜，让听者流连忘返。

三、围绕“三个核心”，着力打造人才队伍建设

一是以提高创业能力为核心，人才是史志事业最重要的资源、最宝贵的财富。引导每一位干部自觉树立创业、创新思想，时刻保持旺盛的创业激情，自觉站在全省乃至全国史志事业发展大格局中定位目标、追求卓越。学术带头人要注重理论创新，加强方志学的学科建设，发挥方志理论对编纂实践的指导作用，强化学术带头人队伍建设。学术带头人是一项事业或者一个单位业务工作的品牌和形象代表，是引领事业发展的重要力量。我省史志系统必须建设一支位居全国史志事业前沿、勇于创业、敢于创新、事争一流的学术带头人队伍，推动我省史志事业的大发展。要营造学术带头人才脱颖而出的氛围，创造学术带头人创业的环境，通过走出去、请进来，邀请全国的知名学者、专家举办高级研修班，了解史志事业发展的前沿，接受史学界的新思想、新思路、新举措，强化学术带头人队伍建设。

二是以提高创新实践能力为核心，强化专业技术人才队伍建设。专业技术人才是史志事业发展的重要骨干力量，要坚持“缺什么、补什么、需要什么、培训什么”的原则，加大培训力度，创新培训模式、丰富培训内容，强化专业技术人员培训的系统化，把新知识又快又好地运用到工作实践中。

三是以提高执政能力为核心，强化机关干部队伍建设。坚持以科学发展观和科学人才观为指导，坚持正确的用人导向，坚持德才兼备、以德为先的用人标准，严格按照《党政领导干部选拔任用条例》规定选拔任用干部，让想干事的有机会、能干事的有舞台、干成事的有地位，使那些

实绩突出、群众公认的优秀人才脱颖而出，大力营造解放思想、干事创业、开拓进取的良好氛围，进一步激发干部队伍的主动性和积极性。

四、与时俱进，供给侧性改革，打造一流的人才队伍

中共中央办公厅、国务院办公厅印发的《关于实施中华优秀传统文化传承发展工程的意见》中明确强调："加强党史国史及相关档案编修，做好地方史志编纂工作，巩固中华文明探源成果，正确反映中华民族文明史，推出一批研究成果。"这是又一次从国家层面明确了地方志在建设社会主义文化强国，增强国家文化软实力，实现中华民族伟大复兴中国梦的重要作用，这是地方志事业发展进程中又一件足以载入史册的大事，对在全国范围内全面推进地方志从一项工作向一项事业转型升级具有十分重要的意义。增强专业技术人才资源配置机制活力，完善人才培养、吸引、使用、评价、激励办法，广开举贤荐能之路，拓宽人才选拔来源。请全国的知名学者、专家授课，定期举办高级研修班，了解史志事业发展的前沿，接受史学界的新思想、新思路、新举措。

一是借助党校、行政学院等培养干部的载体，提高干部贯彻落实党的路线方针政策的执行能力；二是从高等院校毕业生中选拔有志于修志事业的人才，逐步改善修志队伍的年龄结构和知识结构；三是建立联席会议制度，在党委领导、政府主持的修志格局下，利用报纸、电台、电视台、网络等媒体发动社会力量，吸收高等院校、科研机构的专家学者和有业务专长的人员参与修志，定期召开联席会议，建立方志专家信息库；四是加大经费投入。把人才建设投入上升为战略性投资；五是加大队伍培训力度，进一步完善教育培训制度，有计划、分步骤实施对全省志鉴业务骨干的培训；六是鼓励和支持地方志工作者接受继续教育；七是建立健全人才评价和激励机制。

通过加强人才队伍建设，政治上坚定了，作风上务实了，能力上提高了，一定会出现省内领军、国内领先的学术带头人；一定会出现年富力强、素质优良的青年理论骨干；一定会出现人才结构合理、队伍梯次明显、事业发展后继有人的科学配置。

"日出江花红胜火，春来江水绿如蓝"。展望未来，新时期地方史志工

作者的使命更为光荣，任务更为繁重。建设一支高素质的优秀人才队伍，解放思想、干事创业、开拓创新，把精力用在干事创业上，把心思用在无私奉献上，担当起史志事业科学发展的重任，布新局谋新篇。我深信，全省史志事业一定能开创更加美好的明天！

财务原本无趣　也能赢得精彩

王　芬

王芬，女，1977 年 8 月出生，山东成武人，大学学历，中共党员。毕业于山东财政学院金融系，1996 年 6 月加入中国共产党，1996 年 7 月参加工作，2009 年考取高级会计师，现任省史志办人事秘书处副处长。独立撰写《改进现行事业单位会计制度的思考》获山东省会计学会论文成果一等奖，《新时期会计人员的继续教育》获论文成果优秀奖。多次被省财政厅、统计局等部门评为先进个人，多次获得省政府办公厅嘉奖，获记三等功。

光阴荏苒，从事史志工作已逾二十载，从青涩懵懂到明了不惑，从会计核算到财务管理，我伴随着史志事业一起成长。这几年的史志工作很精彩，尤其是 2013 年以来，全省方志人在刘爱军主任的带领下，围绕中心、服务大局、改革创新、锐意进取，各项工作取得显著成绩，创造出“山东经验”，走在全国前列，经费保障作为不可或缺的组成部分，为各项事业的发展打下坚实基础。我办财务管理严谨规范，特别是近几年，在爱军主任高标准严要求的科学管理下，财务工作在“艰苦、清苦、辛苦”

中取得了成绩，也很精彩。一路走来，感慨颇深，感恩关心帮助、伴我成长的领导和同事们，感悟史志工作中的困难与进步、挫折与成绩、泪水与欢笑、收获与感恩……。回顾往昔，成功从来没有捷径可寻，精彩只眷顾勤奋之人，唯有努力与再努力，抓好学习，抓好业务，不忘初心，继续前行。

一、夯实基础，融会贯通，提升学习能力

学习是一种态度、一种习惯，更是一种能力。“人有知学，则有力矣”，日新月异的社会进步，不断深化的财税改革，学习新知识，掌握新技能，是新时期做好财务工作、提升履职能力的基础。

一要重视理论知识学习，提高政治水平和理论修养。理论修养是干部综合素质的核心，是政治成熟的基础。通过深入的政治理论学习，提升政治理论修养，牢固树立正确的世界观和事业观，培养宽阔的胸襟与眼界、高尚的思想情趣、艰苦朴素的生活作风，提高政治敏感程度，开阔思维视野广度，升华思想境界高度。“为学之实，固在践履”，工作中要学以致用，要把辩证思维、战略思维、全局思维、创新思维融入实践中，尤其要努力学会运用马克思主义世界观、方法论观察时代发展趋势，努力掌握更多新知识、新技能，增强工作的原则性、预见性、主动性和创造性，提高对实际工作进行战略思考和政治决断的能力。

二要加强业务知识学习，提高专业技能和水准。中央“八项规定”“厉行节约反对浪费”条例等制度严厉推行，国家财税体制改革及省委、省政府预算管理制度改革深入推进，学习掌握财政新制度、新政策，牢牢抓在手里、记在心上、熟练掌握、灵活运用。广泛研读历史、法律、经济、科技、文化等各方面书籍，深入钻研财务管理、内部控制制度建设等业务知识与政策法规，融会贯通，学以致用，以新理念应对新形势，用新思路解决新问题，适应新时期财务工作的新要求。

二、开拓创新，奋发有为，提升履职能力

履职能力是能够胜任本职工作的能力，要在决策过程中体现专业理念，在部署工作中体现专业素养，在执行落实中体现专业水准，创新工作思路，提升专业技能，用一颗满满的“责任心”，努力做好业务

工作。2013—2015年考核优秀，获得省政府办公厅嘉奖，2015年获记三等功。

一是“全心”抓好财务管理。加强财务管理、规范支出行为是做好财务工作之根本。严格执行《山东省实施〈党政机关厉行节约反对浪费条例〉办法》，以及会议、差旅、培训、出国、外宾接待、出国培训等六项经费管理制度。规范内部控制，防范经济活动风险，严格按标准开支，遏制超标准行为。近几年重点费用的实际支出，较年初预算相比呈明显下降趋势，例如2016年：会议费减少14.8%，培训费减少2%，公务接待费减少20.2%，公车运行费减少3%。

二是“细心”编好预决算。夯实预算编制，是落实预算“执行快”“绩效好”的前提。做好预算编制工作，一是突出一个“早”字。尽早完成系统编报预算，是财政绩效量化考核的标准之一。在省财政厅部署编制预算任务之前，就要着手进行准备工作，认真学习和掌握省级部门预算编制规定，按照科学化、精细化、规范化要求，详细分析当年预算执行情况，结合办公室实际，拟定下年预算编报方案。二是做到一个“实”字。切实夯实基础信息库数据和信息。对基础数据、专项数据进行认真录入、审查、细致把关。加强与人事部门的沟通，人员情况有变动的，附增减人资料，并相应变更基础信息库的人员信息。三是体现一个“细”字。强化项目支出规划论证，明确和细化绩效目标、实施计划、时间进度及资金需求等，区分“轻重缓急”申报项目，保证预算的科学性和可操作性。积极贯彻落实《政府采购法》，按规定编制政府采购预算，进一步提高政府采购预算的科学性、准确性，确保年初预算与年度执行相衔接。四是力争一个“紧”字。跟紧省财政批复预算的步伐，与财政厅相关处室多沟通、多交流，早得信息，早做工作，避免信息滞后带来的工作被动。积极争取资金，为史志事业发展提供充足的经费保障。

预算编报的成功有否，体现在经费的争取力度。近年来，史志事业长足发展，在普遍核减业务类专项经费的情况下，我办专项经费一直保持增长趋势：2014年较上年同比增长4.6%，新增了方志馆扩容增藏项目；2015年较上年同比增长48.4%，新增了6个专项：《山东年鉴》编纂出版、

《山东历代旧志集成》整理、抗战胜利70周年纪念活动、抗战宣传片制作、齐鲁历史名人动漫片制作、职工宿舍供暖改造工程；2016年较上年同比增长12.7%，新增了4个专项：山东省情资料库维护与志书数字化、《史志年鉴》《省情概览》编纂出版、《援疆志》《援藏志》编纂出版、方志馆中央空调安装与装修工程；2017年较上年同比增长42%，增加了3个专项：《根据地志》《解放区志》编纂出版、补充印刷首轮《山东省志》《齐鲁历史名人传略》出版项目。

根据中央“八项规定”以及“厉行节约反对浪费”各项制度规定，按照省财政要求，科学编制年度决算，严格各项列支，保证各项重点数据坚决不超标，及时编制决算公开相关报表与附报材料，按要求在门户网站面向社会公开。因决算编报工作的精准、快速、高效，2009、2011、2014、2015年，我被省财政厅评为“省直部门决算先进个人”。

三是“竭心”跟紧项目执行。预算执行进度一直以来是财政最为头痛的问题，“狠狠要钱，不会花钱”是预算单位普遍存在的现象。如何规范、科学、足额地使用财政经费，既能保证事业发展的各项资金需求，又能做到规范列支，且年底没有结余结转资金，是抓好预算执行的重中之重，也是财政预算量化考核的重要指标。狠抓预算执行，一是根据年度工作任务制定预算执行计划。年初预算下达后，立即结合实际工作计划，全面分析年度预算情况，向领导请示汇报年度预算的执行和落实问题。区分事项的“轻重缓急”，以收定支，统筹考虑，保证重点，尽早地开展各项业务，使预算执行进度稳中有进，极大提高资金的使用效益。二是督促各有关部门加快项目执行进度。对于财政批复的预算指标，及时下达给下级预算单位，加强预算执行的监督管理，强化预算执行分析和信息反馈，与各部门多沟通、多交流，及时了解各业务项目进展情况，督促加快资金执行进度。三是尽早开展政府采购工作。针对政府采购程序多、手续杂、审批慢、时间长的特点，采取预算下达前用“预采购”、预算下达后“催进度”的方法，抓紧实施采购。熟练掌握并灵活运用不断更新的政府采购政策，充分协调各有关单位，按计划按流程做工作，确保高质量的采购结果。例如：预算年度内，一般在6月底前完成鲁财预指 1 号文件的 90% 采购项目的合同签订，年底前完成全部采购项目的付款，均无结转项目和未采购完项目，这样又快又好的采购预算执行，走在省直部门采购预算执行的前列。

根据 2011—2016 年省财政厅年终统计数据，我办预算编制与执行情况好、进度快，无结余结转资金，在年度财务量化考核中，财务管理综合考核成绩优秀，获得通报表扬，其中，2011、2014 年我办被省财政厅评为“预算编制和财务管理先进单位”，分别获得办公经费与业务经费指标的奖励。

四是“用心”推进政府购买服务。2015 年，我省省级政府购买服务工作刚刚起步，大多数预算单位还在观望时，我抢抓机遇，积极研究政府购买服务的各项政策规定，按照省财政厅部署，针对我办实际情况，大胆尝试编制政府购买服务预算，顺利通过政府购买服务审批，加快预算执行进度，规范支出行为。年度执行中，根据临时增加的工作任务，随时申请政府购买服务计划，通过购买服务批复，规范、快速、高效地完成年中追加的新任务、新项目，使我办成为第一批敢于吃螃蟹的单位，也是第一批受益的单位。2015 年政府购买服务项目占专项资金的 37%；2016 年政府购买服务项目占专项资金的 30%。

五是“尽心”完善内部控制。按照省财政要求，将预算、收支、资产、基建、政府采购、经济合同等行政事业单位重点管控业务和事项，逐一纳入统一的管控体系：梳理单位的组织结构和经济管理结构，建立内部控制体系；识别单位业务活动风险点，建立风险信息库；根据风险信息库，选择具体应对措施，建立内控手册；建设信息化平台，确保内控手册落地；对单位内控制度设计与实施进行监督评价。完善内部控制体系，实现财政管理各相关政策规定的有机衔接，提升综合治理水平，强化财务管理，促进依法行政。2016 年 12 月，省财政厅开展行政事业单位内部控制基础性评价活动，我办内部控制工作综合得分 91 分，成绩优秀。

“博学之，审问之，慎思之，明辨之，笃行之”。今后，我将继续抓好学习，抓好业务，不忘初心，继续前行，为落实完成二轮修志、综合年鉴“一年一鉴”全覆盖、方志馆建设的“三全”目标策马扬鞭，为推进我省史志事业转型升级创新发展做出应有贡献。

有感省政协副主席陈光 2016 年对我省史志工作的批示："史志工作本无波澜，省史志办却搞得风生水起……"，我深深体会到：财务工作本是枯燥乏味，也能做得精彩纷呈。

史 者

许学梅

许学梅，女，1976年9月生，山东济阳人，中共党员，大学学历。1997年7月到省史志办参加工作，先后从事机要、档案、保密、老干部、人事等工作。曾获全省档案工作先进个人、全省保密工作先进个人等荣誉称号。现任人事秘书处副调研员。

“开辟草昧，岁纪绵邈，居今识古，其载籍乎？轩辕之世，史有苍颉，主文之职，其来久矣。《典礼》曰：‘史载笔。’史者，使也。执笔左右，使之记也。古者左史记事者，右史记言者。言经则《尚书》，事经则《春秋》也。”（《文心雕龙》）1997年我来到省史志办成为一名史者，至今已有20个年头，由原来对这个单位的一无所知，到现在已深深地爱上了史志工作，并全身心地投入到这项工作之中。

史志是中华民族五千年文化中的瑰宝，也是中华民族五千年文明史的结晶。中华文明源远流长，五千年的沧桑凝成一部厚重的历史。史海徜徉，感受中国古老的文明，目光穿越文字，思绪超越时空。深深浅浅的文字里，记载着沧海桑田的变换更迭、历朝历代的沿革兴替、仁人志士的高风亮节、炎黄子孙的丰功伟绩。历史为我们展开一幅幅波澜壮阔的画卷。司马迁“网罗天下放失旧闻，略考其行事，综其终始”，终成《史记》，成为中国史学上的一座丰碑，被鲁迅称为“史家之绝唱，无韵之离骚”。汉朝历史学家班固说司马迁“其文直，其事核，不虚美，不隐恶，故谓之实录”。司马迁实事求是、秉笔执书的从业精神，为后世编史修志者所景仰，也愈发觉得自己所从事修志事业之严谨。古人云：“治天下者，以史为鉴；治郡国者，以志为鉴”，史志历来是各级决策者资政借鉴的重要工具。盛世修志是中华民族千百年来的优良传统，具有十分重要的资政、存史、教化功能。

作为一名史者，需要有高尚的品质和渊博的知识。品质是史志工作的灵魂，知识是史志工作的基础。要有求真务实的品质，无论是对志书资料和内容的处理，还是记载事物发展都要全面客观、精心考证，不能由于自身工作的疏忽懈怠，造成志书资料的“缺苗断条”，甚至“失真”；要有秉笔直书的勇气，不为尊者讳，不为亲者讳，使志书真正经得起现实和历史的检验；要有深厚的知识积累，史志工作涉及经济社会的各个层面，想编出一部好志书，不仅要吃透地情，还要掌握一定的自然科学、社会科学和史志专业理论。

作为一名史者，要有自律意识、创新意识、奉献意识和团队意识。编史修志要具备“史德、史识、史学、史才”，其中“史德”是史学家章学诚在其他三项的基础上提出来的，是从品德和思想方面对修志者提出的要求。地方志是信史，又是官书，具有权威性、严肃性、实用性、科学性。这就要求史志工作者要有高尚的道德、良好的自律意识、尊重客观规律，按照事物的本来面目书写文字。省第十一次党代会报告明确指出：“建好用好各级各类文化场馆，完善博物馆体系，推进档案、地方史志等事业创新发展。”地方志要在“五大建设”总体布局和“四个全面”战略布局中发挥与其自身价值、功能相匹配的作用，就要因时而谋、乘势而上、顺势而为，充分挖掘、开发利用地方志资源，全面推进地方志事业转型升级。我们要坚定信念、转变思路、胸怀全局、着眼长远，围绕经济社会发展大局，构建修志编鉴、开发利用、网馆库建设、理论研究等地方志事业发展综合体系，把地方志事业做大、做强。在平时的工作中要学会用创新思维和方法研究问题、解决问题，科学把握事物变化发展规律，由被动完成领导交办的任务向自觉开动脑筋、积极作为、创造性地开展工作转变，增强史志事业转型升级的内驱动力。奉献是一种工作的美德。作为一名史者，要能深入基层，搜集史料，核查事实，辨别真伪；兢兢业业、认认真真编史修志；要为史志辛勤操劳，淡泊名利、默默无闻、埋头苦干；要为提高志书质量、维护修志工作的声誉，绞尽脑汁、出谋划策。团队的好坏决定史志事业的兴衰、成败。一个民族要强盛、要发展，必须以民族精神作为支撑;同样一部良志佳作的问世，也必须依靠团队精神。在工作中，要与每一名同事团结协作，共同建设一个风正、气顺、心齐、劲足、团结、和谐的集体。领导与同志们之间，同志与同志之间，互相关爱，互相包容，相互沟通交流,营造一个宽松的工作环境。面对编纂志书横陈百科的内容，大家要把心思用在事业上,团结一致，知难而进,自觉加压,发扬团队精神，使各项工作得以顺利开展。

作为一名史者，要树立终身学习的观念。史志工作博大精深，任何时候，不要忘记学习，它会使你终身受益。同时，还要多动脑，善于学习、勤于思考、勇于实践、及时总结，知其然也知其所以然。学习的最高境界就是把学习当作一种乐趣、快乐、幸福，使学习贯穿于生命的全过程，让学习成为自然，成为习惯。从书本上学，在干中学，在学中干。深入学习史志业务知识，广泛积累经济、政治、文化、社会、生态文明以及哲学、法律等各方面知识，提高专业水平，努力成为史志专业的行家里手。

作为一名史者，准确、客观地记录历史是使命，更是责任。今天遇到的很多事情都可以在历史上找到影子，历史上发生的很多事情也可以作为今天的镜鉴。重视历史、研究历史、借鉴历史，可以给人们带来很多了解昨天、把握今天、开创明天的智慧。这就是修史编志的意义所在。

我深深地热爱着这项事业，因热爱而执着，因责任而淡定。成为史者，是我的夙愿和缘分；与史志同行，我无怨无悔。

过去的记忆

孙　杰

孙杰，男，中共党员。1958年6月生，1975年11月参加工作，1976年11月入伍，1982年复员到省气象局，1989年4月调入省地方史志办公室至今，现任人事秘书处主任科员。

时间过得真快。我是1989年4月到省史志办工作的，到现在整整28年了。28年来，我和同志们一道，在史志队伍里共同摸爬滚打，一同努力，一同拼搏，共同见证了全省史志事业从小到大、从弱到强、从名不见经传，到成为全国史志事业领头羊。如今，山东史志事业在各级党委、政府的正确领导下，一步一个脚印的跨越式发展，对全省经济和社会发展影响力越来越强，贡献率越来越大，得到省和国家领导人的高度重视，山东模式、山东经验已在全国推广，"有作为才有地位"这个几代史志人坚持不懈的追求正充分成为现实，我作为一名史志人感到无比欣慰与自豪，这是全体史志人共同努力拼搏的结果。眼看即将退休离开这支队伍，借此机会，从我自身角度出发，谈几点自己从事史志工作以来的想法、做法和感悟。

一、既然来了，就要认真干好。来史志办以前我在省气象局气象台工作，工作三班倒，离家比较远。那时父亲在省府办公厅工作，我想借这个机会托父亲的关系调我到办公厅。父亲对我要求向来严厉，说了几次也没有结果。有一天，我鼓足勇气又向父亲提起调动的事，父亲沉思了一会儿对我说：我在办公厅你就不能到这里来，机关要求避嫌。要来，也只能到下属事业单位去。就这样，想来想去，我于1989年4月由省气象局调到省史志办工作。当时的史志办工作环境和条件与现在比起来很差，每个办公室几乎都放着单人床供单身人员使用，有的办公桌椅用木棍绑着。我被分配到业务量不算大的年鉴处从事年鉴编辑工作，乍到新的工作岗位一切觉得新鲜，干起编辑工作来还能坐得住。谁知，时间不长，新鲜劲过去了，面对枯燥的文字和稿纸，工作劲头大不如以前，编辑过的稿件错误百出。领导和同志们看出我的问题，就及时找我谈心，反复给我讲正确对待史志工作艰苦、辛苦、清苦和史志工作的重要意义，对我工作不仔细、不认真、开小差的问题提出批评，鼓励我好好工作，渐渐地，我端正了思想认识。为了尽快胜任工作，我就认真学习业务规范，虚心向老同志学，向熟悉编纂业务的同志学，把他们编辑的稿件带回家，利用业余时间反复学习对照寻找差距。经过一段时间学习，最终在很短的时间内熟练掌握了编辑业务，独立承担编辑工作。渐渐地，我端正了思想认识，坚定了在史志队伍里无论从事什么工作，都要认真做好的信心和决心。

1993年我被办公室抽调参加金鸡岭宿舍基建，这项工作对我来说就是擀面杖吹火——一窍不通。首先面临的困难是基建地点位于山脚下的一片荒废的山洼地，地的上空是11万伏高压线走廊，地下是一人多高的荒草，踏进去基本见不到人。当时正值夏天，为了尽快测量出土地面积，为绘制基建图纸做准备，我顶着炎炎烈日，不顾荆棘扎身和蚊虫叮咬，与测量队的同志扛仪器、拉皮尺，穿梭在荒草中间，全然不顾脸上、胳膊上、身上、腿上尽是被荆棘划出的血痕和被蚊虫叮咬的大包。到了冬季，为了防止电缆迁移和基建物资丢失，常常和其他同志一起顶着风雪巡查工地。那次基建是办公室有史以来第一次，基建工程面对的头绪多、问题多、困难大，跨越时间长，困难是多方面的。记得带领我们一起搞基建的是人秘处副处长刘德荣同志，回想起这位同志，他作风朴实泼辣，吃苦耐劳，平易近人，善于组织协调。面对困难他集思广益，出谋划策，坚持不懈，最终在他的带领下，经过八年奋斗，终于在2001年完成基建任务。以后又相继完成了其他宿舍建设，从此大家住进了史志办自己建设的宿舍。

从1989年到2017年的28年中，由于工作需要，我先后做过年鉴编辑、参加过实体筹建，做过实体经营和管理、宿舍基建、公务车辆管理使用和公车改革、工会工作以及政府采购等多项工作，在领导和同志们的帮助教育下，不论干什么，我都能服从调动，听从安排，无论做什么，都能做到干一行爱一行，干好一行。为此，领导和同志们给了我很多荣誉，赢得大家对我的尊重。我深深知道：每一项荣誉的名字虽然是我，但背后的成绩应该是大家共同努力的结果，没有大家的支持帮助就没有我的今天。

二、正确看待身份和职务。人生在世谁都有点个人利益，特别是作为一名机关工作人员，在身份变更、职务晋升这些人生重大问题上更是迫切盼望和孜孜不倦的追求。我1989年4月到史志办，1994年成为正科级干部，由于以工代干身份受政策规定限制难以改变等原因，预示着我今后无论怎样都将与提拔晋升无缘。看到身边很多工作年限比自己晚的年轻同志不断得到提拔重用，我心里既为他们高兴，又暗暗为自己不平。那些年这简直成了我的一块心病，有时也寝食难安。其实说起来即使受当时政策规定和单位实际情况限制，我转干的机会也还是很多的，曾经有几位领导对我转干表示同意认可。但是，我想来思去，作为一名党员，作为一名曾经到过对越自卫反击战前线，耳闻目睹过战友受伤、牺牲的战士，怎么只考虑个人得失而置政策规定和单位实际困难于不顾呢？经过反复多次思想斗争，我最终端正了思想认识。首先要调整好心态，保持一颗平常心。人这一生面对的情况非常复杂，其中有工作方面的、个人素质方面的，也有环境机遇、政策规定方面的，等等，不管遇到什么情况都要冷静认真地对待。再是调整自己的攀比心态，看你和谁比、比什么、怎么比，只有参照物选对了、选准了，才能比出干劲、比出快乐、比出水平。我作为一名党员，政策规定面前只能选择认真遵守，而不能只是为自己的名利今天想明天想，天天想着自己的事。只有当自己的愿望与实际情况产生差别时，保持一颗平常心，正确对待得与失才是可取的。职位的高低是一个干部在顺境中成长的里程碑，更是一个干部在逆境中前进的试金石。

细细回想起来，这件事也算是我一生中到目前为止遇到的最大的波折，虽然失去了很多提拔进步的机会，但使我从中明白了很多做人做事的道理，在原则面前经受住了考验。

三、大家和睦相处就像一家人。到今天，我在史志办工作整整 28 年，28 年来我感受最深的一点就是大家的团结和谐，相互支持，相互帮助是我们工作的基础。我们常说团结就是力量，团结是做好工作的基础，团结在很大程度上关系到事业的兴衰成败。其实这个基础就在我们工作生活中的点点滴滴。从一个真诚的问候、一个真诚的微笑，到工作、生活上的相互帮助、相互支持，都能真实地反映出我们内在的团结和谐。记得很多年前，我们一个同志刚从外地调来我办工作，他家庭比较困难，在农村上四年级的孩子转来上学，正为急需 1 万元转学费着急。我知道此事后，经和家里商量，立即将 1 万元现金送到这名同志手中，帮助这位同志解了燃眉之急。大家都是来自五湖四海，经历不同、性格不同、脾气不同、从事的工作不同，没有哪项工作能靠个人单独完成。平时遇到大家工作、生活的困难，搬搬抬抬需要帮助的，我都是主动搭把手帮助完成。时间长了，我这样对待同志，同志也这样对我，每当我工作遇到困难时，大家同样是积极相助。记得 2006 年夏天，全国年鉴工作会议在济南召开，报名参会的代表近 300 人，需要到汽车站、火车站和机场接送站。当时我负责接送这项工作，在车辆极其有限的情况下，同志们冒着酷暑，团结协作，吃喝在场站，经过前后 4 天的忙碌，终于完成了与会代表的接送站任务，会后受到中指组领导和其他省市领导对山东的表扬。这样事情很多很多。这么些年来大家对我的帮助、支持和尊重我时刻记在心上，永远不会忘记。我深深懂得：工作在一个风清气正、团结和谐、互相信任的队伍里，就心情舒畅、浑身有使不完的劲，就可以集中精力做事，一心一意干事业、做工作。相反，在一个矛盾重重、关系紧张、彼此猜忌的环境里，就会心情压抑、精神沮丧，难以集中精力投入工作，自然事业也就无法成就。正因为如此，办公室高度重视团结，把团结作为“六讲”的重要内容落实好。我们要高度重视团结，就要时刻认识到主动加强团结、自觉维护团结是我们大家的一份责任。要履行好这份责任，就要大力发扬民主、团结共事的良好风气。我们每个人的工作经历、成长过程、认识水平各有不同，看问题难免有这样那样的意见分歧，工作难免磕磕碰碰。所以，我们要努力创造良好的工作环境，用谅解、包容态度去看待他人的缺点和不足，做到容人、容言、容事。坚持大事讲原则，小事讲风格，一般问题讲感情、讲友谊，自觉营造不利于团结的话不说、不利于团结的事不做、团结共事的良好风气。

如今，28 年过去了，这是我工作时间最长的一段经历，再过不长时间我就要退出史志这支队伍。我将永远不忘人生中的这段宝贵经历，不忘跟大家一起共同奋斗的难忘时光，不忘大家对我的帮助、支持、信任和尊重。发扬史志精神，努力把自己今后的人生道路走正、走好、走长远……

做好财务工作　服务史志事业

朱　俐

朱俐，女，汉族，1969年7月生，中共党员，本科学历。1989年12月，在重汽集团参加工作。1998年调省年鉴信息中心从事年鉴彩页文字资料录入、图片资料整理、设计和发票开具等工作。2000年起，在省史志办从事现金出纳、工资发放、公积金、社会保险和劳动工资统计等工作，现任人秘处主任科员。

盛世修志。方志是一方一地的地情历史，是中华文明的一朵奇葩，它具有存史、资政、育人、教化的作用，从事这一神圣事业，让人感到由衷的自豪。我与史志的结缘是从1998年开始的，伴随着与方志20年的结缘，使我看到一批批来自五湖四海的修志人，他们学历高，知识渊博，工作责任心特强，他们平常交流最多的就是志书撰写体例和编纂方法。为加快修志编纂出版进程，他们经常加班加点，默默无闻地在自己的战线上奋斗着、奉献着，谱写一曲曲平凡的耕耘者之歌。他们将赤诚与奉献连在一起，无论是严冬还是酷暑，都坚守在这块阵地，在厚重的书卷里记录时代日新月异的脚步，编写着历史曾经的伟大与荣光，除了比其他人具有更多知识外，更是有着一种宽阔的胸怀；除具有较强的专业知识和业务素质外，更有着对史志工作的热爱和修志人特有的使命感和责任感。他们将各种原始的、粗糙的资料加工成优秀的志书，耐住寂寞，守住清贫，默默地辛勤地耕耘，心甘情愿地将汗水浇灌在厚厚志书的字里行间，每一部志书都凝聚着方志人员的心血和汗水。正是他们具有的这种高尚的职业道德，把修志作为一项事业、一种责任，默默无闻、无私奉献着，才有了许多精品志书。

方志人的这种淡泊名利、宠辱不惊的事业心态，求真务实的工作作风，默默无闻的奉献精神，不断激励着自己，鞭策着自己奋发学习，自我加压，不断丰富自己的文化知识和素质；同时也教育着我更加努力做好自己的本职工作，为方志事业、为方志人服务好、保障好，成为名副其实的方志人。

一、尽职尽责，做好本职工作

我一直从事财务工作，具体承担着现金结算、工资发放、养老保险、医疗保险、职工住房公积金、公务卡管理等职责。这些工作量多事杂，要么关系着职工的切身利益，要么关系着方志工作的后勤保障。为此我时刻牢记自己肩负的光荣使命，树立为方志事业服务的意识，虽然不在史志工作一线上，但及时做好各项财务服务保障工作，解除方志人的后顾之忧。

财务工作像年轮，一个月工作的结束，意味着下一个月工作的重新开始，工作量大且繁忙，同时财务工作也是一项专业性较强的工作。资金结算是财务工作的重要组成部分，是财务核算的基础工作，具有繁杂、琐碎和政策性强的特点，是保障单位后勤工作的重要环节。多年来的工作实践，使我深深地体会到自己岗位的价值，从没有因为个人私事而耽误过工作。日常业务中，主要是办理现金收付、银行结算和票据管理等业务，平时报销要仔细注意审核报销凭证，每一张发票、每一个数据、每一项内容都必须熟知，根据财务制度和领导审批据实报销。要按照会计工作规范化的要求做好会计工作，首先，认真审核原始凭证，看发票是否真实合法、发票的出具人是否是发票的合法使用者，有无变造、涂改等，持票人是否与业务内容有关等。其次，仔细整理票据，每个月底，按照会计科目认真整理每一张单据，经汇总后，及时传递，交会计记账，积极配合会计做好核算工作，为编制会计报表提供可靠依据。最后，认真管好现金和票据，做到现金日清月结。每天仔细盘点现金，做到账证相符，账实相符。对空白收据严格管理，对外开据单据的数量、单价、内容书写整洁规范，月底及时与银行对账核对，定时清理未达账款。为了确保结算不出差错，自己每时每刻都踏踏实实做事，做到细心再细心，始终做到以敬业、热情、耐心的态度投入到本职工作中，对待前来报账、查询等其他业务的职工，做到热情服务、周到细致、耐心讲解。

工资发放是一项枯燥、烦琐的工作，没有惊天动地的光辉业绩，没有催人泪下的感人故事，有的是那些无穷无尽的数字信息，置身其中，寂寞冷清。但因工资关系到职工的切身利益，做好这项工作，也是一项让人心动、让职工暖心的工作。职工对个人工资关注是比较敏感的，工作做好了，大家觉得是应该的，一旦出错了，牵扯到个人利益，工作就得不到信任。为此，无论是工资制表、工资上报业务，还是每月代扣代交职工住房公积金、职工医疗、失业、养老、工资个人所得税等业务，每季代扣职工水费、电费、物业费等业务，每年发放、代扣采暖费等业务，都必须要具有高度的责任心，谨慎再谨慎，仔细再仔细，认真计算每一个数字、核对每一个项目，确保万无一失，不能出现任何差错。

医疗、养老保险工作是另一项关系职工切身利益的工作。我经历了难忘的医疗、养老保险启动工作，从最初单位社保证办理、每位职工医保卡发放，到数据库建立，整理每个人的档案信息，认真核实个人信息，输入系统，测算每个人的工资基数，到最后签字确认，面对上万个数字计算，稍有不慎，就会出错。工作中花费了巨大的精力，期间加班加点，连续几十天，累得眼睛、肩膀酸痛，一遍又一遍核对，及时准确完成上报工作。看到广大职工按期拿到社保卡后开心的笑容，我感到自己付出的艰辛劳动是值得的。在平时为职工办理大病保险、异地急诊等医疗保险日常工作中，根据情况认真填写报销申报表，耐心给职工整理病历单据，符合报销标准的，及时送社保局办理报销手续。每年按时完成医保、养老基数稽核工作，把每人一年的工资数据按保险要求纳入的项目分项汇总，测算缴费基数，最后每位职工签字确认，报送社保局稽核，通过后调整新一年的基数，每月以此为标准上交社保费。每月按社保局要求认真上报退休人员工资，及时办理增减员，完成年度内退休人员调资工作，保证按月准时发放。社保工作千头万绪，与个人利益关系密切，情况复杂多变，但自己树立为干部职工服务意识，克服办事路途远的困难，不顾寒冬酷暑，一趟又一趟跑社保，一排队就是一个多小时，办一项业务就是大半天，尽管如此都能尽早尽快认真完成了社保各项工作。

二、加强业务学习、不断提高业务水平

二十世纪九十年代，我们会计核算采用手工记账，工作方式虽显得有些原始，但相比而言，又觉得比较单纯和简单。进入新世纪，各种财务软件陆续推出，各种会计报表大都使用软件，电脑人手一台，工作事项越来越多，越来越细。这就需要不断提高自身素质和业务能力：一是加强学习，认真领会各项财经纪律规定，做到成竹在胸。近年来，随着省财政推行部门预算、国库集中支付和公务卡结算等改革措施，实施新行政事业会计制度，推行会计核算新方法，国家、省出台大量的制度规定，因此，为适应工作的需要，自己认真学习各项制度规定，努力钻研业务，不断更新业务知识，不断提高服务的本领和能力。二是财务工作十多年来，已发生了很大的变化。要活到老，学到老，认真思考工作方法，做到熟能生巧，巧能生精，经常总结自己的工作，经常回头看，温故知新。

总之，在干好工作的同时，努力提高个人服务水平和素质。工作中自己摆正位置，廉洁自律、谨言慎行，恪尽职守，严格要求自己，努力打造踏实稳健的工作作风。服从领导安排，搞好本职工作，多向领导请示汇报，配合其他科室搞好服务工作，争取领导和同志们的理解、信任和支持，促进工作顺利开展。工作中我深深体会到学无止境，深深体会到财会知识在工作中的重要性与作用。平时在提高专业技能的同时，不断更新自身知识结构，做好本职工作，奉献史志工作。把简单的事情做好就是不简单，把平凡的事情做好就是不平凡。我要在这平凡的岗位上履职尽责，为史志事业贡献自己的力量。

史志工作的螺丝钉

刘军玲

刘军玲，女，1973年生，山东成武县人，中共党员，本科学历，高级会计师。1991年参加工作，1996年进入史志系统先后从事财务、人事、文件管理、妇女儿童等工作至今。

弹指一挥间，青春即逝，忆当年进入史志战线时还是少不更事的懵懂少年，经过这些年的感染与洗礼，我深深地了解和热爱上史志事业。史志使人明智，读史使人知过去、品得失、除恶扬善、承前启后，从而更好地走未来的路，说到底，说过去是为了更好地了解现在和将来。是一个精神强大的民族传递正能量的有效途径之一。这就是通常说的历史的作用。中国古代的教育就是读经看史，读史就是从过去看将来！随着社会的发展，尤其是时代的更迭，必须把哲学、历史政治、社会科学、宗教、民风民俗等文化，挖掘、梳理和记录下来，这就要修志。这是一项连接历史、现实和未来的系统工程，是对历史负责、为现实服务、替子孙探路的光荣而艰巨的事业。我为有机会参与和从事这一系统工程和伟大事业而感到光荣和自豪。我愿意为此奉献自己的毕生精力。

一直以来在人秘处从事办公室工作，正是由于满心热爱，满腔热情化为工作的动力，哪里需要奋战在哪里，回想这些年，零零总总地干了多个工作，把自己锻炼成了工作中的多面手。

在学校里学的是财会专业，从事会计工作后，身知肩负的重任，为了更好的工作，业余时间，大学校园里、社会培训机构中、深夜家里的台灯下都是我学习的身影，功夫不负有心人，陆续取得了助理会计师、中级会计师、高级会计师职称，这也使得工作得心应手。从事事业单位预算会计工作，对单位全年经费预算、年中预算执行，年底决算，精打细算，年年做到预算合理，收支平衡。从事企业会计工作，利用所掌握的专业知识，为企业经营出谋划策，开源节流，从财务方面，保障单位的相关工作顺利开展。2013 年又逐步接手了妇女、儿童、计生工作、企业人事档案工作，为保障妇女儿童及企业人员切身利益做了许多切实有效的工作。职工发生工伤在医院走了医保报销程序，为保障职工利益最大化，我积极拜访管理单位，学习相关文件，多方协调争取，解决了工伤待遇。适龄儿童入园、育龄妇女管理、计划生育、优生优育，不断的学习，不断的提升，各项工作顺利完成。

2015 年，根据省里的要求，我单位决定注销两个已经成立二十多年的老企业。老企业在人事、债务、税务等方面历史遗留问题比较多，解决这些问题非常困难。这艰巨的任务交给了我，在领导的大力支持下，我拿出敢打硬仗的精神，不畏困难，迎难而上。无路开辟新路，没办法创造办法，终于问题一个个解决，手续一步步办理，把似乎完不成的任务圆满完成。当拿到注销证明时，深深感慨：世上无难事，只要肯登攀。在办理企业注销工作的同时，多年遗留的欠缴职工养老保险金事宜得到领导重视，决定补缴，这一工作也当仁不让地落在我身上。以往欠缴，是当时存在客观情况，一二十年的问题，现在来解决，不是一蹴而就的。职工当时所在单位与现在单位不一致、户口所在地受限、工龄等诸多因素，制约着补缴工作的开展，一度此项工作无法进行，在领导从实际出发、开拓思路、多方协调的意见启发下，我翻查三个公司二十多年的工资发放原始凭单，为补缴提供了有力证据，分别为职工在本地或户口所在的异地补缴了所欠款项，确保了企业职工社保缴费的连续性，保障了职工的切身利益。在缴费手续办理中，与人事部门信息处核对，发现企业员工的档案信息非常不完整。有些个人信息，随着时间的推移，可能连补充材料的机会都错过，这将导致退休时间或退休待遇受到影响。这些情况是多年积攒的事，我可以当作不知道，压一压、放一放，今后遇事再说，省得麻烦。可责任告诉我不可以这样做，这都是职工切身利益，问题尽早解决总是比越积越多的好，内心深处的责任感让我责无旁贷地开始整理档案。欠费的补费、缺证明的补证明……一次次地向职工了解情况，一趟趟地跑社保局，终于，把企业职工的档案整理清楚、补充完整，职工也就没有社保方面的顾虑，没有了后顾之忧。领导的肯定、职工们由衷的谢意是对我最大的安慰。

俗话说“铁打的营盘，流水的兵”。随着工作人员岗位的流动，单位人手少、工作量大，我原有工作不变，又承担了办公用品发放、处里考勤等工作。在办公用品发放中，急用的有贮备，不急的报计划，饮用水也不再出现“上甘岭”，保障同志们工作不受影响。接手考勤工作后，为了避免领导批假，统计遗漏的问题，启用了请假条联单，严格了考勤管理制度。现在，我集企业财务、人事、办公室文件处理、妇女儿童事务，办公用品管理、处里考勤等工作于一身，身兼数职，井然有序，得益于领导的“立体工作法”。既要面面俱到，又要有轻重缓急。工作中，做到心中有数，雷厉风行。虽然经常早来晚走，加班加点，但一直是认认真真、兢兢业业、一丝不苟，不容得半点马虎。工作无小事，任何一个小的疏忽都是犯错的根源，只有撸起袖子加油干，才能不负领导的信任，对得起心中这份对事业的热爱！

编志修史功在当代，利在千秋，责任重大，意义非常。我的工作岗位十分平凡，我的力量也微不足道，我愿意做这个事业上的一颗小小的螺丝钉，紧紧地铆在它所需要的位置上，永不疲倦，永不松懈！

修志与修身

魏振华

魏振华，山东兰陵人，研究生学历，2008年8月至2010年12月，省委组织部选聘高校毕业生到村任职，2010年12月至今，在省史志办年鉴工作处、市县基层志编纂指导处、人事秘书处工作。

2010年通过招考，我很荣幸地成为史志大家庭中的一员。转眼间，已快7年了。刚来的时候，对史志工作不是很了解，感觉到“老虎吃天，无从下口”。在领导和同事们的悉心指导下，我从小事做起，从点滴做起，边学边干，逐步加深了对史志事业的认识。体会比较深的是，修志的过程也是修身的过程。地方志横陈百科、包罗万象，不显山不露水，使我懂得了做人要包容大度。地方史志工作求真务实，落字千斤，造就了我严谨认真的工作作风。领导同事敬业奉献、传道授业、以身作则，使我感受到大家庭的温暖，懂得要感恩、奉献！

一、工作中造就了严谨认真的作风

天下大事必作于细，细节决定成败。地方志事业肩负着存史、资政、育人的重任，以内容记述真实详尽著称。地方志工作者要勇于求真、敢于较真，不容一丝马虎，不放一个疑点，不留一个漏洞，于细微之处见精神，在细节之间显水平。

编纂《第十届中国艺术节志》是1987年中国艺术节举办以来的首次修志，时间紧、任务重，为确保志书质量，我负责对全书1000余处表格进行核实、校对，确保文表相符、前后一致。在第20篇济宁市承办概况部分，《中国民族器乐民间乐种组合展演评奖职业组复赛顺序表》中有参赛队伍36支，本篇的文字记述为38支，文表不符，难道是文字打错了？我没有简单地把“38”直接改为“36”，而是带着疑问查阅十艺节组委会相关表彰通报，一看也是38支队伍，我把获奖的38支队伍与参赛的36支队伍逐一核对，发现“广东佛山锣鼓柜”“广东音乐‘五架头’小组”在获奖名单里有，复赛表格中没有，会不会是济宁市上报相关资料的时候漏了？这不能主观臆断，我又打电话给济宁市相关负责人，他们确定没有遗漏相关信息。问题到底出在哪了？我又从网上搜到两支队伍的电话，打电话咨询他们，经过几番周折，找到当时参赛的负责人，原来这两支队伍本来是非职业组的，在枣庄市参加复赛，因演奏水平较高，经组委会评委研究决定把他们调到职业组参加决赛，他们并没有在济宁参加复赛，而是直接进入决赛，因此在复赛顺序表中没有他们。我接着与十艺节组委会相关部室负责人核实，情况属实。随后特意在枣庄、济宁市两篇相应部分说清楚事情的来龙去脉。就这样不放过一个数字，不放过一个标点，圆满完成了全书1000余处表格核实、校对任务。在办公室领导的坚强领导和编纂团队的共同努力下，国内首部艺术节志——《第十届中国艺术节志》于2014年底出版发行，国内30多家媒体争相报道，赢得社会各界的高度评价。

二、工作中磨炼了持之以恒的耐力

我所在的市县基层志编纂指导处，主要职责是对市县志及基层各类志书的编纂进行指导，这就要求史志工作者不仅会“写稿子”，更要能“改稿子”，找出问题和不足，提出改进意见和措施，对从业人员提出了更高的要求。

记得刚来单位的时候，领导就告诉我们，文字综合能力是机关工作的一项必备素质，年轻同志要不断提高自身的文字水平。仍记得2014年处长让我起草关于“临朐模式”的调查材料，当我怀着激动的心情，把自己通过三天四晚加班形成的稿子报给处长时，处长一针见血地指出问题和不足：“材料背后挖掘提炼的高度和深度还不够，像流水账”“要按照临朐史志工作取得的成绩、特点、启示三部分来写，主要是给人以借鉴和启迪”。回来后，按照领导的要求，重新梳理归纳材料，深入挖掘临朐工作中的好经验、好做法，并结合当前大好形势，深入思考对下步工作的借鉴启发意义。同时广泛学习一些好的调研报告写法，揣摩、领悟他们的用词、构思，不断地删减修改。有时为了一个合适的词、一句话，挖空心思地想，前后左右地比，既要追求外在形式的整齐划一，合辙押韵，又要注重内在逻辑的科学严谨，达到二者统一，完美融合。经过自己的不懈努力，终于交出了领导比较满意的初稿。这几年间，在领导的关心指导、同事们的热心帮助下，文字水平有了一定提高，但离领导和机关工作要求还有很大差距，下一步还要继续努力、活学活用、持之以恒、不断提高。

志稿评审是市县基层志编纂指导处一项重要职责。要想给别人一碗水，自己得有一桶水。冰冻三尺，非一日之寒，水平能力的提高需要坚持不懈、持之以恒的努力。为此，我一是向书本学。认真研读《地方志工作条例》《山东省地方史志工作条例》《地方志书质量规定》等有关法规规定，掌握志书体例和行文的基本要求；同时认真学习《方志学基础教程》等理论教材，以及《宁阳县志》《高青县志》《淄博市志》等优秀市县级志书。通过反复研读、认真做笔记，对“述、记、志、传、图、表、录”的体裁特征、要求有了清晰的认识和把握。二是向同事学。我搜集整理办公室老专家、业务精英的优秀志稿评议意见62篇、30多万字，结合相关志书，自己先看，试写出评议意见，然后再与他们的意见比照，仔细揣摩他们分析问题的角度、语言的表述技巧，寻找差距和不足，力争集众家之长为我所用。经过不懈努力，逐步熟悉了审读志稿的相关要求、掌握了一定的方式方法，能够指出存在的问题，并提出一些改进建议。三是向实践学。百闻不如一见，百学不如一练。在领导的指导下，我尝试着承担部分志稿的审读、评议工作，我先把要评议的志稿认真阅读几遍，了解其记述内容的大概脉络，然后根据自己掌握的知识，列出评议意见提纲。在此基础上，查阅多部相关的优秀志书，学习他们相关内容是怎么记述的，汲取他们好的经验和做法，对草拟的提纲进一步修改完善。随后对志稿再进行认真研读，反复推敲，把存在的问题一个个详细记录下来，然后归纳整理，形成书面审读意见后，报领导审查、把关，再根据领导意见不断地修改完善。在评议会上，认真听取其他参会人员的评议意见，并做好笔录。会后，积极与他们交流探讨，虚心听取他们对我发言的意见和建议，逐步改进提高。就这样一步步积累，争取一次比一次提高，截至目前，共参与评议志稿 20 多部，审读志稿 1000 多万字，形成近 20 万字的书面意见，修志业务水平也有了很大提高。

三、工作中铸就了吃苦耐劳的品质

不怕苦是一种态度，能吃苦是一种能力，敢吃苦是一种担当。狠抓工作落实，要敢于直面困难和问题，矛盾面前不躲闪，挑战面前不畏惧，困难面前不退缩，在关键时刻豁得出来、顶得上去、经得住考验。

为纪念中国人民抗日战争暨世界反法西斯战争胜利 70 周年，按照省委、省政府的安排部署，我们办公室承担山东纪念抗战胜利 70 周年丛书的编纂任务。我很荣幸能够参与到《山东抗战将士记忆》这部书的编纂。采访编纂过程，既是回顾铭记历史的过程，更是向抗战老兵致敬学习的过程。为了采访国民党抗战老兵孙晋良，冒着严寒赶往微山县韩庄镇小坊头村，扛着摄像机，一举就是一上午，手脚都冻麻了。为了采访参加过台儿庄大战的抗战老兵王清松，不远千里赶赴河南新乡。每一次采访过程都是向爱国前辈学习的过程，也是心灵受到洗礼的过程。他们没有豪言壮语，有的只是质朴的语言："背着家人，偷偷地参加革命""当时没想那么多，就冲上去了""与牺牲的战友相比，能活到现在已经很满足了"……每一位老人都珍藏着一段刻骨铭心的抗战记忆，每一张照片都记录着一段感人肺腑的抗战故事，每一处遗址都代表着一场硝烟弥漫的战役战斗……我被抗战老战士那种不怕牺牲、勇往直前的革命精神，舍小家、顾大家的奉献精神所感动、鼓舞。与他们相比，我现在吃这点苦、受这点累，还能算什么呢。在这种精神的感召下，我们团队日夜兼程、夜以继日，"5+2""白 + 黑"是常态。有的同志因工作压力大，通过服用安眠药才仅仅能休息两三个小时；有的同志由于长期伏案工作，得了腰椎病；还有的因长期加班熬夜，大片大片地掉头发。但同志们不喊苦、不叫累，发扬“修志问道，直笔著史”的修志人精神，团结协作、攻坚克难，按时高质高效地完成编纂任务，经受住了考验，展现了史志人敢打必胜的过硬素质。

作为一名史志工作者，我将继承和发扬新时期的方志人精神，严格按照“讲政治、讲学习、讲团结、讲道德、讲实绩、讲规矩”的要求，勤勤恳恳，敬业奉献，继续发扬极端负责的工作作风，不断学习提高，坚持艰苦奋斗，为促进史志事业的转型升级贡献力量。

践行“六讲”的方志人

陶玉宝

陶玉宝，男，1981年11月生，山东沂水人，本科学历，助理会计师。毕业于山东经济学院财务管理专业，2007年8月参加工作，曾在山东省畜牧兽医局机关从事过出纳工作，曾获“2011年度全省行政事业国有资产管理工作先进个人”称号。2012年通过事业单位公开招考到山东省人文自然遗产保护与开发促进会秘书处任会计。2014年原单位注销合并到山东省方志馆。2016年12月加入中国共产党，现为山东省地方史志办公室会计。

时间过得真快，在不知不觉中，我来到咱史志办这个大家庭已经5年了，在这5年里，我经历了很多，也学会了很多东西，思想上更加成熟，工作上更加积极主动，能力上不断提高，同事关系也越来越融洽。除个人的努力，我想我的这些变化来自于领导的严格要求，同事的关心与帮助，来自于一个灵魂的指引，就是“六讲”。如果说富强、民主、文明、和谐、自由、平等、公正、法治、爱国、敬业、诚信、友善24字是国家层面的社会主义核心价值观，那么18字的“六讲”要求就是引领我们齐鲁方志人不断前进的旗帜。而我身边的每一个方志人，也都在努力践行着“六讲”要求。在这里，我谈一下自己的感受。

一、讲政治、守规矩的方志人

我们始终把讲政治、守规矩放在首位、挺在前面，并不折不扣地贯彻到工作、生活中去。

一是高度重视政治学习。始终把讲政治放在首位，把对政治理论的学习作为重中之重，认真学习党中央重大理论方针政策，深刻领会习总书记系列重要讲话精神，努力提高党员政治理论水平和政治素养。尤其是去年的“两学一做”学习教育，全体党员深刻学习党章，深入学习习近平总书记系列重要讲话精神，逐条逐句研读。开展手抄党章活动，全面理解党的纲领，重温入党誓词，牢记党的宗旨，牢记党员义务和权利。通过系列学习，全体党员对党章的认识理解更加深刻，对相关基础理论知识的掌握更加牢固，全体党员尊崇、遵守党规党章的意识更加坚强，理想信念更加坚定，政治立场更加坚定，自觉地在思想上、政治上和行动上同党中央保持高度一致，坚决拥护以习近平同志为核心的党中央领导集体，以对党负责的态度坚决执行党的决策部署和重大决定，坚决贯彻执行党的路线方针政策，自觉维护党的威信。

二是将讲政治、守规矩贯彻到工作方方面面中去。不该说的话不说，不该做的事不做，不妄议中央的大政方针，时刻保持清醒头脑，时刻将政治纪律和政治规矩记在心间、挺在前面，保持对党的绝对忠诚，绝不散布与中央精神相悖的言论，始终坚守“不妄议中央”的政治底线。在工作的调动与安排中，像第一书记安排和前不久的干部提拔，我们的方志人坚决服从各项工作安排，无怨无悔地、不折不扣地去完成领导交办的工作。工作上负责，不推诿扯皮，不争权夺利，密切配合，通力合作；想问题、做事情，从大局出发，从整体着眼，当个人利益与集体利益发生冲突时，个人利益要服务集体利益。

三是领导以身作则，率先垂范。一直以来，不论是在政治学习上，还是在守规矩上，办领导、处馆长始终走在前列、以身作则、层层示范，层层带动，在落实上先人一步，在标准上高人一筹，学在前、做在前，既领之，又导之，带头参加学习，带头谈体会、讲党课、作报告，带头参加组织生活会，接受民主评议，带头履职尽责，严格遵守党章党规和各项法律规章制度，形成了上行下效，整体联动的工作格局。

四是形成自觉遵守纪律和规矩的良好氛围。全体同志不断增强纪律意识、规矩意识，始终把纪律、规矩挺在前面。按组织程序和规章制度办事。严格贯彻落实中央八项规定精神，严格按标准开支。就拿资产配置来说吧，我们单位许多办公桌、办公椅都已使用好多年，有的椅子也都是修修大家接着用。在办公设备上，两人共用一台打印机的确不方便，一个处里仅有一台笔记本有时候也不够用，但是我们的同志都对资产配置这一规定表示出了极大的理解，许多的同志继续用着原先的旧打印机、复印机、橱柜等，应该说，我们不仅是廉洁自律，更是勤俭节约的践行者。

二、讲学习、重品行的方志人

来到史志办工作后，给我感触最深的就是方方面面的学习。

一是重视政治理论的学习，尤其是领导人的重要讲话精神。不论是国家领导人的重要讲话、指示精神，还是省委、省政府的批示精神，方志办都在第一时间组织认真学习，并通过多种方式（如撰写学习体会文章等）来检验学习的效果。二是内容丰富，形式多样。在本职工作上，身边许多人都重视知识的学习，有的在学历上更上一层楼，有的在本职工作上进行更加深入的研究。通过不断学习，许多同事和前辈都成了业务领域的行家里手。向身边的人（如孙杰）学习，是为了向榜样学习。赴英国、德国的考察交流，是为了向国外的先进经验学习。推行"济南经验""天桥经验""博山经验"等典型引路的做法，是为了向典型学习。在学习上，我个人也从未放松过，自从又回到了财务工作上，我也加强对财务业务知识的学习，先后学了国库集中支付系统、预算管理系统、政府采购系统、决算系统、工资统计系统、内控系统、账务系统、非税收收入等系统的操作，并对各种报销等财务规章制度进行了深入的学习。

更让我感叹的是我们方志人的品行，来到史志办后，许多前辈和同事在工作上的敬业精神尤其让我钦佩。每一个方志人不论多大年龄，也不论职务高低，都是兢兢业业的工作，没有丝毫的马虎懈怠，工作都是向着完美去做。更有许多的老领导，退休不退岗，把自己的余热继续奉献给史志事业。在工作中注重团结，换位思考，遇到问题主动交流沟通，心往一块想、劲往一处使，不断凝聚起推动事业发展的强大合力。大家积极地做到“存好心、说好话、做好事”，善待他人、通情达理，以诚相待，互相关心，互相帮助，快乐修志，开心生活。常怀感恩的心，感恩组织、感恩社会、感恩同志。随着史志事业知名度和社会影响力的大幅提升，史志工作品牌越擦越亮，我们的曝光度越来越高，史志人良好形象也逐渐树立起来，大家都倍加珍惜这来之不易的良好局面，每个人都注重维护史志事业良好的社会形象，在单位，大家始终善待他人、以诚相待、互相关心、互相帮助，“存好心、说好话、做好事”。在社会，大家时刻注意自己的一言一行、一举一动，不让自己的一时之快、一念之差给史志办集体和史志事业抹黑。

三、讲奉献、重实绩的方志人

我省史志事业在省委、省政府的正确领导下，经过几代史志工作者三十多年的努力，取得了大批丰硕成果。特别是近四年来，我省史志事业不断取得新的突破，创造出“山东经验”，走在全国前列，得到中指组和全国修志同人的一致认可。“火车跑的快，全凭车头带。”这一切荣誉的背后是大家辛勤劳动、无私奉献的结果，更是以刘爱军主任为首的办领导运筹帷幄的成果。俗话说的好：“兵熊熊一个，将熊熊一窝。将帅无能，累死三军。”一个好的领导能改变一个部门和一个地方的工作。自刘爱军主任从办公厅高配到我们史志办以来，在他的带领下，攻坚克难，改革创新，连续三年在全国会上得到肯定，创造了多个第一。我省史志工作在全国史志系统和社会各界的影响力得到极大提升，就是因为我们有一个会干事、能干事的领头人。俗话说:“做事没技巧，吃力不讨好。”我们借党中央、国务院和省委、省政府高度重视史志事业这样的大势，借地方市委、市政府的领导势，借省档案馆等有关部门的势，充分调动一切积极因素，让史志工作引起领导的关注，让他们为史志工作说话、为我们做工作，提升史志工作地位。我们多次请王随莲副省长亲自带队到济宁、聊城，引起当地主要领导的高度重视，取得良好效果。给我印象很深的一次就是2016年年底开各市史志办主任座谈会的时候，许多同志开着私家车接送来开会的人员，既体现了我们对参会人员的关心，更是我们史志人无私奉献的具体表现。我们史志部门不但是弱部门、小部门，更是辛苦、艰苦、清苦的单位，由于长期辛劳的工作，有的同志心脏不好，有的同志眼睛不好，有的同志腰疼的厉害，但他们都仍然坚持工作。有的同志舍小家，顾大家，经常加班加点。正是大家讲奉献，才有7个月就高质量完成抗战丛书的编纂出版，才有二轮修志的稳步推进，年鉴工作的提前出版，信息化建设的新步伐，方志馆建设的新面貌。

让我们继续传承和发扬方志人的优良传统，不忘初心，继续前行，撸起袖子加油干，为我省史志事业的发展添砖加瓦。

相伴地方志　我心无悔

刘伟红

刘伟红，女，1977年3月生，山东德州陵县人，大学学历，高级会计师。毕业于山东财政学院会计学专业，1997年8月参加工作，历任会计员、助理会计师、会计师、高级会计师。2003年6月调入山东省地方史志办公室工作。

地方志，简称方志。方，地方，方域；志，记也；“永志不忘”“日志”即取此意。方志，就是对一个地方的记载、记述。一个地方、地区的记载包括三个方面的内容：自然地理、人文地理、经济地理。一部完善和成功的地方志应是一个地区的综合性资料书籍，它要求对该地区的全部已有事业、客观条件、社会状况等作如实记载。简而言之，地方志者，地方之全史也。它属于史学范畴，但不是国史、正史，而是地方史；由于它记载面十分广博，故推而论之，地方志亦可称地方的百科全书。这是词典上对地方志的阐释。

光阴似箭，时光荏苒。不经意间，我已参加工作整整20年，踏入省史志办工作也已有14个春秋了。回望过去，曾经高兴过，也曾经伤心过；曾经拼搏过，也曾经迷茫过；曾经感动过，也曾经漠然过；曾经收获过，也曾经失去过……一路走来，在无数个“曾经”中与地方志事业相伴，逐渐成长起来。

1997 年 7 月，我从德州经济学校毕业后，来到美丽的泉城济南参加工作，当时同学们都非常羡慕我，自己也感觉很幸运。初入社会，我怀着对未来的无限憧憬，来到山东省资源总公司（山东经协办的代管单位，后与发改委合并）工作。我被安排在财务处担任出纳员，由于专业不对口，出纳工作对我来说是陌生的，需要我从头学起。于是我买来会计方面的书籍，认真学习，在工作中虚心请教同事，再加上自己的努力，很快就适应了工作。因为会计工作专业性比较强，只是单纯会记账、做凭证、出报表是远远不够的，必须不断地学习，增加自己知识面的广度和深度，于是我报考了山东财政学院会计学专业，从专科到本科一读就是 5 年，这 5 年的学习对我工作的帮助是不言而喻的。在此期间，先后通过会计证、初级会计职称考试，成为名副其实的会计人员。有付出，就会有收获，任何的成功，都不是轻而易举的，“天道酬勤”是我坚信的人生信条。

也许是命运的安排，也许是一种缘分。2003 年 6 月，我有幸加入山东省地方史志办公室这个充满浓郁文化气息的大家庭，时年 26 岁，正是人生的黄金时期，又开始了新的征程。初到省史志办，正逢二轮修志启动，我被安排在山东省史志编印服务中心，由人秘处主管，从事辅助性的修志工作，工作的主要内容是为本单位及外单位出版书籍的录入、排版工作；上网资料的扫描及校对和办公室交办的其他工作。又是一个陌生的工作，又要从头做起，我努力使自己很快适应这个集体，加班加点练习打字速度，向同事借来排版知识的书籍，边干边学，边学边干，不懂不会的就虚心请教同事们，不久就做得得心应手了。记得当初参与录入、排版的第一本书籍是《联通志》，此书出版后，看到有自己的付出在里面，内心充满了喜悦。

随着社会的发展，时代的进步，计算机遍及各个行业。外单位及市、县级史志办都配备了自己的计算机，他们出版的书籍，也不再由我们来完成，使得我们的业务量急剧减少。慢慢地，部分同事选择了离开，而我却选择了留下，是缘于我对这份工作的喜爱。一个人喜欢某项工作，而又实际从事这项工作，无疑是幸福的。

《志与鉴》是山东省地方史志办公室的内部季度刊物，也是省史志办的标志性刊物，此刊物的排版工作由我来负责。2009 年第 1 期更名为《山东史志》，领导要求从版式上与时俱进，作出调整，这是一件大事，是对我工作的检验，决不能轻视。为完成《山东史志》的版面和内容设计，我认真研究其他兄弟省市刊物的版式特点，取其优点，把握省级刊物的特点，从大方到美观，从整体到细节，不断听取领导和编审的意见，一遍一遍地改，一遍一遍地调整，经过 2 个多月的努力，终于完成《山东史志》的改版，得到领导的肯定。通过这次工作经历，它让我学会了执着和坚定、宽容与忍耐，学会了专心和细心。

在此期间，我虽然不再从事会计工作，但我也没有放弃我的老本行，我酷爱的会计工作，利用业余时间我报考了中级会计师的考试，经过努力、拼搏，于 2008 年 9 月取得中级会计师资格证书。其中的酸甜苦辣，也只有经历过的自己最清楚了。“一份耕耘，一份收获”，任何成功的背后，都是要付出艰辛的汗水、泪水甚至是血水的。

2008 年 10 月，由于单位处室调整，我来到省方志馆工作。方志馆成了我的“新家”。在方志馆的工作主要是负责书库书籍的整理和借阅工作以及领导交办的其他工作。方志馆的工作是烦琐、枯燥、辛苦的，需要一定的耐心、细心和热心。方志馆人员少，而且大多年龄都偏大，身体又不好，还要经常楼上楼下的搬运书籍，记得有一次张晓红老师因为搬书累得第二天都起不来床。还有翟玉海、王建国老师都是 50 多岁的人了，还带着伤病坚持搬运沉重的书籍，却从来没有怨言。他们对工作的热爱和默默奉献的精神深深地感动着我。在方志馆大家庭里，同事之间相互鼓励、相互帮助、和谐相处、同甘共苦，共同克服困难，一次次完成艰巨的任务。同时，“近水楼台先得月”，在方志馆这满是书籍的海洋里，我不忘给自己充电，只要有空闲时间，我就会走进书的海洋，汲取知识的营养，不断地丰富自己。在此徜徉、在此奔忙，累并快乐着。

2011 年 6 月，单位处室人员进行大调整，根据组织安排，我又回到了“娘家”——人秘处，被安排在省史志办机关下属的企业出纳兼机关工会出纳岗位上，当时有三家企业（2016 年注销了其中两家企业），所以相当于身兼 4 个单位的出纳工作。机会总是留给有准备的人。重拾老本行，再加上自己一直坚持学习会计知识，做起来得心应手，很快进入工作状态。虽然在出纳岗位上，但领导把企业财务人员最怵头、打交道最多、最难啃的骨头——税务工作也交给了我，这是领导对我工作的信任，我一定不辜负领导的重托，业务上与地税、国税保持积极的联系、咨询和沟通，未出现过税务方面相关的问题。

每个人都有实现自身价值的理想和愿望，这需要通过工作和事业的成功来反映和实现。“活到老，学到老”，才能跟上知识更新的步伐，适应工作需要。为此，我又报考了高级会计师考试，高级会计师是会计的最高级别，通过考试，难度非常之大。既然选择挑战，那就要做好长期作战准备。在别人下班的时候，我在苦读；在别人进入梦乡的时候，我还在挑灯夜读，过了一关又一关，功夫不负有心人，在拿到高级会计师证书的那一刻，我激动地流下了眼泪，这是幸福的泪水。回想整个考试的过程，其中的艰辛、付出，这时感觉都值了。当然，高级会计师职称的取得离不开家人和同事们的支持和鼓励，在此衷心地谢谢他们。最想感谢的是我的同事王芬，现已提拔为人秘处副处长，她也是高级会计师，如果没有她默默的支持和鼓励，我想我也很难坚持下来，在此真诚地对她说一声：“谢谢！”自考取高会后，在领导的关心和厚爱下，我也可以参加每年一次的高会培训了，这是领导给予的精神福利，我一定会通过培训学习，不断提高政治思想素质、业务能力和职业道德水平，使之服务于从事的工作，服务于地方志事业。

地方志工作是一项功在当代，利在千秋的崇高事业，能够为地方志事业尽绵薄之力，也是人生的一大幸事。保尔·柯察金曾经说过：“人的一生应该是这样度过：当他回首往事的时候，不会因为虚度年华而悔恨，也不会因为碌碌无为而羞愧。”回首 14 年相伴地方志事业的足迹，每一步都浸润着拼搏、努力、真诚和汗水……我把人生最宝贵的青春奉献给地方志事业，我心无悔！

常怀敬畏之心

刘广先

刘广先，男，汉族，1968年3月生，中共党员，本科学历。1986年10月入伍，历任战士、班长、学员、教员，两次立功，多次受嘉奖，被济南军区表彰为“优秀教员”，被济南陆军学院树为“教学尖子能手”“优秀教员”和“优秀共产党员”。2005年转业到山东省地方史志办公室，历任副主任科员、主任科员、副处长，现任省志编审处调研员。责任编纂《山东省志》分志10余部，担任副总纂编纂分志20余部，多部志书被评为全省优秀省志分志。发表论文多篇。被省政府办公厅表彰为“优秀共产党员”，多次受嘉奖，记三等功一次。

从事史志工作转眼十余年，不老不新、不好不坏。但编的志书越多，心头的忐忑越强烈；对志书了解得越深透，心里的不自信越明显，总有一种绠短汲深的感觉，几乎要久虑成病了。冷静思忖后，感到这种感觉还是来自于对史志工作的一种自觉敬畏。心存敬畏，是史志工作者内在精神境界和价值追求的自然外化，是一种态度、一种信念，也是一种素质、一种境界。这里的“敬”是严肃，认真;“畏”是谨慎、不懈怠。由此看来，能对史志工作产生敬畏，应该是一件好事了。因为只有对历史、对工作、对读者常怀敬畏之心，才会时刻以一种如临深渊、如履薄冰的状态直笔著史，才会担负起为党立言、为国存史、为民修志的重任。

常怀敬畏之心，要常修史德。古往今来，世界上任何民族和国家，无不把历史看作弥足珍贵的精神财富，对历史充满敬畏之心。在中华民族两千多年的修志实践中，历代史家传承着秉笔直书的传统，把“良史”和“实录”作为撰写历史所追求的目标，秉持追求历史真实的虔诚和执着，把追求“秉笔直书”精神的外在行为，自觉升华为史家自身内省的境界。晋太史董狐书“赵盾弑其君”并宣示于朝，孔子对此高度评价道：“董狐，古之良史也，书法不隐。”从此，“书法不隐”成为传统史学中评价“良史”的一个标准。齐国的权臣崔杼弑君夺位，三名太史因如实记载“崔杼弑其君”的经过，接连被杀，第四名太史仍据实直书，崔杼只得向太史低头。他们用生命和信念表现出敬畏历史、宁折不弯的精神。作为一名新时代的史志工作者，敬畏历史，就是要始终保持良好的史德和求真务实的工作作风，努力使自己的工作能经得起实践和历史的检验。事物的发展，总有成就有不足，有成功有失误，有经验有教训，如何全面、客观、真实地记述历史，是广大史志工作者需要认真思考和对待的问题。一些志书，对一些失误的、反面的内容记述较少，甚至采取有意淡化、弃之不用的做法，事物记述缺乏全面性和客观性，影响了志书的可信度；一些志书编纂者甚至“信笔乱真”，以个人意识去看待事物，或是避嫌而割断历史，或有意护短而遮掩失误，或趋炎附势而拔高业绩，或片面求全而编造故事，这些都是不符合求真务实原则的。产生这些问题的原因，就是缺乏对历史的敬畏，失去了史志工作者公正无私的品德和秉笔直书的气节。因此，修志者要以继承和发扬中华民族优秀文化传统为己任，以对历史对后代负责的精神，不断加强以求真务实为基本准则的史德修养，坚定原则立场，遵循学术规范，操“董狐之直笔”，弃“春秋之笔法”，以科学的勇气和良好的史德，据实直书，真正做到“不为尊者讳、不为亲者讳、不为贤者讳”，争做“一代良史”。

常怀敬畏之心，要常修“三长”。章学诚总结前人，提出史家要具备史才、史学、史识“三长”。史才，是指搜集、鉴别和组织史料，并驾驭这些史料用以叙述历史事实和撰写文章的能力；史学，是指掌握丰富史料、历史知识和与历史有关的各种知识；史识，既包括见解和观点，又包括秉笔直书、忠于史实的高尚品质和勇敢精神等。这些传统史家具备的重要素养，也是我们应当借鉴并加以发扬的。志书的编纂质量首先是由编写人员的素质决定的，职责要求我们始终保持良好的学风，不断提高自身的综合素质。二轮续修工作从规划到出版、从理论到实践都有了全新的认识和改变：在编纂指导思想上，不再仅仅是贯彻“一本书主义”，而是作为一项事业全方位规划、整体推进，实现转型升级；在工作推动上，不再单一地靠行政命令推动修志，而是实施依法治志；在编纂内容上，不仅要求全面系统，还要反映时代特征、地方特色和行业特点；在工作方法上，不再是坐等客来、被动应对，而是主动服务、提前介入、全程跟进、一志一策；在编纂条件上，修志环境、修志人员素质、修志技术条件、印刷出版设备等方面引入很多新理念、新技术。这些新理念、新元素、新情况、新变化的不断出现，要求广大史志工作者必须充分认清史志工作对个人素质结构带来的严峻挑战，承认不学习就要落后、吃老本就要被淘汰的现实，树立终身学习观念，与时俱进，主动学习新知识，潜心研究新问题，积极调查新情况，以客观的态度、发展的眼光、全新的方法记述时代主题，反映时代特点。同时，我们还要克服学术研究脱离实际的纯功利倾向，以促进史志事业健康发展为己任，淡泊名利，在修志理论的难点重点问题上多研究，有突破，在服务编纂工作实际上想办法、有作为，把方志研究成果真正运用到修志实践中，开拓新思路，创造新方法，解决新问题，指导对社会百科的真实记述；要克服浅尝辄止、自满浮躁的学习倾向，倡导严谨治学、力戒浮躁、注重积累、厚积薄发的学风，多出精品，成为内行、专家、大家；要克服故步自封、创新意识不强的倾向，与时俱进，了解新事物，学习新知识，掌握新方法，使志书编纂富有时代性和创新性；要广涉百科，加强借鉴，不仅满足于专业知识的学习，同时要了解相关、相近学科知识，借鉴其他学科的观点、方法加强方志工作研究，更好地指导修志实践。

常怀敬畏之心，要常修求真务实的工作作风。近年来，我省史志事业在刘爱军主任的领导下，全省上下同心同德，创新发展，成果丰硕，开创了山东模式，形成了山东经验，成为全国史志系统的一面旗帜，得到各级领导的高度赞誉。这些成就的取得，得益于全省史志工作者始终坚持求真务实的工作作风、扎实工作的结果。当前，全省各级史志机构和广大史志工作者正按照“十三五”规划绘就的蓝图，以推动全省史志事业转型升级为根本，以实现“三个全覆盖”为目标努力前行，更需要我们继续发挥求真务实的工作作风，以踏石留印、抓铁有痕的精神狠抓落实，创新工作，确保各项任务的完成。纂修志书向来是一项“良心活”，也必须倡导和遵循求真务实的工作作风，做到“不唯上、不唯书、只唯实”，不以主观臆断定取舍；必须对浩如烟海的资料进行严格的鉴别考证，去粗存精，去伪存真，真正把能反映事物面貌、规律和本质的资料搜集进来；必须始终坚持质量第一意识，精编细纂，严把志稿政治关、体例关和重大史实关，确保志书质量。省志处肩负着总纂《山东省志》的任务，把好志书整体质量的最后一关，可谓任重而道远。多年来，全处同志既充分尊重承编单位的辛勤劳动，慎重对待每一处文字、每一个数字的删减，又坚持《山东省志》体例要求和业务规范，较真每一处错误和不足。有些承编单位不理解，认为不必为一个名称、一个数字、一句表述锱铢必较，有时以时间太久、资料难找、无人知晓为借口，不愿配合总纂工作，甚至冷言冷语、态度不善，但我们的同志始终以极大的耐心反复与作者沟通求证，甚至自讨苦吃，亲自帮助他们查找资料和修改志稿，严谨负责的态度和务实高效的工作作风赢得承编单位的由衷钦佩和高度赞扬。正是靠全处同志求真务实的工作作风，推进了省志工作提速增效，保证了资料的真实可靠，提高了省志可信、可用价值。同时，在我们的带领和影响下，一些后进单位认识到肩负的法定修志职责，一改拖沓应付的工作面貌，后来居上，成为修志工作的先进典型，有的在圆满完成修志任务的同时，更加重视和支持史志工作，开始编写年鉴或大事记，建立起史志资料长效保存机制。

当前，我省史志事业面临着重要的发展机遇期。我们应抓住这一难得的机遇，以新的高度、新的视角深刻认识史志工作在传承弘扬中华文化、建设中华民族共有精神家园当中的特殊地位和作用，努力加强史德修养，强化使命担当和责任意识，更加自觉、更加主动地承担起传承文化、繁荣文化的重任，推动我省史志事业大发展大繁荣。

修志　修心　修行

屈婉情

屈婉情，女，1976年3月生，山东莱芜人。1999年7月，山东大学（威海校区）中文系毕业，本科学历，文学学士。同年进入莱芜市史志办，从事《莱芜年鉴》《莱芜市志》等志鉴书籍编纂工作。2003年5月加入中国共产党。2006年7月，任业务指导科科长。2008年7月，借调至省史志办。2010年6月，正式调入省史志办，在市县基层志编纂指导处从事志书编纂业务指导、《山东史志》编辑、抗战丛书编纂等多项工作。2016年12月，任省志处副处长，主要从事省志和地方史志志编纂工作。

人到中年，对很多事情的理解和认识都有了一些微妙的改变，尤其是对自己从事近二十年的史志工作。年轻气盛的时候，心高气傲，总感觉单一、枯燥的史志工作承载不了自己的理想和愿望，总盼望有朝一日能逃出这个圈子，去尝试另一种新的天地和乐趣。如今，那些所谓的新天地和乐趣对我早已不再是诱惑，因为随着时间的推移，随着我对史志事业投入的精力和心血越来越多，我发现自己已经不知不觉深深爱上了这份职业。从起初单纯只是一份养家糊口的工作，已经变成了将倾我所有、尽我所能而追求的一项事业。二十年来，我不仅见证了山东史志事业蓬勃发展的历史进程，同时我也深深体会到，在从青年到中年的人生转变中，我不仅仅是在潜心修志，也是在不断的修心、修行。这种额外的收获，让我的人生过得丰富而充实。

同大多数方志人一样，我的史志工作生涯中并没有惊天动地的曲折故事。1999 年 7 月，我大学毕业进入莱芜市史志办，自然而然地成为一名方志人。从最初在同事的帮助下编辑《莱芜年鉴》，到后来编修《莱芜市志》能够独立搜集资料、编写初稿，全程参与志书及其他志类成果的编纂出版，从学习借鉴别人的工作经验零起点开始，到后来主动围绕中心工作出谋划策出成果，这些工作上的历练，让我的业务水平不断提高。

与此同时，我发现自己对史志工作、对方志人的认识和感情也在悄然发生着变化，就像一个人毫无兴致、漫无目的地打开一扇门时，却惊喜地发现一个神秘久远的世界，正怡然自得地走来。在修志前辈留下的宝贵资料中，我如痴如醉地享受着史志的风采和魅力。顿时，方志人传承文明、记录历史、弘扬文化、服务社会、借古鉴今、启迪后人的光荣使命，一下子在我心中勃发了生机和活力。毫无疑问，历史不会重演，正是方志人的笔耕不辍，才绵延了五千年的华夏文明，记录了多彩的历史记忆。我开始渴望自己尽快成长为一名合格甚或优秀的方志人。在这个信念的鼓舞激励下，我满腔热情、信心百倍地多方学习，不断磨砺。然而，再美好的画卷，也都隐藏着汗水。所以，一路走来所经历的困苦和艰辛是不言而喻的。值得庆幸的是，我没有被困苦和艰辛所打倒，而是被史志界浓郁的学术氛围和严谨的治学精神所吸引、所感染。“板凳宁坐十年冷，文章不写一句空”“细推史志午加子，留得佳作苦上乐”等大家相互勉励的口头禅、座右铭，也成了我明德修身、“志海泛舟”的灯塔。它指引着我，以淡泊名利、无私奉献的素养，专心做好各类地方志的指导和编写工作。

2008 年，我有幸调入省史志办，工作平台高了，服务范围广了，当然其中的责任也更重大，对自身的要求也必须更严更细了。为了尽快适应工作需要，我拼命充电，恶补了很多修志理论和编纂实务知识，尤其是在自身比较欠缺的理论知识方面，我下了很大功夫，不仅学习了史志界公认的一些修志理论和原则，也研读了很多自认为很有道理的个别思想和观点，目的就是想最大程度地集百家之长，能够在我这里融会贯通，成一家之言。因此，从参与编纂各种志类成果，到独立编辑《山东史志》刊物，从认真审读市县志稿，到指导编纂山东省志，从单纯负责一项具体工作，到整体协调统筹安排工作全局，工作岗位的变化，没有让我惊慌失措，反而更加镇定自若、从容自信起来。因为二十年的工作经历，已让我愈来愈坚信，世上所有的辛苦和付出都不会白费，只要坚持学习和努力，一切都会做得更好。人都说，三百六十行，行行出状元。在史志事业这个行当里，我虽然不敢奢望自己成为状元，但至少我没有虚度光阴，我一直在用心地积累。

虽然时至今日，枯燥、乏味、烦琐甚至无聊，这些外人对史志工作的偏见，我们仍然无法完全消除，但如果你换种心情、换个角度再走近史志，却可以读出如史如歌这样完全不同的意境。所以你若浪漫，皆是美好。作为方志人，我不想自贴标签，与其悲哀地自居冷清和无趣，何不快乐地享受历史卷轴中的跌宕起伏，在壮丽的九州风貌中感叹一句“年少都有凌云志，平凡一生也英雄”？每当看到书橱中琳琅满目、飘着墨香的志书，心中便油然升起一种幸福感、满足感。我渐渐意识到，二十年默默无闻的工作，修出的不仅仅是这些有形的成果，无形之中，它已经让我的心态渐趋理性和平和，让我明白了坚守这份事业的意义和价值。与世无争、从容不迫，对历史负责、对人民负责，已成为我的工作信念和常态。我想，这不仅仅是我一个人的心路历程，更是一代一代千千万万方志人共同的成长经历。他们在纷繁复杂的社会里，没有追名逐利，而是选择了执着和坚守，用自己的实际行动和沉甸甸的成果，体现了方志人特有的精神追求。

2015 年 8 月，国务院印发的《全国地方志事业发展规划纲要（2015—2020 年）》，将方志人精神的核心要义明确为“修志问道、直笔著史”，这既是党中央、国务院对广大史志工作者的基本要求，也是一代一代方志人上下求索、扬鞭奋蹄精神的真实写照。虽然短短八个字，却蕴含着方志人“爱岗敬业、淡泊名利、甘于奉献”的价值追求，“经世致用、秉笔直书、锲而不舍”的史官风范，“恪尽职守、真抓实干、开拓进取”的职业操守。方志人，一个多么朴素、亲切的称呼，一个多么可敬又渴望理解的群体，正是因了方志人的坚守，才有了中华民族史家传统的继承和发扬，正是因了方志人的坚守，才让世人领略了五千年文明古国的光华和神韵，正是因了方志人的坚守，我们的史志事业才有了今天的多业并举、繁荣发展。我情不自禁地为自己是一名方志人而自豪。

今天，史志事业历经千年历史洗礼而不衰，足可见其持久旺盛的生命力和独特的人文魅力。随着时代的发展，史志事业不但不会消亡，而且还会继续向前发展，成为中华民族文化的重要组成部分。近年来，习近平总书记强调“要高度重视修史修志”，李克强总理提出“修志问道、以启未来”，省委、省政府领导多次对史志工作作出重要批示。各级领导的重视和支持，正在使史志事业焕发出新的生机和活力，迎来前所未有的发展机遇。齐鲁大地上的方志人在刘爱军主任的正确带领下，锐意进取，开拓创新，创造了“山东经验”，闯出了“山东模式”，率先实现史志法规体系全覆盖，在全国第一个以省政府办公厅名义印发史志事业发展规划纲要，《山东年鉴》连续多年保持全国最先出版，率先提出到2018年，省、市、县三级第二轮修志全面完成、综合年鉴实现“一年一鉴”全覆盖、全面建成方志馆的“三全”目标。同时，信息化建设、旧志整理、乡镇村志编修、抗战研究、交流合作、队伍建设等各项工作都齐头并进，取得突破性进展。可以说，在推进史志事业转型升级的探索中，山东史志事业早已在路上。

时光匆匆过，转眼二十年。二十年的史志工作经历，不仅丰富了我的人生，更重要的是让我明白了修志也是修心、修行。作为一名方志人，远离了尘世的繁华与喧嚣，我无怨无悔，我愿意在史志这块园地里默默耕耘、无私奉献。我坚信有一天，当我们再回首，等待我们的，不只是惊喜与满足，回报我们的，也不只是鲜花与掌声，而是永远的铭记！

一路前行

唐延仲

唐延仲，男，1974年10月生，山东高唐人，中共党员，本科学历。1992年8月参加工作，1993年12月入伍，1996年9月入空军后勤学院学习，历任工人、战士、学员、指导员、干事、教导员等职，2006年9月转业至山东省地方史志办公室，现任省志编审处主任科员。两次荣立军队三等功，多次受嘉奖，多次被省政府办公厅机关党委评为优秀党员，2014年，被省政府办公厅、省人力资源社会保障厅、省公务员局表彰为全省史志工作先进个人并荣立三等功一次。执行编纂的《铁路志》2011年被"齐鲁新方志奖"评选领导小组评选为优秀志书，执行编纂的《对外经济贸易志》在2016年度山东省优秀史志成果奖评选中被评为优秀省志分志。

2006年9月，怀揣着一张转业报到通知书，我脱下心爱的军装，来到了山东省地方史志办公室，开始了我人生事业的又一次转折。

初　识

史志办是一个什么样的单位？修志是咋回事？报到初期，这里的一切对我来说都是陌生的。有人说“得志者不修志，修志者不得志”，还有人说这是一项“清苦、辛苦、艰苦”的工作，这些话和心中的疑问让我感到一种从未有过的迷茫和压力。是啊，以前握的是枪杆子，现在要握的是笔杆子；以前做干部工作应对的是协调各种人事关系，现在面对的则是大量的文字志稿；以前需要到处跑跑颠颠走访单位，现在则需要坐下来静心评读志书……这些转变对刚刚转业到地方的我来说都是极大的考验和挑战。初识史志工作，我的内心充满了矛盾与不安。

相　知

开始工作后，单位领导给予了我充分的理解和信任，处、办领导在我走访联系单位、修改志稿、参加评议会、进行业务讲座的时候都会及时给我指点和提醒，有计划性、有针对性地去培养我，让我慢慢地去体味对史志事业的认识和理解；身边老同志的言传身教，也不断让我感受到一种责任带来的神圣和感动。通过不断的学习与实践，我慢慢了解史志工作，懂得史志工作“存史、资治、教化”的社会功能，懂得方志作为“一方之全史”对全省政治、经济、文化发展所起到的重要作用。2007 年，《山东省志·工商行政管理志》成为省志续修以来送审的第一部志稿，也是我第一次真正开始接触志稿的编辑与审读，在初审、复审、总纂的过程中，通过对志稿篇目和资料不断地调整、补充，对文字内容不断地修改完善，我慢慢提高了自己的编辑能力，加强了对省志文件规定的理解与把握。这个时期，更多的是向身边的老同志学习和借鉴他们的工作方法、工作思路，坚持多听、多看、多学、多记，以丰富自己的修志经验。2008 年，《铁路志》送审，这是我承担责任编纂的第一部志书，直接参与了志书从篇目设计、初稿审读、志稿评议、送审编校到印刷出版的全过程。2011 年，《铁路志》被“齐鲁新方志奖”评选领导小组评选为优秀志书。这既是对《铁路志》志书质量的认可与肯定，也鼓舞了我干好史志工作的信心与决心。这期间，通过理论与实践的不断结合，在总结他人经验的基础上，我开始对史志工作有了新的认识和理解，对志稿编纂有了自己的意见和建议。

热　爱

有人说过：如果你视工作为一种负担，人生就是地狱；如果你视工作为一种乐趣，人生就是天堂！齐鲁方志人对事业的热爱是有目共睹的，因为热爱史志工作，全省史志系统的很多老同志在离开工作岗位后依然为我们的志书编纂进行业务指导和总纂把关；因为热爱史志工作，办公室的普通员工主动向办公室提议应认真总结中指组提出的“山东经验、山东模式”；因为热爱史志工作，全省史志系统的每位同人都在为编修精品志书做着自己的努力……不知不觉中，我来到省史志办已经十年的时间了，这期间，我独立负责编辑出版的有《铁路志》《林业志》《黄金工业志》《司法志》《公安志》《对外经济贸易志》等省志分志，前期参与指导的《地震志》《工会志》《劳动保障志》《交通志》《国土资源志》也已出版发行，目前负责指导的《教育志》《煤炭工业志》《共青团志》《社会科学志》《水利志》《旅游志》等志书也分别在按照各自的编修计划稳步推进。回想起第一次参加座谈会，与方志同人交流修志心得被大家认可的时候，第一次在评议会上提出自己的意见建议被承编单位认真采纳的时候，第一次看到自己负责的志书面世放在案头的时候……我发现自己早已融入史志人这个大家庭，在享受修志过程中带来的充实与满足，做一名记载历史、传承历史的史志工作者，早已成为我的骄傲。2014 年，我有幸被省政府办公厅、省人力资源社会保障厅、省公务员局表彰为全省史志工作先进个人，并荣立三等功一次。

升　级

近年来，山东史志事业不断取得新成就，受到各级领导的高度重视，我们的工作模式被中指组领导誉为“山东经验”，省领导更是对山东史志工作作出 107 次重要批示。我们欣喜地看到，在全体齐鲁方志人的共同努力下，全省贯彻史志工作规划纲要更加深入，“三全”目标计划的落实不断取得新进展，顶层设计、督促检查确保了进度与质量的同步推进，山东史志事业涉及的领域不断拓展、社会影响不断扩大，史志资源开发利用成果更加丰硕。

百舸争流千帆竞，敢立潮头唱大风。目前，山东省全体史志工作者站在统筹推进“五位一体”总体布局、协调推进“四个全面”战略布局的新高度，充分认识史志事业转型升级的重要意义，不断坚定史志事业转型升级的文化自信，坚持史志事业转型升级的创新驱动，落实史志事业转型升级的目标任务，努力推动全省史志事业再上新台阶。在今后的工作和生活中，我将继续大力发扬“修志问道，直笔著史”的方志人精神，鼓足干劲，继续投入以“讲政治、讲学习、讲团结、讲道德、讲实绩、讲规矩”为主要内容的文明和谐机关建设中去，不断强化纪律规矩，保持绝对看齐；提升思想境界，强化大局意识、担当精神和扎实作风；强化能力素质，注重学习，注重实践，注重创新；形成发展合力，搞好团结，树立形象，以更加良好的精神状态和优异的工作成绩迎接组织的检验。

功崇惟志，业广惟勤。我庆幸我是齐鲁方志人这个大家庭的一分子，我庆幸全省史志事业又迎来了新的春天，广阔天地大有作为，齐鲁方志人将始终坚持与时俱进、科学发展，勇于担当，积极作为，为全面推进山东省史志事业转型升级作出新的更大贡献。

修志之美

李　军

李军，1970年生，中共党员，大学本科学历。1990年入伍，毕业于中国人民解放军汽车管理学院。在部队先后任排长、区队长、参谋、副教导员等。期间，在中国人民解放军南京政治学院函授学习新闻传播学专业。2004年从部队转业至省史志办，主要从事省志编纂和年鉴编辑工作，责任编纂《黄河志》《保险志》《物价志》《交通志》《广播电视志》《环境保护志》《电力工业志》等省志分志。撰写的《省志续修工作模式初探》在《中国地方志》发表，《浅议宣统〈山东通志〉的整理和开发利用》在第四届中国地方志学术年会上交流。2009年被省政府办公厅评为优秀共产党员。

前两天，我翻看女儿准备中考的一些练笔之作，读后颇有感慨。其中有一篇，题目是《依然美丽》。作文的大意是，有一年暑假，她回乡下老家，在奶奶家的菜园里，发现一簇美丽的野花。忽然一天，一场狂风骤雨侵袭菜园，菜园一片狼籍，自己亲手种的菜和角落里的野花都被“扫荡”不见了，引来女儿一阵阵叹息。大约十几天后，女儿准备返城前，她再次来到菜园中，却惊喜地发现，偌大一片菜园中，唯有那簇美丽的野花又“劫后重生”了！野花脱胎换骨一般，更加清新、更有生机、更加美丽了！这簇不畏艰难、顽强生长的野花，成了女儿心中值得珍藏的一份美丽，并且，多少年之后，在女儿的心中它依然美丽。

随着年龄的增长，我好像对“美丽”这个词早已陌生，就如同年轻时写的日记一样，沉入箱底，久违很多年了。看到女儿对美丽的记忆和向往，忽然触动我心中一些沉封已久的思绪。是啊，美丽是一种多么令人向往、愉悦的境界！对美丽的阐释和向往，对美丽的记忆和感悟，不应该独属于女儿一般年轻人的，每一个人，无论从事什么职业，无论在哪一段年龄，总需要去感知美，去追求美。我们的心是美的，我们身边的人，我们从事的职业，我们生活的世界，则都是美的。美是生活中正义的力量，一种催人奋进的力量，绝对满满的正能量。想到这里，我很兴奋，好像抓住某种令人振奋的东西，心像要飞起来一样。

我想到了修志之美。我告诉女儿，爸爸从事的修志工作，一定比你记忆中的那一簇野花美丽。女儿问我，“修志”到底做些什么呢？我还没想好如何用最简单的表述回答女儿，妻子则在一旁抢着说：“知道历史课上学的司马迁吧，你爸爸和单位的同事们就是当代司马迁，编书记录历史的。”女儿自言自语说，“这有什么美呢？”我一本正经地引用法国雕塑艺术家奥古斯特·罗丹的话告诉女儿，“美是到处都有的，对于我们的眼睛，不是缺少美，而是缺少发现”。女儿调皮地摇摇头，“我的眼力平时也不错啊，可真的没有发现，你们的修志美在哪里？”野花有漂亮的外形，一眼就能让人感受到它的美。修志则不同，它是一种工作，一份职业，甚至枯燥得一点趣味也没有，小小年纪的女儿怎么能发现修志之美呢？有些美不是用眼睛发现的，特别是那些品格之美、内在之美，只有真正身处其中，用心去体味，用心灵和思想去感受，甚至是付出满腔的爱，才能发现，才能领悟。

“登山则情满于山，观海则意溢于海”。修志之美，一定是我们修志人年复一年，日复一日，用自己的时间和生命诠释和书写的时代之美。我答应女儿，一定要把自己感悟到的修志之美写出来，一起分享，就像分享她《依然美丽》中那簇美丽的野花一样。我开始寻找我的修志之美。坐在电脑面前，沉思半天，尽管我明显感觉思绪在心里面有一阵一阵的涌动，但是，键盘上却敲不出一个字。看看窗外，树影婆娑，偶而几只鸟儿飞过，心里面越来越不能平静。

说起来，我们的工作真的十分朴素和单调。一众人马，老的、少的，组成一支战斗团队，十几年如一日，围绕"一本书"，从资料中来，到资料中去，像工匠一样，按照工序，打地基，立结构，找补丁，钉钉子。当然，如果人人都是出色的工匠，生产的产品也就自然十分过硬。平时，打交道最多的就是那一摞摞、一打打资料和办公桌上堆起来小山一样的志稿，使用最多的武器则是三样：电脑、铅笔、橡皮。每天上班最常做的第一件事，大概和我上学的女儿一样：把铅笔放在办公室专门配发的削笔器里面，手动转几下，把铅笔削的又尖又细，有时还不忘打量一番。然后，摊开志稿，一天的工作就开始了。我们这些工匠，生产出来的产品和我们的工作性质一样，朴素、低调。一部部志书大小规格相同，一律蓝底白字，古朴典雅。它们安静地摆放在书橱里，从不张扬，更多时候，给人一种孤芳自赏的悲壮之感。

古人云："至美素璞，物莫能饰也。至贤保真，伪文莫能增也。"我们编纂的志书尽管单调，甚至是枯燥，却没有哪个人敢于轻视。志书用最朴实的语言和文风，真实地记录了齐鲁大地上天文地理之变迁，社会发展之变革。我相信，这些凝聚了我们修志人辛勤汗水的志书，也算得上是"没有最好、只有更好"的精益求精之作了。在我们的眼里，志书就是世上那块最美的白玉，不用装饰，它所记录的时代的灵魂依然鲜活；志书中群贤毕至，不需伪言，他们的才能和品德永远光彩夺目。也许，多少年之后，当我们或者我们的后人，翻开这一部部志书，真正地走进它们，听到的将是一个时代的声音，感悟到的将是人间之正道。

在编纂《山东省志·交通志（1986—2005）》过程中，有一件事让我感慨万千。2014 年，《交通志》召开志稿评议会，办公厅党组成员、省史志办主任刘爱军在评议会上询问，"11·24"特大海难事故志书中为什么没有记载？"11·24"特大海难事故是我省发生的一次较大海难事故，事故造成282人遇难，直接经济损失约9000万元。事故是令人悲痛和发人深醒的。但是，事故发生后，党中央、国务院、中央军委和山东省委、省政府迅速应急处理，立即实施救援，认真做好善后工作，谱写了党、政、军、民在灾难面前心心相印、血浓于水的壮歌。这不正是志书要记录的核心要义所在吗？刘主任关注《交通志》对“11·24”特大海难事故的记述，体现了一名修志人的政治担当，展现了一名修志人心系党和人民的政治情怀。后来，鉴于有关该事故的档案资料还未解密，我和同事们也费了一番周折，经过多方努力，查阅了大量公开发行的报刊资料，在《交通志》中对该事故作了记述。通过这件事，我深深体会到，编史修志，是官职官责，必须为党和人民立言，我们修志人，责任重大。

“修志问道，以启未来”，是编史修志的本质价值所在，也是我们修志人的历史责任所在。我们千辛万苦，像工匠一样，搜集资料，考证、核实资料，然后把那些最真实的资料精心编纂成书的过程，就是不断“问道”的过程。志书中记述的一个个事件、一项项革新、一种种变化，正是构成“道”的密密麻麻的基因。我们所做的这一切，看似平凡，但真的并不寻常。我十分佩服和敬仰司马迁，他“览潇湘，泛西湖，历昆仑，周览名山大川，而其襟怀乃益广”，撰写的《史记》成为“史家之绝唱，无韵之《离骚》”，岂乃吾辈所能比？然而，我们这一代齐鲁方志人，有更高的思想道德境界，有更坚定的政治担当，有更可贵的无私奉献精神。“修志问道，直笔著史”既是我们的责任和使命，更是我们的志魂、灵魂。我想，这就是我心中的修志之美吧。又有谁敢说这不是修志之大美？齐鲁大地，人杰地灵，文脉浩荡。黄河从这里入海，泰山从这里崛起，孔子在这里诞生，灿烂的齐鲁文化经久不衰。我为自己能成为一名齐鲁方志人而自豪和骄傲。我们每一位修志人，尽管干的工作不同，但都在用独特的方式，为传承、弘扬中华民族优秀传统文化，在默默地浇一滴水，添一片瓦。岂不幸哉！乐哉！

也许，女儿还不能理解我心中的修志之美，那簇野花依然在她眼中是最美的。这有什么关系呢？我希望她的眼中能发现更多的美，在生活中收获更多的快乐。只要她慢慢懂得“从善如登，从恶如崩”的道理，她未来的世界就一定是最美丽的。

史志放歌

杜　辰

杜辰，女，1980年3月生，山东荣成人，中共党员，本科学历，学士学位。编鉴五载，修志十年，编校文字数以亿计，编纂成果多次获奖。2009年任省志编审处主任科员，主要从事省志编纂及指导工作。

2017年1月22日，省政府办公厅举办迎新春联欢会，副省长张务锋，省政府秘书长、办公厅党组书记王华，省政府副秘书长齐涛，省政府副秘书长、办公厅主任孙建功，省政府办公厅党组成员、省史志办主任刘爱军出席联欢会并观看演出。省史志办选送的配乐诗朗诵《史志放歌》通过演员们的深情演绎，赢得观众阵阵掌声，受到张务锋副省长、王华秘书长等领导和同志们的一致好评。

作为演员之一的我，有幸代表省史志办参加演出。我们利用业余时间精心准备，反复排练，力争把齐鲁方志人最好的状态表现出来，刘爱军主任更是百忙之中亲自对朗诵稿修改把关，对我们的表演多次提出具体要求。当我站在舞台上，向在座观众展示省领导和办公厅领导对史志工作的高度重视，展现全省史志事业取得的辉煌成就和齐鲁方志人干事创业、开拓进取的精神面貌时，出于齐鲁方志人的事业情怀，由衷地感到自豪，情到深处更是几度哽咽，引起了台下观众的强烈共鸣。

十五年，在历史的长河中，仅仅是一朵小小的浪花，但对于我个人而言，却是最意气风发、风华正茂的青春年华。在这最弥足珍贵的十五年中，我与省史志办共成长，目睹了山东方志发生的翻天覆地的巨大变化。

2003年，我大学刚毕业，就来到省史志办，刚参加工作的我对司马迁老先生做过的工作感到既陌生又新鲜，但随着时间的推移，这份新鲜感逐渐褪去，我才知道，修志是一项权力不大责任大、手段不多工作多、地位不重任务重、待遇不高要求高的工作。这里根本没有办公室上班族的从容与惬意，取而代之的是每天重复着单调而枯燥的工作，一遍又一遍地看稿子改稿子校稿子，还要经常没日没夜地加班加点，没有挑战性，没有成就感。

正当我处于迷茫、彷徨之中时，细心的办公室领导及时发现了我的消沉和浮躁，适时地给我们刚毕业的大学生做思想工作，讲修志人的使命和责任，讲史志工作的重要与荣光，提出有思路才有出路，有压力才有动力，有作为才有地位。渐渐地，历史的责任感与现实的紧迫感让我对工作充满了热爱和激情，我刻苦钻研修志业务，努力提高工作能力。

2004年起，我开始负责翻译《山东年鉴》英文目录，这对于一个非英语专业的人来说绝非易事。翻译是一门综合学科，仅做到“达意”是远远不够的，更重要的是恰当、专业、简练。在英语中有很多近义词，翻译成中文意思都差不多，但英文释义却大相径庭，对于《山东年鉴》这样一部由政府主办的公报性、综合性、资料性的大型工具书，有些专有名词一旦译错，必然贻笑大方。为确定每条目录的规范表述，我多方查找资料，借阅文献，为保证翻译的准确性，还反复请教多位英语系毕业的朋友和外籍友人。当他们见我为一个小小的单词都要“锱铢必较”时，不禁半开玩笑地调侃我，当年司马迁老先生恐怕正是凭着如此严谨的治学态度和对历史负责的责任感才写下了堪称“史家之绝唱，无韵之离骚”的《史记》吧！这种肯定极大地鞭策和鼓舞了我，使我在之后的工作中更加兢兢业业、孜孜以求。

特别是2008年调整到省志处工作后，面对全新的工作环境和高标准的业务要求，在领导和同事的关心帮助下，我克服畏难情绪，心里唯一想的就是怎样尽快胜任工作、独当一面。于是我一切从头开始，找材料，看教材，记笔记，虚心请教。走访《山东省志》承编单位，有时会遇到个别人不理解我们的工作，话难听，脸难看，对一个年轻的女孩子来说确实难堪，但我饱含热情，真诚服务，为了推动工作进展，打电话不奏效就亲自上门，手把手教，逐字逐句改，一次不行就指导两次，两次不行就指导多次，反复做工作，不断讲道理，以真心换真心，看着我负责联系的一家家单位的修志工作逐步走上正轨，我一次次地体会到成功的喜悦。现在，虽称不上硕果累累，但看着浸透着我的汗水甚至泪水的一本本厚厚的志书、年鉴，想到我平凡的名字将会与不朽的历史同在，想到通过我的手把党和政府领导、人民群众创造的丰功伟绩流传后世，内心不禁对自己的选择感到无比的自豪和骄傲。

2013年以来，全省史志人在刘爱军主任的正确领导下，开拓创新，锐意进取，攻坚克难，改革创新，逐步走出一条具有山东特色的新路子。山东史志事业开创了全面发展的新模式，展现出前所未有的大好局面，创造多个全国第一，连续三年在全国会上得到肯定，表扬次数全国第一，第一个出台省级史志事业规划纲要，第一个提出修志、编鉴和方志馆建设“三全”目标，第一个实现史志法规全覆盖，第一个上半年出版省级年鉴，第一个改造升级省市县地情网站，第一个推出抗战研究成果，第一个出台乡镇村志编修意见，第一个编修艺术节志和援疆援藏志。山东史志成为全国方志系统的排头兵，创造出享誉全国的“山东经验”，二轮修志倒排工期、扎实推进，年鉴编纂提速增效、全国试点，方志馆建设多措并举、全面开花，信息化工作推陈出新、百花齐放，旧志整理整体推进、再创佳绩，开发利用拓宽思路、成果丰硕，史志事业春光明媚、生机勃勃、前途无限，得到各级领导的高度重视和极大支持，省委、省政府领导多次对史志工作作出重要批示。山东史志工作应天时、处地利、顺人和，为我们每个齐鲁方志人的成才和全面发展提供了和谐的环境，我们无比自豪和骄傲，我们的初心永远不变。

坐下身子，静下心来，埋下头去，徜徉于历史与现实之中，以如椽巨笔，续历史万千变化，记当代政通人和，打造一片令自己和子孙后代都感到自豪的精美的文化天地，这是何等的不凡与伟大！

我选择，我奉献，我快乐，我自豪，我放歌，我是一名齐鲁方志人！

以梦为马　执着向前

梁一博

梁一博，女，汉族，1986年3月生，菏泽牡丹区人，本科学历、文学学士学位。2008年7月参加工作，2010年进入省史志办工作，先后任职于年鉴工作处、省志编审处，现为省志编审处主任科员。担任《汶川特大地震山东省救助援建志》《山东省志·地震志》《山东省志·盐业志》等多部志书责任编辑。

时光荏苒，转眼间，来到省史志办已有7年时间。7年前，怀着兴奋与渴望的心情，我踌躇满志地来到省史志办，成为一名史志人。初来时，面对全新的环境和业务，我对自己说，每一项工作都是一次学习和成长的机会，一定要好好把握，我深知机会来之不易，感恩和珍惜一直默念在心。

在这7年的时间里，每每目睹我的同事们为这块中华民族优秀的文化瑰宝而辛勤耕耘和无私奉献时，内心的责任感便增添几分；亲历了山东省社会主义新方志编修30周年纪念活动，看到人们翻阅品读凝聚着无数史志工作者心血和汗水的志书，感悟着我省史志工作取得的辉煌成就，扎根史志工作的决心也更加坚定。

来到史志办，接触的第一项工作是编辑《山东年鉴》，我带着好奇与向往，打开了与史志结缘的第一扇门。面对陌生的业务，我从最基础的知识学起，并认真学习研究年鉴业务指导书籍及已出版的《山东年鉴》，以尽快掌握年鉴的编辑方法。遇到不懂的问题，就向身边的领导同事请教。我建立了编辑记录本，记下每一份稿子的来稿时间、稿件情况、编辑进度，认真核实每一项统计数据，针对稿件中存在的问题，反复联系撰稿人，直至问题得到解决。就这样，我边学习边摸索，独立完成了《山东年鉴》(2011卷）5个栏目的组稿、编辑、校对工作。编鉴一年，我积累了一定的工作经验和方法，在领导同事的鼓励下，慢慢成长起来。就在感到自己对年鉴工作开始入门的时候，因工作安排，2011年7月底，我被调入省志编审处工作。带着对年鉴的眷恋，我推开了与史志结缘的第二扇门——成为一名省志处的新兵。

说实话，刚刚接触省志工作的时候，对省志的体例规范、工作程序完全不了解。拿起电话，不知道怎样回复承编单位的业务询问;拿起稿子来，常常感到老虎吃天，无从下口，不知道该从哪里改，怎么改。有一次处里拿出总纂编辑的《民政志》稿子让大家学习，我望着满篇的修改内容，惭愧地看到自身知识的单一、专业的匮乏和用心的不足，感到与他们的差距。更要命的是，从2010年，我们处工作的重点调整到志稿的编纂出版上来，志稿编纂实行责任编辑负责制，要求年轻同志尽快熟悉情况，早日独当一面，使我感到前所未有的压力，心里特别着急。面对困惑和迷茫，我暗下决心，一定要静下心神，扎扎实学业务，从学习入手，尽快胜任工作。我拿出当学生时的劲头，利用一切可以利用的时间，自学理论书籍，跑图书室、上网，查找、研读方志理论文章。同时，把握住每一次全处汇稿以及业务培训的机会，学习修志前辈编辑的稿子、吸取他们的工作经验和做法，积极参与交流。4个多月的时间，在一点一滴的积累中，在领导、同事们的悉心指导和帮助下，我逐渐进入省志编辑的角色，从最初拿到稿件时的无从下笔、只会简单改一下文字标点，到可以独立给出一部志稿初稿近万字的阅读意见，被承编单位欣然接受，欣喜之余，我深切地体会到，胜任工作的一个很重要的前提就是要勤学善思、注重积累。

2012年3月，我开始担任《救助援建志》责任编辑。对我来说这段宝贵的经历，是一个不断犯错不断改错，吸取教训、逐步提高的锻炼过程，真是受益匪浅。

有一次，刘娟主任给我一张纸，上面写着一些页码和“8∶30德阳、9∶30德阳、10∶15济南机场、9∶40……”等等几个时间和地点，让我去查5月13日上午，山东第一架飞地震灾区的航班起飞时间及到达地、到达时间。上面这些数据就是《救助援建志》中所有关于首架航班的记录，但却都不是准确时间，这可是关系省委、省政府执行中央决定，实施救援反映的时效问题。稿子我看过很多遍，但一直忽略了这个重大问题，刘娟主任总纂的时候却把它们全找了出来，让我非常自责和惭愧。不久，新的考验又摆在我面前，老主任孙邦信在总纂《救助援建志》的时候，提出有一个叫“皇帝庙村”的地名可能有误。我通过上网查信息、翻查当地年鉴均无结果，最后电话联系到四川北川都坝乡政府，历经反复，终于核实确认了地名。通过这些亲身体验，我认识到，责任编辑，重在责任，必须事无巨细，处处留心，要具备不怕麻烦、锱铢必较的品质。

在做《救助援建志》彩页的时候，总纂说过：彩页在一部志书中的分量很重。一个彩页就是一个完整的故事，有它的发生发展和结局，在设计时要考虑其内部层次结构，体会每幅图片所代表的含义。我在设计《公安志》彩页的时候，认真总结编辑《救助援建志》彩页经验，首先做到吃透篇目，熟悉内文内容，据此提出几个思路，与处里同志充分讨论后确定方案，从上千幅图片中精心挑选了70余幅图片备用，再综合图片表现力、代表性以及省志对志首彩页的硬性规定等因素，最终选择了38幅图片，前后修改7稿，力求以最强的视觉冲击力，全面反映1986—2005年20年间公安事业发展情况。通过这两次图片编辑工作，我体会到责任编辑必须有精益求精，做到极致。

作为历史的记录者，要始终站在对历史负责的高度。我们编纂一部志书，书上留下我们的名字，这既是一种荣誉，更是一份沉甸甸的责任。凡事预则立，不预则废。为了提高工作效率，保证各项任务目标落到实处，工作中我养成了四个习惯。一是详细制订每日工作计划。我现在开始一天工作的第一件事就是列下当天要做的工作，每天下班前做好当天的工作记录，包括工作完成情况，工作中需要注意的问题等；睡前还会在脑子里过一遍第二天要做的事情。天天坚持，并且要求自己做到今日事今日毕。二是科学做好工作总体规划，工作提前考虑。首先，在工作程序上做好筹划。总纂志稿，工作时间紧、任务重，一个环节没考虑周到，就有可能影响整体进度。在工作中，要注重做好承编单位、总纂审稿、排版印刷等各方面进度的协调。其次，从编辑工作上也要做好计划，讲求方法。比如说我们处每个人手里常常同时有好几部稿子要看。这就必须做好计划，安排好时间。有时候一个内容看的时间长了，可能会陷入一个瓶颈，思路受阻。这时候不妨先放一放，做一做其他工作，或者看看其他稿子，灵感不一定就在什么时间出现了。再次，精心做好日常工作联系与指导计划。省志工作难做，是因为各承编单位情况差别大，进度难统一。我们既要听其言，更要观其行；既要推，又要拉；既要管，又要帮。做单位工作，特别是后进单位的工作是最难的，但再难也要做。因此，日常工作与指导就显得尤为重要，必须认真准备，精心谋划。比如哪些单位可以促成评议，哪些单位推动一下工作就可以再向前走一走，哪些单位工作相对滞后、需要协调解决问题，这些都要在工作伊始就做好计划、心中有数，以便采取有针对性的措施。去承编单位座谈、进行业务指导时，我一般都会提前分析了解他们的问题出在哪里，需要指导的重点是什么，还有哪些不放心的地方，然后列一个提纲，去人家单位讲什么、怎么讲，对方可能会提出哪些问题、如何解决等，都会提前思考，充分准备，确保走访有意义，不会流于形式。从多次效果来看，只要你用心准备了，不但问题能够得到圆满解决，而且对方也会感受到你的诚意，对推动工作开展往往收到意想不到的效果。最后，讲求工作方法。我对编辑志稿的体会是，不要就稿子改稿子，也别一头扎进去上来就开始编辑。我在看稿子之前，一般会先粗略通看一遍全稿，对其所述内容有一个整体的宏观印象，这样对于下步编辑志稿整体内容把握、篇章节目摆布都有所帮助。同时我还会拿出一定时间去查找资料，了解志稿记述的行业特点、主要职责职能等。这样看似耽误了一部分时间，但往往会对下一步稿件的具体修改有帮助，避免了只见树木不见森林现象，从整体上、高度上把握志稿，起到事半功倍的效果，提出更合理的审读意见。

有人说，能拥有一份自己喜欢的工作是幸福的。现在，每每坐在办公桌前，望着窗外苍翠的山林和暖暖的阳光，捧着手中的志稿，总感到无以言表的快乐和满足。我想，这就是爱上一份工作的感觉吧。我愿在今后的日子里，继续用自己的智慧和努力，为山东省地方史志事业倾心注入自己的绵薄之力。与我省广大史志工作者一起，为这一千秋大业的再创辉煌，作出自己应有的贡献！

多读书　读好书　全面提高自己的文史素质

李天程

李天程，男，1963年10月生，山东胶南人，中共党员，文学博士，全省史志系统修志业务专家咨询组成员。1996年到省史志办工作，先后参与《山东省志》《山东省志·诸子名家系列丛书》《第十节中国艺术节志》（任执行副主编）、《山东抗战将士记忆》（任执行副主编）的编纂工作及市县志指导工作。参加编著《中国进士全传·山东卷》，参加编写《著名文学家演讲鉴赏》《著名文学家书信鉴赏》（任副主编）。在《光明日报》《大众日报》《东岳论丛》《山东社会科学》《中国地方志》等报刊发表论文、作品若干篇。2014年3月，山东省人民政府办公厅、山东省人力资源和社会保障厅、山东省公务员局给予记二等功奖励。现任省地方志办公室市县基层志编纂指导处调研员。

人的爱好各种各样，因人而异，读书是其中之一。但凡人有了读书的爱好，养成了读书的习惯，就能受益终生，就能使人获得一种更为开阔的眼光，一种更为博大的胸襟，一个更加丰富的世界，从而达到更高的人生境界。一个人是否体会到“阅读的喜悦”，其人生的目标、意义、深度、广度会有天壤之别。

一、读书的意义

加拿大学者曼古埃尔所著《阅读史》中有一幅令人深思、流传甚久的照片：1940 年 10 月 22 日，伦敦遭德军轰炸，很多房子被炸得面目全非，西伦敦荷兰屋图书馆，亦难逃厄运，墙壁倾颓，周围瓦砾密布。此时，有一位读者不顾敌机刚刚离去，冒着生命危险，又在书架前翻阅自己喜爱的图书，那认真阅读的姿态，那全神贯注的神情，令人动容。这固然说明了英国人不屈不挠对抗厄运、坚信未来的理性和信念，同时也说明阅读已成为英国人日常生活的重要组成部分，成为生命存在的标志和意义。

优秀的书籍组成了一个伟大的宝库，它们的组合、排列形成了人类进步的阶梯。它静静地排列在世间的角角落落，属于一切人又不属于任何人。你必须走进去，自己去寻找属于你自己的那一份宝藏，而阅读就是占有的唯一方式。对于没有养成阅读习惯的人，它等于不存在。而时下的所谓形形色色的讲坛，你从中得到的也只是别人的咀嚼过的东西，而非原汁原味的书的精华。你听别人讲一百遍《红楼梦》，而不去读一页原著，你也是一个未解“红楼”三昧的人。

的确，读到一本好书，就如同邂逅一位伟大的老师，邂逅一位久未谋面、促膝而谈的朋友。一个人的人生只有一次，但阅读则能接触自己以外成千上万的丰富而生动的人生，还能和几千年前的古圣先贤对话，如沐春风。读书像旅行，能与东西南北素昧平生的人物、风景相遇，而且无时空之限制。阅读当中能发现人生的花絮、河川、道路和旅程。“与书为友”的人是坚强的。

二、养成读书的习惯

要把读书作为生活的基本需求，成为人生的一种重要组合，不读书就会感到缺失、惶恐和不安。宋朝诗人黄山谷有一句名言：三日不读书，便觉语言无味，面目可憎。如果你三日不读书，就感到自惭形秽，羞于对人说话，则你必定是个爱读书的人了。

读者是个美好的身份。历史上有许多伟大人物，在他们建功立业的声誉背后，往往还有身份，那便是终身读者，即一辈子爱读书的人。法国的拿破仑，当年曾居住瓦朗斯城的咖啡馆的一间小屋里，他常常一个人在酷暑时节，坐在闷热的房间里，废寝忘食，手不释卷。1798 年，拿破仑任远征埃及军总司令，在“东方号”旗舰上，他为自己设立了一个小小的船上图书馆，所带书籍都是他精挑细选的，军事的、政治的、地理的、天文的、文学的，等等。40 多天的海上航行，由于身体不适，晕船呕吐，他就躺在床上，让其属下为其朗读。他洗净双手，把自己喜爱的书郑重地交到属下手上，然后享受间接读书的快乐。拿破仑一生指挥了近 60 次战役，几乎每次都带着一个随军图书馆。

毛泽东一生酷爱读书。晚年，他视力衰退，出版社专门印制了大字号的书籍供他阅读。再后来，就专门让北大的文史专家为他诵读。他则坐在沙发上或躺在床上静心体味书中意蕴，感受历史的风云和文学的意境。他说，革命夺权靠枪杆子和笔杆了，但他却从来没有拿过枪杆子，笔杆子倒是须臾不离手，毛笔、钢笔、铅笔，笔走龙蛇惊风雨，气吞山河写春秋。“北国风光，千里冰封，万里雪飘……”“为有牺牲多壮志，敢教日月换新天”。他的胸怀、他的气魄、他的风格、他的语言，是浸到骨子里的，是溢于言表的，是力透纸背的。中国是一个文章的国度，青史绵绵，佳作迭出。汉司马、唐韩柳、宋东坡、清康梁，群峰竞秀。毛泽东是历史群山中一座巍峨的高峰，须仰视才见。

在很大程度上，人类精神文明的成果是以书籍的形式保存的，而读书就是享用这些成果并把它们化为自己的精神养料的过程。做一个读书人，就是加入到人类精神文明的传承中去，做一个文明人。与此相反，对于不是读者的人来说，凝聚在书籍中的人类精神财富等于不存在，他们不去享用和占有这笔宝贵的财富，一个人唯有成了读者才知道，不读书是多么巨大的损失。

现在有人抱怨无暇读书。说自己没有时间看书的人，大多是缺乏内心的余裕。只要有心读书，不可能挤不出十分钟、二十分钟的时间读书。早上、中午、晚上各抽出十分钟来看书的话，一天就能看三十分钟的书。集腋成裘，读书的时间累积多了，你读的书也就日益增多，你的知识积累就会越来越厚重，你的人生就会越来越丰富。愈在忙碌中抽出时间来看书，愈能集中注意力。有时比漫不经心地看半天印象更深刻。

对今天的青年人来说，应该多读书，少上网。你可以是一个网民，但你必须首先是一个读者。如果你不读书，只上网，那就真成了一条网虫了。整天挂在网上，看八卦、聊天、玩游戏，精神营养极度不良。互联网是一个好工具，然而，要把它当作工具用，前提是你的精神足够强健。否则，只能是它把你当工具使用。

"少年不努力，老大徒伤悲"，年轻时所读的书，一辈子是不会忘记的。对我们影响最大的书往往是我们年轻时读的某一本书，它的影响力可能不是缘于它自身，而缘于它介入我们生活的那个时机和生命成长史的一个节点。

三、读好书

世上的书籍浩如烟海，而书的质量又高低不一，再痴迷的书迷也无法穷尽世上之书，只能尝其一瓢，关键是你尝哪一瓢。人生有涯书无涯，因此，读书要从好书读起。为了争取更多读好书的时间，唯有不读坏书，不读二流、三流的书，要读有品位的书。所谓品位，就是能够通过阅读而过一种心智生活，使你对世界和人生的思索始终处于一种活跃状态。世上真正的好书都应该发生这样的作用，而不是只向你提供信息或消遣。如我们要提高自己的方志理论水平，章学诚的《文史通义》、刘知几的《史通》不可不精研，仓修良的《方志学通论》也要通读。而近些年来的所谓方志学理论基础方面的书，浏览一下就完全可以了，因为他们的书和经典之作不在一个层面和品位上。

读书要有一个信念，便是非最好的书不读，有了这个信念，即使你读了许多并非最好的书，你仍然会逐渐找到那些真正属于你的最好的书，并且成为它们的知音。事实上，对于每个具有独特个性和追求的人来说，他的必读书的书单绝非照抄别人的，而是在他自己阅读的过程中形成的，这个书单本身也体现出了他的个性。

在所有的书中，从最好的书开始读起，一直去读那些最好的书，最后当然就没有时间去读较差的书了。也许没有一个时代拥有像今天这样多的出版物。然而，很可能今天的人们比以往任何时候都阅读的少。在这样的时代，一个人尤其必须懂得拒绝和排斥，才能进入真正的阅读。

人类历史上产生了一些著作，它们直接关注和思考人类精神生活的重大问题，因而是人文性质的，同时得到不同时代的公认，已成为全人类共同的财富，因而又是经典性质的。这些著作就是人文经典。人文经典是一座圣殿，它就在我们身边，只要我们走进去，就能聆听到思想者的嘉言隽语。古往今来，书籍无数，没有人能单凭一己之力从中选出最好的作品来。幸亏有时间这位批评家，虽然它未必绝对智慧和公正，但很可能是一切批评家中最智慧和最公正的一位。所谓经典，就是时间这位批评家向我们提出的建议。

经典属于每一个人，永远不属于大众。每一个人只能作为有灵魂的个人，而不是作为无个性的大众，才能走进经典中去。如果有一天你也陶醉于阅读经典这种美妙的“消遣”，你就会发现，你已经距离一切大众娱乐性质的消遣是多么遥远。

多读书，读好书，全面提高自己的文史素质，是做好本职工作的基础。习近平总书记在中央党校建校 80 周年暨 2013 年春季开学典礼上的讲话中专论学习问题，提出了“好学才能上进”的重要观点，强调“中国共产党人依靠学习走到今天，也必然要依靠学习走向未来”，号召全党大兴学习之风。我们史志工作者应自觉践行，加强学习主动性，全面提高自己的政治素质、思想素质和业务素质，推动史志事业转型升级，再上新台阶！

甘为编辑苦　书成学亦长

王耀生

王耀生，男，1967年10月生，山东惠民人，中共党员，历史学硕士，全省史志系统修志业务专家咨询组成员。1997年山东大学历史系研究生毕业分配至省史志办，一直从事市县志编纂业务指导工作（2006年参与《山东省历史地图集》编制，拟订全图集的编制大纲、详细目录、编制通则等；并任政区图组专家组组长，负责政区图组的编制），历任助理编辑、编辑、副编审，现任市县志指导处副处长。参与了全省第一轮修志评议审查和第二轮修志的组织发动、培训指导、评议审查等各项工作，参与制定全省两轮修志的业务规范、制度等，参与评议、审读市县志、专业志和乡镇村志等地方史志类书稿近百部。参与《山东省两轮修志理论探索和实践创新》《山东抗战战事史料汇编》《山东简史》等地方史志专著的纂辑和编写。在《中国地方志》等全国中文核心期刊上发表地方史志研究与编纂的专业论文十余篇，有的论文被《新华文摘》转载。

近年来，在刘爱军主任的科学带领下，山东史志事业发展进入一个前所未有的大好时期，受到上上下下、各个方面的广泛赞誉和好评，创造了“山东经验”，走在了全国前列。作为山东史志队伍的一员，我也有幸参与和见证了这一历史性转变，在史志编辑岗位上做了些许工作，深感志稿、史书的编辑过程既是重要的业务工作历练，也是很好的学术营养汲取充实过程。都说史志编辑是为他人作嫁衣，但这些年的编辑经历使我深刻体会到这作嫁衣的辛劳和乐趣，真应了那句话，“甘为编辑苦，书成学亦长”。

刚参加史志工作，单位上一位上世纪五十年代毕业的老学长（也是山东史志业务的早期开拓者）曾慨叹，史志编辑这行“入门不易，学精更难”。自己当时年轻，经验阅历有限，未解话中深意。后来随着经验阅历的丰富，逐渐体会出这句话的分量。试想，地方志是以地域为单位，按一定体例，综合记载一定时期自然、经济、政治、文化、社会等方面的综合性著述。作为一种文献著述，地方志记述内容非常广泛，包括自然和社会；而社会又包括各个行业门类、各个学科。因此，地方志又被人们称作“一方之全史”。人大抵一生只能学一门或两门专业，精通熟悉本部门、本行业或性质相近部门行业的工作情况，所以相比较而言，地方志这个“门”是比较宽泛的。这也就意味着同其他行业和部门比起来，史志编辑专业水平的提高也就更费时费力，基本上是修一轮志书（一般一、二十年）出一代专业人才。

再说“学精”。编辑志稿不是说学了几本方志学编纂理论和实务教程就能把这项工作干好、做精。这只是硬杠杠，做一个好史志编辑还需要“软实力”，即理论素养、学术眼光和做人境界，也就是人们常说的“功夫之外的功夫”。首先，理论素养要全面。要有较为深厚的马克思主义理论修养，如坚持和运用辩证唯物主义和历史唯物主义原理，坚持实事求是的历史唯物主义原则，即依据物质与精神、存在与意识、实践与认识的关系，一切从实际出发，科学处理志书记述时限内各项事业发展的辩证关系；把事物和现象放到当时具体历史条件下去考察评价，在事物相互联系和发展变化中把握其基本要素和发展趋势；以此确定志书的门类设置、排列顺序、资料取舍、记述要点，全面客观地记述当地各项事业发展变化的历程。

此外，还要有一定的学理训练（研究问题、文献、方法），要有问题意识和质疑精神，要有创新的能力。其次，要有学术眼光。要提高自身的学术修养，尽可能使自己在某一学科、某一专业领域有所发展，即学有所长，术有专攻。学术研究与编辑志稿、编写著述，是可以互补互长的。方志纂修的历史表明，古往今来的精品佳志莫不出自著名学者之手，史志编辑学者化是一种历史趋势。史志编辑学者化，并不是说史志编辑一定要做一个专业学者，而是说要有一定的专业志趣与成就。要结合史志编辑业务工作中遇到的各种问题开展理论研究，以业务工作带动理论研究、以理论研究来提高业务工作水平和能力，理论研究与业务工作互补相长。这样，史志编辑对重大业务问题才能有自己独到的见解，有解决复杂业务难题和工作中棘手问题的能力和水平，才能对史志编辑业务有原创性贡献。再次，审读志稿、编写著述还意味着一种总体统筹的工作，要有驾驭全局和透过现象看本质的能力。即使你只负责全书的一部分，也要在把握地方历史发展大势和脉络全局的基础上对志稿、著述高屋建瓴，抓纲举目，打通联系。志书编纂要求资料要反映事物和现象的本质，这就要求史志编辑要有一双真正的“火眼金睛”，能透过历史的迷雾洞察世事，还能实现历史的穿越，对资料去伪存真、去粗取精，选取最能反映事物本质的资料入志。最后，做一个好编辑还要讲究做人的境界，即要有胸怀与耐性，要有吃苦奉献精神。编史修志和任何文化事业一样，属于“软”实力，但他自有其社会价值和历史价值。历史对于国家和地区的主要作用就在于存储和整理记忆，一个国家或地区时刻不停地往前走，当然有时要回过头来往后看一眼，以确定自己眼下所在的位置，史志编辑就是接受委托专司往后看的人。只要人类社会存在，历史就不会消亡。社会分工自古亦然，学科分工世界各国也别无二样。除了胸中有社会分工的大格局，还要能吃苦耐劳和有奉献精神。上百万字的志稿、著述要逐字逐句反复推敲修改，没有吃苦精神不行；有时对着一大堆杂乱无章的资料枯坐半日也理不出个头绪、顺不出条主线也是史志编辑的“常态”，没有坐性不行。吃得了苦坐得住，还要有辛苦自己、光彩别人的奉献精神。要提高志稿质量或完成研究著述，往往要挖掘甚至掏空自己多年的学术积累和研究心得，其中有些原创性的想法写出来就是一篇高质量的学术论文；史志编辑多年的心血就融入到稿子中，提高了稿子的质量，增加了稿子的分量，凸显了它的亮点。

通过前几年编辑《山东抗战战事史料汇编》，对做一名好史志编辑的体会就更深刻了一些。2015年全省史志系统要编辑一套纪念抗战胜利70周年丛书，自己分工负责全省抗战文物文献史料的征集与编辑。由于抗战文物文献史料的特殊性、稀有性，征集工作遇到了意想不到的困难，出现了难以为继的情况，自己一时也一筹莫展，压力山大。情急之下，想起在上学读研期间，自己对山东抗战史比较感兴趣，在这方面下了一番功夫，对抗战史的有关论著、学术动态、基本史料及资料存藏有所查考；参加工作审读市县志稿时对志稿收录记载的当地抗战史料也格外留意。依仗这一底子，我主动向有关领导提出编辑《山东抗战战事史料汇编》一书来替代全省抗战文物文献史料征集与编辑的建议，并拿出编辑方案。在领导的支持下，很快编辑成书。在编辑工作开展之初，就严格按照资料编辑的工作路数和学术规范，多方搜访，精心选择，严格鉴别，科学编排。首先，全面搜集、查阅全省一、二轮市县志书的“军事”编“历代战事”章（节）中的抗战战事资料，同时搜集、查阅抗战论著的有关资料，做到应收尽收、不留死角。其次，对资料进行科学加工处理。这其中最令人头痛的是一项战事多本志书记载，内容又有出入。在借鉴国内外公认研究成果的基础上，经过耐心细致的对勘，确定对同一战事资料凡有两种或两种以上志书记载而内容完全相同者，只录其中版本较早的一种；记载有详略之分者，择其较详的一种。这是琐细的苦活，既要做到逐页、逐段的爬梳校对，又要像打烧饼一样翻来覆去多少次，反复权衡比较才能最后确定，以确保辑入的资料或为其他文献所未见，或比其他文献资料更为翔实。还要对战事资料进行体例统一，标题改写，加注资料出处等编辑加工，但又不能破坏资料的原始性和完整性。为便于书出版后读者的使用和核对，对每条战事资料加注详细的资料出处。最后，编辑出版的一些技术性环节也颇费周章，如校对、封面用图，包括对志书中存在的一些错讹之处也进行了科学地补救处理。这其中辛苦非过来人所能尽知，最终形成了68万余字的资料集。书出版之后再来反思，对史志工作业务内容和性质的认识就有了新视角。

地方志是资料性著述，在某种意义上说，修志就是修资料，史志工作就是加工处理资料；资料工作向以艰苦著称，但现代学术意义上学术研究的起步，无一不是从史料梳理和考订入手；史料是历史研究的基本依据，坚实的资料工作是抗战史研究和宣传的基础和源头；史志工作的优长在于拥有丰富的资料，史志编辑的业务专长和价值也在于收集、加工、编辑资料以服务社会。

回顾自己多年史志编辑职业生涯，感到在领导的关爱信任和同事们的帮助支持下，自己在编史修志方面做了些工作，为此投入了很多，也收获很多，在编辑、研究和反思中增长了不少学识。

学习伴随着我的成长与完善

何　莹

何莹，1976年生，淄博市沂源县人。1994—1998年在山东师范大学人口·资源与环境学院学习并获学士学位。2014年获山东大学中国近现代史专业硕士学位。1998年毕业分配至山东省地方史志办公室工作，先后在省情资料处（后更名为信息工作处）、人秘处、省志处、县志处工作。近年来作为骨干编辑，编纂出版了17卷本的《山东历史文化村镇》丛书；作为撰稿人，完成了8卷本的《山东省历史地图集》（远古至清末卷）书稿，参与了这些卷册图稿的绘制、校对及部分图组文稿的撰写。期间获得各种荣誉称号。2015年参加省政府办公厅“深入践行‘五个坚持’做党性坚强的党办人”征文活动获一等奖。2016年参加省政府办公厅“两学一做”学习教育主题演讲比赛获三等奖。

学习这个话题并不陌生，从小学到大学，十五年生活的主要任务就是学习。工作之后，尤其是参加《山东省历史地图集》这一重大业务课题之后，更是经历了实践与学习相得益彰的十年。在《图集》出版问世之际，回顾梳理一下自己的成长历程，对“学而不厌”这句古训有了更加深刻的理解和感受。

大学毕业后我来到省史志办工作，最初是在省情处做编辑，后来因为我有在山师大地理系学习的经历，被调剂从事《山东省历史地图集》编纂工作。初来乍到的第一感觉是茫然，不知历史地图集是怎么回事，幸好身边还有许多学识渊博的专家学者、领导和同事可以请教，不会就从头学起。

我的第一项工作是从事资料文献的搜集和管理，类似图书管理员的角色，从熟悉山东地区的历史文献做起。历史地图集属于历史地理学范畴，以地图的语言展现数千年山东自然和社会环境的变迁，古今相关历史资料和研究成果的搜集、整理是编绘地图集的前提和基础。我从事资料的搜集、整理过程中，开始系统接触大量历史文献和学术著作，主要包括各朝正史中的《地理志》《郡国志》《本纪》或《列传》、历代全国总志、山东旧志（通志，府、州、县志，乡土志），明清以来古地图，山东新编省、市、县志及近代以来考古发掘资料及研究报告，等等。此后结合地图集相关图组绘制，重点阅读了省内外历史地理学权威著作，如谭其骧教授主编的《中国历史地图集》、安作璋教授主编的《山东通史》、邹逸麟教授编著的《历史地理学概论》及大量古今学者的历史地理学专著。领略了前辈学者积淀的璀璨成果，汲取了知识营养，提升了阅读古代文献、从事地图集工作的能力。

从事历史地图集编纂工作后，激发了我进一步充实完善自己历史学专业基础的愿望。在随后几年间，我利用业余时间在山东大学进修了中国近现代史专业。系统研修了《中国通史》《世界通史》《史学概论》等历史学基础理论和著作。在前辈学者“究天人之际，通古今之变”的执着精神鼓励下，结合工作实践阅读了《春秋左传》《史记》《资治通鉴》等历史典籍。这些中华文化经典文献充满了历代学者认识世界和把握人生的智慧。有的饱含了深邃的社会伦理和道德精神的论述，影响成就了历代无数学者和国家栋梁；有的记述了山东及周边地区波澜壮阔的历史事件，承载了丰富的历史文化；有的被称为“无韵之离骚”，使我感受到古典汉语言文字之美妙与神韵。作为一名史志工作者，能从历史典籍中领略先辈博大精深的精神智慧，不仅十分幸运，也深感自身责任之重大。

在几年的艰苦奋斗历程中，我积极参与到我们这个具有高端知识构成和敬业奉献精神的历史地图集编纂团队中。作为骨干编辑，编纂出版了17卷本的《山东历史文化村镇》，全面系统地积累了图集的编纂资料；作为撰稿人，完成了8卷本的《山东省历史地图集》（远古至清末卷）书稿，参与了这些卷册图稿的绘制、校对及部分图组文稿的撰写。在协助主编通审全部书稿的同时，也根据我阅读过的专著获得的心得提出过可供主编或出版社采纳的修改意见。俗话说“艺高人胆大”，在学习实践不断成长充实的过程中，渐渐地人变得自信了，工作也进入佳境。结合工作学习的实践，经过融入理性的分析和思考，也曾写成业务文章发表在省级文史刊物上。

俗话说“活到老，学到老”，回顾自身成长历程，使我对学习这个主题有了更新的感受。

一是学会了做事。毫无疑问，学习是为了做事。十五年寒窗苦读使我从县城来到了省城，处在青山绿树环绕下的生活和办公环境中，我们没有任何理由不能胜任工作、不去努力工作，不去快出成果多出成果、出好成果。随着阅历的增长、工作实践的积累，自己认识和把握事物的能力逐年提高，从最初面对业务课题时的无言以对，到今天也能有理有据、侃侃而谈；从过去面对专家学者只能“高山仰止”，到今天偶尔也能引经据典，平实交流。在已进“不惑之年”之时，看到自己十年间心无旁骛地辛苦工作，先后有20多卷、册的史志成果在自己手中面世时，突然感觉到精神世界难以名状的满足与愉悦，我终于有所回报，能够为社会做点事情了。

二是学会了做人。学做人也是学习的重要内容和落脚点。当今社会讲求彰显个性、展示自我。本人选择了史志工作，尤其是从事《山东历史地图集》的编纂工作，注定是默默无闻地坐冷板凳。图集仅“远古至清末卷”的编纂周期就设计为十年，每天面对图稿的海量信息和枯燥无味的烦琐考证，也曾经有过彷徨、犹豫，可工作中接触到的许多人和事又让我感动，渐渐地能够淡然面对。为保证图集的品质，编辑部整合了社会优质资源，凝聚了省内外一批著名的专家学者，经过与他们的近距离接触，其做事、做人的精神也在无时无刻感染着我们。复旦大学一位老教授刚做完白内障手术，不顾医生的叮嘱通读了地图集十余万字的书稿，拿出了几千字的审读意见；一位研究山东古地理的老专家，发现学术界最新成果出现后，就毫不犹豫地推翻了自己先前的结论，采用最新成果做出了新图。我们一位老领导，在书稿进入出版印刷阶段后，为了减少环节，避免差错，常常以自驾代步，跑图书馆、出版社和印刷厂，与这些单位的资料员、绘图员、编排人员当面接洽业务，推动相关环节保证质量、高效运作。处在当今凡事讲面子、图名分、物欲横流的环境包围中，这些老知识分子的社会责任感和敬业精神常常感动在场的每一个人，不得不使我们重新去领悟人生。

在前辈精神的感召下，编辑部形成一种刻苦顽强的工作作风，十年间，冷板凳，坐得住。我们克服了人员少、时间紧、资料匮乏的极大困难，加班加点、日夜兼程、一丝不苟、精益求精，以对事业、对社会、对历史和学术负责的精神确保了图集的学术品质和编绘进度，面对流光溢彩的花花世界，我们宠辱不惊、心无旁骛、安安静静、平平淡淡的紧抱书稿精雕细琢。经过十年的努力，《山东省历史地图集》终于问世了。《图集》以其一流的学术水准、丰富的历史信息含量受到省内外学者的交口称赞，堪称山东文化发展史上的一项重大标志性文化工程。

回忆起自己的读书和成长的历程，引用清代学者王晫的一句话来做一个总结："读书三十年，方悟出'惭愧'二字"（《今世说》卷三）。

板凳坐热数年功 青春融入志华章

罗 毅

罗毅，男，1980年9月生，山东济南人，中共党员，大学本科，文学学士，2003年7月参加工作。评审市、县（市、区）、基层志书近百部，参加编纂《第十届中国艺术节志》、山东纪念抗战胜利70周年丛书、山东抗战研究丛书、《山东对口支援新疆志》《山东对口支援西藏志》等，编纂成果多次获奖，尤其《山东抗日根据地图志》得到罗荣桓元帅之子罗东进中将的充分肯定和高度评价。个人连续多年被省政府办公厅评为先进工作者、获嘉奖，被省政府办公厅、省人社厅记三等功。

“文运同国运相牵，文脉同国脉相连。”当前，地方志作为传承中华优秀传统文化的重要载体，得到党中央、国务院和省委、省政府的高度重视，面临前所未有的大好形势。近年来，在刘爱军主任的团结带领下，全省史志工作者凭着对党和人民的无比忠诚、对历史和事业的高度负责，上下一心、敢为人先、主动作为，各项工作齐头并进，取得显著成效，走在全国前列，成为“排头兵”中的“标兵”，打造出多项全国第一，创造了“山东经验”，得到各级领导和社会各界的一致好评。三年多来，赢得省领导

107次批示，其中省长批示23次，这在全国是罕见的。史志工作连续四年写入省政府工作报告，今年又写入省第十一次党代会报告。我省史志工作迎来新的春天。中指组领导这样评价：山东史志工作之所以能够取得这样显著的成绩，主要得益于有一个好的带头人，敢于担当、开拓创新；有一个好的发展思路，目标明确，谋划科学；有一个好的工作体制，领导重视，多方给力。

作为一名年轻的史志工作者，我为赶上好时机、遇上好领导而感到庆幸，更应该努力工作、学习，坚定方志文化自信，为加快推进史志事业转型升级，创造中华文化新的辉煌，贡献出自己的一份力量。这是时代和人民赋予我们新的历史使命。几年来，对做好史志工作，我个人有三点感悟。

一、继承发扬优良作风是做好史志工作的力量源泉

常言道，修志是修“四苦全书”，艰苦、辛苦、清苦、痛苦，没有优良的作风是难以完成的。工作落实要靠人去完成，人的作风好坏直接关系到工作的落实，关系到事业的成败。

优良的作风不是一蹴而就的，锤炼作风除了个人主观努力，还有赖于榜样的率先垂范。“榜样的力量是无穷的”。当你面对困难，面对冷遇，在繁重的工作面前，迷茫、彷徨的时候，是身边榜样的力量在照亮你，温暖你，感化你。2015年8月，山东纪念抗战胜利70周年丛书新闻发布会暨赠书仪式举办前夕，各项筹备工作正紧锣密鼓的进行着，工作团队已经连续奋战几个昼夜，基本到了体力、脑力透支的边缘。就在一阵阵倦意袭来的时候，我们抬头看到刘爱军主任百忙之中，仍亲自为会议的精心组织殚精竭虑，仍不辞辛劳逐字逐句审阅会议材料，等等。我们瞬间被这股暖暖的正能量击中，就像打了一剂强心针，顿时力量满满、毫无倦意。就是这支传递正能量、作风优良、催人奋进的团队，连续奋战几个昼夜，确保了省长、中指组领导出席的发布会成功举办，确保了人民网对史志会议的首次在线直播，确保了新闻媒体对刘爱军主任专访顺利进行。

“勿以善小而不为”，有时作风的养成就在于一点一滴的积累。2015年，在全省精品志书编修培训班上，由于会务用车紧张，有时需要“私车公用”，开私家车去机场接送外地授课专家。有一次，早上10点到了机场，迟迟

不见专家身影，查询得知，航班晚点转飞异地备降，随时会飞济南，但具体时间不能确定，只好在机场随时待命。没想到这一等就是 13 个小时，晚上 11 点接到专家，回到驻地安顿好已是凌晨 1 点。此时，专家感动地说："只有一家人才能做到这样啊，来到山东有回家的感觉，明天我一定倾囊相授"。我说："您是我们请来的专家、客人，我们山东人历来好客，作为史志人更是如此。领导让我来接您，不管多苦多累，我也不能辜负领导的信任与重托啊。"其实，作风的养成，正是靠这样一个又一个简单而朴素的道理支撑起来的。

二、不断提升学习能力是做好史志工作的必修课

地方志横陈百科，是一地的百科全书，涉及方方面面的知识。当前又赋予地方志新的内涵，各种新课题、新项目接踵而至，这都要求我们不断学习、不断更新知识储备。

为形成系统的方志理论体系，确立"先入门、后入道、再求精"的学习思路。我来到史志办恰逢二轮修志之初，与市县志结下不解之缘。之前我对史志工作一无所知，为尽快熟悉工作，我采取"三管齐下"的策略，一是尽快熟悉史志工作的主体业务和主要流程，二是迅速了解全省各地基本地情，三是阅读大量方志学教程、理论文章和已经出版的优秀市县志。我通过努力，很快进入角色，被委以重任。评议、评审市县志数十部，文字量以千万计算，撰写评审意见几十余万字。先后参与了多部重点志书的评审修改工作，在《泰安市志》等志稿评审会上的发言得到中指办领导和与会专家的好评。

应对挑战，边学边干，相互促进，相互提升。独立编纂《山东抗日根据地图志》是对我学习能力的巨大挑战和考验。我只能边学边干，一边跑党史馆、档案馆、图书馆、各种纪念馆，通过各种渠道搜集挖掘资料；一边抓紧一切时间恶补抗战史。通过努力学习和掌握的资料，经过反复思考，很快确定了以文字为经，纵述脉络；以图照为纬，横陈史实的编纂思路。拟定了系统的篇目，撰写了志首概述、大事记，以及各篇首的无题序言，再配以一张张珍贵的历史图照，附录对搜集资料过程中发现的珍贵文献加以收录。这样一部较为完善的图志就诞生了。图志的编纂得到罗荣桓元帅

之子罗东进中将的充分肯定。就是在这样边学边干的过程中，我的学习能力得到最大限度的提升。

三、努力提高履职能力是做好史志工作的有力保障

提升履职能力，具体到史志工作来讲，就要像刘爱军主任要求的那样，在做人、做事、做学问上狠下功夫，在实践中不断提升自身修养和能力水平，敢于担当，积极作为，实现史志人应有的社会价值。

编纂志书需要过硬的专业素质、舍我其谁的坚强勇气和无私忘我的奉献精神，这些正是履职能力的具体表现。事实上，编纂一部志书有多难，只有经历过才知道。在组织编纂《第十届中国艺术节志》的过程中，遭遇了许多意想不到的困难和问题，但是在刘爱军主任的坚强领导下，编纂小组迎难而上、砥砺前行，深入组委会各部室，联系协调全省各市，迅速打开局面，参与了编志的全过程，工作覆盖了整个流程的各个环节。从2013年国庆，到2014年底，一年多的时间里基本没休过节假日，春节基本也在看稿、改稿中度过，晚上加班、周末不休息更是家常便饭。其间，起草了大量的各类公文，担负了很多协调保障工作，承担了大量的志稿撰写、补写、改写、编纂任务。虽然工作艰辛，但是我的公文写作水平、组织协调能力、史志业务素质、无私奉献精神，在领导的带动和言传身教下，都得到锤炼和提升。

“人民在创造历史，而只有我们在人民的丰碑上刻写历史”，这正是方志人人生价值的真实写照。我们几乎把所有的精力和青春都奉献给了史志事业，扎根史志、有为有位、围绕中心、服务大局，过去的冷板凳被我们坐热，一部部传承中华优秀传统文化，延续中华文化血脉的美丽华章出自我们手中。“甘于奉献以立德，苦练本领以立行，慎思明智以立言。”已经成为我们的座右铭。感谢一路引领我成长的领导、同事，良师、益友，感谢史志带给我的宝贵财富，这一切让我受用终生！

一点修志感悟

解　阳

解阳，2004年毕业于山东财政学院计算机科学与技术专业，同年7月分配到省史志办工作。现任市县基层志编纂指导处主任科员。

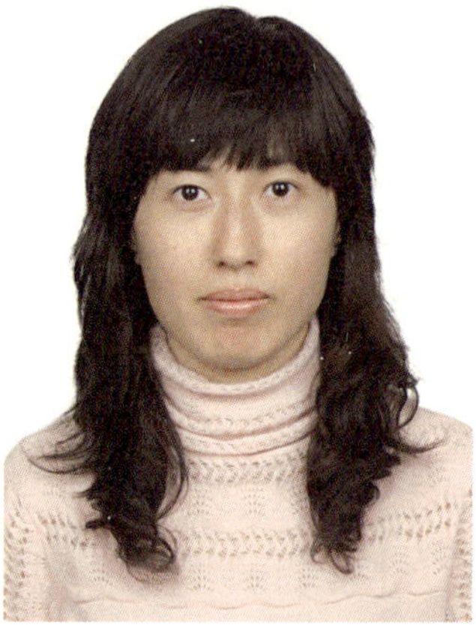

在史志办工作十几年，对于刚分配来的大学毕业生学弟学妹们来说算是这个系统的老员工，而对于工作了二三十年，甚至将毕生精力都奉献给史志事业的老同志来说，我显然还算是一个新兵。从最初不知道史志办是个什么部门，到底从事的是哪些工作，到现在随着一点点接触各项具体工作任务，也逐渐对这项事业有了一点粗浅的认识。

首先是认识到从事史志工作的意义。做任何事情，只有认识到它的意义，它存在的价值，才能甘心为它付出，最终把它做好。抗日战争时期，老一辈无产阶级革命家面对日本帝国主义的嚣张气焰，面对国民党反动势力的疯狂镇压，随时可能牺牲生命的情况下，坚定共产主义理想，做出了一件件可歌可泣的感人事迹。建国初期，多位科学家放弃国外优厚的生活条件，回到祖国，为我国的科研事业做出了不可磨灭的贡献，都是因为一颗爱国之心。他们都知道，祖国才是自己真正的家，为祖国的强大奉献力量，是他们人生的最大价值。

我们从事的史志工作，在如今信息化时代，工作进度稍显缓慢。一本社会主义新方志的编修时间通常是15到20年，一个互联网页面的更新速度，不仅是每一天，有时甚至精确到小时和分钟。做了大量的工作，一时半会却看不到成果，这更需要我们认识到它的意义和价值。志书编纂的一个重要原则是秉笔直书，这保证了我们的志书每一个章节、每一句话，都经过严格的考证，从而为后世提供一份可靠的资料。曾经在介绍毛主席事迹的文章中见到这样的描述：毛主席每到一地视察，都要先阅读当地的志书。从中我们可以看出，志书是了解一个地方风土人情、社会发展可靠的资料著述。

一本志书记述的内容涵盖面广，一地的政治、经济、文化，社会的各行各业都包含其中。政府部门可以从中找到治国理政的决策依据。发展一地经济，可以在里面寻找适合本土发展的优势产业。城乡建设规划，书中提供了翔实的资料。作为一个普通读者，了解一地的方言、土语、民风民俗，也能在其中的相关章节找到相应的记述。志书内容如此包罗万象，在方方面面起到这么大的作用，我们作为专门从事史志工作的人员，没有理由不为自己的工作感到自豪，更没有理由不付出加倍的努力完成好这项工作。

其次是用心做好史志工作。人们常常形容父母对待孩子，抱在怀里怕摔着，含在嘴里怕化了。特别是面对初生婴儿柔软的小身体，新手父母，没怎么抱过孩子的亲朋，往往显得无所适从。对待一项工作，如果像对自己的孩子一样小心翼翼、如履薄冰，那么我相信没有什么工作是做不好的。工作在各行各业的劳动模范，从事着平凡、辛苦、劳累的工作。如果不是用心对待自己的一片小天地，将一件件琐碎、枯燥的事情，一遍一遍反复努力地做好，他们不可能成为各行业的典型人物。功成名就的表演艺术家，如果不是用心揣摩自己的角色，想尽办法接近角色的生活环境，多方查阅资料了解角色的心理变化，不可能塑造出一个个活灵活现、血肉丰满的荧屏形象。我们编修的志书有许多要与数据打交道的地方。工业、农业、第三产业的产值，人口出生率、自然增长率、自然灾害发生的次数、重要事件发生的年代等等。有些史实由于年代久远，留下来的资料或是不全，或是记述模糊。获得这些数据，核实这些史实，有时需要相关部门提供准确的资料，有时需要采访事件的亲历者，有时要做一些社会调查。无论采用哪种方式，都需要占用编写者相当的时间和精力。要想把这项工作做好，就不能怕时间长，不能嫌麻烦。一个当事人采访的不全，再去寻找另一个当事人。一个图书馆查找不到的资料，再去其他的图书馆继续搜寻。本地的不行，去外地、外省，直至找到满意的答案。正是因为如此，有时体现在志书中短短的一段话，不知道背后编写者付出多大的努力。也正是因为一位位平凡的编辑人员不辞辛劳的付出，成就今天我们的史志事业繁荣发展的局面。

第三，是与国际接轨，与时代同步。前两天从报纸上看到关于杭州城市规划的描述。一个世博会让上海以崭新的面貌展现在世人面前，一个G20峰会让杭州处处体现出国际范和鲜明的时代感。G20峰会召开后，杭州西湖周边的建筑都亮起来，形成璀璨的夜景景观。路边大型广告牌大部拆除，只留下少量的公益广告宣传。路灯、电线杆、充电桩多杆合一，道路两旁立显清爽。斑马线旁，车辆礼让行人，形成以前只有在我国香港、澳门地区才能见到的文明景象。杭州城市规划的种种，体现了规划者放眼国际的视野，紧跟时代的创新意识。我们的史志事业，要持续发展，同样需要与国际接轨，与时代同步。志书编纂，在收集资料阶段，除了传统的纸质资料，更多地利用互联网强大的信息平台。稿件编写阶段，除了继续以系统内部人员的力量为主，更多地利用社会资源，更广泛地发动社会各界力量参与其中。志书出版印刷阶段，成书的版式装帧在体现古朴典雅的传统风格的同时，采用最新的印刷技术和环保、轻型的纸张，以期达到更好的视觉效果，同时让人方便携带。纸质书籍，作为书籍的重要形式不会退出历史舞台，但我们的志类成果不能局限于此。保存志书的电子版，我省很多地方都开始重视起来，今后互联网的云端存储也是值得我们去研究和尝试的。

逆水行舟，不进则退。我们不能局限在自己的小圈子里，只看到头顶的一片天。不能故步自封，只知道采用传统的东西，对外界的变化不闻不问。只有不断地向世界上先进的国家和地区学习，掌握时代的脉搏，我们的史志事业才能真正实现可持续发展，迈向更高的层次。

读书　教书　编书

孟召际

孟召际，男，1976年6月生，山东阳谷人，中共党员，研究生学历，文学硕士。1998年毕业于聊城师范学院，1998年至2007年任教于聊城文轩中学。2007年至2010年，在四川师范大学文学院学习，攻读硕士研究生。2010年，考入山东省地方史志办公室。先后参编多部省志分志，任《海事志》《发展计划志》《审计志》《外事志》《统计志》《海关志》等志书的责任编辑。现任市县基层志编纂指导处主任科员。

2010年，我到山东省地方史志办公室工作，加入修志人的行列。入门较晚，屈指算来也有七年。两鬓的白发是忠实的“志者”，时刻提醒时光的“逝者如斯”。而今回顾过往并“作文以记之”，同时也是梳理自我，给不惑之年的自己写一份总结报告，以诚意正心、加油鼓劲，努力做一个更好的齐鲁方志人。

自启蒙至大学毕业，基本上是规规矩矩的“读书”。有句名言说“读书好，好读书，读好书”，我读书不多，心路历程大致如此。小时候在农村，条件相对简陋，但受母亲影响，对书籍是极其向往和亲近。上小学时，课余时间常做的事情是放羊读书，寻一处空旷的野地或河滩，往草窝里一躺，羊吃草，我看书，都随意。小时读书自然“浅薄”，兴趣爱好却不知不觉养成，回想起来，心里依然喜悦：在相对偏远的乡下，对世界、对人生的想象可以借助于书而更加丰富，且散淡从容、无拘无束，任由兴趣自然滋长，读书真好。及至中学，心智渐长，读书增多，兴趣越发高涨。整个中学阶段，读的书良莠不齐，却来者不拒，很多书已淡忘，曾经震撼心灵并沉淀于脑海的还是那些公认的经典。印象最深的是读高二时，借得一本《道德经》，沉溺其中，玄思不已，几近“走火入魔”，直至背下并把原书及注解抄写一遍后才放下。“读书好”的感性认识，正是经由多年坚持，形成“好读书”的习惯与态度。大学选了中文专业，读书开始有选择性，自觉读了一些公认的有思想深度和语言艺术的书。“读好书”的精神力量是无穷的。尤其是读中国文学的经典，读诸子百家，切实领略到什么是博大精深。那时物质生活依然困窘，但读书的豪情不减，时常会有“粗缯大布裹生涯，腹有诗书气自华”的意气风发。回味起来，深感书籍可以穿越茫茫岁月，不悲不喜、不舍不弃，是静待知音的真正智者，使人认识自己、理解世界，使人存养“浩然之气”和敬畏之心，使人见贤思齐，进而激发开拓进取的动力。

大学毕业后在中学教书，工作之余也常读书。教然后知困，面对思想活跃的学生，常觉知识储备不够。有一次写了一篇“下水”作文，意在探察苏轼的精神世界，自感得意，不料被一个读书很好的学生直言不讳批驳，老师对苏轼的理解仅出于受其诗词感发，缺少逻辑支撑和理论深度。此事在我心里引起强烈震动，也成了后来选择读研的动因。读研前后，有人问是否后悔，知其善意，是担心我后来的工作问题。我从未后悔，象牙塔内外的风景是既有区别又有联系，选择重新走进象牙塔，就是选择修正自己。读研三年，冷暖自知，有机会多学一些知识并重新打量知识结构，获得新的思想、方法，这是受益终生的财富。导师劝诫牢记终生：“入门须正，立志须高，识养须厚，视野须广。”读研期间，自觉年龄偏大，唯有多用功、多读书。有意研读了一些巨人的思想元典，如马列主义的著作。领略哲人对社会、历史、文化的深刻洞察，经受思想洗礼，信仰更加坚定，自觉向组织靠拢，选择了入党。及至毕业时，自感是未达老师之期许，但按要求多读了些书。读书要经世致用，《大学》中说："大学之道，在明明德，在亲民，在止于至善"，这是读书的修养，之上还有更重要的"格物致知、诚意正心、修身齐家、治国平天下"的实用逻辑。2009年暑假，在成都参与了一项名为"巴蜀古文书调查"的社会实践项目，因经费少，所以充分利用图书资源寻找精确线索，尤其是查阅四川省的地方志。一段时间下来，对四川的历史沿革、风土人情增添不少认识，同时加深了对地方志的认识和理解。后来想，此番经历无意间为当修志人做了铺垫，可见读书之事功，并不在于一时一事。

刚进入省史志办时，经常要向同学和朋友解释"什么是史志"，还会碰到"这工作有什么意义呢"之类的诘问。一开始也有几许惶惑，但随着工作实践逐渐增多，自信心、自豪感越来越强，有时干脆给他们读几句名言，"治天下者以史为鉴，治郡国者以志为鉴""欲知大道必先知史，欲成大器必先做人"等。有时会扯得更"大"一点，都说"孔子登东山而小鲁，登泰山而小天下"——延展四维空间，眼界不断拓宽，胸怀不断扩大，但有没有更高远的境界呢，有，茫茫时空的坐标系里，还有不断延伸的时间轴，需要用历史的眼光来打量，需要我们修志人来记录。在史志工作的平台上，秉承"不掩恶不虚美"的史家精神，见证历史并记录历史，让齐鲁大地的风采得到更好的展现，让自我价值在字里行间随志书而永存，让奉献可以穿越历史的时空——修志，何乐而不为？

因入行晚，常嘲笑自己是半路出家。但深知"方志非小道也"，于是心存敬畏、边学边干，深入思考、系统学习，自觉把爱岗敬业作为工作的努力方向。爱岗敬业，首先是要"爱"和"敬"，这是一种虔诚的情感，只有爱岗，才能与工作融为一体，只有敬业，才能形成永久的责任心。修志工作，虽平凡却是一份使命，是党和国家的事业，功在当下，关乎未来。我从初识史志到热爱史志，既有刚开始不得其门而入的焦虑，也有工作上手之后的喜悦，点点滴滴，回想起来，沉淀下来的是一份充实和满足。如此，更是时刻提醒自己：不要在市声喧嚣中迷失，要时刻牢记自己的崇高责任！编修省志的工作实践中，深深体会到要做好责任编辑，重在"责任”与“担当”。尤其是作为志书的责任编辑，要坚持“管编并重”，要负责与承编单位、出版社甚至印刷厂的工作联系。责编工作处于编纂工作运转的关键环节，贯穿志书编修工作的始终，责编工作质量直接影响到志书的成书质量。在组织协调上，要负责上呈下达、协调沟通，及时综合编者、主编、总纂的工作思路；在编写指导上，要提前介入、全程跟进，为志稿总纂打好坚实基础；在质量把关上，要按照规范要求，努力把好政治关、体例关、文字关等各道关口。几年下来，在各级领导的指导和同事们的帮助下，先后完成了《海事志》《发展计划志》《审计志》《外事志》《统计志》等几部志书的初审与编辑，在受到领导肯定与表扬的同时，也认识到志书是常编常新，必须及时反思教训与不足，为以后的编辑工作实践提供借鉴。

近几年，山东省史志事业发展迎来新的历史机遇。尤其是2013年以来，在省政府办公厅党组成员、省史志办主任刘爱军同志的带领下，全省史志系统上下一心、锐意进取，我省的史志事业发展翻开了新的历史篇章。全省史志工作紧紧围绕中心、服务大局，不断改革创新、提质增效，坚持依法治志，坚持质量第一，科学化、制度化、规范化水平不断提高，逐步驶入科学发展的快车道。当前，全省史志事业又坚持以倒排工期、政务督查为工作抓手，以实现“三全”目标为总体要求，迎来转型升级的重要契机，发展形势振奋人心、催人奋进，作为齐鲁方志人中的一员，我倍感自豪！“路上春色正好，天上太阳正晴”，我们正紧随时代的步伐，继续在路上阔步前进！

修志编鉴感悟

温书义

温书义，男，1963年5月生，山东招远人，中共党员，大学本科学历，历史学学士，编审。1987年10月分配到山东省地方史志办公室，先后在省志编审处、年鉴工作处工作。现任省地方史志办公室年鉴工作处副处长，《山东年鉴》副主编。参与首轮《山东省志》的业务指导和编纂工作；组织并参与《山东年鉴》1993—2017年卷的编纂工作，2009年至今任《山东年鉴》副主编。曾于1991年5月至1992年10月，下派到曲阜市书院乡南张阳村做包村扶贫工作，荣获中共曲阜市委、市政府记功奖励。多次被评为本办先进工作者，2001年3月，被山东省地方史志编纂委员会表彰为全省地方史志工作先进个人。2012年10月，被推荐参加华东地区期刊优秀人物评选，获“华东地区优秀工作者”称号。2014年3月，获山东省人民政府办公厅、省人力资源社会保障厅、省公务员局表彰的全省史志工作先进个人称号，荣记三等功。

光阴似箭，岁月如梭。屈指算来，从事地方志工作已经整整30年了。

1987 年 7 月大学毕业后，我在学校无奈待了三个多月，等待回山东再分配。也许是命运的安排，也许是一种缘分，10 月中旬，我到省地方史志编纂委员会办公室报到，从此开始了我的修志编鉴生涯。

记得刚到史志办在省志编审处上班时，在领导和同事的帮助下，每天都是了解熟悉省直单位修志情况，研讨省志篇目，偶尔参加省志分志研讨会，忙得不亦乐乎。虽说自己是学历史的，对地方志有一些了解，但真正让你自己动手编辑修改志稿，却又无从下手，什么述而不作、横排竖写，什么横不缺项、纵不断线，什么详今略古、以事系人，完全是一种茫然。

干一行就应该爱一行，学一行，精一行。面对疑惑和迷茫，唯一可做的就是学习、学习、再学习。到图书馆、资料室，学原著，翻杂志，看文章，对照志稿，学以致用。从地方志知识到编辑出版知识，畅游在知识的海洋里，吸取着各种营养。经过一段时间的学习和工作锻炼，渐渐明白了地方志的体例、属性、特点和写法，随着自信心的不断增强，工作局面的展开，省志编纂工作逐渐进入角色。曾参与第一轮《山东省志 · 大事记》《山东省志·电力工业志》《山东省志·化学工业志》《山东省志·建材工业志》《山东省志·邮电志》《山东省志·黄河志》等分志的编审工作，为《山东省志·黄河志》编纂。每当看到分管的省志分志经过自己无数次的编辑加工，完成编纂，当印刷装帧精美的《山东省志》呈现在眼前时，内心的喜悦油然而生，我为自己能成为新时期社会主义新方志的修志人而感到骄傲和自豪！

根据组织安排，1992 年底我离开省志编审处，到年鉴编辑部工作，开始编纂《山东年鉴》。

从 1993 年起，曾独立承担过《山东年鉴》中的“大事记”“经济管理”“农业”“对外贸易·经济合作”“科学”“教育”“社会生活”“市县概况”等十几个栏目的责任编辑，参与 25 卷《山东年鉴》的组稿、编辑、校对、发行及彩页征集等工作，特别是独立承担 1993—2008 年共 16 年的《山东年鉴》“大事记”栏目的资料收集、整理、撰写、编辑等工作，成书文字 60 多万字，为编史修志积累了丰富的资料，提供有益的线索。

30 年的史志编纂实践告诉我，作为一名史志工作者，“敬业爱岗、严谨细致、精益求精”是工作的根本宗旨，“质量第一”是最高原则，要始终坚持高起点、高标准、高质量，把精品意识贯穿到史志和年鉴工作的全过程及各个环节，对编校质量进行科学的管理，严把编纂质量关。一分耕耘，一分收获。1994 年 10 月，在全省首届优秀年鉴评比中，《山东年鉴》获综合特等奖；2001—2003 年，在中国版协年鉴研究会举办的全国年鉴编校质量评比中，《山东年鉴》2000 ～ 2002 卷连续三年被评为编校质量优秀，这在全国省级综合年鉴中是少有的；2004 年 10 月，在首届中国地方志年鉴评比中，《山东年鉴（2003）》获综合一等奖，同年，《山东年鉴（2004）》荣获中国版协年鉴研究会授予的“中国年鉴奖”，并获综合一等奖。2009 年 12 月，《山东年鉴（2009）》在中国版协年鉴工委举办的第四届全国年鉴编纂出版质量评比中，荣获综合特等奖及三个单项特等奖，名列省级综合年鉴第 4 位。2010 年 10 月，在第二届全国地方志系统年鉴评比中，《山东年鉴（2009）》再次获得全国年鉴评比最高奖——综合特等奖，名列省级综合年鉴第 3 位。2014 年 12 月，《山东年鉴（2014）》在中国版协年鉴工委举办的第五届全国年鉴编纂出版质量评比中，荣获综合特等奖。2016 年，在中国地方志指导小组组织的全国地方志优秀成果（年鉴类）评审工作中，《山东年鉴（2014）》被评为特等年鉴，是三部特等省级综合年鉴之一。2015 年被中国地方志指导小组办公室确定为首批全国年鉴工作试点单位，纳入中国年鉴精品工程。《山东年鉴》还多次被省新闻出版局评估为全省优秀期刊。

30 年，在历史的长河中只是短暂的瞬间，但对一个人来说却是弥足珍贵。从朝气蓬勃、意气风发的青年步入早生白发、眼有点花的中年，从事地方志工作的酸甜苦辣，令人难以忘怀。

回首 30 年志鉴路，无悔愿做修志人。方志文化是中华民族的优秀传统文化之一，有鲜明的民族特色，有永不褪色的时代价值。一方面，地方志是中华民族特有的文化基因，是最具有民族特色的标志性传统文化形式之一，有其独特的魅力，对于提升国家文化软实力具有不可替代的重要作用。另一方面，地方志作为中华优秀传统文化的一大重要组成部分，也是社会主义核心价值观的源头活水之一，有着“治天下者以史为鉴，治郡国者以志为鉴”的生命价值，是中华民族生生不息、发展壮大的丰厚滋养，在教化人心、巩固信仰等方面发挥着不可替代的积极作用。

因此，地方志不仅具有“存史、育人、资政”的重要功能，也是弘扬民族精神、增强民族认同、凝聚民族力量的重要载体。在全球化的今天，地方志是中华民族精神栖居地所在，也是中华民族文化自信的底气所在。在建设中国特色社会主义的伟大实践中，地方志工作是文化强国的基础性工作，也是一项战略性工作。能够从事此项工作是每位史志工作者的人生幸事，既然从事地方志工作，就应该有大海一样的胸怀，怀有一颗平常心，不为浮躁和功利所动，耐得住寂寞和清苦，“发扬方志人精神，志存高远，力学笃行，直笔著信史，彰善引风气，为当代提供资政辅治之参考，为后世留下堪存堪鉴之记述”，在平凡的岗位上努力做出不平凡的业绩，用实际工作成果展现方志人的风采，服务于社会。

有容乃大，无欲则刚。有人说能够耐得住寂寞就是财富，我认为，耐得住寂寞更是一种可贵的精神和优秀的品质。贮备了这种财富，我们会终生受用；培养了这种品质，我们会受益无穷；弘扬了这种精神，我们会勇往直前，走得更远！

投身年鉴事业　做一名优秀的方志人

王复生

王复生，大学学历，省史志办年鉴工作处副处长。1993 年 9 月参加工作，1993 年 9 月至 1994 年 9 月，省史志办人秘处干部；1994 年 9 月至 2000 年 6 月，省史志办人秘处助理会计师；2000 年 6 月至 2005 年 12 月，省史志办人秘处会计师；2005 年 12 月至 2011 年 4 月，省史志办人秘处主任科员；2011 年 4 月至 2016 年 12 月，省史志办人秘处副调研员；2016 年 12 月至今，省史志办年鉴工作处副处长。

编史修志是一项弘扬中华民族优秀文化传统，功在当代、利在千秋的伟大事业。地方志是传承中华文明，发掘历史智慧的重要载体。党和国家领导人都对地方志事业非常重视，提出很高的要求，习近平总书记强调“要高度重视修史修志”，李克强总理提出“修志问道，以启未来”，近年来，我省地方史志事业不断取得新突破，多项工作走在全国前列，被中国地方志指导小组誉为“山东经验”。作为一名从事年鉴编辑工作的方志人，由衷地感到骄傲和自豪，感悟良多。

年鉴工作是史志工作的一部分，从事年鉴编辑的年鉴人是一群忘我工作、埋头苦干的优秀的方志人。

年鉴人具有爱岗敬业的精神。年鉴工作需要沉下心来，不怕寂寞单调，安于平淡，长年累月查资料，编辑、审稿、校对，“板凳要坐十年冷，文章不写半句空”，埋头苦干，兢兢业业，没有对年鉴工作的热爱和敬业，是坚持不下来的。没有竭尽全力、不为名利的思想和觉悟，是不可能干好年鉴工作的。“凡百事之成也，必在敬之”，大量的长时间的审稿校稿，身心都会很疲惫，但是为了能打造一部经得起历史时间考验的年鉴，每个年鉴人都踏实严谨、潜心钻研，勤勉不息，立足于本职工作，“专心致志，以事其业”。用心投入，展现出高度的爱岗敬业的思想境界。

年鉴人具有精益求精的“工匠”精神。一部高质量的年鉴，文稿需要反复地编辑、修改、打磨，修改是一项细活，年鉴中的每句话、每个字、每个标点，都要反复推敲琢磨修改，年鉴人不放过一点一滴的小毛病，以确保把差错降到最低。一遍一遍，锱铢必较，才能最后成稿。古语云:“玉不琢，不成器”。对年鉴工作的高标准、严要求，将一丝不苟、精益求精的工匠精神融入编修年鉴的每一个环节，打造出质量上乘的一流年鉴。这是年鉴人对年鉴工作的一份执着，一份专注，一份坚守。

年鉴人具有改革创新、与时俱进的精神。面对转型升级的新形势，年鉴人认真总结年鉴工作经验，不断学习，丰富知识，开拓视野，努力创新，与时俱进，推动观念创新、内容创新、方法创新，不断改进，不断进步，使年鉴更适应时代的需要，更具有生机与活力。为读者及时提供所需的信息资料，实现年鉴事业科学发展、繁荣发展。

年鉴人具有高度的责任心。“在其位、谋其政、做其事、尽其责”，年鉴内容包罗万象，涉及经济社会的方方面面，要努力把关，避免政治性、知识性的错误，更要以对历史、对社会、对后人负责的态度去记述每一件事，时间、人物、事件、各种数据都要十分准确，语言表达也要精炼到位。要打造经得起历史、时间检验的高质量的年鉴，需要有对年鉴工作高度负责的精神，因为具备了责任心，年鉴人对于自己负责的工作，做到心中有数，该做什么、怎样去做会及早计划，千方百计做好它。因为具备了责任心，年鉴人会尽职尽责，积极主动地工作，自觉去做好每一项工作。

年鉴人具有奉献自我的精神。对年鉴事业全身心的投入和不求回报，尽力做好每一件事，全心全意地干好每项工作。年鉴工作时间紧、任务重，为了保质保量按时出版，按正常上班的时间是不够用的，加班加点是常事，年鉴人放弃自己的休息时间，克服各自家里的困难，利用休息日保障年鉴工作按时完成。每个年鉴人都是在平凡的工作岗位上，尽自己的所能圆满地完成繁重的工作任务，贡献自我，奉献自我。

一部高质量的年鉴，依靠的是集体付出的精华，依靠的是全体年鉴人的力量和智慧，凝聚了全体年鉴人的心血和汗水，是大家共同努力的结果。众人众手打造年鉴，大家互学互帮、互谅互让、齐心协力、众志成城。“树多成林不怕风，线多搓绳挑千斤”，年鉴人就是具备这种团结协作的精神。今年为参加全国精品年鉴的专家评审，时间紧、任务急，年鉴处的全体人员放弃了周六周日休息的时间，一遍遍地审稿修改，大家都毫无怨言，心往一处想，劲往一处使，让我深深感受到年鉴人良好的素质，高度的集体精神。辛勤的汗水、团结的力量也结出了累累硕果，山东年鉴屡次获奖，得到领导、专家和社会的认可。

我是1993年参加工作进入史志办的，参加工作干的是财务工作，2011年6月调整到人事党务岗位工作，2017年3月又从人事党务岗位转到年鉴编辑岗位，从事年鉴编辑工作只有短短的两个多月时间，应该是史志战线上的老兵，年鉴编辑岗位的新兵。我想说，在这么好的集体里，我更应该努力工作、坚持学习、虚心请教、竭尽全力，把自己锤炼成一名“多面手”，全身心地投入到年鉴事业中，为年鉴事业增砖添瓦，奉献自己的知识和能力，为史志事业的蒸蒸日上奉献自己的微薄之力。

干事业靠的是人，是优秀的方志人，是坚强有力的方志人，大力弘扬“修志问道，直笔著史”的“方志人精神”，是时代的需要，是事业的需要，我们每一个方志人，要把“方志人精神”代代相传，使我们的史志事业蓬勃发展，走向新的辉煌。

发扬年鉴人精神 打造精品年鉴

宋 涛

宋涛，男，1973年6月生，中共党员，大学学历。1995年毕业于山东经济学院，同年入伍，历任司务长、参谋、助理员等职。2004年转业至省史志办，从事《山东年鉴》编辑工作。现任山东省方志馆副馆长。

今年1月，中共中央办公厅 国务院办公厅印发《关于实施中华优秀传统文化传承发展工程的意见》。《意见》明确指出：“做好地方史志编纂工作。”史志工作被列入优秀传统文化重要内容，作为一名史志工作者，既感到振奋，又感到压力。

回顾近几年来，我们从每年编纂一本书到三本书，《山东年鉴》实现6月底出版，是全国唯一一家实现在出版年度上半年出版的省级综合年鉴，连续三年保持全国第一；《山东省情概览》与《山东年鉴》同步编辑，同步出版；《山东地方史志年鉴》出版时间从年底提前至10月，省史志办被列入中国精品年鉴试点单位，年鉴工作处被省政府办公厅表彰为优秀处室。之所以能取得这样大的成绩，就是因为我们这个团队发扬了团结协作、勇于担当、奋力拼搏、争创精品的年鉴人精神，每一个人都做到爱岗敬业、甘于奉献，踏踏实实、开拓创新，才造就了一支能打硬仗、善打胜仗的队伍。

爱岗敬业、甘于奉献。爱岗敬业是中华民族的传统美德，是一份崇高的精神，是社会主义核心价值观的重要体现。《山东年鉴》编纂工作量很大，每个编辑都有二三十万字的稿件，编校5遍就有100多万字，在规定的时间内必须无条件完成，光靠上班时间很难完成大工作量的编校审核任务，只能加班加点。过去的2016年，在我们这个团队中，温书义同志的家属2月份做第二次手术、5月份再次住院治疗，3月份父亲去世，在这种情况下，他能够顾全大局、勇挑重担，统筹兼顾、合理安排，承担了《山东年鉴》《山东地方史志年鉴》稿件的审核任务，并承担了《山东省情概览》主要编纂任务，工作量很大，但没有因为家事耽误工作进度。他把遗憾带给了亲人和家庭，把内疚自责留给了自己，但绝没有留给工作。刘敏大姐在眼睛做了结石手术，按医嘱应休息两周的情况下，她只休息了三天，就重返工作岗位，继续投入工作之中。正是他们这种兢兢业业干工作、踏踏实实干事业的敬业精神，激励着我们这个团队中的每一个人。

踏实务实、开拓创新。记得去年3月5日，国务院总理李克强代表国务院向十二届全国人大四次会议作政府工作报告时，首次提出精益求精的“工匠精神”。工匠精神不是工人独有的精神，它是全民族的精神，包括政府机关在内的各行各业，当然也包括我们。做为史志工作者，我们倡导的“工匠精神”，更是一种品质，一种追求和一种氛围，对职业的敬畏、对工作的执着，善于用创新的精神，精益求精，追求完美。1月11日和2月6日，省政府办公厅党组成员、省史志办主任刘爱军和副主任郭永生分别主持召开年鉴工作改革创新座谈会，组织各处馆长和年鉴处工作人员，就《山东年鉴（2017）》进一步改革创新进行了深入的研讨交流。经汇总，形成了20多条意见，这不正体现了我们史志工作者善于学习、敢于攻关，精益求精、善于创新的“工匠精神”吗？

2017年，是全面推进史志事业转型升级的开局之年，是落实省《规划纲要》推动全省地方综合年鉴“一年一鉴”的关键之年，也是检验我们全国精品年鉴试点单位这块金字招牌成色的一年。由此，对我们而言，今年注定是一个不平凡的一年。

2月6日，郭树清省长在省十二届人大六次会议作《政府工作报告》

时指出，2017 年“要深入实施质量强省和品牌战略”，“要把青岛啤酒、东阿阿胶、宏济堂、德州扒鸡、周村烧饼等老字号的牌匾擦得锃亮。”今天，也让我们发扬团结协作、勇于担当、奋力拼搏、争创精品年鉴人精神，把《山东年鉴》这块招牌擦得锃亮吧。

做好年鉴编纂工作　传承中华优秀传统文化

刘　敏

刘敏，女，1961年8月生，山东济南人，大学学历。1978年12月参加工作。1988年调入省史志办年鉴工作处，曾任助理编辑、编辑、副编审。2008年至今任年鉴工作处副调研员。

党的十八大以来，以习近平同志为核心的党中央站在历史与时代相结合的高度，十分重视中华优秀传统文化的历史传承和创新发展，将其作为治国理政的重要思想文化资源，使之成为加深民族记忆、培育中华民族共同体的认同感、彰显文化自信，从而坚定走中国道路的精神纽带和道德滋养。中华民族历史源远流长，传统文化博大精深。在我国传统文化典籍中，地方志独树一帜，历史悠远，价值卓著，是中国传统文化中的绚烂的瑰宝。编纂社会主义新方志是两个文明建设的组成部分，是社会主义文化建设的系统工程，是承上启下、继往开来、服务当代、有益后世的千秋大业。“郡邑之有志，犹国之有史”。地方志作为中华民族优秀文化的有机组成部分，是传承中华文化，弘扬历史传统的重要载体，承担着教化育人的重要功能。特别是新编志书，更是唱响改革开放主旋律，进行爱国教育最现实、最生动、最有说服力的教材。将地方志纳入实施中华优秀传统文化传承发展工程之中，是贯彻落实习近平总书记系列重要讲话精神和李克强总理、刘延东副总理重要批示、重要讲话精神的重要举措。

年鉴作为地方志的一个重要组成部分，是传播知识、提供信息和资料的大型工具书，是现代科学技术飞速发展、文献数量迅速增长的产物，可以说是高密度、大容量的信息、文献和资料的综合体，是对历史的忠实记录。我国的社会主义革命和建设已经走过了60多年的光辉历程，全面系统地记录我们的历史发展，在修志的基础上编写好年鉴，有着极为重大的历史意义和现实意义。在古代世界三大文明区域中，古代中国是最早有历法、历书即古代形式年鉴的国家。至近代，年鉴的种类越来越多，已成为记录自然科学、技术科学、社会科学三大领域中许多专业学科的年度进展资料书，成为社会进步和科学发展不可缺少的工具书。现在我国已出版和正在编纂中的地方年鉴现已达到几千种，发展迅速，呈现出强大的生命力。年鉴作为一种信息含量较高的资料性工具书，具有“集万卷于一册、缩一年为一瞬”的特点，及时、系统、全面地记录了记载年度经济社会的进展与成就，真实地留下了编年的记述，可供后人查考。

在实现中华民族伟大复兴中国梦的征程上，强调继承和弘扬传统文化，具有重大意义，特别是对做好年鉴编纂工作有着重大的现实意义。“不忘历史才能开辟未来，善于继承才能善于创新。”山东年鉴如何在现有基础上进一步促进自身发展，充分发挥其功能，更好地服务社会，是摆在我们面前的一项长期和重要的任务。山东年鉴经历了30年的发展历程，其编撰有相对固定的编写流程，框架设计也相对稳定。但随着我国经济的发展和社会体制的深刻变革，年鉴也必须创新，只有创新才有生命，只有创新才有生机和活力，只有创新才能更好地提高年鉴的质量和水平。一是年鉴框架的创新。年鉴框架是承载年鉴内容的主体结构，框架设计不仅要体现编纂者的指导思想，而且还必须设置得科学合理，适应经济社会的发展变化。近年来经济社会发生了天翻地覆的变化，年鉴要反映信息时代信息特点，突出个性特色，其框架设计就必须紧跟时代发展的步伐，抓住时代特色，与时俱进，不断进行改革创新，设置新的栏目，淘汰过时的栏目，科学设置栏目，设计出能够突出地方特色，记述发展轨迹的年鉴框架。总之，要结合我省实际，紧紧抓住时代发展脉搏，聚焦人们关注的热点、难点和焦点问题，对年鉴框架结构进行修改、补充和完善。另外，还应突出年鉴的年度特色。在设计年鉴框架时，要抓住年度内发生的大事、要事、新事，取得的新成果、新成就，以及发现的新情况、新问题，适当地进行调整，以突出年度特色。二是创新条目内容，增强年鉴实用性。条目是年鉴的最基本的单元和主要表现形式，年鉴的内容是通过条目来表现的，因此，年鉴内容的创新也要通过条目创新来实现。这包括两方面的内容。（一）拓展深层次信息。从历年来稿情况看，部分年鉴稿件，记述的内容比较肤浅，停留在表面，或局限于日常事务，表面上全面周到，但总结味过浓，记述深度不够，可利用的资料十分有限，资料价值和借鉴作用不大。年鉴作为工具书的一种，既要反映总量和规模，也要反映分项和构成。在编撰过程中要抓住资料价值高、有代表性和标志性、读者比较关注的内容进行深度挖掘和拓展，提高年鉴资料的利用价值和借鉴作用。对一些文字量过大、不便在条目中展开的内容，可以通过表格、示意图，建立资料链接来拓展年鉴内容的深度。再就是增大年鉴的有效信息含量。年鉴作为公开出版物，读者具有社会广泛性。任何公开出版的年鉴都应当面对社会各界读者的阅读检索需要。年鉴条目编写要改变“日常事务信息多，年度发展动态信息少；部门政绩信息多，社会需求的公共信息少；零乱琐碎信息多，系统完整的公共信息少”的现象，重点收载年度内的大事要闻和独具特色的资料，尽量减少日常事务和一般工作情况的记述。年鉴中动态信息中的内容，应努力实现以记述工作成绩为主向记述大事要闻为主的转变。（二）关注社会热点、焦点和难点问题。山东年鉴作为省级综合性年鉴，其入鉴资料不仅要反映全省的概况、信息和政府的政绩，还要收入经济社会发展各方面出现的新情况、新资料。如大家都非常关注的医疗制度改革、社会福利问题、最低保障情况、教育问题、精准扶贫问题、小微企业发展与融资问题等与社会现实、群众切身利益相关的事情等，都要在年鉴中有所反映。条目的选题每年都应根据当年的工作特点有所侧重和有所不同，以此突出时代特征和社会发展的主旋律。三是创新组稿模式。组稿工作是年鉴出版的重要基础，没有组稿工作，年鉴就成为无源之水，无本之木，再好的设想、再高的目标没有实际的行动，只会沦为空谈。（一）以行政手段组稿为主，其他组稿方式为辅，多渠道开拓稿源。行政手段组稿是一个主要的、行之有效的途径，以这种方式组稿，稿件的权威性强。但随着社会的发展、时代的变迁和所有制的变化，仅仅依赖于行政手段已不能满足年鉴组稿工作的需要，完全依靠行政手段，对来稿依赖性过强，受制于人，所以改进组稿方式、拓宽组稿渠道成为当务之急。实现采编合一，变被动为主动；广泛利用网络平台，搜集有关信息；通过邀请专家学者写稿，调动社会各界的积极性，都是弥补年鉴来稿不足的有效手段。（二）时刻关注社会变化情况，了解行业发展动态。每个编者对自己所分工负责的相关行业近年来的发展情况、存在的问题要有所关注和了解，将一些抽象的内容具体化。如，经济的发展体现在哪些行业比较突出，区域分布特点，在全省经济总量中所占比重是多少，本区域年内出台了哪些地方性政策法规，新颁布的有关发展经济的意见、决定、通知、暂行规定、条例等，落实效果如何？注重收集与此有关的一些基本数据，并以此作为基础进行分析，尽可能资料化、信息化。（三）加强业务学习，对撰稿人进行有效指导。在日常的工作和学习中，学习党和国家的方针、政策，掌握稿件内容涉及领域的基本情况，便于和作者约稿时，不说外行话，能够提出具体地、有针对性的意见和建议，进行有效地指导。

《山东年鉴》自1987年创刊以来，已经连续出版30卷，《山东年鉴（2017）》现已编辑加工完毕，已进入校对阶段，今年6月底即可付梓。近几年来，在省领导的重视和关怀下，在刘爱军主任的大力支持下，在全办各处的积极配合下，年鉴处同人团结拼搏、开拓创新，心往一处想，劲往一处使，形成了强大的合力。年鉴出版由过去的每年一本书变为现在的每年三本书，年鉴工作不断跨越新的高度。《山东年鉴》2014卷被中国地方志指导小组评为特等优秀年鉴，是全国三部特等省级综合年鉴之一。《山东年鉴（2016）》是全国唯一一家实现在出版年度上半年出版的省级综合年鉴，连续三年保持全国第一。

昨天的荣誉已经成为过去的记忆，新的目标是我们努力的方向和动力。十八大以来，习近平总书记多次阐明传统文化与核心价值观之间的关系，不断提醒国人：传统中有我们的精神基因，文化中有共同的价值追求。中共中央办公厅、国务院办公厅印发的《关于实施中华优秀传统文化传承发展工程的意见》第三部分重点任务第一项“深入阐发文化精髓”中明确强调：“加强党史国史及相关档案编修，做好地方史志编纂工作，巩固中华文明探源成果，正确反映中华民族文明史，推出一批研究成果。”这是又一次从国家层面明确了地方志在建设社会主义文化强国，增强国家文化软实力，实现中华民族伟大复兴中国梦的重要作用，这是地方志事业发展进程中足以载入史册的大事，对在全国范围内全面推进地方志从一项工作向一项事业转型升级具有十分重要的意义。近年来，我省史志事业发展得到省领导高度重视和关心支持，省领导对史志事业共作出 107 次重要批示，不仅在我省史志事业发展史上前所未有，在全国也是绝无仅有，为史志事业发展创造良好的环境，对广大史志工作者是极大的鞭策和鼓舞。年鉴作为地方志的重要组成部分，可为编史修志积累丰富翔实的资料，编好年鉴是年鉴工作者的神圣使命。面对地方志事业的重要发展机遇期，我们年鉴工作者要以此为契机，紧紧围绕《规划纲要》总体目标和主要任务，坚定方志文化自信，认真贯彻办公厅党组“能力建设年”各项要求，提高工作效率，突破思维定势，大胆探索，不断改革创新，以新的思维谋求新的创新，以新的举措促进新的发展，推动山东年鉴的转型升级，充分发挥年鉴信息载体的功能，进一步扩大年鉴工作的社会影响，为实施中华优秀传统文化传承发展工程作出应有的贡献。

编辑的修养

郭　焱

郭焱，女，1965年4月生，山东省济南市章丘区人，中共党员，党校本科学历。1985年调入山东省史志办公室秘书处从事档案管理、图书资料管理、编辑工作，1993年1月被聘为秘书处助理馆员，1997年10月被聘为省方志馆馆员，2002年11月取得副编审资格，2003年1月被聘为副编审。现为年鉴工作处主任科员。参加地方史志工作32年来，曾参与《山东各地概况》《山东强镇名村志》《山东省新编地方志目录》《山东省志》《山东年鉴》等书的编辑工作，撰写的《存志与用志》（载入《网络时代图书馆工作与研究》）获山东省图书馆学会二等奖，《谈志书出版后资料的整理与归档》被《山东档案》2005年第1期刊登等，发表论文10余篇。多次被表彰为省史志办机关先进工作者、优秀党员，被省地方史志编纂委员会、省人事厅记三等功一次。

自2008年至今，有幸参加了《山东省志》与《山东年鉴》的编辑工作，通过几年的工作实践，感觉到尽管省志与年鉴在篇目、体例、写法上有很大的不同，但作为一个编辑，无论是省志编辑还是年鉴编辑，有一个共同之处就是都要有修养，也就是要有较高的素质，因为编辑素质的高低，直接影响着志书和年鉴的质量。而要提高编辑素质，就要加强编辑自身的修养，编辑的修养涉及政治、思想、品德、知识、技能等诸多方面。

一、要有坚定正确的政治方向

方志事业是社会主义文化事业的一部分，它反映现实、记录现实，并为现实服务。现实离不开政治，因此必须要有正确的政治取向。地方志工作者承担着传承文明、资政育人、服务社会的重要使命，更要注重政治修养，保持坚定正确的政治方向。

（一）马克思主义基本理论修养。马克思主义具有对人类思想文化成果批评继承和不断创新发展的特点，因而成为全世界无产者认识世界、改造世界的强大思想武器，也理所当然地成为我们党和国家一切事业指导思想的理论基础。认真学习马克思主义及与其一脉相承的毛泽东思想、邓小平理论、“三个代表”重要思想和科学发展观，深入学习贯彻习近平总书记系列重要讲话精神和治国理政新理念新思想新战略，是编辑政治修养至关重要的一个方面。只有认真学习，打下坚实的政治理论基础，才能坚持马克思主义的立场和观点，才能坚持辩证唯物主义和历史唯物主义，也才能敏锐地把握时代的脉搏。这也是编辑必须具备的政治思想素质。编辑的基本职责是通过编辑工作，也就是通过文字、图片、表格等信息载体，反映社会现实，编辑经手的文字、图片、表格等劳动成果，一般都会打上编辑的思想烙印。编辑的政治思想水平如何，在一定程度上影响着志书和年鉴的政治取向。编辑只有具备相当的马克思主义基本理论知识，才能及时捕捉时代的焦点，准确记录时代前进的步伐。

（二）政策法律纪律修养。编辑要加强党的路线、方针、政策修养，就必须认真阅读党的重要文件，并联系实际加深理解。同时要加强法律知识修养，要掌握法律知识，对宪法和一些重要法律、法规知识要有更多的了解。还要加强出版纪律修养，认真学习《中华人民共和国著作权法》、国务院《出版管理条例》、新闻出版总署《图书质量管理规定》以及《中国地方志工作条例》《山东省地方史志工作条例》等，并认真贯彻执行，使其潜移默化成为编辑的职业行为和职业习惯。

（三）国内外时事政治修养。编辑对社会现实的正确把握，离不开国内外时事政治的修养，一个不关心国内外时事政治的人，不可能当好编辑，编辑平时不关心时事政治，就很难理解和把握现实生活中发生的任何事情，因此，加强时事政治修养，对于每一个编辑都十分重要。时事政治的修养，主要靠平时关心时事、关心政治，并注意积累相关知识。编辑要养成关心时事政治的习惯，关注每天动态和时政要闻，有选择地阅读一些时事评论，努力跟踪时局的发展变化，并应随时做点笔记，以便在处理稿件时有所参考、有所启示，更好地把握其中的事实和观点。

二、要有崇高的事业心和使命感

编辑工作任务繁重而琐碎，充满艰辛，没有崇高的事业心和使命感，实在难以支撑。事业心是精神支柱、力量之源，使命感是动力、毅力之所在。编辑有了事业心，才能甘于寂寞、敬业爱岗；有了使命感，才能兢兢业业、一丝不苟，以严肃认真的态度和高度负责的精神对待自己的工作。编辑的事业心和使命感不是与生俱来的，也不是一上岗就自然形成的。它既是编辑思想、品德、作风修养的重要方面，也是编辑思想、品德、作风修养的结果。

（一）思想修养。编辑要具有崇高的事业心和使命感，必须通过工作实践加强思想修养。省志与年鉴都担负着认识世界、传承文明、资政育人、服务社会的重要使命。作为一个编辑，应充分认识到省志与年鉴在众多出版物中的不凡身价和品位，才能产生一种庄严感、使命感，才能顿生一种超越现实、超越自我的感觉，并将其作为自己的事业和理想去追求，并为之去奋斗。

（二）品德修养。省志与年鉴成书规模较大，涉及面又广，编辑加工突击性强，加班熬夜是常有的事，有的编辑经常是白天找作者讨论稿，晚上和节假日加班编稿，如果没有甘于寂寞、敬业爱岗、乐于奉献的精神，就很难做到甘坐冷板凳，连续突击，拼命工作。

（三）作风修养。省志与年鉴稿件常见的毛病和问题，大都出于工作责任心不强，粗枝大叶，马马虎虎。本来一眼就可以看出的差错，经多人之手竟无人发现，以至印刷出版后才发现，因此培养编辑严谨缜密的作风，是确保省志和年鉴质量的关键。作为一个编辑，一定要严肃认真，高度负责，兢兢业业，一丝不苟。

三、要有较高的文化素养

省志和年鉴的内容都具有较强的综合性，涉及众多的知识领域，涉及不少相关专业和学科的基本知识。作为一个编辑，要胜任本职工作，必须要提高自己的文化素养，要不断地努力学习，切实加强多方面的知识修养。

（一）基础知识的修养。

1. 历史知识。不管是省志还是年鉴都会或多或少地涉及一些历史知识，所以只有深入地了解历史，才能更好地把握现实；只有具备一定的历史知识，才能准确把握编辑过程中所遇到的相关信息。

2. 地理知识。任何事情都是在特定的地点和范围内发生的，有时候，地理、环境、资源等也是某些事件的直接原因或背景。编辑只有具备一定的地理知识才能对稿件记述的事态有较好的把握和理解。

3. 科学知识。各种各样的科学常识、科技理论、学术观点、学术动态等，都是编辑过程中最常见的内容，编辑只有掌握丰富的科学知识，才能轻松驾驭作者的来稿，避免科学常识的差错。否则，编辑的省志或年鉴就无法及时准确地反映这些学科的最新动态和成就。

4. 杂学修养。省志或年鉴内容都涉及众多的知识领域，杂学修养也就理所当然地成为编辑必须具备的一种学识修养。编辑除了要加强历史、地理、科学知识修养外，还应该注重社会学、民族学、考古学、信息学、情报学、文献学、语言学、修辞学、逻辑学、统计学、出版学等多方面的知识修养，还要增加一些地方特产、历史掌故、民间文艺、方言、体育赛事、传统工艺、饮食文化、养生保健、公关社交、质量标准等方面知识的修养，并努力使其融会贯通。

（二）专业知识修养。要加强编纂理论及相关的编辑学、出版学等方面的知识修养，多学一些相关专家学者的理论著述，从中吸取营养，运用这些理论成果及相关专业知识，指导自己的编辑实践，并在实践中检验其正确性，在实践中不断加以创新、发展。

（三）提高文化素养的途径。一是博览群书。博览群书可以丰富知识，活跃思想，开阔视野。作为一个编辑要尽可能挤时间多读书，既要读自己感兴趣的书，又要读自己没有兴趣但必须读的书，力争在开阔知识面的同时，不断提高专业知识修养。二是借助工具书。编辑工作要有广博的知识面，而人再聪明，脑子也是不够用的，化解这个矛盾的最好办法就是借助工具书。编辑经常翻阅工具书，不但可以有效化解工作中遇到的各种矛盾而且有利于提高自己的文化素养。三是主动接受继续教育培训。继续教育是人们更新知识、拓宽知识面的重要手段，编辑要提高文化素养就要主动接受继续教育培训，通过参加各种各样的培训班、学术讲座和学术研讨会，开阔视野，更新知识，充实自己。四是处处留意，勤学多问。编辑要养成用心观察事物的习惯，不懂就问，不会就学，长此以往将会学到许多从书本上学不到的知识。五是注重积累，融会贯通。编辑在学习中，应随时做点笔记，把一些重要观点、资料和自己的感受记录下来，经常看一看、想一想，或许能有一些意想不到的收获。

四、要有过硬的业务能力

业务能力是编辑最基本的素质要求，业务能力的修养是编辑至关重要的一个方面，编辑应当通过不断学习和实践，修炼过硬的业务本领。

（一）较强的社会活动能力。不管是省志组稿还是年鉴组稿，面临的一个较大的困难就是篇幅大、作者多，再加上供稿单位人手较少，撰稿人员不固定等因素，这就需要编辑人员经常与不同的人打交道，如果编辑人员社会活动能力不强，就无法胜任本职工作。首先能够将承编单位的作者组织起来，对众多的作者实施有效管理和协调，说服作者按照体例规范撰稿，确保来稿进度和质量。

（二）熟练掌握体例规范。不管是省志编辑还是年鉴编辑，都要按照体例规范处理稿件，掌握体例和框架，熟悉文体文风和语言文字特点，有熟练驾驭稿件的文字表达能力，对编辑出版全过程也应有所了解。

总而言之，编辑工作是综合素质的体现，只有提高综合能力，加强自我修养，才能做好编辑工作。

锤炼自我　奋力前行

——从事年鉴工作体会

郭　敏

郭敏，女，1979年生，山东淄博人，中共党员，大学本科学历。1998年进入中国人民解放军石家庄白求恩军医学院学习，后于第三军医大学进修专升本临床医学专业，并取得临床医学学士学位。毕业后分配至部队从事临床工作。2008年从部队转业至山东省地方史志办公室，现任年鉴工作处主任科员，负责《山东年鉴》编校工作。

2017年伊始，省委副书记、省长郭树清，省委常委、常务副省长孙伟，副省长王随莲、季缃绮、赵润田，省政府党组成员、省政府秘书长王华先后对史志事业作出重要批示。这在我省史志事业发展史上前所未有，为史志事业发展创造了良好的环境。1月，中办、国办印发《关于实施中华优秀传统文化传承发展工程的意见》（以下简称《意见》），从国家层面明确了地方志在建设社会主义文化强国，增强国家文化软实力，实现中华民族伟大复兴中国梦的重要作用，这是地方志事业发展进程中一件足以载入史册的大事，对全面推进地方志事业转型升级具有十分重要的意义，对我们广大史志工作者也是极大的鞭策和鼓舞。年鉴工作目前站在一个新的历史起点，这使作为一名史志工作者的我倍受鼓舞、倍感振奋、信心百倍、激情满怀，既有动力也有压力。新的征程已经起航，在荣誉面前，珍惜荣誉，变压力为动力，锤炼自我，奋力前行，才能更好地发光、发热，更好地服务史志事业，实现自我价值，现结合年鉴工作，谈几点自身体会。

干好年鉴工作，一要明志。“始终立志莫教偏”，人无精神不立，国无精神不强。史志部门本是“清水衙门”，无权无利。现今社会面临的诱惑又太多，困惑也遇到了不少，作为一名史志工作者能做到自觉抵御诱惑，潜心修志、编鉴，做到“淡薄以明志，宁静以致远”是因为始终坚定自己的志向，选择了史志，也就选择了清贫一辈子、奉献一辈子、坚守一辈子。我以自己及我的同事们而自豪。志向明确了，才能扬帆起航，从年鉴实际工作出发，从本职工作做起，脚踏实地，一点一滴，拧紧每一颗“螺丝钉”，做好年鉴每一项具体工作，不掉队，不拖后腿，保质保量按时完成年鉴工作任务，到达期望的目标。

二要定心。世事纷繁不入我心，把心用在年鉴事业上，心中装着年鉴事业、时刻想着年鉴事业，一言一行不忘树立年鉴人的形象。年鉴工作到了哪个阶段了该干什么、怎么干，都先在脑子里“过滤”，然后“初步成型”。现在是年鉴组稿阶段，去年供稿差的有谁，今年开组稿会作者变动的有谁，需要主动上门联系沟通的有谁，联系时我需要准备什么材料，我需要提供什么样的样稿，诸如此类，都先在脑子里“过堂”，到办公室实施。领导交代需要写篇稿子，查资料、搜集材料一系列准备工作做完后，开始在脑子里构思，“搭框架”，上班、下班路上想，做饭时想，给孩子辅导作业间隙想，有时想到什么就立马记下来。到单位实行起来就省去不少思考时间，只要稿子没上交，脑子里总是在转动，如何能将它更加完善。心中装着年鉴，想着工作，我的生活也很充实。

三要提神。“丹青难写是精神”，经过几代年鉴人的不懈努力，年鉴事业迈上一个新台阶，取得一定的成就，也形成团结协作、勇于担当、奋力拼搏、争创精品的年鉴人精神，继承和发扬这种精神，我们才能取得更大的进步。要继承和发扬这种精神，一要学习。学习是干好年鉴工作的有力保证。要时常保持忧患意识和危机意识，业务上努力学习，不断汲取养分。作风上保持谦虚谨慎、不骄不躁。跟同事学，跟同行学，学习他们默默无闻、兢兢业业，学习他们处事不惊，沉稳务实，真抓实干，不为任何干扰所惑。工作中学、生活中学，在学中干、在干中学，边学边干强自身。“流水不腐，户枢不蠹”牢牢把握每一点、一滴时间，不断完善自我、提升自我。目前正值史志事业转型升级的关键时期，年鉴事业面临许多的新问题、新任务、新困难，只有不断学习，锤炼自我，提振状态，才能在本职工作上创造出新的业绩。其次还要不间断的学习政治，提高自身政治敏锐性，年鉴工作围绕经济社会发展中心，服务大局，需要这种敏锐性，与时俱进，与时代同步。二要执行。改进工作作风，提升执行能力，切实把各项工作做出成效。三要创新。“创新是引领发展的第一动力。”创新造就了地方史志的转型，迎来了史志事业的繁荣发展。年鉴需要创新，我们的工作也需要创新，创新我们的理念、创新我们的方法、创新我们的举措，树立崇尚创新的发展观，提高自身凝聚到创新驱动、转型升级上来的认识和行动能力。四要力行。“老牛亦解韶光贵，不待扬鞭自奋蹄。”一步慢、步步慢，我们不能躺在过去的“功劳簿”上晒太阳。干好年鉴工作一要学习老黄牛精神，不待催促，为年鉴事业自觉努力奋斗。始终保持坚忍不拔、奋力拼搏、勇往直前的精神状态，保质保量地完成各项工作任务。二要学习骆驼精神，勇于担当，主动作为，锤炼自我，努力干好年鉴工作。三要向单位的“老实人”学习，无私奉献、任劳任怨、鞠躬尽瘁。四要学习龙舟精神，劈波斩浪、团结拼搏、奋勇争先、争当排头兵。用更加开放的视野、宽阔的胸襟，敏锐的眼光，开拓创新，砥砺前行。

将地方志纳入实施中华优秀传统文化传承发展工程之中，充分体现了党中央、国务院对地方志工作的高度重视和殷切期望。同时，这也是将地方志事业纳入社会主义文化建设中的重要一步。面对地方志事业的重要发展机遇期，我将锤炼自我、奋力前行、勇于担当、积极作为，撸起袖子加油干，为推进全省史志事业全面转型升级，开创史志事业发展新局面，继续走在全国前列，贡献自己的一份力。

不同的岗位　演绎相同的精彩

安文勇

安文勇，1974年12月生，山东肥城人，中共党员，大学本科学历。1997年2月参加工作，先后在省史志办编印服务中心、人事秘书处、年鉴工作处工作。曾被评为2001—2002年度省直机关优秀团员，2006—2007年度省直机关优秀青年岗位能手，2008—2009年度省政府办公厅机关优秀团干部；2010—2012年连续三年被评为办公厅机关优秀党员，2010—2013年度省政府办公厅机关优秀团干部，2016年度省地方史志办公室机关工会积极分子。

去年，因为工作需要，我来到年鉴工作处这个集体。在这个集体里，大部分都是几十年如一日，伏案编辑的老大哥和老大姐，他们用自己的一言一行诠释了年鉴编辑工作的光荣使命，他们用自己的付出与奉献展现了一名年鉴编辑工作者忠于职守、默默无闻的高尚情操。面对全新的编辑工作，我感到有些本领恐慌，心里惴惴不安。这时候，身边各位领导和同事们无私帮助，化解了我的不安，使我沉下心来学习年鉴编辑业务，迅速融入到这个优秀的集体中。

最近一段时间，我跟各位同事们一道，认真学习了中共中央办公厅和国务院办公厅印发的《关于实施中华优秀传统文化传承发展工程的意见》，其中关于“做好地方史志编纂工作，巩固中华文明探源成果，正确反映中华民族文明史，推出一批研究成果”的论述，使我进一步提高了对史志工作重要性的认识，增强了做好本职工作的信心和决心。在处里组织下，我又认真学习了郭树清省长等六位省领导对史志事业做出的重要批示，特别是在看到王随莲副省长和赵润田副省长对《山东年鉴》获得全国最高奖表示祝贺后，自己也是倍受鼓舞。刘爱军主任对年鉴工作更是高看一眼、厚爱一层，亲自主持召开年鉴工作改革创新座谈会，与大家一起对《山东年鉴（2017）》《山东省情概览（2017）》《山东地方史志年鉴（2017）》进一步改革创新进行了深入的研讨，这是在史志办历史上从来没有过的。郭永生副主任对年鉴工作也是高度重视，在2月6日亲自主持召开年鉴编辑业务研讨会上，让大家结合《山东年鉴（2016）》编辑情况，就落实年鉴改革创新工作座谈会的精神，进一步推动《山东年鉴（2017）》编辑质量的提高展开深入讨论。在各级领导的关心和重视下，我进一步提高了对年鉴工作重要性的认识，更加增强了做好年鉴编辑工作的信心和决心。

在人事秘书处时每天都是忙忙碌碌处理和运转各种文件等工作，但在年鉴处的工作既需要静得下心，又需要耐得住寂寞。我去年来到年鉴工作处，首先接触到的就是2016卷《山东年鉴》和《山东史志年鉴》中领导人图片文字说明和索引的校对工作。由于原来经常录排文字，所以对校对工作也比较熟悉，但与我们年鉴稿件的校对还是有很大的不同。对领导人图片文字的校对，重点是领导人的姓名不能出现错别字及领导人位置的标注一定要仔细核对。在校对索引时，对每个字、每个拼音声调都要仔细核对，根据声调及笔画的不同对排序进行反复调整。在校对中，我始终坚持善疑慎改，改必有据。有时遇到不明白的问题经常去请教温书义处长和刘敏处长，他们每次都给予我耐心细致的解答。在校对中有时陌生的内容出现差错比较少，而熟悉的内容反而容易出错。我在校对时就把所有熟悉的内容都变成陌生的内容，对每段话、每个字、每个标点都带着疑问的心态去校对，然后把看到的东西与自己平时所了解的东西相比较看有无出处，确保文字校对的准确性。当年鉴出版后，我们又会紧张地投入到另一场战斗中，就是让我们新面世的年鉴第一时间与各省直部门领导和供稿作者见面。当有车送书时我和同事们就用车去送。没有车时，我和同事们就骑电动车去送。7月份的济南异常炎热，骑电动车送一上午书，热得满头大汗。有时骑电动车把书送到作者单位后，又联系不上作者了，去送之前联系好了，但到了以后，可能作者临时开会或者临时有事出去了。就像去省公安厅送书，到了以后一直联系不上作者，我想不能因为联系不上作者再把书再带回去吧！我就通过在省公安厅里面工作的一个朋友帮着转交。像省国家安全厅也是这种情况。尽管在送书时遇到很多想不到的困难，但我和同事们都是想方设法把书及时送到领导和供稿作者的手中。我想只要把公事当家事，把领导安排给自己的每一项工作都当成提升、锻炼自己的机会，只要努力坚持这一原则，就能挑战一个又一个的不可能。去年在很短的时间内就圆满完成了送书的任务，受到各供稿单位领导和作者的高度赞扬。

2017年，根据徐尉处长的工作安排，我跟着宋涛副馆长学习大事记的编辑工作，这是一项很基础的工作，也是时效性很强的工作，当宋涛副馆长把需要编辑的大事记内容交给我后，我是一边学习、一边编辑，在这个过程中我也翻阅了其他省优秀年鉴的大事记部分，参考他们的编辑方式，看哪些内容需要保留，哪些内容需要删掉，做到既简练又精准。通过这段时间的学习，我感到编辑工作不但比校对工作需要更深的文字功底，还需要特别的耐心和细心；对每个事条的内容编辑都要认真核对、反复推敲、仔细琢磨；我想只要不怕麻烦，静下心来认真去做，就能把编辑工作做得精益求精，做得尽善尽美。

如果说在人事秘书处的工作是“动”的话，那在年鉴处的工作就是“静”。今天，我还只是年鉴编辑岗位上的一名新兵。但从我来到年鉴处工作的那一刻起，我就告诫自己：我愿意把枯燥乏味的编辑工作做得有滋有味，愿意把平静寂寞的编辑工作做得有声有色，愿意从小事做起，把平凡的工作岗位作为人生的舞台，把本职工作作为人生的追求，在不同的岗位上演绎相同的精彩。

与你同行

林秀玲

林秀玲，毕业于山东大学历史系，获历史学学士学位。编审。1987年到山东省地方史志办公室工作。先后参加第一轮《山东省志》四十余部分志的编纂出版工作，参与第二轮《山东省志》总体设计的制定、组织发动及部分分志的编纂出版。责任编纂的《山东省志·金融志》获山东省社科优秀成果二等奖，《山东省志·农业志》获山东省社科优秀成果三等奖。现为信息工作处副处长。

与你同行，相守相伴，左手光影，右手年华，脚下流淌的长河便是史志的时光……

怀着“究天人之际，通古今之变”的豪情，踏入了山东大学历史系的殿堂。遨游于时空的海洋，沐浴着自由的阳光，聆听着恩师的教诲，逐渐明白了什么是“气有浩然”，什么是永恒的价值，什么是瞬间的光彩。历史的浸润、专业的召唤，郑重地缔结了人生契约，于是，我选择了史志办，史志办也毫无条件地接纳了我。自此三十年，心无旁骛，潜心修志，安于奉献，甘于平淡。

与你同行，海纳百川，任重道远，是你丰腴着我的期待，是你磨砺着我的执着，是你浸润着我的心田……

那是激情昂然、回味悠长的岁月。当我利用所学历史知识，为省志承编单位讲述修志基本要求和撰写方法，得到掌声的时候；当我利用方志和相关学科的知识，为省志分志篇目的制定提出修改建议，得到认可的时候；当我利用资料考订方法，为资料长编、分志初稿核实资料，得到首肯的时候；当我利用编纂学知识，总纂志稿，所编分志得到全省社科优秀成果二等奖的时候……平凡的生活也荡起了小小的波澜。

那是坚守信念、敢于担当的年代。在重理轻文、重经济轻社科的社会大环境中，山东省史志办领导班子带领全省修志队伍，排除一切干扰，坚定地固守着方志这片天地。在事业发展的关键时期，实施了一系列“不拘一格”广纳人才的措施，形成了老中青、文理工相结合的人才结构，培育了各部门的骨干和史志行家里手，为山东史志领跑全国史志界奠定了坚实的基础。

那是领导重视、高位运行的年代。近年来，省领导对史志事业先后作出 107 次批示，其中山东省原省长郭树清批示 23 次，不仅在我省史志事业发展史上前所未有，在全国也是绝无仅有，为史志事业发展创造了良好的氛围和难得的发展机遇，作为史志工作者，我感到极大的鞭策和鼓舞。在抗日战争胜利 70 周年之际，郭树清主持召开省政府常务会议，决定从省长预备费中拨付专款支持省史志办编纂山东纪念抗战胜利 70 周年丛书。省史志办不负重托，仅用 7 个月时间就完成《山东抗战将士记忆》《山东抗战将士传略》《山东抗日根据地图志》《山东抗战战事史料汇编》《山东抗战纪念设施和遗址名录》5 本书，共 200 万字、3000 余幅图片，为抗战胜利 70 周年献上一份厚礼。

那是科学修志、依法治志的年代。《山东省地方史志工作条例》的颁布，将修志工作从过去单纯依靠政府发文、领导发话、自上而下的“官书官修”模式，进步到“官书法修”的层面上来；将传统的依靠政府行政手段推动，转移到依靠法规推动的支点上来，解决了行政手段容易出现的随意性和不稳定性，保障了地方史志工作的连续性和长期性。《山东省地方史志事业发展规划纲要（2016—2020年）》的制定实施，正式将“依法治志”作为推进地方志工作健康、科学发展的保障手段提出来，在地方史志事业发展历程和地方史志法治化进程中具有里程碑意义。地方史志法治化进程也相应从依规修志阶段发展到依法修志阶段，目前进入依法治志阶段，实现了地方史志从一项工作向一项事业的转型，推动了地方史志活动从行政化向法治化的升级。

那是攻坚克难、推动转型升级的年代。史志事业转型升级是全面建成小康社会的大势所趋，是继续走在全国前列的必然要求，认清事业发展现状，理清事业发展思路，把握事业发展规律，采取有效措施，全力推动史志事业转型升级，是牢固树立方志文化自信，强化方志文化认同，完成好时代赋予的历史使命。用创新的理念、创新的方法、创新的举措，与时俱进、科学发展，确保史志事业转型升级，是适应经济社会发展需要并满足人民群众日益增长的文化需求的必由之路。紧贴党委、政府的中心工作，做好资政、参谋工作，发挥思想智库作用；结合经济建设、政治建设、文化建设、社会建设、生态文明建设，弘扬和挖掘优秀传统文化，开展地情教育和爱国、爱乡教育，山东史志成为全国史志系统的排头兵，创造出享誉全国的山东经验。从山东特色到山东经验，山东史志用最中国的方式传达出了当代中国最真实的山东声音。

沉浸在厚重、探求的氛围里，受益于志界前辈敬业、隐忍精神的熏陶，中华民族经年累代创造并传承下来的物质遗存和精神遗存，是中华优秀传统文化的精神命脉和固有根本，是鼓励我在文化激荡中站稳脚跟的坚实根基。

与你同行，洗尽铅华，砥砺前行，觅一隅心灵栖息的角落，摈弃浮世喧嚣，描山绘水，烹文煮字，秉笔立言，香润流年……

两轮《山东省志》置于书橱的显赫位置，烫金的包封，精美的装帧，一百多卷排列齐整，蔚为壮观。两轮《山东省志》采用述、记、志、传、图、表、录等体裁，真实客观地记述了近代以来山东经济社会发生的变化，全面系统地记录了1840年第一次鸦片战争到2005年第十个五年计划结束时全省广大人民艰苦创业的奋斗足迹，讴歌了中国共产党领导的山东人民自力更生、艰苦奋斗、开拓创新、与时俱进的时代精神，反映了新中国成立后以及改革开放三十年来山东各业在政治、经济、文化、军事等社会各方面取得的辉煌成就。它凝聚了全省史志同人的心血，也浸润着我个人的汗水，是集体智慧的结晶，也是我个人的自豪与骄傲。

与你同行，从亘古到现今，从沧海到桑田，你散发着的迷人书香，你书写着的山东故事，你锤炼着的彰善风气，沉淀足下，铭刻心中……

第一轮志书，在继承方志优秀传统的基础上，开创了述体这一新的体例形式，设概述、综述、无题概述等形式，作为开篇或章节的点睛之笔，统摄全志，沟通各类，反映特点，揭示规律，对志文起到提纲挈领、提玄勾要的作用。第二轮志书延续了首轮志书的内容，为便于衔接，创新使用承前简述的体例形式，达到承前启后、前后贯通的作用，并创造性使用专题记述，充分记述当地独有的或体现特色的重要事项，弥补志文记述之不足。可为什么仍旧“锁在深宫人未识”？除了自身的因素，服务功能的弱化恐怕是最根本的原因。如果仅仅把志书作为辑录历史的一种载体，其服务功能只能借助由此而产生的副产品来实现，这起码是对地方志的一种误读。因此，作为史志工作者，应当有较强的社会现实感和历史责任感。能够透过现象、洞见本质，能够根据事实揭示其内在规律，能够根据形势不断调整工作模式、思维模式和志书成书模式，融入社会，服务当代，惠及未来。二轮方志的最大变化应该是其服务功能的转变，也即实现其服务对象的大众化，由“官修官用”转向“官修公用”。面向社会、服务大众，应该成为二轮志书的基本宗旨。因功能的转化，二轮志书要在许多方面进行新的探索。尤其是随着全球经济一体化趋势的发展，“互联网＋地方史志”深入融合，以及获取知识和资料方式的智能化发展，史志的发展也必将出现新的变化。

新一届史志办领导敏感地意识到史志事业发展的这一瓶颈，在 2016 年 12 月 20—21 日举行的山东省各市史志办主任工作会议上，省政府办公厅党组成员、省史志办主任刘爱军在科学分析全省史志事业面临的形势任务基础上，提出了要全面推进史志事业转型升级的设想和要求，在依法推进全省史志事业科学发展、加快经济文化强省建设提供精神动力、决策参考、信息服务和智力支持，确保我省史志工作继续走在全国前列等方面，为全省史志事业进行了顶层设计。站在史志事业新的起点上，努力在构建地方史志事业既能垂鉴后世、更能服务当代社会全新功能上实现转型升级，讲好中国故事、培育山东精神，正越来越多地吸引全国、全世界关注的目光，让山东优秀的传统文化越来越多地为全国、全球治理贡献山东智慧，是广大史志工作者的共同理想，我将为此做出自己的探索。

回顾走过的路，我深深地感到，地方史志这个职业给我提供了机会和感动，使我能在平凡中，体味真实，发现大美；能在沉静中，留住瞬间，探寻永恒。

与你同行，与富饶的志相逢，是最美丽的遇见；与缠绵的史相依，拾得芬芳润流年；与史志缠绵，看山绝色，看水奔腾，看花展颜，看月叮咚，我的世界从此日光倾城，流云舒卷……

默默奉献

吕思诺

吕思诺，男，1973年6月生，山东济南人，大学学历，软件工程硕士。1995年参加工作，一直从事省情资料库省情网站建设与开发工作，技术支持、指导全省信息化建设，培训建库技术人员。多次获得嘉奖，2001年被省地方史志编纂委员会评为全省史志工作先进个人，2008年被省史志办表彰记三等功，2009年被省府办公厅、省人事厅表彰记二等功。现任信息工作处副处长。

1995年大学毕业分配到山东省地方史志办公室工作。为利用当时处于世界科技前沿的网络和数据库技术，开发和利用修志过程中积累的近百亿字地情资料，省史志办决定建设数字化地情资料库系统。于是，我作为一名计算机技术专业的应届毕业生，竟有此机缘走上修志工作岗位。有幸参与山东省省情资料库项目的开发建设，是我的骄傲，是我一生不悔的选择。

为了尽快进入角色，我开始努力补充编辑学、方志学、出版学及志书电子排版方面的技术知识。经过领导和同事们的热心支持与帮助，我在较短的时间内便熟悉方志学基本知识，掌握华光排版应用软件的使用，并边学边干，改进文件扫描程序，使办公室机关所有的计算机都能进行小样文件页面生成操作，提高排版工作效率。我第一次尝到成功的喜悦，体会到工作的成就感，为继续努力备足后劲。在随后的资料库开发建设中，遇到不少技术难点，都能在边学、边干、边钻研中一一攻克。

山东是全国史志系统最早开始建设省情资料库的省份，需要采用非常先进的全文型数据库技术，当时尚没有可以借鉴的经验和成功案例，一切都要自己探索研究。软件开发虽然可以委托专业计算机公司进行，但计算机公司的开发人员不熟悉史志业务。要达到既熟悉史志业务、也精通计算机技术的要求，我的压力非常之大。为不辱使命，不辜负领导和全办人员的期望，我一方面虚心向领导、专家、同事等前辈学习业务知识、掌握修志流程，一方面广泛涉猎最新技术成果、了解最新技术前沿。找准史志业务与计算机技术的结合点，理顺资料库建设流程，主导设计了资料文本格式、标引方法、库结构，指导编程人员开发了数据库系统。有些程序在软件公司没能做出时，就亲自编写代码调试程序，如华光文本表格转换程序、入库资料校验程序等。这几个关键程序解决了技术瓶颈、提高了建库工作的效率、保证了入库资料的质量，为资料库顺利建设提供保障，赢得时间，节省资金。也因此掌握核心技术，为自主开发升级积累经验。此后随着计算机技术的发展，资料库软件进行多次升级。1997 年省情资料库建设与开发项目荣获山东省科技进步二等奖，鉴定会上专家给出的结论是:“处于国内领先水平”。

信息时代，不仅给我成为史志人的机遇，也赋予史志事业新的生机。1998 年 4 月山东省省情资料库接入新兴的互联网，建成山东省情网站。在省史志办统一领导下，省情处同事们共同努力，积极推动各级网站建设，全省三级史志机构陆续建成各自的地情资料库和地情网站。这些站点互联互通，资源共享，构成全省统一的大型资料库平台，我们所修志书不再受纸制印刷品的限制，可以直接进入信息高速公路，无偿为社会各界提供地情信息服务。在全省三级网站的建设过程中，我跑遍 100 多个县区，实地安装软件、调试设备，耐心培训指导技术人员，为山东的信息化建设走在全国前列尽到自己的职责。自己劳动的成果可以直接为经济及社会发展服务，我感到由衷的自豪和骄傲。

信息技术飞跃发展不曾停歇，近年来新媒体应用铺天盖地而来，使互联网＋地方志在信息化技术的应用又迎来新的机遇。博客、微博等 WEB2.0 弄潮一翻后逐渐淡出，微信、手机 APP 等移动智能终端人人掌握。2015 年 4 月 26 日山东史志微信开通，2017 年 2 月 9 日今日头条号开通，古老的地方志跟上时代步伐。我承担新的责任和压力，关注社会热点、寻找稿源、即时发布领导活动，每天不曾放松。习近平总书记对传统文化的关心和推动，地方志事业又迎来新的机遇，社会关注度不断提高，微信用户数量稳步增加，头条号用户踊跃留言、转发。得到越多用户反馈，我越发感到工作的意义，有了更大的工作动力。

我从青年渐入中年，还将在这个岗位上继续奉献。一个特别较真的人，一个不善于变通的人，能得到大家的认可，我特别感谢各位领导、同事们的理解与配合。也感谢一直默默支持着我的家人，在我最危难的时刻给予温馨照料，使我能在工作中奋勇向前、全力冲刺。

作为史志人，踏实做人，实在做事，才有收获的果实；作为信息化的先锋，善于学习、勤于钻研，才赶上新技术潮头。我热爱这项事业，耐得清苦，品出甘甜，默默奉献一生。

秉笔直书著信史　留取丹心照汗青

黄建华

黄建华，男，1959 年 12 月生，山东东平人，中共党员，大学本科毕业，编审。1975 年入伍（特种兵），历任中共汶上县委新闻科长、山东省地方史志办公室副编审、编审等职务。先后在《人民日报》、中央人民广播电台、新华社《瞭望》周刊等国内外媒体上发表各类稿件 2000 余篇，获奖作品 100 余篇（次）。在国内外较大影响的作品有:《好军嫂韩素云》，全国好新闻一等奖;《流泪的白蜡烛》，教育好新闻一等奖;《全国十佳青年服务明星——王荣》《巍巍泰山　喜迎港归》《卢泰愚山东寻根》，对外传播奖;《师魂》，精品工程;《山东 50 年》，精品工程。独自撰写庆祝建国 50 周年《走向辉煌（脚本）》获全国最佳设计制作奖；参与编写《方志学基础教程》，全国首部方志学中等培训教材，获省社科成果二等奖；参与编写《孙子千问》获省社科成果三等奖。现任省信息工作处副调研员。

春日回暖，新意盎然。我们意气风发迎来中国传统的鸡年。新年伊始，闻鸡起舞，认真学习领会省领导对史志工作的批示精神，结合信息工作实际，以山东省情网的改版升级为契机，丰富栏目，充实资料，挖掘地情文献资源，撰写了《传统地方志与现代互联网融合发展的实践探索》等论文，推进史志工作的转轨变形升级，创新信息化服务模式，弘扬史志文化，弘扬中国优秀传统文化。

一、树立“落实第一”的思想观念，打铁先要自身硬，编史修志是文化工程，修志人要内外兼修。树立“落实第一”的思想观念，要加强道德修养，提高个人素质。道德是指以善恶为标准，通过社会舆论、内心信念和传统习惯来评价人的行为，调整人与人之间以及个人与社会之间相互关系的行动规范的总和。道德是引导人们追求至善的良师。教导人们认识自己，对家庭、对他人、对社会、对国家应负的责任和应尽的义务，教导人们正确地认识社会道德生活的规律和原则，从而正确地选择自己的生活道路和规范自己行为。中国春秋晚期有位叫李耳的先哲在他的那部《道德经》中，曾洋洋洒洒五千言论道。《道德经》全书分为上下两卷，共81章，前37章为上篇道经，第38章以下属下篇德经，全书的思想结构是：道是德的“体”，德是道的“用”。老子说：“道生之，德畜之，物形之，器成之。是以万物莫不尊道而贵德。道之尊，德之贵，夫莫之命而常自然。”其中“道”指自然运行与人世共通的真理；而“德”是指人世的德性、品行、王道。《道德经》是政体哲学或者管理哲学，《道德经》把中华民族的民族性通过《周易》、通过升华，以贵“柔”为核心，创造了完整的理想体系。《道德经》中的“道”可以与“德”联系起来理解。《道德经》主要论述两个问题：“道”与“德”，“道”不仅是宇宙之道、自然之道，也是个体修行即修道的方法；“德”不是通常以为的道德或德行，而是修道者所应必备的特殊的世界观、方法论以及为人处世之方法。德是基础，道是德的升华。没有德的基础，为人处世、治家、治国，很可能都失败，就没有能力去“修道”。所以修“德”是为修道创造良好的外部环境，这可能也是人所共需的；修道者更需要拥有宁静的心境、超脱的人生。2013年11月，习近平在山东曲阜考察孔府和孔子研究院时也曾指出，国无德不兴，人无德不立。必须加强全社会的思想道德建设，激发人们形成善良的道德意愿、道德情感，培育正确的道德判断和道德责任，提高道德实践能力尤其是自觉践行能力，引导人们向往和追求讲道德、尊道德、守道德的生活，形成向上的力量、向善的力量。

谈到“实干”，抓落实是个人工作能力的体现，抓落实就是要根据领导的批示精神，结合自身工作实际，做好本职工作。从我们史志工作自身来讲，修志者理应先修“德”，德之不立，何以为文，修道蓄德，方可修出精品佳志，弘扬传统美德、践行当代价值。通过孝敬教育、勤劳节俭教育等，实现传统美德与当代价值相贯通，用中华优秀传统文化滋养人们心灵、陶冶道德情操，优良品德修养的熏陶和润泽，能够内化为个人价值选择和价值判断的准则，不断丰富我们的精神世界，完善我们的人格和道德品质。“全面系统地记述本行政区域自然、政治、经济、文化和社会的历史与现状”的志书，与历史相符，与现实相符，与自然相符，与社会相符，我们的行为体现了“德”，我们行为的结果反映出来的就是“道”。

二、树立舍我其谁的精神和气魄，培养登高望远的思维和视野，锤炼脚踏实地的态度和作风。强化责任担当，提高业务能力。在利益和功劳面前多谦让，在累活和难事面前多担当，取决于个人的修养，取决于对工作的态度。千里之行始于足下，思想有多远，我们就能走多远。在同一条起跑线上，态度决定一切；用美好的心情感触生活！你手头的小工作其实正是大事业的开始，能否意识到这一点意味着你能否做成一项大事业。如果愁苦地面对自己的工作，我想再好的工作也不会有什么成效；而同样平凡的工作，一样的看似简单重复，枯燥乏味，有人却能以快乐的心情面对，在平凡中感知不平凡，在简单中构筑自己的梦想。

2014 年初，我参与办公厅党的文献编辑工作。先后到省档案馆、省方志馆、省图书馆、省政府办公厅档案室，了解存档情况，制定查档计划。制定了《山东省政府重要文献选编资料类目》。共分 6 大部分，33 个资料细目。内容包括：新中国成立以来省政府（省人委、省革委会）的重要文件以及反映其重要决策、会议、活动、工作的文献资料；省政府主要负责同志的工作报告、讲话、文章及指导各地和各部门工作形成的文献资料；省政府贯彻落实党和国家重大方针政策以及党和国家领导人指示、批示等形成的重要文献资料。编辑党的文献是一项艰巨的政治文化工程，文献编辑工作是一项寂寞枯燥的工作，在工作中，我们要做到有坐功、有韧劲、能吃苦，把“研究老一辈，学习老一辈”的良好风范体现在党的文献工作的全过程。特别是在省档案馆查卷期间，每天早上开馆就调满满一车案卷，别人调档按卷册，我们调档按车调。面对枯纸累的眼晕，化学药品处理过的纸张熏的鼻子发酸，但想到能有这么一次坐下来系统翻阅档案的机会，系统地收集资料，把工作作为向先贤学习的机遇，再苦再累也欣慰。先后查档 34755 卷，初选目录 8600 条，精选目录 5909 条，打印目录 5909 条，复印文献 45222 页。这些资料初步设定编纂如年鉴厚的文献 36 卷册。系统整理历届省长讲话，系统整理历届政府工作报告，系统整理省政府办公厅历年工作总结等文献史料，是工作，更是一次学习提高的机会，成为资料的占有者，成为帮人的资本。当办公厅综合处、政报室、北京办等同志在省档案馆苦于查卷找不到资料时，我成为他们热情指导和向导，由于我对档案馆资料了解，还帮助省志处、莒县等地方史志部门的同志查找档案资料。

编辑整理，校对审核。所复制的文献资料数量大，由于赶进度，现场没有时间进行检查复核，各年份，诸位领导文献资料的数量也需要进行平衡，多的删掉，增添的要查找补充。从客观上讲，有的原档案就参差不齐存在问题，文献资料不进行整理直接影响文献编辑质量，文献资料的整理比阅卷搜集资料更细心更艰辛，查档阅卷可加班加点赶进度，整理文献资料需仔细阅读分析辨认，找相关资料进行互校。从文字处理上看，1956 年前繁体字竖排版，增加了辨认难度；1984 年前有的文献资料是用蘸笔书写的，时间长了，有的已经模糊不清；有些铅字打印的文稿，由于铅字在打印中着力不同，有的因磨损蜡纸只留下半边字或模糊的字框，要进行辨认标示。从复印质量上看存在的问题，为赶进度，后期三名实习的学生参加了复印工作，长时间工作，有的厚文献所印中缝掉字，还有所标出的文稿，本选标的是带有领导修改的讲稿，复印时有的觉得乱，就自作主张选印了底稿清样，有的页面还折叠就印了，这样的问题需要审阅查找重新复印。从原文稿内容看存在的问题，有的文献资料原稿中存在文字问题，有些通过相关文献互校，有些找不到相同文稿的根据内容进行修正补充。如省长讲话中原档案文稿中所缺的一组数字，搞的数个星期不安，到秘书一处查找原文，查找不着，又到公报室查找了《山东政报》，先后又查找了《山东年鉴》《大众日报》，还通过翻阅地方志书查找领导讲话所在的市县大事记。最后，在一个星期六的上午，我在山东省图书馆文献阅览室找到刊登领导调研报告的期刊，立即把文稿处理发往电子信箱。

从制定《山东省政府文献查档细目》，到收获8600余篇文献资料，这些资料装了137个档案盒，橱子装不下，全都排在地板上，面对满屋子的文献资料，按照“经、律、论”进行了资料划分，所谓“经”：政府工作报告，年度工作总结，有关山东省情况汇报等文献资料；所谓“律”：省政府，省政府办公厅，省政府与中共山东省委联发的法规性文件，以及其他法规性文献资料；所谓“论”：除了上述经律外的其他资料。通过经、律、论三类资料的划分，在编排时，一类不可缺，二类必须有，三类可进行调整。为山东省重点文献的编辑打下了坚实基础。

三、树立打基础、利长远的政绩观，把落实省领导的批示与史志工作实际结合起来，创新发展，提质增效。王国维在《人间词话》说：“古今之成大事业、大学问者，必经过三种之境界：‘昨夜西风凋碧树。独上高楼，望尽天涯路’。此第一境也。‘衣带渐宽终不悔，为伊消得人憔悴。’此第二境也。‘众里寻他千百度，蓦然回首，那人却在，灯火阑珊处’。此第三境也。”“空谈误国，实干兴邦”。这是千百年来人们从历史经验教训中总结出来的治国理政的一个重要结论。要树立正确的执政文化。要贯彻落实科学发展观，自觉用科学发展观的要求做好工作。必须具有攻坚克难、锲而不舍的拚搏精神；善于解决问题，持之以恒，不达目的不罢休的奋斗精神。逆流行船，则步步艰难，顺风顺水，则可“直挂云帆济苍海”。讲实绩要讲自身的工作。要营造好实干的良好氛围，建立健全完善科学的工作机制，不畏艰难，勇挑重担。努力营造崇尚实干，恪尽职守，勇于奉献的工作氛围。要办实事、求实效，把工作重点放到立足现实、着眼长远、打好基础上。讲实绩要讲集体之功。“做人理应做完人，立功当立千秋功”。无有过错的完人当是人们追求做人的目标，千秋之功在当前就是“实现中华民族的伟大复兴”。实现中华民族的伟大复兴是中国人的“中国梦”，我们个人的追求，个人所取得的实绩，实际上也就是共同的追求，集体的实绩。这就需要正确对待成绩，正确对待荣誉，正确处理个人之间、个人与组织之间的关系，始终保持谦虚谨慎、戒骄戒躁的作风。对个人来讲，还是多研究点学问，少钓点虚名，踏踏实实做人。待到山花烂漫时，她在丛中笑。回想这些年来，在新华社、《人民日报》、中央人民广播电台，《大众日报》等媒体上发表作品2000余篇，也曾接受中央电视台专访讲述姜太公，并在中央电视台多个频道播放。《好军嫂韩素云》《韩国卢氏源于山东长清》等在国内外引起广泛反响，1次获社科成果二等奖，2次获五个一工程精品奖。2015年7月，参与撰稿、编辑的《孙子千问》获山东省第二十九次社会科学优秀成果三奖。在纪念甲午战争120周年国际论坛上刊发了《从发展的视角对甲午战争的反思》，在纪念抗日战争胜利70周年学术研讨会上刊发了《论台儿庄大战中共产党的配合与人民群众的支援》，并被《齐鲁文史》全文发表。2016年9月9日在人民网发表了《不忘初心　继续前进》论文。2017年5月26日，在第七届中国地方志学术年会上，宣读了学术论文《传统地方志与现代互联网融合发展的实践探索》，受到与会者好评。

时代在发展，科技在进步，激流行舟，不进则退。要在“两个率先全面”（在全国率先实现省市县三级地情网站全覆盖，率先实现全面改版升级）的基础上，科学把握史志事业转型升级的机遇，按照全面推进史志事业转型升级的要求，运用“互联网+”思维提升信息化建设水平，发挥地情资料库的优势，发挥网络优势，发挥数字媒体的优势，在史志事业全面转型升级工作中发挥先锋队的作用，开发地方文献资源，充实地情资料库，丰富山东省情网，完善省情网第7次升级改版后续工作，进一步提高资料库系统技术水平，加快推进首轮县级志书数字化工作，探索应用更多新技术手段，创新史志系统信息化服务模式，全面提升史志系统信息化建设水平。

在深学实干创新上下功夫　努力做好信息化建设工作

巩玉修

巩玉修，男，1969年10月生，山东沂南人，中共党员，本科学历。1986年10月入伍。在部队期间，历任战士、班长、学员、参谋、股长、科长（副团）等职。2011年10月转业到省政府办公厅，后分配至省地方史志办公室，从事信息化建设工作，担任信息工作处（原省情资料处）主任科员，从事编辑、编审工作。2002年11月，被中国人民解放军总参谋部树立为“全军军事训练标兵”“全军军事训练尖子”，受到全军通报表彰，被原部队树为军事科技练兵典型人物，事迹及照片挂在营区内宣传。2016年9月，参加了省直机关党校培训班学习。曾先后荣立二等功1次、三等功3次，多次被评为“优秀共产党员”“优秀参谋人员”“优秀机关干部”“科学练兵先进个人”，荣获过部队“建功立业一等奖”。

时光如梭，岁月如歌，不经意间我军转从事史志工作已六年时间。期间，我认真学习贯彻上级关于做好信息化建设工作的有关指示要求，坚持深学为先、实干为本、创新为要，较好地完成了各项工作任务，为史志信息化建设水平的提升付出了不懈的努力。

一、深学为先，不断积蓄做好信息化建设工作的新动能

学习能够获取知识、增长才干、提升能力；学习可以开阔眼界、拓宽思路、宽广胸襟。把学习和实践统一起来，以学习推动实践，以实践深化学习，实现学以致用、用以促学，并努力把学习成果转化为提升信息化建设水平的新思路、促进信息化建设工作的新措施、完成好信息化建设任务的新动能。

（一）深学领导批示和讲话精神，领会精神实质，认清当前我省史志事业发展面临的大好形势

近年来，我省史志工作开创了前所未有的崭新局面，连续创造多个全国第一。一是我省加强了史志事业发展的顶层设计，第一个出台省级史志事业发展规划纲要；二是第一个提出修志、编鉴和方志馆建设“三全”目标；三是地情网站建设，第一个实现全省三级联网；四是史志法规建设，第一个实现全覆盖；五是史志成果创新，第一个制作历史名人动漫和抗战纪录片，等等。创造出“山东经验”，形成了“山东模式”，走在了全国前列，成为全国史志系统的“领头羊”和“排头兵”，史志事业生机勃发，形成“百花齐放春满园”的盛景。

省领导对我省史志工作取得的显著成绩给予了充分肯定，先后 93 次作出批示，重视程度前所未有。通过深入学习省领导的批示精神，认识到，省领导的批示是对近年来我省史志工作取得显著成绩的充分肯定和高度评价，彰显了省领导对史志工作的重视和关怀，为我省史志事业科学发展指明前进的方向，对我省史志事业转型升级具有重要意义。

刘爱军同志任省史志办主任以来，找准了史志事业发展进步的“穴位”，把住了史志事业前进的“脉搏”，领导有方，措施得力，方法得当，连续解决制约事业发展的难点和干部职工关心关注的问题。经多方协调，落实了信息工作处独立编制，解决了我办长期以来悬而未决的难题；关心干部职工切身利益，下大力处理历史遗留问题，清理并重新分配了 2 套住

房；注重调动和激发队伍活力，积极向办公厅推荐史志干部，前无先例地争取到2名副调外任名额，等等。为使全省史志事业步入科学发展、创新发展、转型发展的良性轨道，他紧密联系形势任务，精心部署、合理安排工作，讲话求真务实、立足长远、目标明确，思想性、针对性、指导性很强，展现出对史志工作娴熟的驾驭能力和对事业发展极端负责的态度。

（二）深钻细研史志信息化业务，努力提升工作技能

过去，我曾长期在军队基层工作，多年驻守边远艰苦地区执行军事任务。曾从济南调往鲁西南山区驻军帮带过基层落后单位、在福建前沿执行过战备任务、在胶东沿海一线执行过联合演习和驻训任务，但工作之余利用时间学习军事理论和钻研军事技能这两件事一直都没有放松，先后有20余篇军事论文被军区空军以上机关的《军事理论研究》《军事工作情况》《军情研究》《军事工作简报》等重要军事刊物刊载，练就一定文字功底。自学并参加了全国计算机等级考试，考取了一级和二级合格证书，具有一定的计算机操作应用能力。以前的这些努力对于今天从事史志信息化建设工作来讲，无疑非常有利。

从事史志工作后，为在较短时间内熟悉业务、提高工作能力，我一边向同志们虚心学习请教业务知识、一边刻苦钻研业务书籍，坚持从基础知识学起、从基本业务干起，边学习边工作、边工作边提高，做到了以学促干、以干践学，并使之两结合两促进，努力争做本专业的行家里手。

几年来，我认真学习了国务院《地方志工作条例》《山东省地方史志工作条例》和《中华人民共和国保密法》《计算机信息系统保密管理暂行规定》等系列法规性文件，熟练掌握了省情网站各栏目文字图片的编辑发布方法，学习掌握了志书、年鉴类电子书籍编辑排版和标引入库技巧，学会了CCED、PHOTOSHOP和电子文档入库工具等计算机软件的操作使用方法，阅读了大量有关志鉴编纂和计算机网络技术知识等方面的书籍。另外，参加各类业务培训6次，赴广东考察学习1次，参加党校培训学习1次。通过强化学习，工作能力得到快速提升。

（三）利用党校培训契机，广学博采，提升综合素质

党校培训期间，学习了中国特色社会主义理论、党章党规和系列讲话、

党的十八大及十八届三中、四中、五中、六中全会精神、依法行政、市场经济、党员修养、应急事件处理等内容知识。教学形式以老师授课、媒体教学、外请讲学、异地见学相结合，红色教育（井冈山、瑞金）、政德教育（曲阜、邹城）、警示教育（泰安监狱）灵活安排，使我学到了知识、开阔了视野、提高了认识、升华了境界，受益匪浅。党校毕业考试我以97分的总成绩，名列本期两个培训班60多名学员第一名，为单位和个人争得荣誉，为做党性坚强的史志干部打下坚实的基础。

二、实干为本，把信息化建设的具体工作落到实处

史志承载着传承中华文明、弘扬历史传统的重任，对于文化强国强省战略实施，以及实现民族文化自信等方面具有无可替代的作用。认真探讨、研究、推进“互联网+史志”的深度融合，借助互联网大力宣传地情知识，大力宣传推广史志成果，并使之更好地为现实服务，是摆在我们面前的一项重要而紧迫的任务。

实干兴业，空谈无益。实干就是实实在在地去干，看似简单，真正做到却很难。现实当中为什么有那么多人喜欢空谈？因为“说”比“做”要容易。然而，任何事情只说不做是没有任何意义和效果的，俗话说“光说不干假把式”。实干既是一种工作状态，也是一种工作境界。上级指示要求的落实需要实干，目标任务的完成离不开实干，信息化建设的每一项环节需要实干。实干是解决一切问题的关键，实干是发展进步的“金钥匙”。一切办法，只有在实干中才能找到；一切问题，只有在实干中才能解决。实干才能出业绩，实干才能出成效，实干才是硬道理。史志具有存史、资治、教化的作用，史志事业是一项功在当代、利在千秋的伟大事业，这项事业值得我们干！

干一行、爱一行、钻一行是我一贯的工作作风。过去在部队工作期间，我用于军事理论知识学习和军事专业技术训练的时间总共超过了一万个小时，能够成为“全军军事训练标兵”和“全军军事训练尖子”，受到全军通报表彰，部队党委依据《中国人民解放军纪律条令》奖励规定，研究决定申报一等功，这些成绩和荣誉的取得是高强度、超负荷实干苦练的结果。同时，十多年的高强度、超负荷训练，对身体健康造成了严重影响。“为

有牺牲多壮志”，成绩往往与付出相依，荣誉往往与汗水相伴，也正如歌中所唱“不经历风雨怎么见彩虹，没有人能随随便便成功”。

从事信息化建设工作的六年，我保持并发扬军队优良传统和作风，做到爱岗敬业、埋头苦干。省情网站共有400多个子栏目，建设任务重、工作量大，每天都有大量的新闻动态类信息和资料类信息需要编辑、编审、更新和发布，是一项艰苦细致的系统工程，工作中我为此付出艰辛劳动。六年来所完成的主要业务工作有：一是较好地完成《山东省志·质量技术监督志》《山东省志·铁路志》《山东省志·工商行政管理志》《山东省志·烟草志》《山东省志·财政志》《山东省志·税务志》（上、下册）、《山东省志·军事志》《山东省志·黄金工业志》《山东省志·林业志》《山东抗战将士记忆》《山东抗战将士传略》11部12本地情资料、共计600余万字的电子文档编辑排版和标引入库工作，按平均每本书需用150个工时来计算，仅资料入库这一项工作就需要近2000个小时。二是把《山东年鉴2010》《山东年鉴2011》《山东年鉴2012》《山东年鉴2013》《山东年鉴2014》《山东年鉴2015》《山东年鉴2016》七卷年鉴中的市县简介、山东省大事记、历史简况、自然资源、自然地理、行政区划和数字山东等项内容，及时编辑发布上网。三是编辑、编审、更新、发布各类上网稿件共约6000余篇，编辑发布各种照片图片3000余幅。四是起草撰写各种文字材料100余篇。五是完成了“纪念抗战胜利70周年”“学习贯彻十八届六中全会精神”等专栏的建设。从事信息化建设工作的这六年，我对个人分管的所有栏目，但凡手头能够找到更新资料的，都全部进行了及时更新，并确保了工作质量，以实干践行了对史志工作的忠诚，用实干为史志事业发展进步添了砖、加了瓦。

三、创新为要，让信息化建设在“新绿”萌发中换“新颜”

创新是发展之魂、动力之源。迎难而上、开拓创新是突破信息化建设发展“瓶颈”的关键，也唯有创新，信息化建设工作才能打破旧套路、旧框框。勇于接受新事物、新思想、新成果，不断适应新形势、新任务、新要求，信息化建设工作才能实现新突破、新发展、新跨越。

为网站改版升级积极建言献策。山东省情网自1998年建成运行以来，经过不断发展创新，2016年已实现第七次改版升级。省情网站的建成运行，为宣传山东、宣传史志发挥了重要作用，为社会各界了解山东、熟悉山东、研究山东提供了便利，为山东史志系统交流史志业务、推广史志成果提供了平台，为山东史志事业全面发展发挥了促进推动作用。

在省情网站第七次改版升级征求意见建议时，我结合工作实际提出了三点创新性建议并被全部采纳。一是建议在新版山东省情网站主页栏目设置时，把“省情资料库”栏目放在网站中间显眼的位置，进一步突显省情资料库的重要性，按照顺序依次建立省志库、市志库、县志库、年鉴库。这样做主要基于三点考虑：（1）山东省情网站是社会公益类资源性网站，网站提供的主要资源就是地情资料，把资料库内容放置在显著位置是由地情资料重要性地位决定的；（2）把地情资料库放在显著位置，更加方便广大网民对地情资料信息的查询、浏览和使用；（3）紧扣网站名称“山东省情网”中的“省情”二字，进一步突出省情资料，使网站的名称和内容实现有机统一。二是建议把“山东新闻”栏目名称改为“省情播报”。这样做主要基于二点考虑：（1）“省情播报”与“山东省情网”这个网站名称更加贴合、对应；（2）“省情播报”栏目可以采编更多、更广的上网信息，而且可以降低时效性约束，对栏目信息的采编带来便利。三是建议把省情网站主页网眉图片内容进行优化，突出“一山一水一圣人”。实现既具有典型的代表性、又简洁明了的宣传效果。泰山、黄河、孔子是山东历史上最为杰出的“三个代表”，山东古今志书中对三者都有系统而详细的记述，影响深远，意义重大，不容置疑。选此三者图片放置在山东省情网站主页页眉并配以简短的文字介绍，实现了美观醒目、代表性强、宣传效果好的目的。

结合个人工作分工，创新文稿编辑工作流程。网站发布信息资料的真实性、准确性以及新闻动态编辑的质量、时效等因素决定了网站的建设水平和受关注程度。动态信息稿件编辑的质量直接决定着新闻信息的内容，省情网站上网信息数量的增多，使编辑工作量越来越大，对编辑工作的要求也越来越高。编辑工作已经不能局限于从一个点进行问题的分析，经常需要以点带面、将分析的内容扩大，这需要改变固有的思维，对文稿编辑工作流程进行创新，以提升编辑质量，确保不发生问题。

文稿编辑过程中，我改变了原来直接打开来稿、快速编辑的传统做法，先是对稿件全文进行认真阅读，仔细分析来稿单位的写作意图。对稿件信息中描述不清晰、表达不到位的地方，通过多种方式进行了解、沟通、求证，想方设法多捕捉掌握一些有用的信息，努力搞清楚作者的意图。对某些重要的时间节点、重要的工作数字进行核实。对志书、年鉴所获奖项要求供稿方提供全称，并说明获奖时间。对动态稿件中有可能涉及到文件和电报内容的信息，按照保密文件要求从严把关处理，等等。总之，对编辑工作流程进行创新和细化的目的是从源头上努力把住上网信息的政治关、保密关、质量关、时效关和史实关，使上网信息实现安全可靠、准确无误，杜绝上网信息带问题发布，造成不良影响。

回顾近年来我省史志工作所取得的显著成绩，深刻认识到，我们正置身于山东史志事业生机勃发的春天里，今后工作中，我将抓住事业发展契机，继续认真贯彻上级对信息化建设工作的指示要求，深学笃行，开拓创新，以时不我待的紧迫感和舍我其谁的责任感，撸起袖子加油干，为史志信息化建设水平的进一步提升作出新的更大的贡献。

参与地情网“两全”建设

魏　伟

魏伟，1980年4月生，山东济南人，中共党员，大学学历，工学学士，2003年毕业于山东大学计算机系，到山东省地方史志办公室工作。2010—2012年任泰安市宁阳县乡饮乡南赵村党支部副书记。现任信息工作处主任科员。

参与过两次全省地情网建设，一次是全面开通，一次是全部升级。2003到2007年，推动三级，主要是县级地情网站和地情资料库开通，拉开全省史志工作信息化、网络化、数字化序幕，不少单位购买设备，增设人员、岗位，转变办公方式，开展合作开发，大量志鉴文献录入省情资料库，打造网上的方志馆，成为全国史志信息化建设排头兵，体现出我省史志工作的综合实力和先进性。

随着技术发展，部分市县史志机构为更好地宣传工作、成果、展示地情，采购了网站整站管理程序，设计整合网站板块，把地情网办成史志办公室官网和地情中心。2013—2015年，全省推动三级，主要是剩余60多个县级地情网全面升级为整站管理系统。我们先后到德州、滨州、泰安、日照、济宁等市调研推动。德州市史志办李其常主任非常重视，把市县升级列入工作重点，市里为各县（市、区）购置电脑、设备，安排专人到现场督导，量化打分，在全部升级后，又组织开展了德州志鉴文献全部数字化、制作电子书等项目。济南、青岛、淄博、东营、潍坊、菏泽等市不断组织市县统一升级改版和集中培训，整体水平不断抬高。招远市史志办徐革主任专门到省史志办信息工作处汇报交流升级工作，高标准升级招远市情网。肥城市、聊城市东昌府区史志办先后到信息处汇报交流。

为从根本上解决问题，办公室购买一套整站管理系统，配套 10 个不同风格的模板，解决最后 21 个县情网升级。

建设过程遇到不少困难，主要是各地对信息化建设的认识和人员资金问题。为节约经费、方便备案，我们在升级中鼓励县级使用县政府二级域名。国家对政府网站管理要求不断提高，各级政府信息中心对网站管理更严格、更规范，怕在无管理职责内出现问题，通报牵扯担责，很多不愿提供二级域名。通过和 10 多个县政府信息中心反复沟通协调，保证了升级工作顺利进行。

建设过程虽然持久艰辛，但感受尤新。一是去过全省 100 多个县（市、区）史志办公室现场开通地情网，调试地情库软件，有时一天跑好几个县，最多一次坐淄博市史志办王世伟科长新买的吉利轿车一天跑了 5 个县（市、区），奔波疲惫。也曾在县史志办同志带领下，参观了一些当地的文物古迹、旧园故居、纪念设施、方志和文化场馆等，感受先贤古风给一座城带来的历史传承与文化自信，历久弥新，探究发扬史志工作显性所在。二是很多市县史志办的同志在承前启后、转接联络中起到重要推动作用，淄博市王世伟科长，烟台市郭恩革科长，东营市刘曙光科长，滨州市唐彩云科长，以及在升级工作中泰安市冯宪谟科长，济宁市李坤科长、枣庄市王立新科长，潍坊市的刘伟勋科长，都在上下协调，前后对接，督导督促中做了大量工作。三是信息化建设仍是很多单位的短板，体现在资金投入、装备更新和技术应用，也是整体工作水平的最低标线。但是，信息化建设搞得好的单位通常整体工作出色，如青岛市崂山区，淄博市博山区，烟台招远市，泰安肥城市等。大数据背后，是重视成果转化和宣传推广，重视史志工作现代化建设，重视互联网 + 地方史志融合创新，还在于领导是否有力，规划、措施是否到位，机构、资金、人员能否得到保障。四是政府网站在政府工作作用日趋重要，体现政府公信，是政府权威消息来源，成为群众办事、在线服务，获取公开信息的重要平台。2015年，国务院办公厅下发《关于加强政府网站信息内容建设的意见》，启动第一次全国政府网站普查，解决政府网站“不及时、不准确、不回应、不实用”等问题。省政府办公厅制定《关于加强政府网站信息内容建设的实施意见》，强化政府网站管理主体，尤其是县级政府各部门网站统一由县级政府门户网站开设子站或栏目。下发后多次普查、通报。体现国家和省政府对政府网站高度重视。五是地情资料库成效显著。目前，全省地情网和库共录入近20亿字在互联网免费共享，在发挥地方史志依法用志、行政功效，提供史志在线服务，服务全省经济社会发展等方面发挥重要作用。这20亿字的图文资料被多少人次检索、引用，参与多少项科研课题、项目开发、论文论证，在文化建设和历史挖掘中发挥了多少作用，无法明确计数。2015年全国庆祝抗日战争胜利70周年，《齐鲁晚报》整版刊载山东省抗战历史资料，全部来源山东省情资料库。

虽然我省信息化建设起步早、经验多，但是科技进步日新月异，互联网+、云平台和大数据甚至人工智能逐步登场。广东尝试部署地情资料自动搜集程序，资料年报搜集系统等。上海市金山区、安徽省淮北市试用“中国云”编纂平台，以及中指组办公室目前正在开展的信息方志与数字方志建设工程等。近年来，我省在全国首创地理信息系统平台，开通微信和今日头条公众号，探索挖掘信息技术与史志创新融合发展新渠道。

地情资料库不能替代志书，感受时间积淀下泛黄的纸张，穿越历史去阅读和感受“逝者如斯夫，不舍昼夜”。但却因这个时代，可以告别浩繁卷帙的查找和功耗，瞬达资料所求。2016年开始，办公室拨专款进行剩余60多部首轮县志数字化工程，力求全面完成首轮县志数字化入库。技术创新与地方史志的融合，一定会让地方志、地方史焕发光彩，更丰富，更规范，更权威，更好用。

淡泊名利　耐住寂寞方能成就事业

张鲁宁

张鲁宁，1958年3月生。原从事《人文与自然》杂志编辑工作。2013年11月到山东省方志馆工作。面对新工作、新环境，及时调整自己，主动学习新知识、积极适应新工作。在工作中能够积极主动，认真履行岗位职责。

最近，习总书记对黄大年同志先进事迹作出重要指示，他号召以黄大年同志为榜样，“学习他淡泊名利、甘于奉献的高尚情操”。这既是对黄大年崇高精神的高度评价，也是对广大知识分子的勉励和要求，激励着我们见贤思齐、崇德向善，为推动国家发展、社会进步贡献智慧和力量。

随着媒体对黄大年感人事迹的多方位报道，人们看到了一个真实而高尚的人，引发强烈思想共鸣。“非淡泊无以明志，非宁静无以致远。”在黄大年身上，人们感受到一个知识分子心无旁骛、潜心钻研的学术品格。他以出世的态度为人处世，不计得失、坦坦荡荡；以入世的态度做事履职，兢兢业业、恪尽职守。其所思所行，如同一股清流，让学术变得单纯，让人生更加纯粹。古往今来，凡成大事者，则往往是那些淡泊名利，耐得住寂寞和经得住诱惑的人。正所谓“古来圣贤皆寂寞”。司马迁因入狱受酷刑，发愤写作，用了18年时间，在他60岁时，终于完成了一部52万字的《史记》，这部前无古人的鸿篇巨制，几乎耗尽他毕生的心血。著名数学家陈景润，屈居于斗屋之内，冥思苦索，殚精竭虑，为完成“哥德巴赫猜想”，计算用的草纸就装了几麻袋，终于梦想成真。大发明家爱迪生面对2000多次的灯丝实验失败，甘于寂寞，痴心不改，用坚忍不拔的科学钻研精神成功照亮了全世界。

淡泊名利、耐住寂寞，是做人做事之本。所谓淡泊名利、耐住寂寞是指人们在工作和生活中，不能心浮气躁、随波逐流、急功近利，而应保持一种持之以恒、力学笃行，认认真真做事、踏踏实实做人的平静心态，始终保持一颗平常心。淡泊名利、耐住寂寞不是要人甘于平庸、无所作为，而是要人忍受暂时的苦痛，不为浮名所累，不为欲望所惑，不为利益所逐，朝着既定的目标努力，以便将来有更大的作为。人生在世，面对林林总总的纷扰、形形色色的诱惑，看重什么、看轻什么，坚守什么、舍弃什么，就像一把无形尺子，量出品格的厚度，标示境界的高度。事实上，所有胸怀大志、有作为、成就的人，都是能不为眼前的利益所惑，淡泊名利、耐住寂寞，以坚忍不拔、百折不挠的意志向着目标奋斗的人。

淡泊名利、耐住寂寞是事业成功之基。如何才能做到淡泊名利、耐住寂寞？一个前提条件是先“耐住寂寞”，屏息静气、排除干扰，咬定青山、心无旁骛。当今时代，发展变化快、新奇事物多，生活节奏快、诱惑陷阱多。受环境影响，人容易心浮气躁。对于每个人来说，要专心致志做事情，确需下一番功夫。事业是慢慢熬出来的。只有那些淡泊名利、耐得住寂寞的人，才能在机遇来临时，将它牢牢抓住，事业有成，从来都隐藏在寂寞的背后，成功从来只属于坚守初心、耐得住寂寞的人。古往今来，凡成就伟业者，多经历磨难，不追名逐利，耐得住寂寞、矢志不渝，才能事业有成。

淡泊名利、耐住寂寞是迈向事业成功之门。习总书记在中共十八届二中全会第二次全体会议上指出：我们要有“功成不必在我”的精神。一张好的蓝图，只要是科学的、切合实际的、符合人民愿望的，大家就要一茬一茬接着干，干出来的都是实绩，广大干部群众都会看在眼里、记在心里。

巴斯德有一句名言：“立志是事业的大门，工作是登门入室的旅途”。作为一名方志馆工作者，要始终把“踏踏实实做事，勤勤恳恳服务”作为人生信条，这个信条始终贯穿于工作的每一个环节。这个信条能够感受到，工作是一种享受，工作是能力的释放，工作是学习的乐园。这样的态度决定了一个人的工作。总之，没有一个良好的工作态度，就不可能成就一个美好的事业和人生。伴随着新知识时代，电子信息资源不断增多。为此，方志馆人员必须要有较高的文化知识和较强的业务能力，而且要不断学习新知识，以更好地适应文化发展和社会进步的需要，更好地做好本职工作。

1. 努力提高思想境界。作为一名方志馆人员，应有淡泊名利、无私奉献的精神境界。淡泊名利、耐住寂寞是一种高尚的道德情操，需要我们在工作和生活中培养，需要用行动来体现。要做到低调做人，高调做事，不计较个人的利益得失，要有甘为人梯的奉献精神。要甘于平淡、甘于寂寞，认真做好每件事情，工作中更要身体力行、争当先锋、艰苦奋斗。具体来说：第一是要善于吃苦吃亏，凡吃苦吃亏的事，能坦然面对、坦然接受。第二是要能受得了委屈，能够任劳，也能够任怨。第三是要敢于开拓、敢担风险，要有敢于担当的精神。

2. 努力提高文化素质。方志馆藏书众多，古今志书丰富。如果没有广博的文化素养，工作起来一定是心有余而力不足。再者，方志馆工作还具有独特性，就是对社会文献的整理工作，经过馆中整理的志书文献，可以改变原有的无序状态，变成井然有序、联系紧密的文献整体系统。方志馆人员必须具有较高的文化知识，才能胜任自己的本职工作。

3. 努力提升业务技能。熟练的业务技能来源于广博的科学文化知识和对本职工作的热爱。计算机管理工作进入方志馆，方志馆人员必须能够熟练地使用计算机对图书资料进行管理和应用，充分利用网络信息资源、数据库、文献信息服务，更好地顺应时代的发展，满足读者的需求。

4. 努力学习新知识。随着社会的进步，所有事物都在发生着前所未有的变化：新兴学科、边缘科学不断涌现，计算机管理在方志馆事业中快速升温。一切都需要方志馆人员学习新知识，跟上时代发展的步伐。为此，方志馆人员要在现有的业务素质的基础上，主动刻苦钻研新知识，勇于探索新方法，孜孜以求，不断进取，才能使自己成为合格的方志馆工作者。

5. 努力扎实做好服务。方志馆工作是一个服务于社会的部门，日常工作多为基础性的服务工作。方志馆人应“甘于人梯”，乐于奉献。因为方志馆工作属性的根本在“服务”。方志馆工作人员主要是为读者服务的，没有奉献精神是不可能搞好此项工作的，要有乐为他人作嫁衣的精神境界，急读者所急，想读者所想，主动热情地为读者服务，及时主动向读者提供准确、到位的服务，做读者的知心人，真正体会到读者的每一份收获都是我们方志馆人的一份喜悦。我们方志馆人要以一颗平常心，淡泊名利，甘于平静，心甘情愿又踏踏实实地作好本职工作。

作为方志馆工作者，要以强烈的责任意识和问道精神，淡泊名利、耐住寂寞、不忘初心、执着守望，做方志田园中的拓荒者，弘扬传承好史志文化，将前人孜孜以求而积淀下来的精神财富发扬光大，真正发挥资政、存史和教化的作用。

永远保持奋斗的作风

邵明昌

邵明昌，男，1978年生，中共党员，河南巩义人，1998年9月至2012年12月在部队服役，现为山东省方志馆正科级干部。2015年2月至2017年3月担任省派“第一书记”在菏泽市曹县安蔡楼镇望鲁集北街村挂职扶贫。在部队服役十五年，工作踏实，为人正派，2012年末因部队编制体制调整从正营职学兵队长岗位转业。到地方工作以来，继续保持良好精神面貌和奋斗作风，认真完成本职工作和领导交办的各种任务，积极参加活动，尊重领导，团结同志。连续四年考核等次优秀，2015年、2016年因工作成绩突出获得三等功表彰。

2012年12月，伴随着部队体制编制调整的大趋势，我恋恋不舍脱下军装，告别十五年的军旅生涯，转业安置到方志馆工作。转眼间，从事史志工作已经第5个年头，期间还积极响应组织号召，主动报名担任省派第一书记，下派菏泽曹县农村挂职扶贫两年。从部队到地方，身份角色和工作环境都发生很大变化，但我始终秉承踏实肯干的工作态度和坚韧顽强的工作作风，迅速适应环境，进入角色，工作积极主动，服务热情周到，获得领导和同事们的一致认可，连续四年年度考核被评定为优秀等次，连续两年获得三等功表彰，从当初的史志新兵成为一名合格的史志人。

从部队到地方，工作环境改变了，工作性质和任务也截然不同。来单位之前，从省情网上对单位的基本情况和主要任务有了大概了解。来到单位之后得知，历年来的军转干部也不少，并且都在各自业务岗位上干得相当出色，他们的经历也让我更加有信心。方志馆的工作主要是和各种各样的志书打交道。通过认真观察和虚心请教，我很快搞清楚一些基本概念，知道了志书、年鉴，第一轮修志和第二轮修志。在协助老同志管理地下书库的过程中，我认真学习相关管理规定，虚心请教各类书籍的摆放和书库的借阅管理方法，注意把握工作中的注意事项，细心总结目前还存在的问题，深入思考下步需要改进的地方，很快进入情况，适应新环境新工作。在整理专题库的过程中，全体同志齐心协力，共同搬运书籍的场面也使我感受到这是个充满团结互助精神的大家庭，老同志体现出的那种丝毫不逊于年轻人的工作劲头也让我深受感染，身边的每个人都表现出乐观向上的积极态度，工作中起来十分舒心。我还负责方志馆办公区文件传阅工作，这需要细致准确，交接时同事给我做了详细的指点，怎么传，怎么收，怎样交接，如何做记录，如何保存等，每次传阅完成后，我都逐份文件认真检查，避免遗漏。在负责复印打印工作期间，我牢固树立服务意识，保证随叫随到，热情接待。为了更好掌握复印机的使用方法，避免出现浪费，我通过上网查询使用说明，仔细体会和琢磨程序步骤，不断提高服务水平和工作效率。在负责史志博物馆陈列一室管理工作期间，我认真负责，高标准清理卫生死角，陈列室面积大，灰尘多，工作中通过仔细观察，我发现大门底边缝隙过大是展厅容易进灰的主要原因，就在底边粘了一道透明胶带，有效解决灰尘容易进入的问题。除了认真完成处里交办的任务，我抓住一切机会锻炼，积极参与集体活动，促使自己尽快提高。2013 年、2014 年连续两年参加办公室组织的演讲活动，2013 年、2014 年、2015 年分别参加办公室和办公厅机关组织的征文活动，其他比如写体会、警示教育、运动会等单位组织的各项活动我都积极参加，一路走来，自己一直保持着拼搏奋斗的劲头，不敢有丝毫懈怠。

书库管理基本上是个静态的过程，虽然不断有书籍入库、出库，也间或有人来查阅资料，但总的来说一年到头也是波澜不惊。方志馆不同于图书馆，很难有门庭若市的场面，而对于那些真正需要它的人，在他们眼里这一本本志书中却记载着真实的历史和过往的荣光。2014 年 8 月的一天，一位济南大学的退休老师王阿姨，来到方志馆查阅资料。她老家是淄博下边一个小县城的农村，是替年迈的父亲来查找当年一起参军但是牺牲的战友、老乡的。由于种种原因，她老父亲和他牺牲战友当年参战的经历没有办法证明，但是村里能证明他们俩人是一起离开村子参加部队的，当地民政部门说是只要能够找到她父亲的牺牲战友的证明信息也能够为她父亲本人落实政策。经过一个下午的努力，终于在当地一轮县志的烈士名录里找到了有价值的信息，为王老师进行了复印，她十分激动，连声说着谢谢，后来听说当地已经根据王阿姨带回去的这份资料为老人家落实了相关待遇。这虽然是日常服务工作中的一件小事，但是我们的工作能够帮助有需要的人达成愿望，自己也感到十分欣慰。

2015 年 2 月至 2017 年 3 月，作为省政府办公厅第一书记挂职帮扶菏泽曹县安蔡楼镇望鲁集北街村两年时间。工作组接到通知后带队书记交待我的第一项任务就是为每位第一书记申领一套《曹县志》，要求我们尽快熟悉派驻地的各种情况，做到心中有数。出发培训时，我们几个人的行李里都带着一套厚厚的《曹县志》。通过这套志书，我们在去曹县之前就详细了解了曹县是个人口大县，安蔡楼镇有制作销售表演服饰的淘宝电商基础，望鲁集的莲藕种植历史悠久、名声响亮，并且我帮扶的望鲁集北街村还是少数民族村，朱王庄的麦冬种植、霍庄村的芦笋种植都是当地的特色产业，这些信息的收集为我们制定发展规划、选择产业项目提供了很重要的参考。在临沂大学培训期间，我正好和省民委的第一书记住在同一宿舍，他也是军转干部，当听说我帮包的是少数民族村，积极给我出主意，告诉我哪些少数民族政策可以利用，还和县民宗局的领导推介我帮扶的村，为我们顺利争取和使用少数民族发展资金帮了大忙。到村工作不久，就紧跟国家大力支持发展农村电商的政策，结合镇筹建电商平台的契机，到南方考察电商发展形势，通过组织开展电商培训、扶持电商从业人员扩大规模、修建电商扶贫加工车间、为淘宝电商户发放资金补贴等多种方式有效促进电商扶贫产生最大效益，其中的一个帮扶村在2015年还获得“中国淘宝村”称号。通过联系曹县农业局、扶贫办等单位，充分利用当地“一村一品”优惠政策，为朱王庄的麦冬种植、霍庄村的芦笋种植提供资金支持，流转土地形成规模，使种植户受益。2016年省委组织部、省旅发委从有乡村旅游基础的村子挑选带头人组织大家到台湾进行考察，我所帮扶的村正好符合条件，有幸作为考察团成员赴台湾的桃园、新竹等几个县进行了考察，台湾乡村旅游协会为我们进行了全程导游介绍。通过一周时间的外出考察，开阔了眼界，拓展了发展乡村旅游思路。在到村之前就从书中得知了望鲁集古地名的由来，知道村子还有丰富的人文历史，结合当地近5000亩规模的莲藕种植水面，我们筹划发展乡村旅游，正好赶上国家发展乡村旅游规划出台，我所帮扶的望鲁集村周边被纳入重点帮扶发展范围，为我们制定规划大力发展乡村旅游产业提供很大帮助。每当有领导和单位到村里调研慰问时，我就把从书中了解到的关于望鲁集古地名由来的历史讲给他们听，大家都饶有兴致，对我们村有了更深刻认识和了解。挂职两年期间，这套志书都放在我们每个人的办公桌上，随时查找资料，为我们掌握情况、展开决策都提供很多帮助。通过两年多坚持不懈的努力，充分发扬艰苦奋斗的传统作风，通过多种渠道方式为帮扶村修了4.9公里4米宽的通村路，安装了200盏路灯，新修近2000米排水设施，扩建装修村两委办公场所，新建37千瓦规模的分布式光伏电站，新建三栋一万多只规模的蛋鸡养殖大棚，建设一栋600平方米的扶贫加工车间，捐赠一套标准化卫生室器材、健身器材和农家书屋配套设施，进行村庄绿化、开展慈善救助和困难群众慰问、进行捐资助学和爱心义诊等一系列活动。通过产业帮扶、组织外出务工和慈善救助等多种手段，村集体每年增加10余万元收入，贫困户人数也从我刚入村时的284户924人减少到只剩下无劳动能力需要政策兜底的贫困户19户27人，圆满完成帮扶任务。

从事史志工作以来，我深深感觉地方志是一项远离浮躁喧嚣的事业，没有淡泊的心境是很难真正投入进去并且取得成就的。当我们忠实记录和保存这段历史的时候，不会考虑仅通过自己的扎实工作从而取得多么炫目的荣耀，只是希望通过每个史志人的努力，留下发展的鉴证和固化历史的痕迹。看着历史照片中一张张曾经的年轻面孔，伴随着史志事业的发展不断成长，自己能够参与其中，感觉幸运和光荣。我告诫自己要永远保持奋斗的作风，立足本职，不断进步，为史志事业发展贡献力量。

奋发作为敢担当　开拓创新著信史

范金鹏

范金鹏，女，32 岁，现供职于济南市史志办公室市志编审处，主要从事地方志编纂与研究，曾多年在基层开展档案及党史研究工作。

史志工作常被人们称为一项“苦差事、冷板凳”，有的只是平平淡淡，有的只是默默无闻。然而，丁爱军自 2003 年从教育部门调到济南市史志办至今，俯下身来一干就是 15 年。十五年来，他坚定执着、兢兢业业，在史志这片相对贫瘠的土地上辛勤耕耘，以昂扬向上的精神风貌，以求真务实的工作作风，以创新高效的工作方法，在地方志编纂与出版工作中取得了显著成绩。尤其是自 2013 年 9 月任市志编审处处长后，面对人员匮乏、基础薄弱、任务十分艰巨的第二轮修志工作局面，他迎难而上、自我加压、奋力拼搏，攻破了一个又一个难题。在短短 3 年多的时间内，《济南市志（1986—2010）》8 册书（约 900 万字）全部完成编纂出版，其中 7 册被评为省优秀志书。同时，指导编纂的 10 部县（市、区）志 8 部已完成出版（7 部被评为省级优秀志书），其余 2 部已完成评审，提前两年完成了省下达的第二轮修志编纂任务，由此创造的“济南经验”被省史志办公室在全省推广。

厚积薄发　夯实理论基础

地方志书编纂是一项全面、系统而复杂的工作，不仅需要广识博学，还需要具备扎实、深厚的专业技能。进入修志这一崭新的领域后，他深知唯有在工作中不断学习、不断积累、不断实践，才能更深刻地认识和了解所从事的事业，才能做出更加突出的贡献。于是，他沉下心来，认真学习，刻苦钻研。一方面利用各种途径全面学习理论知识。他找来史志专业书籍《方志学基础教程》《仓修良探方志》《方志编纂学教程》《地方志书内容要素探微》等理论书籍，系统地学习方志基础知识，研读方志论文，参阅各类优秀志书，在较短的时间内就掌握了相应的业务理论。2009 年，他撰写的论文《以科学的态度确定志书体例》，在全国副省级城市暨中国西部城市史志工作经验交流会上，被评为大会优秀论文；2010 年，他撰写的论文《以科学发展观指导续志实践之我见》，被收录进《山东省史志论文集》。另一方面他虚心向他人求教。在从事修志工作初期，他主动向经验丰富、业务过硬的老同志请教，与熟悉济南历史、研究济南市情的专家、学者、教授多联系、多沟通，积极参加上级部门组织的业务培训，利用各种机会不断提升专业素养。通过学习培训，他很快进入工作角色，并能够独立承担起业务指导与编纂工作，成为史志行业的业务骨干，受到领导和同事们的肯定。

经过多年的学习与工作实践，在地方志书编纂领域，丁爱军已经成为全市乃至全省的优秀专家，被吸纳加入“山东省修志专家咨询组”。即使是成为业内专家后，他仍然在学习的道路上继续前行。例如：为全面熟悉和掌握地情、行情，多年来坚持阅读报纸、杂志等刊物，及时了解和掌握当地在政治、经济、文化、社会和自然等方面发生的要闻大事；主动关注修志界的最新理论动态和近年来国内外出版的地方志书，在学习交流方面及时补充新鲜的“血液”；在做好本市及县（市、区）工作的同时，他还注意做好与其他地市的交流与学习，利用业余时间修改志稿，参加了河北省的《邯郸市志》《邯郸县志》《大名县志》《馆陶县志》，山东省的《苍山县志》《惠民县志》《烟台市芝罘区志》等多部市、县（市、区）志书的评审工作，不仅促进其他地市地方志工作的开展，也深化交流与合作，博取他人之长，取得良好效果。

勇挑重担　破解发展难题

2005 年，《济南市志》编纂工作开始启动。但由于种种原因，工作进展十分不理想。至 2013 年年底，《济南市志（1986—2010）》只编纂出版了第一册；10 个县（市、区）中，仅有平阴县和章丘市完成了第二轮志书的编纂出版，其余有的刚刚起步，有的停滞不前，县（市、区）之间修志进度呈现步调不一致、发展不平衡的状态。当时的第二轮修志工作存在着诸多难题：一是修志人员匮乏。市史志办真正负责市志编纂和指导县（市、区）志编纂的人员仅有 2 至 3 人。10 个县（市、区）史志办编制人员 4 至 15 人不等，仅有 4 个按照独立机构设置，有的单位甚至只有两三人干事，现有的人员力量无法满足当前工作的需要。二是重视程度不足，培训效果不明显。与第一轮修志相比，极少有单位设立专门的修志机构，安排专门的人员，绝大部分单位都是在职的从事文字工作的人员兼职干，并且人员不固定，更缺乏激励机制和奖惩措施。史志机构组织的几次撰稿人员培训缺乏针对性，没有取得实实在在的效果。三是存在畏难情绪，缺乏工作动力。第二轮修志的时间跨度恰逢改革开放，有些方面的内容因机构改革、主管单位撤销等原因，找不到对口的供稿单位，加之有些部门对修志工作不上心，在修志过程中出现短板，影响了工作进度及编纂人员的信心。

面对如此困境，他临危受命，勇挑重担，以更加饱满的热情，积极动脑筋、想办法，与领导、同事一道，全力投入到这场攻坚战当中。作为志书的总纂，他承担具体的编纂业务工作，从资料搜集到材料的使用与裁剪；作为处长，又要抓好组织协调，安排好工作进度。这些繁重又细致的工作占据了他全部的时间，办公室里每天来得最早，走得最晚的几乎都是他。三年多的时间里他从未休过年休假，几乎每个节假日、星期天都在审改志稿中度过。多年的加班加点的工作习惯，他的大脑就像一个高速转动的陀螺，当最后 3 册志书正式出版后，难得休息的周末他竟“浑身不自在”，不知道该干些什么。正是凭着这种高度的责任感和无私奉献的精神，他取得最后的胜利。

创新举措　绘好修志蓝图

为彻底扭转济南市第二轮修志工作局面，他全力以赴，真抓实干，从五个方面做起，通过一系列措施，使第二轮修志工作由粗放型向科学化、精细化转变。一是针对诸多问题，调整制订“科学谋划，全面推进，重点突破，分册编纂，保证质量”的新二十字工作方针，从编纂任务指标、完成时限、资料收集、体裁体例、篇幅规模、审查验收、出版印刷等方面进一步细化，形成《关于济南市志（1986—2010）编纂规划的报告》，确立宏观指导方针。二是具体工作中进一步明确目标和步骤，做到任务分工明确、工作责任落实到人，建立相应的考核奖惩制度。专门成立四个工作小组，即组稿指导组、志稿编审组、志书统编组、专家咨询组，各司其职，又相互配合。三是在具体编纂过程中坚持“多头并进、加快组稿，先易后难、循序渐进，放慢出书、精心打磨”的策略，遇到难题深入钻研，集中精力攻关。成熟一册，编纂一册，出版一册。四是积极营造开门修志的良好氛围。在修志过程中，对于部分无法落实撰稿单位，专业性、综合性较强的内容，面向高校、研究机构、各种学会（协会），按照科研课题承包的方式寻求解决方法。如“市情综述”“城建综述”“经济发展综述”以及工业部类等，分别由市委党校市情所、山东建筑大学课题组、宏观经济研究院和相关学会（协会）撰写，受到评审专家的一致肯定。

强化培训　建设优质队伍

“天下大事必作于细，天下难事必作于易”。针对全市的二轮修志工作，丁爱军同志从大处着眼，从细处着手，大到框架设计，小到文字编纂，他都以身作则、率先垂范，努力打造一支高素质的专家型编辑队伍。一是为解决自身编辑力量薄弱、业务人员偏少的问题，自 2013 年 10 月起，通过面试、考察等程序，引进多名文史专业毕业、责任心强、学历层次较高的优秀社工协助做好市志编纂工作。他们经过短期的培训和编纂实践锻炼，都能胜任相应的工作，有的已成长为熟练的业务编辑。此外，2015 年 9 月，成立济南市修志业务专家咨询组，从社会上多方网罗专家人才。二是密集培训，科学指导，全方位做好督导服务。2013 年下半年至 2016 年 6 月，组织召开各类业务培训会、专题研讨会、志稿统编会 30 余次，培训撰稿、编辑人员千余人次。通过培训，不仅提高修志队伍的理论素质和业务水平，而且在较短的时间内迅速打开局面，形成各单位都真正重视修志工作、主动上门要求指导的良好局面，各县（市、区）史志办也通过培训增进沟通和交流，促进工作的开展。对有需求的单位、协作组重点指导、专门培训，有针对性地解答工作中的难点和问题。这些付出换来社会各界对史志工作的重视和大力支持，换来工作的突飞猛进、跨越式发展。

整合资源　统筹修志大局

各县（市、区）志的编纂是济南市第二轮修志工作的重要组成部分，根据全省下达的任务目标，2018 年年底前，10 个县（市、区）同样要完成志书的编纂出版。丁爱军在抓好市志的同时，从全市大局出发，坚持“多条腿”走路，确立了“全市一盘棋、骨干齐上阵”的指导思想，通过科学整合全市修志资源，开展精准帮扶，确保各县（市、区）协调发展。在县（市、区）志编纂过程中，他亲力亲为。一方面，从篇目框架设计、编纂方案制定、资料收集整理、会议安排等方面，给予具体指导，帮助其合理安排部署工作进度。另一方面，积极引导各县（市、区）史志办互相交流、互相支持。统筹安排已经完成修志任务的县（市、区）业务人员，帮助其他县（市、区）编纂志书。对各县（市、区）志稿，组织全市专家和业务人员进行集中审读，通过点评志稿、具体研讨来解决实际问题，既做到了以干代训、在改稿实践中提高年轻编辑人员的业务能力，又保证了志书的质量，同时增强了各（县、市）区干事创业的信心和决心，加快了编修进程。

“修志问道，直笔著史”，丁爱军同志用实际行动谱写了济南市第二轮修志的盛世华章。我们相信，在未来的工作中，他会继续怀着对地方志事业的执着与热爱，用自己的智慧和汗水，铸就明天的辉煌！

辛勤耕耘心不悔

杨桂华

杨桂华，男，1978年10月生，大学本科，现工作于天桥区史志办公室。在史志工作中，参与编纂的《天桥区志(1991—2012)》获2015年度“山东省优秀史志成果奖”;《天桥年鉴(2011—2013)》在第五届山东省优秀年鉴评奖活动中，被山东省地方史志编纂委员会评为全省优秀年鉴特等奖第一名;《天桥年鉴(2015)》获“第六届全省优秀年鉴综合特等奖”;个人被天桥区委、区政府评为天桥区志优秀编纂二等奖。

2012年，一个偶然的机会，我调入天桥区志办工作。之前，我从事教育工作，隔行如隔山，即将面对从未接触过的史志工作，内心既紧张又激动，不断地在心里问自己，我能行吗？现实不容许我多考虑，必须面对一切，从头做起。

经过一段时间的学习和了解，我知道了地方志又叫方志，“方”者，地方也，“志”者，记述也，“方志”者，地方之记述也。地方志是记载一个地方自然与社会的各个方面的历史和现状的资料性著述。举凡一地之天文、地理、政治、经济、军事、文化、人物、风俗等，皆包罗在内，所以，有人称之为“一方之百科全书”。我认识到，地方志，既是史，也是智。具有存史、育人、资政重要作用。地方志工作者承担着传承文明、记录历史、弘扬文化、服务社会、借史鉴今、启迪后人的光荣使命。秉持这一崇高信念，我以饱满的热情，从零开始，点滴积累，不断磨砺，让自己尽快从一无所知的新人成长为满腔热情的修志工作者。

光阴荏苒，转瞬间，我已在史志岗位上工作五年有余，几年来，我对自身严格要求，始终把舍得付出、不断更新自我、勇于担当作为自己的准则。我重视理论学习，坚定政治信念，始终坚持把加强学习作为提高自身素质的关键措施，在上级领导和同事的指导和熏陶下，业务理论知识有了显著提高。我深知从事史志工作，就必须具有较强的文字写作能力，为了提高写作能力，我自觉加强学习，重点学习写作的基本知识，一是掌握写作的基本方法。做到“惜字如金”又应准确表述，让人理解其意；二是学习修志、年鉴的基本理论。学习了解当地的经济社会发展现状，客观、生动、准确地记载反映事物，既增强可读性，又具有吸引力。三是掌握学习提高的方法。注重向书本知识学习，向身边的同志学习，向社会实践学习，过学习，努力提高自己的专业水平和能力。

古语有云“一生难修两回志”，我很幸运地赶上全区第二轮修志盛宴，这也是我第一次真正接触到的文化大工程。在编纂新一轮《天桥区志》的过程中，我分到《人口与计划生育》《街镇》《人物》《经济》等篇的编写任务。领导要求我对《天桥区志》的每一篇志稿，至少要审阅两遍以上。这是一个非常艰巨的工作任务，也是一个审稿、统稿的关键环节，工作量很大。每看一遍志稿，我都要查阅天桥统计资料、天桥年鉴资料、业务主管部门资料、互联网信息资源以及其他志书写法，然后对志稿的篇目、观点、文字、数据等进行全面的审阅。同时，还要兼顾其他篇章的内容，避免篇与篇之间的前后矛盾或者机械重复。特别是对数据的审核，一点也不能马虎。对每一组数据，我基本上要核实、计算过，防止出现单项数与合计数、绝对数与百分数、文中数字与表中数字、前面数字与后面数字的相互矛盾。核实志书中的数字，简直就是一种煎熬，比银行的对账要烦琐得多，其中的辛苦与痛苦，实在难以言表。这也是对我耐心、细心与责任心的又一次考验。《天桥区志》里有的篇章，我统计了一下，前前后后修改了不少于十遍，共审阅区志稿上几十万字，提交书面修改意见10多万字，如此庞大的数字，连我自己都不敢相信。但这些年，就是这样过来的。其实，这还不包括参与部门志、镇村志的工作。

在全国掀起二轮修志高潮的背景下，济南市天桥区史志办积极响应省、市史志办号召，启动了二轮修志任务，按上级部署，倒排工期，历时3年，于2016年12月19日，《济南市天桥区志（1991—2012）》出版发行。在隆重的发行仪式上，中国地方志指导小组办公室主任冀祥德，省政府办公厅党组成员、省史志办主任刘爱军亲临仪式现场表示祝贺，对天桥区史志办人员开拓创新、锐意进取，创造出“天桥经验”，给予肯定，并要求在全省学习推广。这部“百科全书”翔实记载了天桥区1991至2012年自然、政治、经济、文化和社会发展情况，集中展示了各方面建设取得的丰硕成果，为社会各界进一步认识天桥、了解天桥提供了宝贵资料。时时回想起那一天发行会上激动人心的场面，每次都热泪盈眶，五年来，我们方志人把修志工作的点点滴滴当作自己分内的事，操心操劳，不仅没有休过一次正常假，而且经常利用节假日或晚上的时间加班加点，工作至深夜或凌晨是家常便饭。以至于同事们开玩笑地说：“咱们加班是正常的，不加班反而不正常。”由于长期久坐疲劳，我们其中有的人落下了严重腰椎间盘突出症，经常有人以半蹲的姿势在电脑前工作。

古人有句话，如鱼饮水，冷暖自知。其实，只有我们方志人最清楚付出了多少。有人说，修志就是修“四苦全书”，艰苦、辛苦、清苦和痛苦。修志非中心工作，条件艰苦；修志要坐得住冷板凳，耐得住寂寞，身心辛苦；修志不是权力要害部门，比较清苦；真要潜心钻研，又常有“众里寻他千百度”的痛苦。这是修志人的自嘲，但也是方志工作的真实写照。

也就是这几年，我认识到，我们方志人承担着传承文明、记录历史、弘扬文化、服务社会、借史鉴今、启迪后人的光荣使命。是我们见证了五千年的华夏文明；是我们记录了多彩的历史记忆，世人想要足不出户就知五湖四海之事，离不开我们方志人的笔耕不辍。

再美好的画卷，都隐藏着汗水。修志毕竟是一项清冷、单调的工作，与喧闹、浮华的快节奏生活有鲜明反差。所以，一路走来，经历的艰辛和困苦是不言而喻的。但幸运的是，我亲身感受到天桥修志队伍的浓郁学术氛围和严谨治学精神。尽管我们工作条件差，专业人员缺乏，经费匮乏，但每一位领导和同事都非常敬业和专注，都为我们年轻人提供了很好的学习平台。同时，身边方志人的治学精神极大地感染了我。“板凳宁坐十年冷，文章不写一句空”“细推史志午加子，留得佳作苦上乐”等大家相互勉励的口头禅、座右铭，也成了我明德修身、“志海泛舟”的灯塔。它指引着我，以淡泊名利、无私奉献的素养，专心做好地方志的撰写和考证工作，编写出全面、翔实、准确的“志书”。古往今来志述陈，青山绿水笔传神；世间何处长欢乐，且看今朝写志人。在我看来，我就是一个方志人，我深爱着这份工作与职业，如同山花，寂寞，也灿然。暑去冬来，我们默默地在自己的战线上奋斗着，奉献着。在厚重的书卷里记录时代的脚步与脉搏，编撰历史的荣光与伟大。

修志是一项清冷、枯涩、单调的工作，与喧闹、轻快、浮华的社会生活有鲜明的反差。许多同人谈及此事，有些怨天尤人，感叹“修志不得志，得志不修志”。在我看来，修志人虽然平凡，常年坐冷板凳，但“四苦”之后，会给世人留下有用的作品，这不仅仅是得志，而且是得人生之大志！也许，这个浮躁的社会中，没有人会留意我们修志人，但修志人如同山花，寂寞，也灿然。当看到《天桥区志》等厚重的成果陆续出版，特别是受到领导重视、专家学者和社会人士的喜爱和应用，我们为自己的辛勤付出感到无比的骄傲和自豪。

我们方志人

付媛媛

付媛媛，女，汉，1981 年 7 月出生，2003 年 1 月参加工作，2007 年 6 月入党，大学文化，现任平阴县史志办公室综合科科长。

“无悔十年献史志，饱蘸赤诚写华章”，这是十几年来我们平阴史志办作为方志人的真实写照。2003 年 1 月，大学毕业后经组织分配到县委党史研究室（县史志办）工作，自此，我自然而然地成为了一名方志人。那一刻，我是懵懂的，怯生生的，因为我不知道眼前的方志世界是什么样子。

枯燥、乏味、烦琐甚至无聊……这些都是贴在方志工作上的标签，今天，我们仍然撕不掉，作为方志人，我不想自贴标签，与其自居冷清，何不享受历史卷轴中的跌宕起伏，在壮丽的九州风貌中叹一句“年少都有凌云志，平凡一生也英雄”？

但换个角度却可以读出严谨、翔实，如史如歌这样完全不同的意义……所以，你若浪漫，皆是美好。与大多数方志人一样，我的方志工作路并无惊天动地的曲折故事。在我看来，我是幸运儿。因为在领导的带领下和同事们的帮助下，我经历了平阴县的方志事业不断改进、快速发展的十几年。在这期间，我经历了《平阴县志（1988—2003）》《平阴县情手册（2007）（2008）》《平阴玫瑰志》《平阴概览》《平阴年鉴（2004—2010）》、清光绪《平阴县志》（点校本）、民国《续修平阴县志》（点校本）等多部书籍的编辑出版，多部史志成果在省市获奖；经历了平阴县镇村志编纂工作的开展，镇村志编纂经验在全省推广；经历了志、鉴、库、馆（网）、开发利用五业并举的盛况；等等。

《平阴县志（1988—2003）》自 2003 年 8 月全面启动修志工作以来，平阴县方志人发挥特别能吃苦、特别能战斗的精神，慎定篇目，精心实施，删繁就简，严把政治关、史实关和保密关。出版周期和周边肥城、东平相比，缩短了近两年时间，在全市第一个、全省第十个完成了县区志续修工作。

《平阴玫瑰志》自 2008 年 12 月正式启动编纂工作，2009 年 5 月初完成出版发行。全彩印刷、图文并茂，运用了期刊杂志的设计理念和表现手法，集知识性、观赏性、可读性于一体，装帧设计富有时代特色，资料厚重而不失典雅，内容准确又形象生动。出版后，填补了平阴玫瑰千年发展史上的一项空白，受到社会各界的欢迎。

《平阴年鉴（2004—2010）》于 2012 年 4 月正式出版发行。平阴县方志人对入鉴资料和数字进行反复核实，具有较高的准确性和权威性。该书是平阴县有史以来编辑出版的首部综合年鉴，填补了平阴县综合年鉴编纂的空白。在山东省人民政府办公厅第四届全省优秀年鉴评奖中获综合奖项特等奖。

平阴县的镇村志编纂工作自 2012 年正式启动，至目前，《玫瑰镇志》《孝直镇志》2 部镇志完成出版，形成征求意见稿 4 部、初稿 2 部。各村均整理完成了村庄简况，部分村在村庄简志编写的带动下开展了村志编纂工作。全省首部村级文化志书——《孝直村文化志》以及孝直镇李庄村《南李庄村志》、榆山街道东关居委会《东关村志》等近 10 部基层志书相继出版。《东关村志》被评为 2016 年度全省优秀基层志书。

按照省、市要求，平阴县史志办制定了旧志整理规划，全面启动了现存旧志的整理工作。2016 年初光绪《平阴县志》（点校本）出版发行，获

2015年度“山东省优秀旧志整理成果奖”。今年初民国《续修平阴县志》(点校本)出版发行，获2016年度“山东省优秀旧志整理成果奖”。5月嘉庆《平阴县志》点校整理工作也已启动。

在这蒸蒸日上的十几年，我认识到，地方志，既是史，也是智。连绵不断地编修地方志是中华民族特有的文化基因，具有存史、育人、资政重要作用。于国家而言，以求真存实的作风做好地方志编纂、管理和开发利用工作，鼓励和倡导全社会“读志”“传志”“用志”，用历史的智慧推进治理体系和治理能力的现代化，打造无愧于时代、无愧于人民的精品佳志，将为全面建成小康社会和全面深化改革提供历史借鉴和智力支持；于平阴县而言，潜心修志编纂出版具有重要价值的史志文献，将为服务全县经济社会发展做出新的更大的贡献。

而我们地方志工作者也承担着传承文明、记录历史、弘扬文化、服务社会、借史鉴今、启迪后人的光荣使命。是我们记录了多彩的历史记忆，世人想要足不出户就知五湖四海之事，离不开我们方志人的笔耕不辍。秉持这一崇高信念，我以饱满的热情从零开始，点滴积累、不断磨砺，从一无所知的新人成长为满腔热情的修志工作者。踏着修志前辈们留下的修志足迹，我如痴如醉，一头扎进方志的神奇世界，贪婪地感受着史志的风采和魅力。

然而，再美好的历史画卷，都隐藏着汗水。修志毕竟是一项清冷、单调的工作，与喧闹、浮华的快节奏生活有鲜明反差。所以，一路走来，经历的艰辛和困苦是不言而喻的。但幸运的是，尽管我们工作条件差，专业人员缺乏，经费匮乏，但每一位领导和同事都非常敬业和专注，都为我们年轻人提供很好的学习平台。同时，身边方志人的治学精神极大地感染了我。“板凳宁坐十年冷，文章不写一句空”“细推史志午加子，留得佳作苦上乐”等大家相互勉励的口头禅、座右铭，也成了我们年轻人明德修身、“志海泛舟”的灯塔。它指引着我们，以淡泊名利、无私奉献的素养，专心做好地方志的撰写和考证工作，编写出全面、翔实、准确的“志书”。

古往今来志述陈，青山绿水笔传神；世间何处长欢乐，且看今朝写志人。在我看来，我就是一个方志人，我深爱着这份工作与职业，如同山花，寂寞，也灿然。暑去冬来，我们默默地在自己的战线上奋斗着，奉献着。在厚重的书卷里记录时代的脚步与脉搏，编撰历史的荣光与伟大。然而，天下大事必作于细，古往今来必成于实。“古往今来志述陈，青山绿水笔传神，著书岂为菽粱计，存史资今化英魂；精益求精费苦心，披星戴月未惜身，十年一剑寻常事，换取宏篇万古存；漫道耕耘只恪勤，不闻笑语放歌音，世间何处长欢乐，且看今朝写志人”。这朴实无华的12句话，高度概括了方志工作的艰苦卓绝，用铿锵有力的84个字，准确凝练出我们方志人身上特有的精神——实事求是！始终坚定理想信念，不断提升职业技能和道德境界，一丝不苟，兢兢业业，为我国史志巨幅画作涂一抹颜色。

作为一地之百科全书，地方志里非人为因素的错缪都应当控制在一定比例范围内，那么，弄虚作假更是要不得的！我们方志人唯有客观公正地记载当时当地的事物，唯有实事求是、秉笔直书，才能编纂出经得起历史检验的精品佳志。是的，史志的魅力在于严谨。而这个严谨的工作成效却不是立竿见影。衡量我们汗水与努力的尺度是时间的沉淀，岁月愈是逝去，我们的成绩才逐步显现。那何不倾尽毕生才华，笔耕不辍，在“方志人”这条道上坚定不移，一直走下去，只有走的远，才能看得更清楚。

到那一天，我们再回首，等待我们的，不止是惊喜与满足，回报我们的，也不止是鲜花与掌声，而是永远的铭记！为了编纂出精品佳志，为了完成历史交给我们的使命，为了不辜负我们的整个人生，让我们弘扬实事求是的方志人精神，用拼搏和意志捍卫心中的信念吧！

我与地方志的不解之缘

陈光荣

陈光荣，男，汉族，1948年3月生，湖北省沙洋县李市镇人。中共党员，史志编辑，大专学历。中共青岛党史学会会员，中国管理科学院学术委员会特约研究员，青岛市当代文学创作研究会文史研究员。1965年考入人民海军学校，历任学员、学兵、正连职参谋、副营职政治干事等职。曾在江西上饶、福建平潭、山东威海和青岛等地服役，荣立三等功。1985年春转业到铁道部四方机车车辆工厂，主要从事史志编纂、组织宣传等工作。2008年3月退休至今，相继受聘于青岛第六十六中学和青岛市市北区史志办等单位，参与志、鉴和地情资料的编纂。

我从小学起就热爱写作，上初中时尤其对文史偏爱，曾写过家史、采访过烈士家属，采写的作文当作范文张贴在学校《学习园地》中。参军后接触并参与部队发展史的编纂，更加激发自己对史志事业的热爱，从转业地方到退休，“编史修志”这一“不解之缘”一直伴随我到今天。

部队熔炉　初受鼓舞

1965年7月，我17岁初中毕业考上海军学校，虽是独子但毅然告别父母，踏长江浪涛、经三湘大地来到江西上饶海军预备学校进行入伍教育和军训。同年 11 月，入伍教育结束后，奔赴与台湾岛仅一海之隔的福建省平潭岛某观通站当兵锻炼。1967 年 12 月，分配到青山湾军港人民海军第一支导弹快艇部队从事密码工作。

在那 18 个春夏秋冬的岁月里，我坚守工作岗位，勤学苦练军事技术，视密码重于自己的生命，顺利入党提干。因为平时业余时间就喜欢看书，从中汲取营养，尤其是文史方面的书籍。在通读范文澜写的《中国通史简编》时受到启发，决心有机会书写部队的历史。

这一天终于盼来了。那是 1984 年 4 月，根据中共中央宣传部和中央军委办公厅指示精神，首长委派我和张文明同志负责编写《我国海军第一支导弹快艇部队的创建与发展（1959—1984）》，我们查阅有关档案资料，采访原部队老首长，搜集到 10 余万字史料，由我执笔经过 6 个月编写整理，六易其稿，完成编纂，经组织审核，修改后上报北海舰队军史办审阅，得到高度认可，相关内容被编进《当代中国海军》一书，为此，我也荣立三等功。

1985 年 3 月，我脱下军装转业到铁道部四方机厂工作，但我仍魂系海防，购买、搜集、寻觅有关导弹快艇和反舰导弹的资料，继续采访搜集 1985 年后第一支导弹快艇部队的史料，自学电脑打字技术，在“快一支”和有关首长大力支持下，于 2008 年 10 月由我执笔撰写的《人民海军第一支导弹快艇部队简史（1959—1998）》内部出版。许多老战友读后，都竖起大拇指称赞道：“老陈，你真为咱原部队办了一件功德无量的大事呀……”

是呀！一位诗人吟道：“人比青山多几时，输它犹有事业在”。而我要唱道：少小别家去从戎，转战碧海南北中；青春献给导弹艇，至今皓首情更浓。

四方机厂　用武之地

在转业到铁道部四方机厂 23 年的工作时间，我对编写文史念念不忘，毛遂自荐到厂史志办工作，得到批准。我虚心地向同志们请教搜集整理史料的具体办法，与他们一起到各地档案馆抄录档案、采访当事人，搜集到工厂史料达1000余万字，并分门别类地建立卷宗。

编史修志是一门学问，也是一项伟大的事业，要做好，必须先了解什么是史？什么是志？20世纪80年代中期，高等教育自学考试兴起，我报名参加，面授辅导上课时，无论春夏秋冬，无论刮风下雨，为了能“抢”到一个好的位子，我总是在干好本职工作后早早走进这所“没有围墙的大学”。就像久旱的禾苗遇到甘霖，汲取知识营养。每夜在灯下对教材反复研读，有时在梦中还想着“概念”、说着“事件”，真是到了如痴如迷的状态。1989年6月，通过全部11门课程考试，获得高等教育自学考试大专文凭，终于在41岁时圆了我的大学梦，当年10月被评为青岛市自学成才积极分子。

20世纪90年代初期，铁道部在北京举办史志培训班，我要求去学习，得到批准。专家为我们讲授地方志、企业志、行业志，以及它们之间的联系与区别。还讲授怎样用“新观点、新资料、新方法和体例”来编好新一代的志。每节课我认真听仔细记，受益匪浅，为今后实践打下坚实的基础。

俗话说：“学以致用”，我将所学到的知识灵活运用到实际工作中。主要干了三件事：一是参与制作四方机车车辆厂厂史展览。1990年10月是铁道部四方机车车辆厂建厂90周年，工厂决定隆重庆祝。我有幸参加厂庆筹备组，先写出1.5万字有关工厂革命斗争史和生产发展史的解说词，又与摄影师董钧祥一起寻找、翻拍有关照片。时值酷暑，因无空调又不能开电风扇，每天只穿一件裤头赤膊上阵，在信息中心暗室里操作。当照片于8月初基本完成之后，又与木工、美工、雕刻工等十余人进行加班加点制作。10月20日，时任中共青岛市委书记郭松年、青岛市市长俞正声等领导及300多位国内外来宾，与四方机车车辆厂万余名职工共庆车城九十华诞。他们在参观厂史展览后留下了珍贵的题词和影像。此后，根据组织要求，每年秋季由我向分配到厂的毕业生讲述工厂的历史。二是编辑出版四方机车车辆厂志鉴。首先是从编辑首部《四方机车车辆厂年鉴（1994）》开始练兵。1994年6月，火辣辣的阳光烘烤着岛城。气温高达30多度，而且又久不下雨，办公室的电风扇吹出来的风都是热乎乎的。我的任务是指导全厂138个单位、部门组撰稿人写好《年鉴》初稿，这是编好《年鉴》

的首道工序。但对于编写《年鉴》初稿的同志来说，都是“大姑娘坐轿——头一回”，对于写什么、怎样写，均感到无从下手。对此，我向编写小组汇报后下发文件，将大家集中起来，指导有关编写《年鉴》的基础知识及写作要点，可仍有许多同志听后感到心中没谱。在这种情况下，我自己做到明确编纂思想，熟悉基本内容，起到《年鉴》编写小组与各单位、各部门组撰稿人之间的桥梁和纽带作用，及时进行沟通。之后，我将150多名编写人员编成联络图，深入到每个单位抓进度落实，耐心地为他们讲解编写要领。从而使他们对编写本单位《年鉴》初稿有了大概的认识。然后在此基础上，我又向领导提出“典型引路，具体指导”的建议，即按编写志、鉴书的体例要求，重点指导一个部门写好草稿，再由编写小组深加工成初稿打印下发各单位，从而起到了范文启迪的作用，大大提高效率。与此同时，我不顾天热的汗流浃背和上火牙痛，“泡”到他们中间，发现困难，解决问题，有时甚至是他们说，我写，将其单位的自然状况、具体工作等，按时间顺序、人物作用、取得的成果及其影响列出线索，形成草稿后再加工成初稿。经过三个多月的抓点跑面，各单位编写的《年鉴》初稿源源不断地呈送到责任编辑的桌上。于是，我又和同事们投入紧张的修改、编纂、校对、合成等工作，并到印刷厂跟班作业。当一本本散发着油墨香味的首部《年鉴》呈现在厂领导和职工的眼前时，得到他们啧啧称赞。由于有了经验，每年一部50余万字的年鉴按期完成。期间还参与编辑了《四方机车车辆厂志（1900—1993）》《青岛市志·机械冶金工业志·机车车辆》《山东省志·铁路志》和《青岛铁路分局志（1899—1990）》等书的编写。还结合自己掌握的史料在《铁路春秋》（铁道部路史中心主编）、《史鉴》（青岛市史志办主编）、《青岛晚报》等报刊上发表有关文章。1997年9月23日，我被破格晋升为史志编辑。三是编写《难忘的岁月》等地情书籍。1999年初，因史志办撤编，我下岗。但我不气馁，四进考场通过面试和笔试，被聘到厂老干部部组织宣传岗位。我将编写文史的传统带到新单位，向领导建议发动组织老干部编写“亲历、亲见、亲闻”的回忆录。参加编写的有老红军战士和参加过抗日战争、解放战争的离休干部，也有解放后的退休干部，他们以当年参加革命和建设的激情，满怀深情地回忆了自己所亲历的主要战斗、地下工作及建设情况。在工厂建厂百年的喜庆日子里，一本约15万字《难忘的岁月》出版，发到离退休老干部的手中和工厂子弟小学、技工学校，成为珍贵史料。此外还负责或参与编纂了《老干部园地》《车城邮苑》《四机集邮20年（1984—2004）》《沙洋概览》《沙洋当年今天》等书，为家乡的史志事业贡献了一份力量。

退而不休　砥砺前行

我于2008年2月退休，但退而不休，继续为修志编史的事业笔耕不辍。相继被原四方区政协、即墨市党史办、青岛第66中学、市北区史志办聘请，参与编辑出版《青岛四方机车车辆博物巡礼》《抗日志士赵世恪》《红色印象·四方》《四方制造·机车》《青岛66中学校志（1925—2015）》《档案纪实·抗战篇》《档案纪实·企业篇》等文史书籍。

回顾自己30余年来为部队编写军史、为企业编史修志以及退休后笔耕不辍的经历，既要做到"爱一行，专一行"，更要做到实事求是，不能人云亦云。这方面我是有深刻体会的。那是在编写《四方机车车辆志》时，碰到了1949年6月2日青岛解放的这一天，到底是谁带队接收四方机厂的这一大问题？编修厂志初期，都说是武嘉澍带队接收的。1986年我到史志办工作时，在翻阅摘抄大量资料中，发现档案资料一句"队长丁文同志风里来雨里去到市里开会、返回，不乘汽车……"等语，我就起了疑惑之心，认为不是武嘉澍带队先到四方机厂的，应当实事求是。为此，我坚持"不畏书，不畏上，只求实"的原则，向部门领导建议慎重调查，得到许可后，我带着介绍信曾数次到山东济宁、济南、潍坊、青岛等地，寻找知情人和当事人20余人采访，搜集到口述资料达2万余字，并查阅公文档案资料和本人档案资料，弄清是丁文同志奉命带领约40余人于1949年6月2日接收四方机厂的，武嘉澍确实是晚来一个月时间当驻厂军代表的。而查四方机厂的档案资料，接收书等统计表都是盖的"武嘉澍"的大印，而没有"丁文"二字。这是怎回事呢？经了解是后来武嘉澍同志当驻厂军代表，在清理资料时，为统一起见，就统统盖有"武嘉澍"的大印。我还与同事到武嘉澍曾经工作过的北京二七机车厂等地查阅其档案。

终于在弄清事实材料的基础上，大家开会统一意见，达成共识，那就是："丁文同志奉命带领约 40 余人于 1949 年 6 月 2 日接收四方机厂"。在《四方机车车辆厂志》（1996 年 12 月版）第十三篇第四章《人物》"丁文"简介中，庄严地写道"……1949 年 5 月 25 日至 8 月，任接收四方铁路工场工作队队长、中共青岛市军管会铁道部总支委员会委员兼厂党支部书记，1949 年 9 月调离。"最终，使此事才尘埃落定。我觉得实事求是是作为一个史志工作者的道德操守，也是一个共产党员和国家培养数十年的干部应该做的。

虽然我今年已近 70 岁了，但仍牢记习近平总书记"历史是最好的教科书。学习党史、国史，是坚持和发展中国特色社会主义、把党和国家各项事业继续推向前进的必修课"的指示，将余热继续献给传承文史知识的工作中去。

寄情史志　辛勤不倦

——记市南区档案局副局长王蜀鲁同志

王艳丽

王艳丽，女，1979年生，山东蓬莱人。山东大学史学理论及史学史专业毕业，硕士学位。现任职于青岛市市南区档案局，副研究馆员职称。参与《山东省图书馆志》《青岛市市南区志》《市南年鉴》的编辑工作，先后在《文献》《山东档案》《山东图书馆季刊》等杂志上发表多篇论文。

一提起方志工作，大家想到的可能就是枯燥、乏味、烦琐甚至无聊等词语，一提到从事方志工作的人，大家的第一印象可能就是寂寞冷清、面目模糊、无足轻重。这些贴在方志工作上的标签，今天我们仍然撕不掉，但换个角度，作为方志人，我们却可以从中解读出严谨详实、鉴古知今、资政育人这样完全不同的意义。不同的心态，不同的感受，下面我要介绍的就是这样一位“板凳要坐十年冷，文章不写一句空”的方志人。

作为市南区史志办公室的副主任，王蜀鲁同志与大多数方志人一样，从事方志工作的路上并没有惊天动地的曲折故事，发生的只是一些点点滴滴的小事。而正是这些小事，如涓涓细流，一点一滴润物细无声地影响着身边的同事，感染着周围的人，进而形成强大的凝聚力，为市南区史志办公室打造出一支团结向上的工作队伍。

2009 年 7 月，市南区史志工作职能由区政府办公室调整至区档案局，《青岛市市南区志》的编纂工作和《市南年鉴》的创刊工作均由区档案局接手。8 月，王蜀鲁同志任区档案局副局长、区史志办公室副主任，主要分管史志工作。当时她已经 45 岁，面对突如其来的沉重任务，面对以前并不熟悉的史志工作，她没有退缩，而是勇敢地将重担接了过来。她充分利用业余时间，认真学习史志专业知识；采取“请进来，走出去”的方式，邀请史志工作专家进行业务授课，赴先进城区参观学习，开阔了视野，累积了经验；积极参加上级部门组织的业务培训，提高了业务素养和编纂水平；不断完善自身知识体系，做到融会贯通，理论联系实际，业务理论水平不断提高。

功夫不负有心人，经过几年不间断的学习，王蜀鲁同志成长为一名优秀的方志人，并在工作中不断地实现自我价值。在《青岛市市南区志》编纂过程中，她多次邀请史志专家对《青岛市市南区志》框架做论证和修改，对于已报送的稿件，按照志书的要求，认真审阅把关，反复修改。在稿件收集过程中，加强稿件的督促指导，注重与供稿单位的交流沟通，提高了供稿的质量和效率。在修志期间，不辞劳苦，多次到省档案馆、市委组织部、市图书馆、市档案馆查阅资料。目前，《青岛市市南区志》已通过终审即将进入出版印刷阶段，多年的努力即将结出丰硕的果实，作为副主编的王蜀鲁同志功不可没。

作为《市南年鉴》的创刊人，可以说，每一本《市南年鉴》都浸透着王蜀鲁同志辛勤的汗水。从《市南年鉴》创刊开始，无论是框架设计、催稿、组稿，还是照片的挑选、文字的编辑，王蜀鲁同志都身先士卒，加班加点，不怕苦不怕累，只为让《市南年鉴》早一天出版发行。天道酬勤，《市南年鉴》2010 卷先后获得山东省人民政府办公厅颁发的“齐鲁新方志奖”优秀年鉴奖和第五届全国年鉴编校质量检查评比特等奖；《市南年鉴》2011 卷获得第四届全省优秀年鉴综合一等奖、条目编写奖和印刷装帧奖；《市南年鉴》2014 卷获青岛市 2012—2014 年优秀地方志成果二等奖。王蜀鲁同志也被评为青岛市地方志系统工作先进个人。

更难能可贵的是，王蜀鲁同志头脑灵活，适应新情况很快，能够做到与时俱进。2016 年初，市南区档案局开通了微信公众号。为了跟上信息时代发展的步伐，创新史志宣传渠道，王蜀鲁同志利用微信公众号精心打造了“指尖上的史志宣传平台”，在“市南档案”微信中设立“市南概况”“市南名片”等栏目，将“历史沿革”“行政区划”“自然环境”“旅游景点”“名人故居”等史志工作内容纳入其中，每天更新发布市南区历史文化信息，为宣传史志文化打造了优质高效的信息化平台，传播了城市历史文化，吸引大批市民特别是年轻人的关注。为了突出区域特色，她还持续开展以“城市记忆”为主题的影像拍摄活动，拍摄了市南区街道、楼宇、重大活动和优秀历史建筑，建成“市南记忆影像资料库”“优秀历史建筑资料库”“青岛影视资料库”。为了立足青岛文脉，全景记录青岛文化史，又开展了“艺术人文视频档案史料留存工程”，依托移动互联网平台，与市南区文化新闻出版局联合打造了《青岛（市南）艺术人文视频杂志》，致力于收集、整理、挖掘、留存在青岛有居住、工作、生活、学习经历的艺术名家及其作品，为每位被拍摄者录制不少于 50 分钟的影像资料，开创了“互联网 +”档案史志工作新模式。

为扩大史志工作的社会影响，王蜀鲁又精心组织了“中山路 · 老街里记忆”“光影世界的心灵旅行——跟着影视镜头游历市南区”“记录城市历史变迁，探寻市南发展轨迹——‘市南记忆工程’工作成果掠影”等展览。展览吸引了大批市民参观和多家新闻媒体关注，受到市民的一致好评。为使社区居民在家门口就能感受到史志文化的魅力，又深入推进“1+N”方志馆建设和“史志文化进社区活动”，并在 5 个街道建立了社区历史文化展区和社区方志馆，成为社区史志文化建设新亮点。

2016 年底，因为常年辛苦工作，王蜀鲁同志身体出现不适，但她仍坚持在史志工作的第一线，直到 2017 年 3 月《青岛市市南区志》终审会召开后，才回家休养，让全局上下大受感动。这就是我们寄情史志工作，为市南区史志事业辛勤不倦努力的王蜀鲁同志，一名优秀的齐鲁方志人！

情注史志　放飞梦想

姜业德

姜业德，男，中共党员、大专，高级政工师，2010年1月退休，2010年7月返聘从事史志工作，现在青岛市李沧区史志办公室工作。参与《李沧年鉴》2010—2016卷、《印象沧口》《聚焦李沧》等书的编纂，指导完成《上臧村志》《李家上流村志》《东小庄村志》等志书的编纂。搜集整理了“我在崂山做秘工”“沧口工潮大事记”“中共党组织早期在沧口”“中共沧口地下支部旧址”等13篇抗战历史史料。编纂的《李沧年鉴（2014）》荣获第五届全省优秀年鉴一等奖、条目编写奖两个奖项；撰写的“百年沧口火车站”“毕家上流与百果山”《夜袭中公旗之战的亲历者——牛锡俸》等多篇文章，发表在青岛市史志办《史鉴》刊物上；“夜袭中公旗之战”抗战老兵牛锡俸口述史，被山东省史志办公室编纂在《山东纪念抗战胜利70周年丛书（山东抗战将士记忆）》之中。

2010年1月，我从工作40余年的领导岗位退了下来，内心曾有过失落和寂寞，不知退休以后的生活怎样安排？七月份经朋友推荐，我有幸返聘来到李沧区史志办公室工作，让我涉足史志工作，心中感到由衷的高兴，我把他当作人生又一个新的起点和第二个春天。弹指一挥间，我从事史志工作至今已经七年了。回顾这七年，史志工作不仅给我带来新的愉悦，也充实我的生活。我认为人生没有太晚的开始，只要你喜欢这项工作，投入极大的热情，一定会有收获。在史志的海洋中徜徉，仿佛又让我年轻许多。

记得刚来到史志办公室时，原来的史志办负责人因为年龄及身体的原因，离开了岗位，在岗的只有一位返聘的司法岗位退休的工作人员。刚接触史志工作，心中不免有些担心和顾虑，这是因为自己一直没有接触过史志工作，怕干不好、不能胜任。虽然过去也喜欢编写文章、舞文弄墨，时常有作品发表在国家、省、市报纸、刊物上，但总觉得心里不踏实。在编纂志书和年鉴上，觉得什么也不懂，确实是一位门外汉，不知怎样开展工作？

俗话说“万事开头难”，涉足史志编纂工作，业务知识的匮乏让我举步维艰、无所适从……但我打定主意，一定要克服困难，虚心学习，善于思考，努力工作，勇于实践，争取做一名合格称职的史志工作者。为此，我给自己设定了目标，争取在最短的时间内，基本掌握和了解史志工作法规、制度、规定和相关的业务知识。之后，经过一段时间的学习、外出学习、参观考察，参加省、市相关的专题学习培训，以及拜访已经退下来的老同志，并虚心向他们请教，使自己进步提高很快。老同志的对史志事业的追求和敬业精神让我感动，使我这初踏入史志门槛的“学生”受益匪浅，收获颇多。

由于自己是一位新兵，修志编纂年鉴也走过不少弯路，但我一步一个脚印，在学中干，在实践中学习充实完善自己，在工作的实践中，锻炼提高了自己，从中有了点滴体会和感悟。归纳起来，就是“多读、勤写、厚积、修身”八个字。

多读。搞史志工作，一定要使自己达到专业工作者的水平。经过与同行的接触和了解，在我们的史志队伍中，有许多不是专业的，而是半路改行的非本专业出身的人员。面对所肩负的编纂志书工作重任，始终不渝执着地耕耘在史志工作岗位上，为史志事业发展做出了贡献。他们这种敬业精神激励、感染、影响着我，我抱定信念，一定向老同志们学习，争取尽快掌握史志工作基础知识，尽快地胜任史志工作，在史志工作中有所作为。我从充实自己入手，下定决心，通过不断的学习来提高自己的专业技能。为此，给自己制定了学习计划，科学安排学习内容，并通过参加各类培训班来提高自己。初始我从方志学、年鉴编纂的基础知识学起，内容包括方志的发展史，方志学家的学说与流派等。后来为掌握更多的知识，我又阅读一部分旧方志，阅读其他省、市及市区编纂的年鉴。当然这样我觉得还不够，还不能仅以懂得史志专业知识就满足，应扩展学一点哲学，懂得历史唯物主义与辩证唯物主义，以增加哲学智慧。哲学家们的思辨、哲理都是能为我写文章提供观点与材料的。通过广泛阅读，读一点文学精品，懂得一点诗词，增加文学修养，积累词汇。在文学中有历史，有人生修养，有可学的文字文采，甚至会有灵性。通过学习充电，你会觉得，有人写的论文、文章枯燥、晦涩，干巴巴的，其中有一个原因就是缺乏文采、灵性，缺乏哲学内涵。史志工作者的“史识”就是通过不断学习、积累知识才会逐渐增长的。文史哲本有相通之处，搞史志工作不懂一点文学、哲学，是难以想像的事。通过比较系统地学习，积累知识，在博中求专。对所学的内容，做到基本掌握、弄懂弄通，把基础打扎实。

我认为，读书学习是伴随着人的成长的，是需要终身努力的事情。知识在不断地更新、发展，毕竟过去学到的知识是有限的，放松学习，就等于放松进步。学习永远只有“入学”之时，而无“毕业”之时，活到老，学到老，是人间正道。而史志工作更是需要加倍读书学习，自己肚里只有一丁点儿墨水，“以其昏昏，使人昭昭”，怎么能够去指导人家修志，更谈不上编纂精品志书。

勤写。我这里所说的勤写，不仅是指摘抄资料、编写史志，更多的是指写文章，写读书笔记。史志工作是笔杆子工作，而笔杆子是靠练出来的。就像刀越磨越快的道理一样，笔杆也是越写越好。写东西要像拳不离手、曲不离口一样地勤练。不练就会生疏。写就是一种锻炼，一种实践。只有在写的过程中才会不断提高自己的才干。人们常说的“天才出于勤奋”，就是这个道理。人的知识来自勤奋与积累，勤写就得给自己增加压力，给自己出题目做文章。反之是修不出好志，写不出好文章来的。勤写与勤思、善思分不开。学而不思则罔。读、思、写结为一体，方能呈现成果。

厚积。编纂史志，就是编纂史料。史志工作是凭资料吃饭，因此需要依靠积累。史志工作者得学会找资料、懂资料。编纂地方史志必须要求史实准确，言出有据。不懂得、不熟悉地方历史是搞不好地方史志的。史志工作中有一个很重要的本领就是鉴别史料的真伪。如果不熟悉资料、不懂得历史，怎么去鉴别。史志部门不能仅满足于各个单位提供的资料，还要学会自己寻找资料。搞史志工作要做有心人，要勤于记录，善于积累。一点一滴，最后才能达到满屋满仓。记得我整理收集"毕家上流与百果山"资料时，为了核实资料的准确性，去村委会（现为社区居委会）多次，寻找有关当事人核实，由于青岛世界园艺博览会在该村山地举办，恰逢大规模改造建设期，我路不熟，步行前去迷了路，又遇上下雨天，不小心摔了一跤，瘸着腿几经周折，找到当事人，身体虽然无大碍，但阴雨天仍有点感觉不适。由于区域旧城改造，我和另一同事为完成永清路街道晓翁村的有关资料整理，多次实地了解情况、拍照，当时时至夏季、高温酷暑，我们不顾炎热，不辞劳苦，收集了许多过去没有掌握的资料。在了解的过程中，不仅找到有关当事人，还查阅了有关的档案资料，采访笔记密密麻麻，回来后进行了整理装订成册。这些实地搜集的资料十分珍贵，为以后参与撰写《印象沧口》《毕家上流与百果山》《抗战老兵——牛锡俸》《日战时期青岛的卡子门》《中共沧口支部旧址》《沧口工潮大事记》《1929 年反日大罢工中沧口地区的工人斗争》等书籍、文章打下了基础。

资料积累犹如滚雪球一般，越滚越大。到后来，区机关部门以及社会上各方面的人士来找我咨询了解情况时，其实我自己有些知道，有些并不知道，但由于以前有基础，很快就能查找到。这样日积月累，自己所积累的资料和掌握的区情越来越多，厚积才能薄发。所以说，善于发现资料、查找资料是史志工作者的基本功。

修身。方志界早就有"修志先得立志"的说法。我认为"修志得修身"，中国向有修身养性之说，它不但能够有益于身体健康，更能志存高远，"淡泊明志，宁静致远"。史志部门与其他的部门相比可能是比较清苦、辛苦，我作为亲历之人，真有这种感受。

我的体会是：史志工作是一项需要宁静、淡定的职业。当今社会的一些浮躁风气，不可避免地会影响到史志工作领域。这就需要史志工作者有耐得住寂寞的脾性，和甘于坐冷板凳的精神。甘于坐冷板凳并不等于是无所作为，而是通过默默无闻地努力工作，把历史一字一句地落到实处，获得社会认可，取得人们信任。这就需要史志工作者有崇高的境界，有奉献精神，有责任感与使命感，不为一时之名利所动。要有像定海神针那样气定神闲之定力，坦然面对一切繁杂气躁，淡定面对一切喜怒哀乐。史志工作者讲究修炼内功，它既是指知识、文字上的内功，更是指一种心态的内功。怎样提升自己的内功？还是需要通过不断读书学习，来提高自己的知识水平，提高自己的思想修养。“腹有诗书气自华”，身上有了书香、书卷气，才会从容内敛，淡定悠远，才能以平静之心写出平实之史志。

总之，有耕耘才有收获，七年的史志工作让我学到和掌握了不少知识。衷心感谢一直以来对我工作大力支持和帮助的区领导、局领导，以及原来从事这项工作的老同志。

修志十年

臧忠卓

臧忠卓，男，汉族，1979年2月出生于青岛崂山，2002年毕业于山东大学，2002年至2006年在浪潮集团从事软件行业，2006年辞职创办青岛明扬科技有限公司，在崂山区史志办的指导帮助下，近十年来专业从事村志、族谱、党史、文集等书籍的研究、创作、编修、出书，创新村志编修方法、内容，不断提高村志编修效率、水平，开发编修族谱的“五服谱”系列工具模版，建立了一人一书网，积累了一定的实践经验、史志作品、研究成果，当地电视台和报纸曾专门报道。

生活中，我们难免会有酸甜苦辣的心情波动，而每当我路过香港东路石老人村，遥望南面矗立海边的一块名曰“石老人”的石头时，我都会像经过一个有灵魂的老朋友一样，有自豪，也有心痛，百感交集——这都源于2007年我参与编修的《石老人村志》。

2007年春天，刚刚辞职创业的我拜访石老人村曲孝琢书记，曲书记得知我能从事文化写作，提到青岛市崂山区政府开展“村村修志”工程，问我们公司能否参与编修石老人村的村志编修？抱着“初生牛犊不怕虎”“一边摸索一边干”的想法，年轻的我大胆地答应了曲书记。

曲书记安排了村委会副主任曲立海担任村志编修工作分管领导，安排了老大队长孙先德、老书记曲启春、老会计曲新志和曲孝寿、明白人曲孝伟、退役干部曲辉明担任顾问，并在村办公楼四楼给我们安排了一间临时办公室，由我和一名同事执笔，开始了长达一年半的村志编修。

初次编修村志，我们首先系统学习了中国方志写作的基本知识，借鉴参考了周边村庄的《浮山所村志》《大麦岛村志》《枯桃村志》等，然后开始在村里实地调研，走访了解，制定了村志的框架目录、进度分工。在这期间，因为中国方志学里面关于村志的介绍比较少，而我们又想在目录和内容方面创新，所以目录几经修改，得到崂山区史志办专家的多次指导、帮助，最终确定采用章节体，内容方面适当创新。

石老人村在青岛乃至全省、全国都是个比较有名的村庄，所以曲书记对村志创作要求比较高。有一次他看到我们在学习其他村志，他担心我们抄袭，指示我们“需要什么尽管提，但一定要写好，否则咱们一本都不要印。”几个村志顾问也常说：“小臧啊，我们出点力、跑点腿、动点脑子不要紧，这个村志一定要写好，否则就不要把我们的名字写到编委会名单了。你不要谦虚，主笔要写你，写得好了是荣誉，写不好是责任。”

在编撰过程中，我们召开数十次委员、顾问、居民会议，崂山区史志办领导现场座谈指导二十余次，我们给社区居民送公开信两次，到青岛市图书馆、崂山区史志办和档案中心、中韩街道办事处、石老人社区档案室、石老人观光园等查阅档案八十余次一千二百余份，电话、走访石老人居民五百余户，外出拍照、收集照片二千余张，七版文稿（我至今保存），邀请山东大学、浪潮集团等院校企业的专家学者参与编修、指导等工作。编修力求真实、客观、大气：资料调研力求真实准确，立场角度力求客观中立，布局构思力求大气精致，修辞雕琢力求雅丽流畅。

在编撰过程中，石老人村两委领导高度重视，组织安排，提供自由的平台和周到的支持；顾问专家热情参与，各尽所能，客观公正而又严谨；接受调研的居民，谦虚而又热心认真——我们是在石老人脚边长大的孩子，捡拾年年磨砺的卵石，追逐层层拍打的浪花，听老人讲古老动人的故事，看新辈建美丽富饶的石老人。

在编撰《石老人村志》的三百多天里，我们没有周末，没有节假日，全身心地投入到修志当中，疲劳熬夜导致眼皮最多时都有七层——但是每每想起这块土地上的村民，在无数个春夏秋冬、寒暑交替，无数次日出日落、潮涨潮息，根据太阳判断时间，根据星辰判断方向、根据历法节气播种耕耘，根据月亮和潮流出海，在这块土地上耕耘捕捞的创业之艰和勤劳智慧，总是让我们心情激越，精神抖擞，劲头十足！

2008 年 10 月，在《石老人村志》发行大会上，看着曲书记面对现场 200 余名党员和群众代表，慷慨激昂地发言，看着村民领到村志喜悦的表情，我在长长地松了一口气、完成修志任务的同时，终于卸下了一直举在头顶的"杠铃"，也由衷地感到自豪！

完成《石老人村志》后，我们又陆续开始参与金家岭、王家麦岛、王家村、东陈、中韩、钟家沟、南张、东西九水、东西麦窑、沟崖等数十部村志的编修工作，而且一般在编修村志的同时，完成族谱的编修，一个班子、两部作品，提高了创作效率。

一路走来，修志已经十年，我们不断研究提升村志编修管理水平、调动编修班子积极性、提高村志编修效率，形成了一套高效、规范、合理的村志编修流程。

一路走来，修志已经十年，我们在修志方法上不断创新，增加村居图、地势图、交通图，创新概述编写方法，从章节体到纲目体，再到新三宝体，开发修志模板，修志水平不断提高，每部村志都顺利通过史志办审核。

一路走来，修志已经十年，我们在修志的同时，创新族谱编修方法，开发包括《如何编修族谱》《五服谱模板》《王氏样谱》在内的五服谱修谱工具，极大方便了族谱编修，为村庄家谱解决了难题、提高了修谱效率。

一路走来，修志已经十年，从一张白纸到一部志书，每本村志的完成都离不开崂山区史志办和街道史志办专家老师的指导、帮助、审核，他们在组织我们开会学习、指导编审村志编修的同时，也慢慢成为我们的老师、朋友。

一路走来，修志已经十年，我们认识了太多的村领导、顾问、热心村民，在一起一两年的同事期间，共同创作，他们给与我们机会参与，给予我们重视支持，给予我们信任空间，给予我们配合帮助，我们参与或接触的村志数量越来越多、水平越来越高、方法越来越新，这一切都让我们感到欣慰和信心。

一路走来，修志已经十年，政府税务部门给予我们优惠减税，劳动保障部门给予我们简化合同保险办理手续，人才市场给予我们免费招聘机会，青岛电视台和青岛早报给予我们宣传报道——有太多的部门、太多的人热心地帮助过我们这支年轻的团队，增强了我们的信心和勇气。

欠下的债务可以还清，欠下的人情一辈子都无法还清。

我们在十年修志过程中，不但修志水平、效率得以提高，人生阅历也不断增长，在得到的同时也想到回报社会，不但圆满完成修志任务，通过各种形式宣传方志、族谱的作用意义，而且将村志、族谱内容提升整理，纳入国学讲堂，在沟崖社区借助修谱修志机会给村里中小学学生开办免费教学辅导班。

曲书记在《石老人村志》题序里面第一句话是“这是一本写不完的书，如同石老人的历史，只有开始，没有结束。”作为一个修志人，我至今深有同感，村志编修无论是从内容创新、还是水平效率，无论是从地域范围、还是时间维度，都是修不完的，修志是一条无比漫长的路，只有开始，没有结束。

做史志工作的明白人

周日杰

周日杰，青岛莱西市人。参加工作30年来，先后从事党校理论教学、人大机关文秘、报社新闻采编、史志档案编研等工作，2012年由莱西市新闻中心副主任转任档案馆副馆长，2014年转任史志办公室副主任至今，分工地方志鉴业务及历史文化展厅（馆）建设等工作。

著新书，填补大青岛文化探究的一方空白。2012年7月，凝聚我三年心血的《“大青岛”文化追根探旅》专著由中国书籍出版社审定出版。曾任山东省政协委员、青岛市科协常委、青岛市卫生局局长刘镜如先生阅看送审稿时就认为“这本书将填补大青岛文化研究的一方空白”。书赠青岛市档案局，时任局长潘积仁评价“此书是大青岛历史档案的文字再现”。书送青岛市史志办公室，曾任青岛市社科院副院长、现史志办公室副主任任银睦认为“此书钩沉‘胶’‘莱’历史积淀，著述有独创，内容有新意，是尝探大青岛地域古今文化的新著。”莱西市委常委、组织部原部长、现常务副市长郝曙光评价“此书尊重史实无戏说，弘扬文化创新篇”。本、外籍的史志档案系统同事同人也普遍反映，此书集史料性、探考性、通俗性为一体，彰显山东半岛本土优势，是弘扬大青岛文化的鼎新之作。正如齐鲁文化研究中心常务副主任程奇立（丁鼎）教授在序言中所肯定："本书的一个重要特点是通观历史，立足当代，对大青岛地区的文化发展走向进行了积极的研究和探索，提出了许多建设性的意见。本书的编辑出版，是对大青岛地区文化追源探流、溯古探今的一次创新性尝试。"

敢创新，为地方志鉴编印尽职尽责。本人循规不囿规，参与二轮修志，分工撰写了《莱西市志》有关篇目，使该志于2011年在青岛地区率先出版。2013年以来，牵头指导编印了《夏格庄镇志》《岘沽村志》《东大寨村志》《后庄扶村志》等，对编修基层志书起到示范作用；同时，本人作为常务主编，创新《莱西年鉴》体例、内容和编印形式，从2013年起，开辟《莱西年鉴》由正式出版社编审出版的先河，上级业务部门对《莱西年鉴》的清新形象为之叫好；有此基础，《莱西年鉴（2015）》参加山东省优秀年鉴评审，获评全省县级综合年鉴二等（集体荣誉）。

敢担当，弥补档案史料不足。2013年，莱西政协为发挥好文史资料的资政、育人功能，在编辑《大沽河，母亲河》一书时，对1958年10月下旬起莱阳人民腰斩大沽河、建设产芝水库的历史资料掌握不足，到莱西档案馆查寻，缺乏当时的原始资料。本人作为莱西档案、史志部门负责人，本着对历史负责、对政协成书负责的态度，开动脑筋，马上联想到1958年10月中旬起莱西已并入莱阳，对产芝水库的建设论证、设计、组织、施工、移民、配套等事项多是由莱阳县委、县人委安排的，其文档原始资料应该保管在莱阳档案馆，莱西馆藏资料不全或查阅不到是符合档案管理规范的。于是，我带领编写人员到莱阳查到相关资料，并复印带回，弥补了莱西馆藏不足的缺憾。

勇作为，承办莱西会议展览和党史馆。1990年8月中央五部委联合在莱西召开全国村级组织建设工作座谈会，史称“莱西会议”，时任中央政治局常委宋平出席会议并讲话，推广莱西村级组织建设“三配套”经验。2013年11月，习总书记视察山东时指出“九十年代莱西的村级组织建设，在全国起到了很好的示范引领作用。希望山东增强进取意识，勇探新路”。对此，省、青岛市与莱西市委非常重视。鉴于本人参与、见证过莱西村级组织建设，2014 年 2 月莱西组织部借调我负责承办“莱西会议纪念展”，当年底编排完成。2015 年 3 月起，我参与青岛市委组织部与莱西联合主办的“莱西会议纪念馆”（现改为“莱西会议专题展”）筹建，曾几次把征集资料做成幻灯片，现场演示或提报给领导筛选。8—11 月，我作为青岛党史研究室领导所谓的“莱西会议明白人”，对“莱西会议专题展”的布展样板提出修改建议，受到重视，得到好评；专题展如期展出，现已成为全国基层党建基地。2016 年初，莱西市委组织部借调我承办“莱西党史发展历程图片展”，6 月，展览样板形成后，经几次调整完善，12 月初布展施工，2017 年 5 月初完成并首展。两个展览都在党校同一教学楼上，以此为主体建成莱西党史馆并开馆。在承办党史馆过程中，我多次到莱阳档案馆与方志馆、胶东革命历史陈列馆、胶东革命烈士纪念堂等处查寻、翻拍党史资料和李伯颜（首任中共莱阳县委书记）、解文卿（刘胡兰式的女英雄）的事迹资料，为莱西党史馆提供较多史料支撑。

克艰难，助力莱西创建国家级档案馆。莱西史志、档案机构合署，人员统一调配使用。2017 年 1 月起，莱西创建国家一级档案馆工作启动，我分工“莱西历史文化大观”展厅布展方案的起草、论证与推进工作，时间紧，任务重，本人亲力亲为，毫不懈怠。针对莱西历史文化资料匮乏的局面，我不等不靠，广泛联系当地和周边的“历史文化明白人”，或登门入户或求师拜友，深挖本域历史与名人，如乡贤文化名人左懋第（明末民族英雄）、张梦鲤（明代大理寺卿）、马亮（元代大元帅）的事迹资料，搜集他们著述和后人的专著作品；征集知名影视剧作家崔明钦 20 世纪 80 年代文艺创作方面的优秀成果，让以莱西籍人物事件为素材拍摄的电影《金凤银凤》《乡里情》及现代吕剧《不飞的孔雀》等音像视频原版资料“回乡”。

善服务，为异乡游子寻根找“家”。改革开放 30 多年来，一直有台胞侨民、旧莱阳籍闯关东的后人奔着今莱阳、莱西来寻根寻亲。本人发挥业务专长，为游子寻根倾心尽力。有以下三个故事：故事一，生于 1954

年、红遍港台的台湾影星林青霞来大陆演出，说她祖籍在青岛，是青岛人。而她的父亲林维良，1948 年随国民党政权撤往台湾，一直称其祖籍山东，是莱阳人。父女俩的说法为什么不一致呢？外地人迷惑不解，媒体上又难以解惑。本人查对历史区划，向疑问者作出逻辑解释：林维良 1948 年去台湾时，他祖居地是莱阳县第七区灵瑞乡林泉庄（国民党统治时区划），所以他说是山东莱阳人。而新中国成立后，林泉庄划入莱西，莱西又于改革开放初期划为青岛市辖县，所以林青霞在改革开放之后到大陆拍片，对外称其祖籍青岛，是合乎历史逻辑的。故事二，2014 年，辽宁有一省级干部查找他旧莱阳籍杜姓亲人祖居地，线索是他高祖父杜氏从旧莱阳县牛格庄姥娘门上闯了东北。莱阳史志部门查遍辖域无杜姓所立之村，也无牛格庄村；接着查对莱西地名，发现有杜家疃、杜家庄 2 村，转而联系莱西同行，由我协助他们调查取证。在杜家疃调查，杜姓为多，耄耋老人说，村里清朝同治、光绪年间有逃荒到东北的，有一幼子到由格庄姥娘门上可能生活几年后又逃荒去东北了，村里杜姓谱书略有记载。当即查阅谱书，有一人仅有乳名填写在谱书里，乳名后括弧有“出外”二字，按辈分推算，大概“出外”百年以上。据此分析，“出外”意味着这个未成年人离开了杜家疃，到了相隔不远的姥娘村“由格庄”，长大后又不便长住姥娘门就闯东北了，以后一直音讯不多，所以族人修谱时用“出外”二字既贴切又余音缭绕;至于其姥娘村“由格庄”，百年后就在孙辈中口传为“牛格庄”。莱阳史志部门将这一线索及谱书复印页转至辽宁高干，得到认可。故事三，2016 年，双鸭山市政协一位高姓领导，借出差机会到莱阳寻找祖居地。他曾听其不识字的祖父说，其祖籍是山东莱阳高家庄。而今莱阳没有这个庄，莱阳同行发现莱西有高家庄、高福庄、高家岭 3 个村，原名都是高家庄，后因县内重名而改称字义相近的村名。我应莱阳同行之约，陪他来到 3 个高家庄调查印证，虽终因历时久远、线索单一而寻祖不果，但他对高家庄或高家岭作为祖居地还是默认了。

另外，本人 2015 年初受委托担任《青岛 2015 世界休闲体育大会通用知识读本》业务主编，3 个月后编印完成，向青岛乃至世界宣传普及休闲体育知识，给力世界休闲体育大会在莱西召开；本人撰写的《莱西南县中共政权建设的历史背景与作用》《莱西持续推进村级组织建设工作思路与实践》等论文，由《青岛党史》分别刊发，得到好评；《闯关东文化》刊载其《探析山东人“闯关东”成因与“恋山东”情结》一文，在省内外读者群中反响较大，此文经过斧凿，投送《中国地方志》编辑部，已进入编审程序。

方志生涯苦为乐　秉笔直书三十载

杨新民

杨新民，1938年出生，山东章丘人，1958年中师毕业参加工作，中共党员。先是从事小学教师培训工作，继之，任县广播站编辑。1980年，任《平度大众》报副总编辑。1982年，任平度县志办公室主任，至1988年，主编《平度县志》。1998年退休。2001年，被市政府聘为《平度市志》续志顾问，2017年春，《平度市志》正式出版，顾问工作结束。期间，多次参与外地志书审稿，并主编《平度公路志》《平度尚河头村志》。专业技术职称副编审。

我年已八旬，掐指一算，我这辈子从事方志事业已有三十个春秋。1982年，国家发起编修建国后第一轮社会主义新方志，这年秋天，县委研究决定将我从《平度大众》报社调至平度县县志办公室，发文公布为县志办公室主任，具体主持修志工作。于是，我从组建调配修志班子开始，投入这项艰巨而浩繁复杂的工作。修志的第一场硬仗就是征集资料，第一轮修志上限要求从1840年开始。我带领修志一班人首先到了位于北京天安门西侧的国家第一历史档案馆。20世纪80年代初，无任何电子产品，全靠用笔抄写，馆里将当年朝中存档的奏折及文字资料通过投影机让查阅者查阅，征集资料犹如大海捞针，有时半天查阅不到需用的资料，一旦发现如鱼得水，急忙抄录，档案馆上下班严格，一下班就要清场退出。20世纪80年代初，基本上还是计划经济，到北京出差住宿十分困难，这次去北京我们是在火车上登记的住宿地点，由天安门向南约有15公里，是用人防工程改建的简易旅馆，房间在坑道里，昼夜开灯，很潮，被褥几乎拧出水来，因相距很远，中午不能回去休息，只好在附近吃碗拉面，便在金水桥下等候下午进馆，十分辛苦。

我们从中国第一历史档案馆结束了查档，又到了军事博物馆，查阅历史照片资料。开始两天一无所获，在第三天突然发现了1945年9月10号早晨，八路军战地记者拍摄的“把胜利的旗帜插到平度城上”的照片，大家如获至宝，高兴极了。在京期间，我们还采访了一些口碑资料，如刘谦初烈士的夫人张文秋及女儿刘松林（原名刘思齐），当年八路军老首长王彬以及掖县三支队张加洛（时任全国人大副秘书长）等，就这样紧张地工作了近一个月，我们满载而归，回到平度。从北京回来之后，整理好征集的资料，稍事休息，我们一鼓作气，又到了南京国家第二历史档案馆。在南京查阅的档案因距今越来越近，查阅比较顺利，资料也较多，但在返程的火车上，那种拥挤不堪的情景至今难忘。那天，火车由上海开到南京已人满为患，无奈我们是从车窗爬进去的，车厢内拥挤程度不亚于“晏子使楚”中当年临淄城“张袂成阴，挥汗成雨，比肩继踵而在”的局面，我的前胸与后背全是人，两脚几乎离开了车厢地板，就这样经过了六个小时的行程，到了徐州火车站，总算稍松散了一些，但仍无坐席，直到傍明天到达济南火车站，才找到了一个座位，回想当时我幸亏才四十出头年纪，年龄大了很可能休克了。这年秋天，我们又到了烟台，因平度建国初期属莱阳专署，后莱阳划归烟台，所以档案也归了烟台。我们到了烟台档案馆之后，那位负责档案的女同志说纸已很脆，不便查，经我们反复要求，总算拿出来了。她在一边监督着，字太小，几乎看不清，我们现购了几个放大镜，只查阅了两天就被认真负责的女档案员强行收回了。整个1983年到1984年上半年，我们一边内查，一边外调，先后多次在本县召开老干部老民兵座谈会，前后一年半时间，征集到上千万字的文字资料。

1983—1984 年两年间，我们还先后去济南、上海、镇江（1947 年平度南下干部集中地）等地采访口碑资料。在济南，我们与为平度抗战立下汗马功劳的乔天华整日畅谈，谈他当年拉队伍投入抗日洪流的革命经历，他为我们写下了 20 余万字的回忆录。在上海，我们见到了平度抗日民主政府首任县长罗竹风（建国后任上海出版局局长、《汉语大词典》主编）。他在百忙中也为我们撰写了革命回忆录。在镇江，十几位南下干部听说老家来人，兴奋不已，座谈会开得十分热烈。

从 1984 年下半年开始，我们便投入了县志的总纂工作。因当时县志办包括我在内，仅有三名编写人员，人力严重不足，我一面聘用了三名老干部，一面发动各部门，众手合成，至 1986 年上半年，终于完成县志初稿。

《平度县志》初稿完成之后，为了保证志书的质量，我受县政府委托，带着县政府的聘书及县志初稿打印本，专程去上海找到了平度老乡罗竹风，请他为县志组织一个顾问班子。因罗老在上海学术界、出版界很有声望，他为平度聘请了《中国历史地图集》编著者、复旦大学教授谭其骧，方志学者、复旦大学历史系教授黄苇等。到 1986 年秋天，我们召开了《平度县志》稿审定会，谭其骧为平度的历史沿革阐述了个人的观点，纠正了平度旧志中的错讹；黄苇教授用方志理论评述了《平度县志》初稿中的不足，并提出了如何修改的建议。审定会之后，我们遵照专家的意见，集中时间与人力对 90 万字的志稿进行系统修改。

1987 年春节后一上班，《平度县志》就投入排版印刷工作，为了节约开支，县委领导不同意交出版社出版，决定在本县包装印刷厂印刷。因该厂从未印过这么大的书，设备、技术都有困难，我通过分管县长同意，除县志办人员全力以赴，又临时抽调了县志校对班子，在印刷厂设了办公室，当时没有现在这么方便，是用一个个的铅字组版，加之检字人员文化水平低，差错率很高，就这样一遍遍地校，一遍遍地改，最后由我把关，《平度县志》稿我从第一个字，一直看到最后一个字，前后整整半年，大家的工作量可想而知。特别是志书中的“方言编”，印刷厂没有国际音标铅字，便去上海买回，大家都不认识国际音标，只好照葫芦画瓢，最后我亲自送到山东大学方言学家钱曾怡教授那里，请她定夺，真是费了九牛二虎之力。

直到这年 8 月，《平度县志》总算印了出来。

1988 年底，我退休之后，又先后受聘参与了《东营区志》《河口区志》及《益都卫校志》的审稿，之后，还主编了《平度公路志》《平度尚河头村志》，继续致力于编修方志的工作。

2001 年，第二轮方志的续修工作正式启动，我被市政府聘为《平度市志》续志顾问。我当顾问，绝非仅是答疑释惑，而是按时上班，扑下身子干实事。续志编纂工作开始，培训各单位的编志人员是大事，由史志办组织，我先后三次为史志培训班人员讲课，从讲述方志常识入手，结合上次修志讲编纂志稿容易犯的毛病，既有理论，又有实践，参加培训班的人员听后，一致反映很解决问题。后来，各镇（处）、各部门陆续编成镇（处）志、部门志，我先后审阅了十几部镇（处）志、部门志稿，把具体的修改意见一一写在志稿上。在《平度市志》续志编纂过程中，我主动要求分配给我具体的编写任务，我分工编写续志中的“人物编”，直至 2016 年春，《平度市志》续志正式出版，我的“顾问”工作才告结束。“顾问”工作结束了，但与方志的缘未尽。2017 年春节前后，我又受东阁街道党委政府之托，为其审阅了约 30 万字的《东阁街道志》稿。

光阴荏苒，修志三十年来，我以苦为乐，可以说已全身心地投入到了我所热爱的史志工作去了。在第一轮修志的前后七年中，我的父母先后离去，即使在病中，我也尽量不误修志工作。老母病故，上午处理完后事，下午就回到史志办公室。我先后两次被山东省史志办评为全省地方志先进工作者，我及时把自己的修志心得体会写出来，《中国地方志》期刊多次摘要登载我的稿件，《山东史志》先后刊发我写的《县志总纂琐谈》《怎样当好县志主编》等文章。多年来从事方志工作，我体会到，人生能参与志事，是一生的荣耀，司马迁、章学诚乃至当代的董一博，他们一直被世人所敬仰。能为后人写史修志，鉴往知今，其乐无穷！

有真本事的荣炳华

郭延志

郭延志，乳山市育黎镇白石村人。中共党员。1964年3月生。1983年入山东师范大学历史系学习，1987年7月毕业，获历史学学士学位及山东师范大学优秀毕业生称号。先就职于山东地质勘探公司一公司，1988年9月调入淄博市志办公室，历任秘书科科员、副科长，史志科科长。潜心修志，为全市二轮修志工作作出重要贡献。于2005年、2009年、2014年三次被评为全省史志工作先进个人，并记三等功2次、二等功1次。

一日，接到老领导荣炳华主任的电话，让我有时间去他家一趟，聊聊"齐鲁方志人"征文一事。这让我很是感佩：已是耄耋之年、八十有二的荣老，还这样深深地情牵史志事业，真乃"方志人"啊！第二天，趁星期六休息时间，我预约拜访了荣老，聆听了他担任主任期间争取领导支持、开拓创新史志工作的点滴回忆，还目睹了他为这次征文所撰写的四五千字的文章。因荣老不久要远游美国、加拿大，嘱我整理一文。我欣然领命，本着荣老的回忆和文章，拙笔撰文，简述老领导在主政市志办期间争取领导、开拓进取的感人事迹。

荣老生于1935年，宁津县人，1951年参加工作，1986年底至1993年5月担任淄博市志办主任、党组书记，之前曾任市委办公室副主任、市总工会副主席。我于1988年调入，在荣老的手下当差，因此，对荣老的为人处事、工作魄力、担当作为等方面，可说是比较熟知的。他是善于争取领导支持的人，是敢于创新进取的人，是有真本事的史志人。在他领导之下，淄博史志工作创出数个首次或第一，一直处于全省排头兵的地位，得到上上下下的高度赞誉。

办展览群贤毕至　影响大效果显著

荣老于1986年底任市志办主任。此时，全市史志工作已开展5年多，形势总体良好。但仍有部分单位对修志工作不重视，行动迟缓。为推动工作开展，扩大社会影响，他与班子成员商定：举办全市地方志工作成果展。在向分管市政府领导常务副市长柴金起汇报后，得到柴市长的大力支持。经过紧锣密鼓的筹备，展览万事俱备。他持邀请函到市五大班子登门邀请。阳春4月，展览如期开展。一时，群贤毕至，少长咸集，包括市长王怀远，市政协主席牛良，市委副书记杜祥荣、韩新民等五大班子的在职领导和老领导共30多人，纷纷前来参观、留言。

展览过了几天，不见市委书记赵志浩的身影。荣老就想：这可是争取市委主要领导支持的关键节点，机会不容错过。周日下午，荣老就到赵书记家中邀请，不巧，赵书记有事外出，夫人答应代为转告。未曾想到，第二天上午10点，赵书记就到市志办参观展览。一见到在楼下迎接的荣老，就笑着高声说："我不是单独来看你展览的，是特来支持你们冷门的。"多么实在的一句话呀！它道出了书记对我们史志部门的理解，体现了对史志工作的关心和支持！那时，市志办在俗称的"八大局"办公，有大小单位20多个。据说，赵书记在淄博工作两年多，到该办公区视察工作仅此一回。12天的展览有500多人前来参观，取得很好效果，达到预期目的。

常委会议史志　作检讨解问题

在编纂《淄博市志》的同时，自1987年始，每年要编辑出版近百万字的《淄博年鉴》，工作量大，市志办的人员、经费、办公场所及工作条件都难以适应。为此，荣老多次向有关部门要求解决问题，但迟迟得不到解决。另外，年鉴中收录市级领导人的有些具体问题，市志办和分管柴副市长都确定不了。经荣老与柴副市长商量决定，提请市委研究。几经沟通，终将议题列入市委常委会日程。会议的最后议题是听取市志办工作汇报，此时快到下班的时间了，荣老刚汇报了几句，赵志浩书记插话说："不要汇报具体工作了，你说说有什么具体问题需要市委解决吧！"荣老赶忙提出年鉴上收录市级领导人、增加编制、出版经费、办公场所等问题。赵书记请大家发表意见，与会的常委们大多表态支持。最后，赵书记拍板："编辑出版年鉴是项大文化工程，市志办的同志很努力，市委应该支持。增编问题由市编委解决，办公场所由市政府办公室给安排，经费请市长掏腰包，如果大家没意见就这么定了。"

散会后，荣老和市长王怀远、副市长柴金起等人走在最后。王市长很生气地批评说："你们不懂工作程序吗，隔着锅台上炕，不经政府常务会议研究就端到常委会上来……"大家只好默不作声，听任批评。

当天晚饭后，荣老便去王市长家中作检讨。市长则说："检讨什么，我理解你们的心情，后天开市长常务会议，到时我讲一下，编制让人事局办，办公场所由行政科安排，出版经费给你20万元，不够自己想办法，卖书的钱不要交财政，你们自己留着办点事。"荣老由衷地表示感谢。

几天后，增编、办公场所、经费问题全部解决，大大鼓舞了同志们的工作积极性。

年鉴市志开两会　扩影响夯基础

1988年1月，精心打造的首部《淄博年鉴》出版，令人耳目一新。市委、市政府领导看后非常高兴，称这是一部前所未有的好书。为总结经验、听取意见、感谢有关单位的支持，经请示市政府领导同意，决定以市政府的名义召开《淄博年鉴》创刊座谈会。会前，荣老亲自持邀请函到济南邀请省里的单位领导参会。会议于3月召开，省出版总社、省新闻出版局、省社科联、省史志办、山东画报社等单位的领导如约而至，在东营出差的省委宣传部副部长刘守璞专程赶来。有这么多的省直单位领导参会，在淄博史志史上可谓空前绝后；高朋满座，为淄博史志工作争脸添彩。会上，省里领导踊跃发言，一致认为《淄博年鉴》部类齐全，内容丰富，图文并茂，装帧精美，质量很高。这不仅是淄博第一部综合性地方年鉴，也是全省地市级第一部公开出版的年鉴，具有一定的开拓意义。这次会议，有力地扩大了淄博史志工作的影响，省内外一些同行纷至沓来，到淄博参观学习、交流经验。

1989年，《淄博市志》全面进入总纂。篇目是志书的纲，纲举目张，只有搞好篇目，才能保证志书质量。荣老将此问题汇报给市政府分管副市长孙立义，当即得到领导的支持，指示以市政府的名义，请几位史学和方志专家，召开一次市志篇目论证会。荣老持请柬专程到济南向有关专家进行当面邀请。一个月后的12月，论证会举行。安作璋、朱玉湘、林衍经、周家本等著名教授及李化诚、席星加、崔玉铎等史志专家，应邀莅临会议，提出宝贵意见。市志办充分吸纳专家提出的意见和建议，对市志篇目作再修改、再提高，为《淄博市志》最终荣获全国一等奖夯实了基础。

开拓创新有招数　屡创第一获赞许

1987年以前，市志办的工作主要是编纂《淄博市志》，编纂周期长，一时难以见到成果。为适应形势发展，更好地服务于市委市政府中心工作，服务于经济文化建设，荣老组织全办人员开展史志工作如何创新大讨论，最后确定自1987年始，每年编辑出版一部《淄博年鉴》。很快得到市政府的批准。那时编年鉴，尚属新生事物，山东仅省史志办刚着手编辑，全国编年鉴的也是寥寥无几。困难和压力可想而知。当时编审稿件正是三伏天的七八月份，气热候燥，既没空调的清凉舒适，也无微机的便捷省劲，全靠一支笔爬格子。荣老作为一把手，率先垂范，带领大伙加班加点，是真的撸起袖子加油干。他文字稿、彩页稿审稿一肩挑，常常工作到深夜，有时干到凌晨三四点。功夫不负有心人，首部《淄博年鉴》于1988年1月高质量出版，得到各方充分肯定。这是全省第一部地市级公开出版的年鉴，具有开拓创新的重大意义。

1988年春季的一天，经友人介绍，荣老接待了来自香港《经济导报》的毛经理。《经济导报》是中共香港新华分社工委的刊物，每年为配合春秋两次广州交易会都会出版特刊。毛经理此行山东的目的，就是想看看能否为广州春季交易会特刊选点稿件。荣老深感这是一次宣传淄博的好机会，便立即汇报给市政府。副市长韩新民要求荣老亲自抓，认真办好这件事。经过一周多的努力，共组织18篇文章，涵盖十大行业的32家企业的生产状况和名优产品，《经济导报》用30个版面，以“中国淄博”为专题在当年广州春季交易会特刊刊发。这是第一次利用香港的宣传阵地向世界宣传淄博，领导满意，企业高兴！

1988年夏季，山东省政府在北京人民大会堂举办招商引资推介会。市政府决定印制一本图文并茂、能充分反映淄博经济社会发展和良好投资环境形象的宣传画册，并将这一任务交给市志办，要求在两周内完成。这是一项时间紧、要求高的艰巨任务。荣老亲自操办，多方联系，跑北飞南，提前一天完成任务。参展的市政府副秘书长任鹏雁告诉荣老，在参加会展的各市地中，有画册的就淄博一家，很受外商欢迎。

20世纪80年代末90年代初，市志办的职工住房得依靠政府分配，房源紧，面积小，再加上一些权势和有钱部门都在自建职工住房，市志办的同志们纷纷要求也自建住宅楼。那时，要为大家建设一座职工宿舍谈何容易，关键是资金这个大难题，谁一想都会望而却步，甚至是老虎吃天，无处下嘴。可就在如此艰难情况下，荣老心一横，拿定主意要为职工解决住房这件大事。经争取市政府领导的支持，多方跑关系、做工作，克服千难万阻，于1991年建成20套、1500平方米的住房。这在全省市地史志办中是首家自建职工住房。有人很是羡慕，说市志办真有本事。是市志办有本事吗？你懂的！

我的外号——张店通

罗光洲

罗光洲，男，1945年生，淄博市张店区人，中共党员，张店区志办原出版编辑。先后毕业于上海复旦大学中文系和北京人文函大法律系。历任山东人民广播电台文艺编辑兼记者、《淄流》杂志编辑、张店区史志编辑。现为淄博市作家协会会员、山东省地方志学会会员、山东中华家谱学学会会员、《中华罗氏通谱》编委、河北枣强移民文化研究会会员。1972年起初登文坛，以杂文和文学评论见长，发表各类文学作品800余篇，代表作品有广播小说《没工夫叹息》，广播剧《桃花渡》，文学评论《文学创作的新课题》（载《文汇报》）、《论编志队伍建设的几个问题》（载《史志文萃》），以及《张店区地名溯源》《张店抗日纪事》《山东淄博罗氏通谱》等。多年多次被省市级报刊评聘为优秀通讯员、特约通讯员。

接到省志办搞征文活动通知，先是回答“很想参与但实在抽不出时间”。因为本人手头确实有多项工作亟待完成。作为一个72岁（1945年生）的干巴老头，第一，如今仍在按点上班，带领张店区政协的两名60

岁的助手编写《张店乡村记忆》，同时已接受淄博市政协特邀，参与编审近百万字的《记忆乡村》一书，按照领导要求，市、区的这两部专辑都必须赶在今年七八月份出版；第二，张店区民政局因为编辑《张店区地名志》，半年前就聘我当顾问，设置篇目，梳理材料，几十万字的书稿需要帮助审定；第三，河北省枣强县移民文化研究会半月前发来邀请函，拟定下本年召开第二届专题研讨会，还需要准备论文讲稿。第四，我作为《中华罗氏通谱》的编委、作为“中华罗氏山东宗亲会文化研究会名誉会长”，已经接受邀请，承担撰写《山东罗氏大成谱》序言的任务……真是忙得焦头烂额！不过转而一想，我毕竟是从“地方史志”这一领域探讨、起步、创业、发展，进而取得了今天“自我感觉良好”的业绩。很想给同行及后昆，说说近四十年来的翻腾故纸堆的酸甜苦辣。

山东的地方志起步较早，大约在20世纪80年代初期，淄博市跟的也很快，应是1983年起步，当时我在淄博市文联编辑《淄流》期刊，做理论编辑，因此参与了《淄博文化志》的材料收集任务。1985年正式调入“张店区志办”，担任业务编辑指导，边学边干，在先后参与两部《张店区志》（1991年版、2008年版）的同时，还协助出版了基层十几部乡镇志和部门志。因而我的名字被收入1990年辽宁人民出版社的《中国地方史志主编名录》（318页）中。

1994年，张店区志办撤销，把我安排到老干部局干休所工作，主要业务是打扑克、打麻将、下象棋，也许领导的用意善良，让我休闲，但我却不甘寂寞、不怕清苦，遂于1999年（54岁）主动申请内退，自我主宰，自我主张，敞开胸襟，放开胆量，继续从事心仪的史志工作。起初（离岗前）是被借调，随后（内退后）是被返聘，先是编纂（总编）了《张店十年鉴》（1988—1997）。之后，还于2003年编纂了出版了个人专著《张店区地名溯源》，填补了1955年才新建张店区的历史空白。2009年编辑出版了《张店民间故事集》；2014年为淄博市民政局当顾问，为其编辑出版了《淄博地名故事》。

地方志，始终是与地方党史、政协文史密不可分的。1996年出版的《中共张店区党史大事记》，我参与了编写。自1991年至2015年编撰的1～8

辑《张店区文史资料》，几乎我全部参与，起初是当编辑，后来是当主编。不过为了激励在职年轻人的积极性，我总是急流勇退，把“主编”的头衔让给主管或分管领导。因为我是离岗人员，至于“先进”呀“模范”呀，已完全失去用途，没有实际意义。假如让给在职在位的年轻人，自然会前途光明、前程远大，如此行为也算积德行善罢。1986年、1987年的《张店年鉴》是我独自完成的，但我主动把领导标为编审。《淄博年鉴》和《山东年鉴》的创刊号（即第一期）的供稿都是我完成的，当时我也拿出一部分成稿给领导署上名字。省志办1999年版的《张店各地概况》（张店区部分）（176页）也是我撰写的。后来就逐渐淡出了。

内退后至今，我一直没有停歇，或被聘为主编，或被聘为顾问，先后帮助基层编纂出版了《傅山村志》《乔庄村志》《张店区马尚镇九级村史》《中共张店地方史（中小学简明读本）》（均已出版）。还完成了《魏家庄村志》《四宝山镇志》的编纂（因故未出版）。

八年抗战期间，中国共产党在山东境内领导发动了很重要的“三山”（文登天福山、泰安徂徕山、淄博黑铁山）抗日武装起义。自从第一部《张店区志》1991年出版后不久，区志办、党史办均被撤销，人员分流，许多宝贵史料无人梳理。年龄比我大的已经力不从心，年龄比我小的又无从插手，眼见得黑铁山抗日这段宝贵的地方历史即将失传。为此我当仁不让，默默地利用十多年时间，带着老伴儿，自掏路费，分别东去青州、潍坊，西去章丘、邹平，南去淄川、博山及莱芜，北去桓台、高青及寿光、垦利，四面八方收集资料。需要购买就购买，需要复印就复印，毫不吝啬花钱。回家后，我设置篇章，老伴儿帮我打字，最终完成了20多万字的《黑铁山抗战纪事》初稿。张店政协得知后如获至宝，立即组织人手，帮助修改加工，改书名为《张店抗日纪事》，赶在2015年7月正式出版，以此“献给中国人民抗日战争暨世界反法西斯战争胜利70周年”。该书发行后引起轰动，《鲁中晨报》2015年8月31日副刊予以整版报道我和老伴儿的事迹，标题是“老两口的‘抗战’”。市、区两级电视台也作了专题视频报道。

地方志中的“民俗”部分，是很有特色的很有可读性的篇章，退休后我用业余时间，仍旧由老伴儿打字，收集整理了近10多万字的张店地域的谚语俗语、方言俚语、民歌童谣、谜语、歇后语（五部分）草稿，现已被张店区政协列为2018年编纂出版计划。

国史、方志和谱牒，是我国历史文献大厦的三大支柱。2004年，我在参与编纂《中华罗氏通谱》后，独自撰写了《山东淄博罗氏通谱》，早已在网上发表。我现在是山东中华家谱学会会员，是山东淄川谱牒学会副会长。十多年来，我无偿帮助兄弟氏族编纂了十多部家谱或世谱。有时帮助撰写“谱叙”，每编写一部，我都留下一套作为珍贵史料保存。在编写谱牒的同时，我尽可能收集张店区七张八王十三李的所有家族的迁徙途径和字辈序列，分别整理各个家族的来龙去脉，因而被河北省枣强县移民文化研究会发现，于2013年8月28日聘我为研究会首届会员。

我在复旦大学中文系进修的是古代汉语、古典文学，繁体字、简体字都能读能写，标点句读也没问题。现在我采取无偿服务，聘请我编写村志、编纂家谱的单位和个人应接不暇。电视台经常因为民俗节日找我采访，有时一天来两三帮，忙得不亦乐乎。因为我手头的资料比较齐全，近年来，我收集了分布全省的1644个姓氏，并把每个姓氏的来龙去脉、更改变迁、郡望堂号、历史名人，均作了详述，25万字的书稿已经完稿，正准备出版。

参与地方志领域我的资格是比较老的，20世纪七八十年代，我在省电台编辑部工作时，就与省志办的首任领导席星加同事，也常与刘乾昌打交道。1989年7月，我被吸收为山东省地方志学会会员（鲁志会字第441号）；2011年被吸收入山东中华家谱学学会会员（编号005）；1989年12月加入淄博市作家协会（见1995年版《山东作家辞典》451页）。

本人结婚较早，媳妇在农村，为照顾家庭困难申请回到原籍。1980年因为我编辑导演的广播剧《桃花渡》参加了全国展播，因而成为有特殊贡献的业务骨干，为落实知识分子政策，于1985年全家“农转非”。团聚欣喜之余，也痛定思痛，当时我用《十五的月亮》的曲调，填了一段歌词：“十五的月亮照在城里照在乡里，完整的家庭分居两地分居两地，丈夫在区里写志，媳妇在农村种地，工农联盟、亦工亦农，我们互相照顾互相体恤。我编的志书有我的努力也有你的支持，你种的地瓜你尝着甘甜我也吃着甜蜜……”竟然把媳妇唱得哇哇大哭。

“农转非”那年我正好40岁，家庭团聚，解决了后顾之忧，业务的青春翅膀就此展开，任重道远，未敢懈怠，天马行空，独往独来，于是横下决心，为报答命运，为报答社会，为报答党恩，至少干到70岁！

1994年我曾在《淄博日报》发表过一篇“无怨无悔当好‘家仆’”的文章，文中自嘲：“既操瓢勺也写书，编辑兼任老伙夫，清贫节俭少华贵，充实丰满不空虚。”同时，还自拟了一副《永远不服》的自勉对联：“说我不行我偏行行给你看看，说我不能我偏能干给你瞧瞧。”现在，《淄博晚报》冠我为张店区历史学家；《鲁中晨报》冠我为民俗学家——都是自然形成的。2016年4月25日淄博市政协字〔2016〕2号文，聘定为淄博市第一批文史专家。而今张店区政务中心大楼千余人上下班，我因为旁无杂役，两袖清风，每天正点上下班，甚至周日节假日也常常加班。同事都称我是“政协编外人”，年轻人则尊我“罗老”，还有人称我“德高望”……都怕我累着。假如身体条件允许，领导还希望我再干三五年，多出几本书。由此，我用歌曲《蜗牛与黄鹂鸟》的调子，草拟了几句歌词以作回应，随时随地哼一哼、笑一笑：“吃饱了喝足了睡够了，爬起来我就去上班了；政协的书我要使劲地写呀，可千万不能累坏了！”

从1985年正式从事张店区志编纂，至今已达32年。我终生抱定的意愿是：在史志编研（包括区志、党史、文史、谱牒）队伍中，力争：在张店大有名气，在淄博小有名气，在山东略有名气，在全国没有名气……因为专业成果随时出现，似乎这一愿望已接近实现。

因为有人在文章中曾这样描写过我——“谈昌国、言黄桑、说张店、论淄博，均能娓娓道来，如数家珍”，所以我赢得了一个“张店通”的雅号。盛名之下，其实难副，这雅号既是荣耀，更是压力。现在，城市变化日新月异，政治经济文化各项事业的发展目不暇接，需要学习的内容越开越多，需要掌握的知识越来越广，老牛自知夕阳晚，不用扬鞭自奋蹄。虽然自知终将要被历史的车轮甩出，仍然希望这一天不要来的过早！只要一息尚存，仍将不懈努力。可谓：

通之又通，通古今中外，通天文地理，始感文化匮乏；

书而再书，书历史变迁，书锦山秀水，终怨秃笔太软。

献身修志事业的新志官

——追记原临淄区史志办主任朱乐平生前的事迹

齐乃义

齐乃义，笔名齐放，潍坊人。现年86岁。1946年参加工作，中共党员。主要从事过政工、宣传、新闻、史志等事业。曾任淄博市地方史志办公室副主任、党组成员、正县级调研员。参与首部《淄博市志》和《淄博年鉴》（1～5卷）主编工作，主编《淄博大事记》。1991年12月离休后，爱上刻瓷艺术，参与主编《夕阳之光》《夕阳之声》《夕阳之美》三部刻瓷作品画册文集。出版了《笔耕集录》《晚晴笔颂》《桑榆漫记》个人专著。先后被评为山东省地方志系统先进工作者和淄博模范老人、市离退休干部先进个人、山东省优秀离退休干部党员和山东省老年刻瓷艺术家及山东省民间手工艺制作大师称号。

《临淄区志》首部于1989年8月由国际文化出版公司出版，是当年山东省正式出版的第一部新区志。它记述了这个古老而新兴城市的历史和现状，讴歌了齐国故都人民的丰功伟绩，不仅在全区各界人士中引起强烈反响，并且得到方志界专家、学者的好评。曾先后荣获淄博市社会科学成果一等奖、山东省社会科学成果三等奖和全国地方志一等奖。跨入全省、全国新志书先进行列。那么这部区志的主编是谁呢？他就是荣获全省地方志系统先进工作者、26 年前因积劳成疾、身患癌症不幸逝世、献身修志事业的朱乐平同志。

不求名利　勇挑重担

修志工作在淄博开展后，临淄区行动算是快的，于 1982 年春就成立了区志办事机构，可是由于种种原因，工作进展十分缓慢，成为全市倒数第一。为改变落后局面，1983 年 6 月，区委、区政府经过反复研究，决定加强领导，调区政府办公室副主任朱乐平同志去挑这付重担。开始，他感到自己虽做了多年文字工作，可搞志写史却是门外汉，自己将近年过半百，如果做不好，会辜负领导和全区人民的期望。又考虑区里三位领导找自己谈话，说明修志工作的重要，是事业的需要。心想:我是共产党员，再大的重担也得挑。于是愉快地服从了组织的决定，很快走马上任了区志办主任之职。就在这个时候听到有的好心人说："老朱凭着区政府办公室副主任不当，何必去这里受洋罪，哪个单位也比区志办强"。也有的议论说，区志办这穷单位，一无钱二无权，到那里图个啥？面对这些风语，朱乐平回答是："一个共产党员应服从党的分配、哪里需要哪里去，工作不能随便挑"。的确，朱乐平图的不是什么权力、金钱和名利，图的是忠诚党的事业,无私奉献为人民。正如他在自己一首诗里写道:"修志者的心，谁能知道真？默默做奉献，不求名和金"。

说干就干，迎难而进。朱乐平上任后，依靠组织、团结同志、奔走呼吁，积极改变区志工作被动局面。首先狠抓了修志队伍建设。在组织部门的支持下，同副主任张庆恩一起主动与有关部门联系、物色选调修志人才，使区志办公室充实到 9 人，协助区直各部门建起分志班子。还动员一部分离退休老同志参加修志，到 1984 年初，一支专业和兼职相结合、老中青相结合的 140 人的修志大军队伍建立起来。紧接着便组织大家学习有关修志文件,举办修志业务研究班。从而增强了修志人员的事业心和责任感，提高了修志理论和业务知识。然后，朱乐平就率修志人员顶烈日冒酷暑，赴牟平县参观取经。在此基础上，朱乐平组织区志办的同志，针对本区的特点，参照外地经验，吸收各部门的意见，经过反复调整修改，制定出篇目，为《临淄区志》的编写搭起了框架。

狠抓资料　打好基础

朱乐平深知，资料是志书的基础，真实性是志书的生命，修志就是靠翔实、准确的各种资料取胜。所以从 1984 年开始，大打资料之仗。成立了一个 10 人组成的档案小组，先用了两个月的时间，查阅了区档案局的档案 300 多卷，摘抄文字资料 20 余万字。然后又带领分志 15 人，两次上省档案馆和图书馆查阅了 800 多份档案和书刊。当时查资料的人多，要排队挨号。为抢时间提高查资料效率，他就和同志们轮流早起床去排队，争取早进馆，有时当天查不完，便把书刊档案编号、页码记下来，第二天接着查。由于抓得紧，查得既快又好，成效显著，两次省里抄回资料 60 多万字。在省内查完后，又和同志们向全国奔波，带领三位同志南下到了炎热的江南，主要是走访老干部。第一站是南京，下火车时已深夜了，本应找个旅馆住下，但他考虑到半夜也得支付一天的房费，便在车站候车室糊弄了半宿。次日也没先住旅馆，而是先登门访问老干部。在收集老干部的口碑资料中，采取白天采访，晚上及时整理老干部的回忆材料，第二天送本人审核签字。凡是对修志有用的资料，朱乐平千方百计要搞到手。发现缺少清康熙十一年（1672）的《临淄县志》，就同副主任李成业进京跑了几家图书馆，最终在当时的北京图书馆查到了，然后组织力量把这部 13 万字的旧县志全部抄写下来，填补了这方面资料的空白。

在收集资料中，朱乐平坚持存真求实原则，不轻信一方之说，认为这是保证志书质量的关键。如抗日战争时期，临淄县青年学生抗日志愿军训团战士于景和烈士，在矮槐村游击战斗中牺牲的时间，没有一点文献资料记载，全系老同志回忆。一部分人认为是 1938 年 1 月 5 日，一部分认为是 1937 年 12 月 29 日或 30 日。区里曾组织力量反复调查，召开 70 岁以上老人座谈，多数人倾向第一种意见，一些当年参加过战斗的老同志坚持后一种说法，最终没有取得一致的意见。朱乐平以对历史负责任的态度，进一步查找依据。结果从烈士的女儿口中取得证明，这位烈士女儿说:“我是腊月初四给俺爹上坟。听娘在世时说，这是你爹牺牲的日子”。腊月初四，正是 1938 年 1 月 5 日，这同第一种说法完全一致。朱乐平便以此为依据，用在了区志稿里。他既重视口碑资料，更重视文献资料，认为口碑资料往往因年月久远,凭脑子难以记准确。因此他千方百计查找文献资料。如 1938 年至 1939 年临淄县发展了大量共产党员，1941 年县独立营长王砚田叛变后，党组织遭到严重破坏。这个情况在临淄老一些同志都知道，但谁也说不清楚党员具体数字，朱乐平和志办同志再进区档案局查阅了几十卷党组织卷宗,结果在《1940 年的清河区党委一年半组织工作报告》里，记载着：1940 年 11 月临淄有共产党员 7044 人，王砚田叛变后，党员减少到 639 人。最终把长期解决不了的难题解决了。

在朱乐平带领下，采取上下结合大打资料之战，取得可喜成果。到 1984 年底，共收集文字资料 1600 万字，口碑资料 110 万字，实物资料达 2300 件，编写资料汇编 470 万字。这些既丰富又翔实的资料，为编写区志打下了坚实基础。

忘我拼搏　争创一流

从 1985 年开始，临淄区志进入编写阶段，也是朱乐平出力最大的阶段。作为既是区志办主任又是主编，不仅负责整个成书工程的组织工作和主编任务，还是一位名副其实的编辑。自觉承担了党派群团、人事劳动、司法、序言等重要篇章的编写。为了加快各分志编写进度，提高志书质量，在他的建议下，区里把各部门写志工作纳入政绩考核内容之一，使各部门不到半年都编出分志初稿。为下半年开始总纂创造了条件。为了打好总纂这一仗，他用自己作的“古今多少事，俱在方志中，吾辈须努力，成书垂汗青”的诗句与大家共勉。向每个编志人员提出克服“三种作风”，树立“三个观念”，做到“三个很”，当好“两员”的严格要求。所谓克服“三种作风”，就是克服单打一的工作作风、克服拿来主义的工作作风、克服蜻蜓点水的工作作风；所谓树立“三个观念”，就是要树立任务观念、时间观念、质量第一观念；所谓做到“三个很”，就是要有很大的干劲、很高的热情、很强的责任心；所谓当好“两员”，就是人人都是编写员、人人都是资料员。强调在总纂前，必须把原来的初稿通阅一至两遍，把原始资料查看一遍，以达到所编的初稿和用的资料相一致，心中有数。同时把区志的凡例、行文规定和总的编篇目设计及注意事项，印发给每个参编人员，使其按照统一的目标和规范进行工作，严格责任制、明确分工、一包到底。三任正副主编都挑重担。

在总纂的日子里，朱乐平和同志们发扬了“团结实干、争创一流”的淄博精神。他经常加班加点，往往工作到深夜。一次已经夜里12点了，办公室灯还亮着，值班传达老苗跑到二楼一看，原来是他在伏案笔耕。对朱乐平来讲，没有什么星期天和节假日，除每天几个钟头的睡眠时间，精力都用在修志上了。质量第一、好中求快，是他坚持的一条重要修志原则。1986年5月完成送审稿后，根据市里审议提出的意见，又组织力量进行修改深加工。6月20日，中国地方志协会副会长董一博同志到临淄视察指导工作时，对区委书记李延龄同志说：“你们这儿是齐国故都，既有悠久的历史文化，又有新兴的石油化工基地，在全国知名度比较高。淄博市委不是提出争创一流吗！全国两千多个县，临淄区志能不能争创前一百名？”李书记明确回答：“我们有信心力争编出一流的名志来”。董老的期望和领导的表态，使朱乐平深受鼓舞，暗暗地下决心：“说一千道一万，编不出一流志书不是好汉”。特别是这年中共中央常委、中纪委第一书记陈云同志为《临淄区志》题写了书名后，为争创一流志书的劲头更足了，他常常忘记了休息、忘记了吃饭、忘记了家事、忘记了身体、忘记了自己的一切。一次家中的液化气烧完了，老伴几次催他都答应，这可是三天过去了，罐还是空空的。儿子在东北沈阳化工学院上学，朱乐平每月发下工资就给寄去生活费，1987年8月，儿子突然来信称，要求爸爸寄钱。朱乐平看信一愣：“我每月都寄钱，怎么回事？”后来才发现，7月份要寄的钱和信还在抽屉里，因忙工作忙的忘在脑后了。这年秋天他患了坐骨神经疼，当时正值总纂紧张时刻，只能侧坐着改稿子，疼厉害了就用热水袋敷一敷。平常每天要工作十三四个小时，有时回到家里老伴看他那劳累的样子，心疼地说：“没想到你去区志办更忙了，还要不要命？”

他笑着回答："为人民服务的事怎能图清闲，我就是要志不要命！"

辛勤的耕耘，换来了丰硕的成果。朱乐平带领大家笔耕七八个春秋，六易其稿，终于在 1988 年 9 月底完成了 140 万字的区志总纂任务。为快出书出好书，节省国家开支，他亲自赴京 7 次跑了十几家出版社，最后与价格合理，出版质量高、周期短的国际文化出版公司签订合同，一万册书只花了 24 万元，比其他出版社节省 6 万多元，而且半年就出了书。成为全省第一部新区志，实现了董老生前的期望和区领导的要求，朱乐平高兴地如下诗句："八年修志谈何难，贵在鼓气肯登攀，四修篇目六易稿，三级评审一气完，正值红月志书出，修志同人尽开颜"。

不骄不躁　奉献终身

《临淄区志》出版后，区委、区政府召开表彰大会，为修志做出突出贡献的 55 位有功人员给予奖励，其中 5 位荣立大功者，朱乐平名列榜首，当他拿到荣誉证书时，心情无比激动，感谢组织上对自己的鼓励。按说志书出版了，该好好歇一歇了。可朱乐平认为，区志问世并不意味着修志事业的结束，还有许多事情要做，如何发挥区志作用，怎样为今后续修区志打基础？对此一方面首先抓了区志的发行，通过召开发行会，印发通知和上门送书等形式，宣传区志出版的意义。经过半年多时间，一万册书发行了 6500 册，达到各个部门、村村、厂厂、店店、技校都有区志，个人也有不少购买的，许多单位把区志当作学习本地历史，进行爱国主义教育和不忘乡愁的教材。为了总结经验教训，探讨新方志的功能和作用，在完成发行之后，进行社会效益调查，用了两个月时间，先后带领编志人员深入 13 个村庄、20 个学校、6 家工厂、3 家医院和有关机关部门，亲自访问农民、工人、师生、医务人员、机关干部、离退休人员、烈士家属、知识分子 100 多人。永流乡永流庄党支部书记告诉他们，从区志里知道了俺庄建村年代，有着 1800 年历史，为全区 18 个古老村庄之一。现在村里已拿出 500 元建了村碑，让村民永记村史。辛店镇单家庄村长说，区志里记载了俺村的一棵 700 年的古槐树，并附有树的图片。这棵全区最老的古槐，提高了俺村的知名度。我们决定拨出 1 万元用于古槐管理，已在树的周围修上花墙，装上自来水管，用钢筋把落到地上的树枝撑起来，指定了专人管理。朱乐平听了村长的介绍，借机宣传了志书的作用，村长当场决定再购买62本区志，发给每个党员、干部和民办教师。朱乐平通过实地调查看到了新区志的社会效益，归纳了十大作用，写出《志书发挥社会效益的调查》，湖北的《史志文萃》和我省的《山东史志丛刊》先后刊登。还结合编志和这次调查，写出既有实践又有理论的5篇论文，其中《提高志书科学性的探索》，发表在1990年第4期《中国地方志》刊物上，以主编区志的体会写的《新编地方志要为人民立言》，应邀于1990年4月在武汉召开的全国首届市县志编纂经验研讨会上宣读，后收编在《市县志编纂经验》一书。同时，朱乐平还建议编写《临淄区年鉴》，既可服务现实又可为今后续写区志打下资料基础。经区领导批准后，着手进行筹备工作，制订出编写方案。并且亲自承担为《淄博年鉴》撰写临淄概况的任务。

由于在修志岗位上忘我耕耘，呕心沥血，积劳成疾，朱乐平身体状况越来越差，日渐消瘦。每天进食很少却排泄好几次。同志们多次劝他去医院检查治疗，他总认为是一般闹肚子，说没有什么了不起，仍坚持工作，参加一些活动。1991年4月中旬带病参加了张店、周村两区志稿的评审会。本月下旬又外出参观学习碑林经验，结果因身体实在撑不了中途返回后，也未休息，投入《淄博年鉴》临淄区概况的修改，直到把稿子报到市里后，才在领导和同志们催促下去医院检查。结果诊断为肝癌，才住进医院。在医院里，仍惦记着工作，当市志办的领导去看望时，他谈起了开拓修志工作的新思路，打算病好出院后，搞《临淄区志》补遗勘误问题，表现出共产党员的乐观主义精神和对修志事业的高度责任感。遗憾的是，病情不断恶化，经抢救无效，这年8月22日，癌魔夺走了他的生命，享年57岁。

鉴于朱乐平同志为修志事业贡献突出，区委、区政府于8月26日在殡仪馆为他举行遗体告别仪式。朱乐平遗体上盖着党旗、头部旁边摆放着《临淄区志》。区委书记王谋红等领导、区机关干部、市志办公室领导和各区县志办负责同志冒雨出席，向这位修志功臣鞠躬告别。仪式时刻，雨越下越大，电光闪闪，雷声隆隆，雷公也在为朱乐平送行。朱乐平同志，我们深深怀念你！

最爱方志人

——记续修《淄川区志》主编、原淄川区志编纂委员会办公室主任，区志办副主任孙学珍

高绪强

高绪强，男，汉族，1975年11月生，中共党员，大学学历。1996年7月参加工作，在淄川区罗村镇中心学校任教。2008年7月，调入淄川区志办公室工作，现任区志办科长。先后参与编写《天南地北淄川人》《影像淄川》等地情书籍，参与《淄川年鉴》编写工作，及时报送省市年鉴组稿材料及各类史志资料，完成《西河村志》《淄川区工商志》《淄川区卫生志》等多部志书的审稿工作。2012、2013连续两年被评为全市史志系统先进个人，2016年9月，被中共淄川区委组织部、区人社局记三等功表彰。

人生如梦，转眼就是二十六年。在这二十多年的光阴里，她从青年到中年，如痴如醉，默默无闻，执着而认真地干了一项铸就历史的工作，善始善终地完成了淄川区两届新方志的编纂工作，成为淄川历史上第一位女主编，她就是最爱方志人——孙学珍。像她这样耐得住寂寞、守得住清贫，专心从事修志事业的人在淄博市方志界乃至全省同行中为数不多。

选择无悔　奉献青春

孙学珍于20世纪70年代初参加工作，从事教育管理工作十余年。1983年，淄川区教育局领导给她三个工作机会，她义无反顾地选择了修志工作，开始从事首轮区志的编纂工作。首届新方志的编纂是一场艰苦卓绝开创性的工作，要用新观点、新材料、新方法将淄川140余年的地情发展史按行政区划记载下来，实属不易。她当时负责《淄川区志》人物篇的编辑及资料工作，现成可用的资料很少，大部分需要广征博采。为保证志书的质量，经得起历史检验和人们推敲，她北上南下，经常带着孩子搜集、挖掘档案、口碑及实物资料，总结出一套抢救活资料及准确运用现成资料的工作方法，其经验在全市推广，并在全国方志研讨会上交流。她编纂的人物篇工作量大，涉及人物多、面广。她抓重点、找难点，千方百计将每位入志人物资料搜集齐全，记载完善，使人物篇体例完备、内容充实、事实准确、资料性和可读性强，得到领导的一致好评。几年时间里，顺利完成第一届志书编纂工作。由于工作出色，组织上调她到其他单位或乡镇担任领导职务，她均婉言谢绝，继续选择修志事业。1992年，孙学珍晋升中级职称。1993年12月，淄川区志办公室撤销，有几个待遇优厚的单位可供选择，她还是不忘初心，坚持在淄川区政府办公室工作，负责全区修志及年鉴工作。由于人手少、工作头绪多、面广量大，她克服种种困难，先后参与编辑完成《淄川区大事记》《淄川方言志》《蒲松龄志》等志书；指导基层10余部志书编写工作；争取领导支持，建立起全市区县首家方志馆，区志各项工作开展有条不紊，在全市乃至全省保持先进位次。在辛勤耕耘中，孙学珍收获了成功的修志经验与人脉，为淄川区争得了荣誉。

勇挑重担　不辱使命

21世纪初，全国掀起第二轮修志高潮，淄川区是淄博市修志试点单位。由于孙学珍对方志工作有强烈的事业心和责任心，领导确定她为续修《淄川区志》主编，并兼任区志编纂委员会办公室主任，负责二轮志书的编纂整理工作。责任重于泰山。经过积极努力和多方争取，孙学珍在全区迅速组织起300余人的修志队伍，开始了七年多的修志征程。

篇目是志书的框架，设计的合理与否，关系到志书的生命与质量。孙学珍耗时两年，在广泛征求意见的基础上精心设计《淄川区志》篇目，九易其稿，并编写篇目设计说明，经过无数次调整、修改、完善，最终形成较为完善合理、符合淄川实际的篇目，被省市同行单位借鉴学习。为统一体例、文风，她把培训修志队伍抓在手上，利用一周时间，分部门、行业办培训班，白天主持会务、登台授课；晚上撰写材料，自编教材，像拼命三郎一样连续奋战六天六夜，最后一天培训乡镇撰稿人时，已经累得嗓子说不出话，茶饭不思。集中培训结束后，由于供稿单位撰稿人不断更换，还需要到单位或在办公室培训人员，她都不厌其烦、耐心授课，先后培训几百人次，保证编纂工作顺利开展。

二轮修志工作进行到颈瓶期时，孙学珍采取有效措施加快进度，亲自到部门单位及乡镇督导检查或以会代训，足迹遍布全区，使先进单位更快，落后单位变先进，全区营造出争先恐后的工作氛围。为让大班子领导和各部门单位主要领导掌握全区及本单位修志情况，她主持编辑《史志动态》，在全区范围印发，起到了检查督办的作用，促进了面上工作开展。

撰稿审稿阶段，她建立完善的编辑审稿制度与程序，铁面无私，严格把关，确保编纂合格精品志书。几年间，按责任编辑、副主编、主编的审稿程序，先后审阅123个承编单位的初稿、修改稿、再审稿、总纂稿、征求意见稿、送审稿等，提出具体修改意见或建议，填写《审稿记录表》300余份。同时，建立《审稿记录簿》，记录各承编单位历次撰稿、改稿、审稿等情况，形成16开备课本6本，约15万字的原始材料。

志书出版阶段，也是孙学珍离岗返聘时期，她与副主编等人先后20余次往返济南，披星戴月忙出版工作，经常累得在返回的车上就睡着了。志书出版后，她积极倡导并亲自动手，利用半年时间将所有续志资料整理归档，共整理194个文件盒、1000余万字，为下一轮志书编纂工作奠定了坚实的基础。

呕沥成宏著，镜鉴惠子孙；修志累硕果，无私献精神。十几年间，在编纂区志工作同时，孙学珍指导基层部门单位编纂志书10余部，均与编纂区志工作一样，每个工作环节都认真把关，有时亲自编审稿件，大部分志书出版后获得淄博市社科奖等奖项。多少个不眠之夜她在挑灯夜战，多少个休息日她在无私奉献，她无愧于党、无愧于人民，组织上亦给予她充分肯定。1983 年始，她先后 18 次被评为省、市、区级先进工作者和优秀共产党员等，其中 1991 年区委、区政府给予记功奖励；1996 年被山东省志编纂委员会、山东省人事厅记三等功，并应邀聘为山东省志办特邀编审。

余热生辉　成果丰硕

人生苦短，及时行善；善待自己和别人，让生命更有价值。2009 年，孙学珍退休后，并没有停歇修志的脚步。她继续发挥余热与特长，耗时四年，应聘主编《查王村志》《淄川区人口与计划生育志》等，两部志书均在 80 万字以上。从组织人员、设计篇目、搜集资料、撰写内容、总纂志稿到志书出版，字里行间，每个工作环节都倾注了她大量心血。两部志书出版后，得到编志村和单位领导的好评。口碑树乡间，单位留美名，这就是余热人生的价值所在。

孙学珍最爱听的一首歌《小草》，折射出她默默无闻却又壮丽无比的修志人生，汗水、泪水、乐趣、成就交织在一起，这不就是修志人的心声吗？孙学珍二十余年的修志经历，生动诠释了“修志问道、直笔著史”的新时期方志人精神，她就是最美的方志人。

自甘辛苦终身事　不向光阴惰寸功

——记博山区政协副主席 史志办主任张新清

李福源

李福源，男，汉族，1978年1月生，现供职于博山经济开发区。先后在《齐鲁晚报》《山东教育》《鲁中晨报》《淄博晚报》《淄博财经新报》等报刊杂志发表文章300余篇，在《大众文艺》《淄博师专学报》等学刊发表论文6篇。近年来，致力于地方文史资料研究，出版专著《因园史话》。

张新清虽身兼数职，但他用自己的诚挚和热情，把每份工作都干得有条不紊，得到上级领导一致好评和下属们的一致赞扬。

暖骨秉丹心　枝叶总关情

2008年12月，张新清当选九三学社博山区基层委员会主委。面对上级组织和领导的信任，面对九三学社社员们的期冀，他更感到担子的分量、责任的重大。如何当好九三学社博山区委的管家人，成为他又一次奋斗的目标、追求的理想。

上任伊始，他就把情系桑梓、心系百姓定为自己和九三学社的工作准则。他在和同志们交流时说："人民，是理想之根，是信念之源。总书记曾说过，忘记了人民，脱离了人民，我们就会成为无源之水、无本之木，就会一事无成。我们的工作，简单来讲就是两项，一是依靠人民，二是服务人民。"

他是这么说的，也是这么做的。

博山是个老工业区，如何重振博山昔日的辉煌，是历届领导最为关注的，也是张新清日思夜寐的事情。他组织社员围绕全区转型振兴和经济社会发展中的重要问题以及人民群众关心的具体问题，认真开展了调研活动，几年来在区政协全委会上，提交提案的数量和质量都在各党派之首，受到区政协的高度评价，为区委区政府科学决策提出了许多有价值的意见和建议。

2014 年，张新清撰写的《加强基层政务服务中心建设，实现服务型政府职能转变》和《关于大力推广我省有机农产品的建议》2 篇理论调研文章被九三学社山东省委列为参政议政课题；2015 年，撰写的《众人拾柴火焰高——浅谈优秀提案的撰写》编入社中央《九三学社基层组织活动典型案例选编》；撰写的《关于推动我国医疗责任保险发展的建议》被九三学社中央列为参政议政课题。2008—2016 年，连续九年，他的个人提案被市政协评为优秀提案。

在积极参政议政的同时，张新清更是利用自己和九三学社的影响力，积极开展形式多样、注重实效的社会服务活动。

2014 年、2015 年连续两年，他配合社省委在博山区开展"爱之光"免费白内障复明公益活动，累计为 469 名山区贫困家庭的白内障患者进行了免费手术，解决了贫困患者无钱看病的难题。他每年都组织社员对山区学校贫困学生进行"结对帮扶"，自 2015 年起，又对 20 名贫困学生进行捐资助学，承担学生在义务教育段学校的所有费用。除此之外，他还定期组织医疗专家送医送药下乡，为贫困山区老人和各乡镇敬老院老人进行义诊，受到当地群众的好评和称赞，树立了九三学社博山区基层委员会的良好形象。

念念不忘，必有回响。张新清的辛勤付出得到了老百姓的好评，也得到上级有关部门的肯定。2013 年，张新清被九三学社山东省委表彰为九三学社山东省优秀社员。2014 年，被九三学社山东省委表彰为九三学社山东省参政议政工作先进个人。2015 年，被九三学社中央评为全国优秀社员。

面对上级给予的荣誉，张新清始终保持一颗清醒的头脑，他知道，作为主委，守土尽责，善作善成，坚持把大事做圆满，把小事做精细，把难事做稳妥，把易事做出亮点，为九三学社争光添彩，加油助力，是自己不可推卸的责任，更是自己长远的工作目标。

睹乔木而思故乡　考文献而爱旧邦

地方志是中华民族特有的文化瑰宝，是重要的地方文献，是一个地区的史书，享有“地方百科全书”的美誉。了解一个地区的历史和传统，必须先从了解地方志入手。

兼任博山史志办主任的张新清自然更清楚地方志在历史长河中发挥的重要作用。不仅如此，他曾多次呼吁说，盛世修志，是中华民族自古以来的优良传统，编修社会主义新方志，更是社会主义精神文明建设的重要组成部分，是为社会主义精神文明建设服务的。它所产生的社会效果，是以它特有的资料性、知识性和地方性为社会主义精神文明建设提供生动、具体、感人的材料，是向地区人民群众进行爱国主义、革命传统教育最典型的教材。

正因为张新清对史志编纂、整理工作有超乎常人的见解，所以自 2008 年 12 月调任区史志办主任以来，他就认真研读了国务院《地方史志工作条例》《山东省地方史志工作条例》和《淄博市地方史志工作条例》等相关史志工作指导性文件，并以此为依据，全面展开博山区地方史志的编纂整理工作。截至目前，先后编纂出版了 20 余部志书，一举打破了区史志办十几年没出书的沉寂局面。

作为博山区地方史志办公室主任，张新清工作中坚持“围绕中心，服务发展，突出特色，打造品牌”工作思路，攻坚克难，实现“志、鉴、馆、网、库、开发利用”六业并举。仅用两年时间便高质量编纂出版了《博山区志（1986—2002）》，荣获山东省“齐鲁新方志奖”优秀志书奖；年鉴编纂从“十年一鉴”到“一年一鉴”，实现常编常新。《博山年鉴（2014）》被评为全国县区级一等综合年鉴、山东省优秀年鉴综合特等奖；《博山年鉴（2016）》被评为山东省优秀年鉴综合特等奖。

博山一直没有方志馆，方志的收藏一直杂乱无章。这几乎成了张新清的一块心病。为此，他四处奔走，积极呼吁，历经一年多的努力，终于建成300余平方米高标准、多功能方志馆。当年即有1000余种方志入馆，完善了博山的方志收藏。

为挖掘传承优秀历史文化，使史志资源开发利用不断深入，张新清积极启动了挖掘旧志工作。在出版《颜山杂记（校勘本）》《博山乡土志（校勘本）》《续修博山县志（校勘本）》《颜神镇志（校勘本）》《博山县志（校勘本）》基础上，对博山区历史上的六部地方志进行校勘整理，2015年出版了《博山旧志集成》。该书一出，立即在博山文史界引起轩然大波，成为文史专家研究博山的必备志书。该书也荣获山东省优秀旧志整理成果奖。

博山区历史悠久，文化底蕴深厚，为系统地记载博山的自然景观和历史文化，张新清于2013年启动《博山山水》的编纂工作，组织编写人员100多名，历时两年半，共记录山头1000多座，撰写文字稿60多万字，拍摄照片3000余张，为记录博山自然景观添上了浓墨重彩的一笔。

为加强博山区历史文化古村落保护利用，推动文化博山建设，2015年，他又马不停蹄地启动了《博山区传统村落记忆》和《博山区镇村志略》的编纂工作，为全区300个村、社区建立村庄档案。

截至目前，张新清先后主持编写出版《博山区大事记》《博山鼻烟壶》《博山山水》《博山区情手册》《博山指南》《博山区饮食志》等二十余部地方史志书籍。其中，《博山区志（1986—2002）》在山东省“齐鲁新方志奖”评选中，被评为十本优秀志书之一；《续修博山县志（校勘本）》被评为优秀读志用志成果；《博山县志》（校勘本）获2014年度全省优秀志书奖；《博山年鉴（2014）》被评为全国县区级一等综合年鉴、山东省优秀年鉴综合类特等奖；《博山旧志集成》荣获优秀旧志整理成果奖。《博山饮食志》被评为2016年度山东省优秀基层（专门）志。

正是因为张新清在史志工作方面的重大成就，博山区史志办连续6年被淄博市史志办表彰为“全市史志工作先进单位”。2016年，山东省地方史志办公室印发《关于推广淄博市博山区史志办经验的通知》，要求全省史志系统学习博山区打造史志品牌的做法与启示。其个人也被评为2011年全省史志工作先进个人；2013年被省政府办公厅、省人力资源社会保障厅、省公务员局评选为全省史志工作先进个人（三等功）。

面对成绩和荣誉，张新清显得异常清醒，他知道，他所做的工作还仅仅只是个开始。路漫漫其修远兮，未来的工作中，他将不断提升自己，加快前进的脚步。——因为他知道，前面，还有海量的工作正等待着他。

那些人　那些事　那些汗水浇灌的文字

任　峰

任峰，男，生于1967年7月，山东淄博周村人。现供职于政府部门，曾专注于文史工作创作，二十余篇文章入选《山东文史集萃》《淄博文史资料专辑》《淄博地方志》，并有多篇地方志获得省市奖励，荣获“山东省文史先进工作者”称号。

史志、史料、史情，是一个城市的档案，是历史不可替代的忠实记录。在山东省淄博市周村区有这样一群人，数年如一日，抱定“干一行爱一行”的决心，认为没有清闲的部门，只有懒惰的人，小部门也能干出大事业，在“史志”这个“舞台”上争取干出一番事业来。守候一片自己的领域，无关尘世，无关风月，只是一种追求，一种责任，一种深深的爱恋。

天雨虽大，不润无根之草；大河虽宽，不渡无志之人。有人常形容一些边缘冷门工作是“好汉子不愿干，孬汉子干不了”。史志工作就是这样一项“三苦”工作，没有强烈的责任心和使命感是干不好的，有一个好的带头人和干事创业的队伍至关重要。周村区史志办一班人在吴卓春吃苦在先、以身作则的带领下，大力弘扬和倡导干一行、爱一行、精一行，淡泊名利，吃苦耐劳的敬业精神，培育正能量，铸造精气神，带出了一支能吃苦、能打硬仗的史志工作队伍。返聘的两位老同志都是做爷爷、奶奶的人，可他们凭着一股对史志工作的一份热爱，克服家庭的各种困难，每天都按时到办公室伏案工作。他们的工资并不高，却从来不计个人得失，从来不曾影响耽误工作。原副主任甘爱华已年近七旬，一边在家带着小孙女一边改稿子。她从来没有觉得自己退了休就是退了职，只要单位需要，从来都是义不容辞。大家心往一处想、劲往一处使，变压力为动力，把工作当事业，把小事做大，把冷事做热。

作为区史志办这样的小部门，要创办刊物并且持续不断地办下去，谈何容易，归纳起来有三难。第一个难关是人手少。周村区史志办公室编制6人，当时只有3人。维持日常运转，编辑年鉴，已经是满负荷运转，要再办刊物，肯定忙不过来。为此，他们以诚恳的态度，返聘两位从事史志工作二十余年、目前已退休的两位老副主任担任编辑，聘请了一位已经从企业退休并且多年从事文史研究的地方史专家担任执行主编，组建了《周村史志之窗》编辑班子。同时，为满足各村、企业修志工作的需要，创建了周村区史志编纂顾问团，成员近20人，他们多数是退休老干部老教师，阅历丰富，熟悉周村历史，文史功底扎实，对地方史编纂有很高很强的责任心。这些同志在帮助村、企业修志的同时，也为《周村史志之窗》提供了稿件。区人大原副主任李国经、区文化局原局长孙方之，退休后为基层修志事业发挥余热，从不计较名利得失，经常都是审稿到深夜，兢兢业业，一丝不苟。第二难关是经费不足问题。这份刊物是“计划外工程”，当时经费不可能列入财政预算。积极争取领导的支持，解决了一部分经费。另外，通过与企业及有关单位合作挖掘整理专项资料，合作单位也为刊物印刷提供部分支持帮助。第三难关是资料关。周村自本世纪初发展旅游业以来，地方文化研究步伐明显加快，通过各种渠道出版了一批刊物和书籍，史料比较丰富。但史志之窗是史志部门的刊物，要比一般书刊苛刻得多。他们要求严格把关，要求不登文学作品，不登史论、演义，所刊稿件必须内容真实、有据，可以入史入志。严禁刊载牵强附会、凭空想象的假史料。这一点是史志工作的生命线，必须恪守不渝，一以贯之。为了保证史料的真实性和准确性，李国经、孙方之两位老领导不仅远赴邹平、淄川、张店等地查档，更是吃住在档案馆，埋头查阅卷宗，从区档案馆挖掘出尘封已久的老档案六、七推车。

创新是事业发展的不竭动力，没有创新就没有发展。如何把《周村史志之窗》这本小刊物送到最需要的群体中，以求发挥最大效益，这也是不可忽视的一个环节，也是摆在周村区史志人面前的一个亟待解决的问题。《周村史志之窗》发行后，周村区史志办在区会务中心举行了隆重的首发式，邀请市史志办的主要负责同志及区委区政府有关领导和区直部门、街道负责同志参加，通过新闻媒体的宣传，扩大了影响。并以此为契机，开展了史志成果进机关、进企业、进社区、进学校，进酒店（宾馆）的“五进”活动，以史志成果“五进”活动为载体，通过发放《周村史志之窗》等相关史志资料，增进各界人士，特别是让年轻学生了解周村、热爱家乡的良好素质和自豪感，坚定投身家乡建设的信心和决心，增强他们建设“富而强、精而美”幸福周村的责任感和使命感。从 2013 年 3 月开始，史志办联合区教体局启动了史志成果进校园活动以来，将每期《周村史志之窗》都送进校园，达到了城区小学每班一册，受到广大师生的热烈欢迎。

史志部门掌握着大量丰富的资源，关键是找准挖掘开放这些宝贵资源的切合点、结合点、发力点。周村，素有“天下第一村”之称，历史悠久，文化底蕴深厚，自古商业发达，是鲁商发源地，明末清初已成为重要的商业名镇，被誉为“金周村”“旱码头”。1904 年，周村被批准为自主对外开放之商埠之后，工商业更加繁荣兴盛。周村古商城作为山东省目前唯一保存完好的明清古建筑群，是鲁商文化繁荣发展的历史见证，被古建筑专家誉为“中国活着的古商业街市博物馆群”。周村丝绸文化渊源流长，是中国古代丝绸之路源头之一，有“丝绸之乡”的美誉。周村人文资源丰富，清代著名小说家蒲松龄曾在王村镇西铺村教书著书 33 年，《聊斋志异》就诞生于周村。曾在央视热播的电视连续剧《大染坊》的故事发生在周村、反映周村商业发展史的电视连续剧《旱码头》在央视成功播出。周村区史志办抓住这些优势，于2012年6月创办了《周村史志之窗》，目前已经出版了21期，共刊载稿件230余篇。纵观稿件质量，基本实现了办刊宗旨。在挖掘地方历史文献方面，刊载了清代进士徐文骧《周村镇赋》、周村开埠奏折及当代历史学家杨志玖、侯仁之的专题研究文章，这都是研究周村历史的重要资料。在挖掘地方史料方面，第一本区志上溯到新石器时代（概述），志书大事记从明嘉靖四十四年开始记述。史志之窗连载的“周村历史大事记”，上溯到一亿二千万年以前，从此以降至明嘉靖年间，收录了118条大事，填补了第一轮志书的空白，这一突破为完善丰富周村历史提供了重要资料。在地方史专题研究方面，刊发了关于周村丝绸、周村铸造业、名门望族、工人运动、抗日英烈、周村烧饼等专题研究文章，引发了对周村历史的重新认识。既为抢救研究周村历史、挖掘商埠文化，弘扬鲁商精神，更好地为促进现代经济和文化建设提供借鉴和参考，提升周村文化软实力，做大叫响鲁商发源地品牌服务搭建起了平台，同时也成为全体公民、广大青少年爱党、爱国、爱家乡的爱国主义教育的教材。

为了做好板块完善和内容丰富工作，史志办工作人员不仅挖掘历史，而且也要记录当代重要史料。比如，相继采访了著名科学家、中科院原副院长李振声院士、当年参与解放周村的九纵宣传部长之子罗小兵及英国传教士、驻军148医院前身复育医院创办人希荣德之女希茹兰等，在周村本地也采访了当年参加中共九大的党代表刘秀珍，中国第一批劳动模范蒋瑞芝等，为挖掘周村历史积累了许多鲜为人知的宝贵资料，填补了周村区志在这些方面的空白。在京采访期间，同时邀请李振声院士为本刊第五期题写了刊名。此外，他们还定期召开区史志编纂顾问团成员，特别是撰稿人员座谈会、经验交流会，多渠道、多层面挖掘历史，不断提高稿件质量，使《周村史志之窗》越办越好。

遇到一件事，唤醒你的责任，赋予你使命，成就你梦想，这就是一项事业。一分耕耘一分收获。人们惊喜看到，《周村史志之窗》已成为地方史志研究者、爱好者的交流平台，实现了百花齐放、百家争鸣。他们不等不靠，自力更生，开拓创新，壮大了队伍，取得了成绩，探索出了一条克服当前困扰史志事业发展的“瓶颈”，从而走上了一条良性循环、科学发展的大道。

“不忘初心，方得始终”，却少有人知道下一句，“初心易得，始终难守”。做任何事情，难在坚持，贵在坚持——周村史志人用行动证明，他们不仅在用辛勤的汗水书写历史，也在用一种精神书写自己的人生靓丽华章！

钟爱史志　终生不渝

郑述瑜

郑述瑜，男，山东省高青县人，1955年出生，中共党员，大学文化，中教一级教师，已退休。

中国历来具有修史编志的优秀传统，而新中国建立以来，大规模编修地方史志工作，是从20世纪80年代初开始的。现在一般的说法，叫做第一轮修志。而我也正是从第一轮修志开始，就与史志工作结下了不解之缘。

全国第一轮修志工作启动以后，各地掀起了修志的热潮。高青县也不例外，县志编修工作正式启动，而县志的编修离不开各个部门提供资料。各部门于是借此机会，开始编修部门志。当时我在一处中学担任语文教师，因为喜欢写作，在报纸刊物上发表过作品。1983年11月，高青县教育局决定让我主持编修《高青县教育志》，那时我只有28岁，而且从来没有接触过史志工作，只是一个热爱写作的文学青年而已。在既无经验可以借鉴、也无范本可以遵循的情况下，开始了《高青县教育志》的编修工作。当时的条件远远不如现在，一切资料都是手抄，我们仅仅在省图书馆、博物馆就呆了一个月，每天面对大量的历史资料，一个字一个字的抄写，手写酸了，眼看花了，腰坐疼了，但是为了收集更多的材料，为了志书的质量，我们一直在坚持着。除了省图书馆、档案馆，对于县、地区（当时我们属于惠民地区）的档案馆、图书馆也多次去寻找资料。两年下来，我们拥有了上百万字的历史资料。加上老同志们的回忆录和单位资料，终于在 1986 年底，写成高青县第一部教育志。全书 25 万字，上限 1840 年，下限 1985 年。

在编修《高青县教育志》的同时，我参与了《高青县志》的编修工作。因为教育志是《高青县志》的一个重要组成部分，在将教育志提供给县志办公室以后，县志办公室的领导觉得我可以参与县志的编修工作，但是由于当时政策的原因，不能调入县志办公室，于是领导让我在业余时间，为各单位报送的部门志加以修改、补充和完善。在 1987 到 1988 年两年间，我修改了《高青县志》四分之一的文字。1989 年 6 月，《高青县志》进入最后的编审阶段，经县领导与教育局领导协商，我被借调到县志办公室，参与《高青县志》的最后编审，1990 年 5 月，完成《高青县志》的最终定稿，我又回到了教育部门工作。

2002 年，高青县启动第二轮修志工作，编纂《高青县志（1978—2004)》。此时，我的学生担任了本次县志编修的主编，而我因为在学校担任领导职务，无法抽调到县志办公室从事县志的编修工作。但是，我几乎参与了第二轮修志的全过程，从篇目制定、材料修改到志书审定，都程度不同地提出了意见和建议。为第二次县志的编修尽了自己的努力。

2008 年，我离开领导岗位，有了相对充足的时间，这时，高青县要编写大型系列丛书《千乘之洲——高青》，由史志办公室主编，于是我再次来到史志办公室，从事《千乘之洲》的编写工作，主要负责历史和油区部分。经过一年的努力《千乘之洲——高青》顺利出版，成为历史上第一本全面展示高青历史和现状的系列丛书，受到社会各界的好评。同时，我还参与了《高青县电业志》的编修工作，编审了高青县第一本电业志。2009 年，在编写《千乘之洲——高青》之后，对于高青的历史，我总感觉意犹未尽，无论是县志还是丛书，由于受到体例和篇幅的限制，不能全面展示高青几千年来的历史面貌。于是，我用了一年的时间，全面梳理高青历史，写成了《话说高青历史》一书。全书 20 万余字，从远古开始，到中华人民共和国成立为止。试图按照历史发展的脉络，全面展示高青在历朝历代所发生的重大事件和重要人物。为此我借鉴了高青最新的考古成就，参考了大量的历史资料，光地方志就参考了二十多本，包括《山东通志》《青州府志》《武定府志》《高苑县志》《青城县志》《齐东县志》《蒲台县志》等，最大限度地展现了高青历史的全貌。可以不客气说，这是在高青有史以来上，第一次从历史的角度系统全面研究高青历史的第一部著作。

2010 年，受县里的委托，我对高青县抗日战争时期著名战例——魏家堡战斗，进行了全面的整理和总结。收集了当时和后人对这次战斗的回忆和描写，尤其是 1940 年清河地区《群众报》对这次战斗的报道；当事人刘竹溪对这次战斗的回忆等。同时，对高青乃至清河地区、渤海地区的抗战历史做了一个系统的研究，2013 年，出版了《魏家堡伏击战》一书。在展示了魏家堡战斗的历史场景的同时，也对高青县抗日战争的历史进行了反映。

2011 年，我参与了《高青县城市建设志》《高青县国土资源志》《高青县二中志》的编修工作。2013 年，参与了《高青县经济开发区·常家镇志》《千乘之光·唐坊镇志》《高青县农业综合开发志》《高青县林业志》的编修工作。在编修《千乘之光》一书时，我和主编孟庆尧先生，根据唐坊镇的实际情况，将书名定为《千乘之光·唐坊镇志》。其主要原因就是要凸显唐坊镇在两汉时期作为千乘郡驻地，所创造的灿烂文化，全书分为上下两卷，上卷是唐坊镇的历史文化，下卷是唐坊镇建制以来的社会经济文化状况，是一部唐坊镇镇志。这样既能展现唐坊镇现有的面貌，又不至于使唐坊镇特有的历史文化变得支离破碎。此书出版后，受到中国殷商文化研究会名誉会长王宇信先生等专家的肯定。王宇信先生并为此书写了序言，题写了书名。

2013 年，我受乡亲们邀请，主编我的家乡——高青县黑里寨镇吴家村的村志。编写村志不同于编写乡镇志和部门、行业志，村志最大的困难在于没有文字资料，县志、乡镇志、部门志或多或少总会有一些档案文字的资料可以利用，尤其是近年以来电子档案、文件较多，为编辑工作带来了极大的便利，而村庄没有任何档案和文字记载。绝大部分材料都来自老人们的回忆，而回忆就不免有偏差，就需要多人的回忆相互印证，择其善者而从之。其次是写村志不能局限于一个村，要通过村庄的变化反映整个社会的进步和发展，如何将一个村子的历史放置到整个社会历史中是编修村志的另一个难题。经过一年的努力，全书20万字的《吴家村志》由团结出版社正式出版发行。在高青县，这是第一部正式出版发行的村志。

2015年，我应高青县迎宾馆之邀请，主持编修《高青迎宾馆志》，据我所知，这种志书在全省也不多见。用了一年多一点的时间，全书15万字的《高青迎宾馆志》形成初稿，只是因为其他原因，尚未出版。在这一年里，我又参与了《高青地名研究》《高青记忆》等书的编辑工作。

除了参与全县各方志的编修之外，我还注重于历史文化的研究。十几年来，先后发表了《营丘之丘》《营丘之丘（二）》《周师齐祖姜子牙》《齐商文化源头初探》《齐商文化的形成与经营理念》《齐商文化的发展与鼎盛》《田镇田氏家族与齐商文化》等研究文章。发表了“高苑八景背后的故事”系列等历史考证性散文。以及短篇历史小说《田横之死》，长篇历史传记《齐王田横》等。同时撰写了史志方面的论文《论图、表在志书中的作用》《以小见大说村史》。在《淄博史志》上，刊载文章多篇。

从2011年开始，我一直担任《高青年鉴》的编辑，参与了所有《高青年鉴》的编辑工作，《高青年鉴》从2011年开始编纂，从2012年开始，实现一年一鉴，如今已经出到第六卷，正在编辑第七卷。其中《高青年鉴》2013卷获第五届全省优秀年鉴综合特等奖。

回顾自己三十多年来从事史志工作的路程，其中有苦也有甜。虽然我一直都不是史志工作队伍中一名正式的成员，但是几十年来，却对史志工作情有独钟。我热爱这项事业，喜欢这项工作，如今我已经退休，但是编修史志的热情一直没有改变，今年除了编辑《高青年鉴》第七卷之外，又参与了《高城镇志》的编纂工作。同时，还担任高青述青藏古博物馆顾问，从事碑刻、墓志的研究。我相信，在我的有生之年，我将把史志工作作为我生命的一部分，为历史文化研究增添一份光和热。

爱志编志研究志

——枣庄市教育局退休干部渠开选编写方志记事

张瑞华

张瑞华，男，1970年10月生，山东枣庄峄城人。中共党员，大学学历。1991年7月参加工作，峄城区史志办公室主任。1989年9月—1991年7月，在华东师范大学学习；1991年7月—1998年12月，在峄城区总工会工作；1998年12月—1999年7月，任峄城区萝藤乡党委委员；1999年7月—2001年4月，任峄城区甘露沟乡党委委员；2001年4月—2001年12月，任峄城区底阁镇计生委主任；2001年12月—2011年11月，任峄城区坛山街道党委委员、纪委书记、副书记；2011年11月—2015年5月，任峄城区阴平镇党委副书记、政协工作室主任；2015年5月起，现任峄城区史志办公室主任。

他本是一名教学研究人员，从事中小学工作40余年，1998年退休后却参加了地方志编写，并逐步爱上了这一行。虽然用他自己的话说，他是方志舞台上的一名“票友”，业余的，但是至2017年，他已连续主编或参与编写行业志、市区地方志等7部志书，经他亲自拟稿或修改整理的文字达420余万字。同时，记录积累资料卡片500余张，撰写研究方志的论文和随笔10余篇，合计5万余字，先后发表于省、市史志专业报刊或地方综合报刊，内容涵盖方志的历史价值、文体结构、材料组织、语言文字标点等方面问题。现已耄耋之年，仍每天坚持长时间研究编纂。他就是枣庄市教育局退休干部渠开选。

一、在干中学、在学中干，首次编写出《枣庄市教育志（1992—2001）》

2002年春，退休不久还正在附近几所小学发挥“余热”的他被市教育局领导叫去，让他主编教育志。于是义无反顾地投身于这一陌生领域。每天蹬起那辆“长征牌”自行车，往返4趟，30华里，“早8晚5”地去单位上班。

虽然在退休前，他被评为枣庄市专业技术拔尖人才，本在语言文字上有过历练，写过教育教学论文百余篇，还出版过几十万字的专著，如《怎样写教学论文》（青岛海洋大学出版社2000年出版）等，但编写方志还是第一次。怎么办？学！边干边学。筚路蓝缕，经过两年的努力，2004年春终于编纂完成60万字的《枣庄市教育志（1992—2001）》。该志由社会科学文献出版社出版，获得领导和同行的一致称赞。然后，他整理平日所记资料卡片，写出5000余字《志书撰写中有关语言文字和标点符号的几个问题》论文，发表在省史志办期刊《志与鉴》（即后来的《山东史志》）2007年第2期上。

二、战胜酷暑，日夜兼程，整理修改《山亭区志（1983—2002）》

2005年4月，枣庄市史志办主任胡爱华同志找到他说：山亭区第二轮修志初稿完成了，但距送审稿还有较大差距。领导想急着出书，请他帮着进行一次大的整理修改。他认为，这是业务部门的一种信任，是领导的一种委托，是容不得推辞的。

于是，他冒着一天比一天的溽热，一章又一章，一节又一节，从文体结构、材料组织到字词句斟酌，认真仔细地修改了两遍，并对全书前后数字一一核准。那时，他精力旺盛，晚上还要加上两小时的班。至年底，志稿通过专家评审后，由山东省地图出版社出版，全志120万字。然后，他根据修改文稿时记下的卡片资料，很快写出4500余字的论文《理清顺序，力避重叠，统一数字——志书编辑统稿中几个问题的认识和实践》，由市史志办编入《志鉴华章》一书中。

三、不辞劳苦，奔走市、区，认真编撰《枣庄市志（1986—2005）》

就在《山亭区志》稿送审之时，市史志办的负责同志又把编写《枣庄市志》的七分之一任务交给他，形成了时间上“无缝对接”。此时，经过了前两部志书的编写，他渐渐对史志工作有了较多的理解，并产生了浓厚的兴趣，再加上长期养成的认真负责、一丝不苟的工作习惯，对市志的编写就更加全身心地投入了。

面对各区（市）、各单位各部门送交上来的文字资料，经过认真审读发现，文字篇幅虽然不小，但内容多有与方志要求不相符合之处。在语言上空话、大话太多，具体记事挂一漏万，有的有头无尾，有的有尾无头，本该写出的事却未写，不该写的事反而写了，还有前后数字矛盾等。他认为要编出一部信史，这诸多问题必须解决。于是，他征得领导同意，亲自跑到各区（市）和市文化局、广电局、报社、国税局等市直 30 余个单位部门，与提供文稿的人员、与专业技术人员进行座谈交流。有时为了不打扰领导，自己独自骑单车奔走在街巷和机关大院。经过两年另 3 个月的努力，全面完成个人所承担的任务。之后，他据此写出 5000 余字的论文《志书文稿出现的偏差及纠正》，并获评 2011 年全省优秀论文。

四、兢兢业业，精益求精，打磨修编《枣庄市市中区志（1986—2005）》

2008 年 2 月，就在他离开市史志办之时，市中区史志办的同志又把他请去编写《枣庄市市中区志》。此时，200 余万字的“长编”已形成，急待作进一步的整理修改。市中区作为市驻地，机关企事业单位多，且从属关系多有交叉，同一事件会在不同的编章中，从不同的侧面出现，这就给志稿统编带来困难；再就是初稿的执笔者众多，包括记事顺序、文体、方法、语言标点等水平参差不齐，这又成了统编中的另一困难。年已古稀的他，又全身心地投入到这项工作中，与区史志办的同志一道，经过 4 年 1400 余天的精心“打磨”，达到全文体例一致，语言简法，文字从 200 万精简至不足 150 万，顺利通过专家评审，并于 2012 年 1 月由中华书局出版，获 2011 年度全省史志系统“八个一优秀”成果奖——全省优秀市县级志书奖。同时，他与市中区史志办主任王光辉合作撰写约4000字的论文《理清关系，力避重复——志稿内容重复的出现及避免》，被收入省史志办主编的《山东省第二轮修志理论探索与实践创新》一书中。

对他在编写史志工作中的兢兢业业，不怕苦不怕累的认真劲，起初也有人不太理解。他自我安慰道："退休多年了，不会再去想由科级到县级那样的职务晋级和由副高到正高那样的职称评聘，只求静下心来踏踏实实做成一件事或多件事。"后来，大家渐渐明白了他的苦衷：作为共产党员，一是他长期养成的工作习惯，做一件事就要做好，绝对不能马虎，与他共过事的人都深深体会到这一点；再就是他常说的，吃着国家的助学金成长起来的人，即使退休了，为国家为人民做点事情也是应该的；还有就是他对史志事业的敬重和热爱，体现的是知识分子的一种文化自觉与担当。这在他后来发表在报刊上的《中国文人的史志情结》一文得到诠释。他佩服小说《白鹿原》中的朱先生，更佩服峄县籍明代兵部侍郎贾三近"穷郊原，访耆老"编纂出第一部"峄县志"和滕县籍清进士、翰林院编修高熙喆不顾古稀之年"踏遍县内山山水水"编纂清代滕县最后一部志书的精神。这一点得到市、区两级史志办负责同志的一致赞同。

五、马不停蹄，不顾年迈，满腔热情投身《峄城区志（1991—2010）》

2012年春节刚过，他又无间歇地被峄城区史志办聘请去编写《峄城区志》。面对各乡镇、各单位部门提供的一包包资料文稿，他与另一位编辑人员分头整理，然后一章一章地去撰写。经过4年不停歇的笔耕，现已完成90%的文稿撰写，不久即可进入专家评审阶段。

在此期间，他结合具体工作实践，联合区史志办公室其他同志，先后写出有关古代《峄县志》点注整理和现代方志撰写方面的论文及随笔5篇，其中他与区史志办相关同志合作的《编写志书中资料收集和处理的实践及其认识》，重点通过对古今修志资料收集方法对比，总结出现代修志中对单位部门所提供资料的5种不同的处理方法，有较强的实践性、理论性和借鉴性，论文在全省方志理论研讨会上宣读交流，并全文发表在《山东史志》2014年第4期上。他与峄城区史志办相关同志合作的《史志编写中逻辑方法的运用》，通过志稿中常出现的正反实例分析，系统且具体地厘清词语与词语间、句子与句子间、段章与段章间存在的相容或不相容的关系，以避免记事中出现的交叉、重叠，从而使文稿语言准确、条理清楚、结构严谨。论文被评为2016年度全省方志优秀论文，并在全省方志理论研讨会上交流。

最后，补充说明一点，渠开选在完成上述教育志、市志、区志的编写同时，还主编了《枣庄汽车运输公司志》和当代全市第三部村志《渠村志》。后者，是他利用节假日回老家收集资料时独立完成的，16万字，前后用时4年多，并且个人承担了包括印刷费在内的所有费用，用他的话说，用的是帮人家修志所得的劳务费，这叫“取之于志，用之于志”。

与史结缘

黄学桂

黄学桂，女，1968年11月生，山东招远人，中共党员，1988年考入山东师范大学历史系学习。1992年7月毕业后到中国石化胜利油田石油化工总厂工作，从事宣传工作2年，曾被中国石油报社评为先进通讯员；从事纪检监察工作11年，先后4次被胜利石油管理局评为优秀纪检监察干部。2005年9月调到东营市史志办，先后在秘书科、编辑科工作，现为市史志办编辑科科长。先后执行主编《天南地北东营人（2007版）》《东营市情读本2008》《当代东营概览》《东营市情2010》和《东营年鉴》（2013、2014、2015卷）。参与《东营市志（1996—2013）》的编纂与审稿工作。先后4次被市委组织部、市人力资源和社会保障局及市政府办公室给予嘉奖。

我与“史”志天生有缘。1988年上大学时，虽然没有报考历史专业，可我与历史结了缘，被历史专业录取。毕业后没有从事与历史相关的工作，做了十几年纪检监察工作。再后来，调动工作时，兜了一大圈儿还是选择了与历史有关的工作——来到东营市史志办，成为一名史志人。也许这是命中注定的缘分吧。

回望自己十二年的史志工作足迹，虽然时间不算长，但它带给我的个中滋味却相当丰富。作为史志人，每个脚印上都浸润着忙碌、劳累、拼搏、感动、辛酸、快乐，酸甜苦辣咸这人生的五味，都尝到了。总结自己的史志十二年：缘，那是偶然；命，老天决定；运，自己掌握。

我，一个好强、自尊、感性、认真的人，在感受着做为一名史志人的默默无闻和史海钩沉的艰辛，在体验着前所未有的劳动的快乐，在回味着果实的甘甜与纯美，更在这个过程中不断地收获着……

曾经的失落，让我更加坚韧。2005 年，我从胜利油田调到市史志办工作。从企业到政府机关，职称和职务等都不配套，一切要从零开始，反差较大。要说我一点不在乎是假的，但天生要强的个性和十几年企业机关工作经历，给了我坚韧和自信。我在努力学习和适应史志工作业务的同时，认认真真地做好交到我手上的每一件工作。我在刚来到三个月时间内，就完成了往年市史志办全年上报山东省地情网信息的任务量。认真的态度、踏实的作风，使我较快地进入了角色。

工作的忙碌，让我更加充实。到市史志办时我 37 岁，说实话，从内心来讲我是想找个地方轻松一点。可上班第一天，时任秘书科长李中华与我谈话，给了我当头一棒。他说，史志办的工作，可以说是所在 17 层政府大楼上最累、最辛苦的。现实的工作情况，也确实感受到了这点。秘书科的工作繁杂辛苦，我负责文件收发传阅、信息上报、财务报销、报表统计、预决算、总结材料、公文撰写、各种内外事务，任务千头万绪，同时还要负责编纂稿件，经常要加班加点。我觉得自己每天都在忙碌中度过，烦琐的任务有时会让我烦心，疲倦的身体有时会让我灰心。但倔强的个性也激起了我的斗志。我把辛苦当做一种人生的历练，在忙碌中体验充实。工作中经常会接到领导急用的总结材料、工作方案或会议课件等，整晚不合眼，我也要圆满完成任务。我认为，这样的“急难险重”任务，不仅是工作需要，也是考验我的干事业的能力、潜力和责任感。所以，每次接到领导交办的各种工作，我都会尽职尽责努力完成；遇到困难和挫折，我会自我激励攻坚克难，从没有在困难面前低头。

编纂的过程，让我更加自信。连续多年，承担了多本书的执行主编，同时承担的秘书科其他工作不能丢掉，苦和累自不必说，心里更要时刻装着责任。每本书从框架策划、篇目设计、资料征集、稿件编辑、逐稿审校到印刷出版，都要一丝不苟。忙忙碌碌中送走一个又一个夜晚，迎接一个又一个黎明。2010 年，我由秘书科调整到编辑科，负责年鉴的编纂。编纂工作是一种创造的过程，要用责任去创造，用心去创造，更要用爱去创造，在创造中追求高度、感悟真谛、体验快乐，是编纂工作的最高境界。为得到一个部门的相关数据，我会十次、二十次地电话联络；为了一个重要的数据，我会在电话联系不解决问题的情况下，亲自跑到有关部门沟通，直到我的认真和坚韧感动了对方。特别是 2007 年在《天南地北东营人》编纂期间，为得到外地东营人线索，确保录入的每个人的基础资料真实准确，白天打电话联络不上的，晚上在办公室继续联络，几千个电话几乎连轴打下来，累得自己都有快崩溃的感觉。但当出版的成果拿到手里，外地东营人纷纷来电、来函或登门表示感激之情，他们想得到书的迫切之情，自己内心的那种满足与快乐，让我真切地感到，编纂的苦与累，都是值得的。编辑工作中经历的困难，锻炼了我的意志，提高了我的编辑业务水平，也让我更加自信。

适当的张扬，让我更加多彩。江山易改，本性难移。我一直是个内敛的人。但单位组织各种活动需要时，我也会适当地张扬一下。演讲台上的激情澎湃，舞台上的靓丽多彩，篮球场上的活力再现——那是繁忙工作之外的又一个“真我”。闲暇之余，玩玩烘焙，做一些健康美味的点心给家人吃，偶尔在微信和博客上晒几首酸溜溜的小诗，韩剧也经常会让我泪眼滂沱。

岁月的磨砺，让我更加从容。时光荏苒，不知不觉工作已经 25 年了，我在单位的史志人当中也基本算年龄最大的了。说老实话，大学同学聚会时还真有点不好意思。大学时的同班同学，有的已是大学校长，有的是国外的实业家，有的是县处级干部，有的是各领域的精英。和这些同学比，我确实还有差距。但是，我并不自卑。枝头飞散的花瓣去向不同，但同样美丽;人生的选择不同，但可以同样精彩。做为一个平凡的史志人，我每天都在认认真真地工作，踏踏实实的做事，每年最有实实在在的收获，我的人生虽然平凡，但一天比一天充实，一天比一天快乐。以自己的专业能力赢得人们的尊重，这样的史志生涯绝对不是失败的。也更加相信一句话：命虽由天定，但努力才是人生的态度——越努力，越幸运。

我，爸妈眼中乖巧的孩子——从小我不会惹爸妈生气；女儿眼中全能的妈妈——孩子学习生活中遇到问题都找我；丈夫眼中的高智商低情商的女人——聪明但耿直倔强；公婆眼中的好媳妇——从未与公婆红过脸；同事眼中要强的人——对自己的工作总力求完美；朋友眼中可交心的人——朋友不多，但他们遇到困难需要我时，绝对义无反顾。

我不一定得到所有人的肯定，不一定所有人都喜欢我。但我一直无悔地努力着，学会了很多，收获了很多。

在感受生活和做为东营史志人给予的一切的同时，我依然会步履坚定，执著向前，笑瞻未来。

争做一个“37 度”的女人——优雅、温和、理性；

争做一个优秀的史志人——老实做人，踏实做事，写好历史的每一笔。

评说史志

郭大勇

郭大勇，男，1964年8月生，中共党员，大学学历，编辑。2005年9月起任东营区地方史志办公室副主任。任《东营区志》(1998—2005)、《东营区年鉴》《东营区老照片》《东营区30年大事记》《岳拙园》等史志产品副主编。指导审阅多部基层志书。《东营区志》(1998—2005)获“齐鲁新方志奖”优秀志书奖，《东营区年鉴》多次获全省年鉴特等奖，其中《东营区年鉴》2014卷获全国年鉴特等奖。《东营区老照片》被评为山东省地情资料开发利用优秀成果奖。在省以上书刊发表史志论文多篇。

2005年10月，我由区委宣传部调入区史志办工作。从事史志工作十几年，对史志工作由陌生到熟悉，尝到了史志工作的苦辣酸甜。

走进史志工作的大门，首先感到的是她的神圣。编辑志书，将一个地方自然、经济、社会方方面面有价值的资料汇集成书。志书是历史的回放，是决策者的参谋，又是一个地方优秀品质世代传承的课堂。作为一名史志工作者，把东营区人民壮丽的奋斗历程和辉煌的业绩功勋记录下来，手中的笔应该是多么沉重，又是多么神圣啊！

从事史志工作之前，总认为志书就是“记录”，只要具有一般的文字水平，能把事情的来龙去脉记录明白就可以了；比起写小说、诗歌、散文来，写志书就显得太简单了。真正开始史志工作，才发现写志是一项看似容易做时难的工作。在志书中很少读到富丽堂皇、洋洋洒洒、豪情满怀、婉转幽默的语句，读到的只是简单、纯朴、直白的文字。如果说优秀的诗篇、散文、小说像美酒一样醇香，像蜜汁一样甜美，那么，我们的志书就像一杯白开水，她清澈、纯净、透明、无色无味，却是大众最需要、最解渴的饮料。

然而，现实生活中的白开水易做，生产志书这杯“白开水”却很有难度。大自然中处处有白开水的原料——适宜人饮用的淡水，将淡水烧开，就是白开水。志书的原料或者说资料，编纂者不能信手拈来，拿来就用。编辑们收集来的“原水”各种各样。有的资料言之无物，有的资料残缺不全，有的资料七拼八凑，有的资料虎头蛇尾，有的资料谬误遍布……将这些五颜六色、杂质充斥的“原水”制作成纯正的“白开水”，谈何容易！

史志工作者热爱着自己的工作，总想把志书的每行每段都记述成词典般精确凝练的文字。遇到优秀的资料初稿，史志工作者都会喜上心头，争相传阅。而面对质量不高的初稿，史志工作者不会失望和抱怨。困难抵挡不住史志工作者修一部优秀志书的决心。史志工作者仔细查找有关单位提报资料质量不高的原因，千方百计把这些单位有价值的资料收集上来。有时，史志工作者会变成一名演讲者，耐心细致地给人们讲解编纂志书的重要性，劝说人们把重要的资料提报上来；有时，史志工作者会变成一名“外交家”，从不放过有关单位的老同学、老同事或其他个人关系，通过这些人的老交情把单位的资料收集上来；有时，史志工作者会成为一名教练，手把手地指导人们如何收集整理资料；有时，史志工作者会成为一名调研员，一次次到有关单位调查研究，帮助单位把缺失的资料补齐。

很多时候，史志工作者还要充当有关单位资料的提报者，亲自撰写有关内容。东营区不同于县。县的部门齐全而且各部门职能是完整的，各部门能提报比较完整的资料初稿。东营区是市中区，有的部门市里设置，区里不再设置;还有些部门如城市建设，其职能和市里的有关部门交叉设置，东营区有关部门只能提报这项工作的部分资料。而我们的志书却要反映东营区地域内这项工作的全部情况。这时，我们的史志工作者就要充当资料提报者的角色，亲自搜集材料，亲身体验了资料提报者的辛苦。

2013 年开始，东营区史志办开始编纂《东营区老照片》系列丛书，每年一辑。历史上，东营区是抗日战争时期八路军清河军区（后为渤海军区）党政军机关所在地，是广北县抗日民主政府机关所在地。军民同仇敌忾，浴血奋战，奋勇抗击日伪的扫荡和围剿，涌现出了无数可歌可泣的英雄人物和模范事迹。已经出版的四辑《东营区老照片》都是以抗战为主题，兼顾解放战争和抗美援朝战争等方面，以图文并茂的形式，热情讴歌为了人民解放英勇奋斗的著名红色人物和事迹。该书发行后，引起良好反响，读者纷纷反映此书好看又充满正能量，是传承红色文化的精神大餐。2015 年，《东营区老照片》被评为山东省地情资料开发利用优秀成果奖。

原来的史志办在某种程度上是编辑部，做的多是“来料加工”的工作。编纂《东营区老照片》遇到的最大问题就是缺乏老照片资料，史志办人员只好依据有关线索走出办公室，到图书馆、纪念馆、博物馆、档案馆等专门保存革命历史资料的机构搜集老照片资料，到全国各地知情人家中搜集照片，采访英模事迹。这样，史志办不但是“编辑部”，而且是“采访部”。史志办人员不但要做办公桌前的编辑，而且要做东奔西跑的“记者”。史志办工作人员发现，采访原来也是一门大学问，如何和被采访人建立融洽的关系，让他们乐于接受采访；如何引导被采访人将最生动感人的事迹讲出来，淘得真金，等等。工作人员不断总结经验，增长才干。经过四年多的采访实践，采访水平有了显著提高。史志办工作人员不但是合格的编辑，而且练就了“记者”的素养。工作中，革命英雄人物事迹深深感染着史志工作者，大家学习英模的奉献精神，工作中从不叫苦叫累，力求把每篇文稿都做成精品。编辑《东营区老照片》的过程，也是史志工作者学习优秀传统文化，心灵和品质受到红色革命精神洗礼的过程。

时代在发展。现在编纂志书需要图文并茂。搜集来的图片不够用、不理想怎么办？史志工作者背上相机，冒着严寒酷暑，到现场拍摄图片。从城市到农村，从春夏到秋冬，到处都留下了史志人辛勤的脚步。

将各部门单位提报的初稿与印到志书的有关内容进行比较，我们会发现两者的差距是如此之大，很多内容面目全非，有的篇目简直成了彻头彻尾的改写。通过对比，我们会发现志书的编纂者们对每篇每章，每段每行甚至每个字都倾注了大量的心血。

编写志书需要专业技巧，需要业务素质，但更需要的是编纂者对史志工作的热爱、责任心。正是热爱和责任心，能将各种浑浊的“原水”过滤成纯净的“白开水”，将各种粗糙的资料加工成优秀的志书文稿；正是热爱和责任心，使史志工作者能够耐得住寂寞，默默地辛勤地耕耘，心甘情愿地将汗水浇灌在厚厚志书每行每字间。

来史志办工作之前，总认为从事史志工作就是当编辑，在各单位提报的稿件上修修改改，史志工作应当是悠闲、轻松的。来到史志办后，才发现史志工作是如此的繁忙、沉重。史志工作头绪是如此之多：编纂区志、出版年鉴、编印大事记、建设区情网站、建设方志馆，出版《岳拙园》《刘梅村》等抗战系列人物志，出版《东营区老照片》系列丛书，出版《天南地北东营区人》《东营区手册》等为现实服务的产品……每年，省、市史志办都要编辑出版史志系列书刊，区史志办都要负责提报东营区的有关资料。特别是近几年，基层修志形成热潮，区史志办同时指导几部基层志书的编纂。每一部基层志书，从成立组织、制定篇目、动员培训到形成初稿、审阅修改，区史志办都是服务上门，进行面对面的指导。每一部基层志书都凝聚着区史志办工作人员的心血和汗水。

来到史志办后，我首先要求自己当好一名普通编辑，和大家承担同样的编纂工作任务。同时，还要承担副主编等工作职责。工作是辛苦的、忙碌的。但我和大家一样喜爱着、眷恋着史志工作。因为，史志工作使我们过得充实而有意义。

修志问道　感悟人生

——一个史志人的所思、所想

王景忠

王景忠，男，汉族，1963年11月12日；中共党员，大学文化。1982年8月至1984年6月，东营市广饶县第五中学学习；1984年9月至1986年6月，山东菏泽供销学校学习；1986年7月至1999年3月，东营市河口区供销合作社联合社秘书、办公室副主任、办公室主任、业务科长（期间：参加山东省自学考试，获得行政管理专业专科文凭）；1999年3月至2003年5月，中共东营市河口区委督查局科员、督查室副主任（期间：参加中共山东省委党校档案文秘专业学习，获得本科文凭）；2003年5月至今，任东营市河口区地方史志办公室副主任（2003年10月取得编辑职称）。

屈指算来：我自1986年7月正式参加工作至今，已有三十个年头。自己的履历虽算不上精彩，但也说得过去。年轻时，自己也曾经是朝气蓬勃，有理想、有抱负的青年，也有自己的人生蓝图：设想自己在所喜爱的事业上有所建树。自从踏上社会的征途，掀开自己历史成长的新一页起，忽然有了“理想很丰满，现实很骨感”的切身体验。随着时间的流逝，自己慢慢地回归现实，认识到踏踏实实干事才是真，虽然也随波逐流，但也有怀揣梦想不回头的念头；有时想放弃为理想而付出的努力，可转念之间又觉得可惜，在坚持与放弃的博弈中奋进、前行。

“史”前时期

1986 年 6 月山东省菏泽供销学校毕业后，于 7 月 12 日揣着工作报到证件乘坐公交车经过一天的辗转颠簸，来到“北大洼”（老家俗称）。刚到河口城区时，看到是楼房与平房标准沿途的建筑物、还有当时的城区路面，有一种苍凉感觉。在八吕车站下车后花 3 元钱（刚参加工作时的工资总额为 64 元）打出租途经河口城区“高架路”（当时河口城区的路面比两边的建筑物高近 2 米），来到当时只有两排平房的区供销合作社。在这个所谓的机关（当时区供销合作社为参照政府机关管理的集体事业单位，人员工资及办公经费自筹解决）一干就是 13 年，先后任办公室秘书、副主任、主任，业务科长等职，期间自己通过自学考试取得了党政管理专业专科毕业证，把自己的文化程度又提升了一个台阶。

1999 年 3 月 15 日，我有幸调入中共河口区委办公室，进入区委督查局工作。之后不久，河口区报请上级批准，中共河口区委督查局、区政府督查局由副科升为正科级事业单位，以强化区委办公室、区政府办公室的督查功能。督查工作有点“钦差”的味道，根据区委主要领导的授权，代表区委对安排的工作落实情况进行督导检查，并将工作进度情况以《督查专报》形式上报区委各领导、下发区直各部门单位。日常工作中，区委督查局向区直单位催要有关材料、工作总结，电话通知上午送达，各有关单位不会拖延至下午；到区直单位、乡镇督导工作，单位负责人全程陪同，工作得心应手，隐约中有“钦差大臣”的感受。平时也组织文字材料，将河口区先进工作经验、创新工作方法上报省委、省委督查室，自己撰写的材料时有被转发，并从一名科员做到督查室副主任。工作之余从未辍笔，2000 年 8 月在东营党委督查系统开展的征文比赛中荣获二等奖。从内心讲，当时有一种踌躇满志的心态。回忆自己的工作经历，基本上是与文字有不解之缘，期间自己也通过工作的渠道，以各种方式发表过小“豆腐块”，总体上说还算是个半个“文人”。

初识史志

2003年4月底，接到组织任命到区地方史志办公室工作并担任副主任。自此拉开了人生新的一幕。初来乍到，有一种懵懂、似曾相识的感觉，接触史志工作的初步印象，就是书本、文字和成堆的资料。在来区史志办之前，自己一直从事与文字相关的工作，似曾相识不陌生。但与区供销社机关、区委督查工作相比，还是有所不同。多了一份淡泊与宁静，少了一些浮躁与喧哗。虽然自己有文字功底，但要尽快进入角色，还是要假以时日。作为一名史志新兵，许多东西尚需从头学起。自己先不急于插手工作，而是静下心来认真研读史志工作相关理论基础知识，了解史志的工作规律、运行方式、文字特点、写作技巧等，从史志工作的基本功做起，打牢工作的根基，开好头、起好步。平时打电话催要材料成为自己初到史志办的主要工作，靠当时在区委督查积攒下的人脉，总之在工作中采用了许多办法，公私兼顾，其效果并不理想。在区委督查很容易办到的事情，来到史志办却反差如此之大是我所始料不及，反差之大让我有一种后悔来史志办工作的念头。加之，刚离开炙手可热的督查岗位，每天上班面对的不再是“门庭若市”，应酬少了，打电话主动联系的少了，“门可罗雀”的场面是常态，经常冷冷清清独处是常事，一种失落的感觉时刻困扰着我。

再看史志

在区史志办公室工作一段时间后，随着工作的开展，逐渐对史志工作有了一个新的认识。工作之余翻阅了自建区史志机构设置编辑出版的地情资料、年鉴等书籍，望着堆积案头的史志作品，看着办公室人员敬业的身影和求真务实的工作作风，自己的内心深处萌生出二次创业的冲动。期间参加了部分县区志稿评审会，领略到专家们谈古论今的洒脱，从中逐渐体会到史志工作的价值所在，品尝到史志工作的乐趣。

中国是世界文明古国，有文字记载的历史可上溯至春秋及商周，五千年的文明史吸引了世界的目光，作为中国人更应该学习研究自己发展变迁历史，在工作中不断地传播中华文明，在传承中发挥史志工作的作用。作为一名史志工作者，能在新的历史时期，为继承和发扬这一光荣传统，为书写家乡的历史尽自己的力量，也是历史赋予每一名史志人的神圣使命和职责，更是展示自己才华的新的机遇。在工作中找准了自己的位置，原先的不理解、思想上的不快、心中的忧虑也随之烟消云散，迸发出工作的热情和动力，坚定了做好史志事业的决心。面对现实自己也清醒地看到：作为一名史志工作者除了有热情、韧劲外，还要摆正自己的心态。要耐得住工作的寂寞，要甘于清贫和奉献，面对各种诱惑深刻保持良好的心态，常怀“修为”之心，勤于修身，分分秒不放松。我们史志队伍是一支和谐的团队，精神状态好，奉献精神、团结意识、大局意识强，是一个和谐有序的群体。自己尽力融入史志队伍并有幸成为其中一员，与团队共同感受史志工作的苦与乐，这也是我人生的重要收获。

感悟史志

屈指算来，至 2017 年自己从事史志工作也有 15 个年头了，从当初的门外汉发展到今天小有成就，也曾多次获得过上级政府及业务主管部门的表彰。总之，工作中的收获还是蛮多的，在单位多年负责《河口年鉴》的出版编辑并担任主编，2010 年在第三届全省优秀年鉴评奖活动中荣获综合奖项、框架设计、条目编写、印刷装帧 4 个特等奖项；参与编纂出版了几部门志书，偶尔也撰写一点史志工作“小见解”。自 2012 年开始，自己首次投稿成功后，激发起了业务理论研究的热情，之后在《山东史志》《湖南史志》《上海史志》等内刊、外刊上偶尔见到自己的理论文章由电子版变为印刷体，心中的幸福指数还是蛮高的。

在收获业绩同时，更大的收获是对人生的感悟，对生活、对人生感想：

健康是人生的基石，心态是幸福航标。人的一生幸福与否，不在于你拥有多么丰厚的物质财富，也不在于你的官职做到哪个层次，关键要摆正自己的心态，有一颗平常人的心。史志工作使我收获了快乐，使我心态平和，把我人生幸福的基石打得更加牢固，在史志事业中感受最多的是幸福与快乐。

“静以修身”。做史志工作要有激情，但更需理性、认真，这是工作性质使然。激情源于发自内心的热爱，不能是一时的冲动，三分钟的热度，要有恒心；工作中还需有理性的思考，大事把握准，小事做细致。

“思而不学则殆”。人的一生是不断学习的一生，向身边的人学习、向社会学习、向实践学习、向书本学习。任何时候、任何场所都要做有心人，它会使你终身受益。同时，还要多动脑。“学而不思则罔”。要善于学习、勤于思考，勇于实践、及时总结，不但要知其然还要知其所以然。

融入社会，与人友好相处。史志工作是一个社会文化工程。做好史志工作不但需要有宽泛的知识，还需有广泛的、良好的人际关系。“众人划桨开大船”，同舟共济才能劈荆斩浪。工作如此，人生亦然。正所谓“世事洞察皆学问，人情练达即文章”。

凡事有计划，遇事不惊慌。史志工作周期长，所以凡事要做到心中有数，做充分的准备，并预留提前量，工作才能游刃有余。遇到困难挫折，要沉着应对，宠辱不惊，泰山压顶而气定神闲。

要笑对人生。人生有许多的不如意，脚下的路并不都是平坦的，要有所为有所不为。要怀有一颗平常的心审视生活，以进取的态度对待工作，只有这样，才能有所不为而后可以有为。在宁静淡泊的心态下，一步一个脚印地扎实前进。这样，你所面对的每一天都是阳光灿烂的日子！

最后，以诸葛亮《诫子书》中:“非淡泊无以明志，非宁静无以致远”。的字句与史志同人共勉。

不忘初心　钟情史志

——记利津县史志办公室退休干部孙明钦

李翔翔

李翔翔，女，大学学历，利津县史志办公室编辑室主任，主要参编《利津年鉴》《利津县地方史志30年》《利津县旧志集成》等作品，参编的作品多次获国家级、省级及市级奖项。

八十二岁高龄的“老史志”孙明钦，从事史志工作三十余年，矻矻工作，孜孜以求，与时俱进，至今依然勤恳耕耘在史志苑地，成果丰硕，并有所创新，不断奉献。

孙明钦，系利津县史志办公室副主任、副编审，首届社会主义《利津县志》主编，首部《利津年鉴》创办者。退休后，老有所为，继续发挥余热。

勇当开拓者　丹心修志书

20世纪80年代初，修志事业伴随着改革开放大潮，蔚然兴起。利津县史志办公室于1983年成立，当时，多数人不知“史志”为何物。尤其在改革开放大潮的涌动下，追求“实惠”之风一度盛行，不少人认为史志部门是“三无”（无权、无钱、无势）、三清（清贫、清苦、清淡）单位，不愿意干这个行当。在县府办公室任秘书的孙明钦，听从组织分配，毅然走进“志苑”大门，担任县志主编、办公室副主任。成为利津县社会主义新方志工作的开拓者。有的同事问他：“你是县府老秘书，何必去清水衙门干苦差事？”孙明钦说：“编史修志，是中华民族的优秀文化传统，是有益当代惠及后人的千秋大业。如今盛世修志，正当其时，大有干头，虽苦而乐，我干定了。”

万事开头难，县志办公室成立之初，只有一间办公室，所有办公用具都是借用的，可谓“家徒壁立，一贫如洗”。孙明钦和方志同仁，艰苦创业，努力创造工作条件，确保工作顺利开展。

征集史志资料是编纂志书的首要项目，他和同人一道冒严寒，战酷暑，进行调查研究，先是跑遍全县各乡镇和100多个村庄，而后又奔波于黄河两岸、大江南北，跑图书馆、档案室，查文献，抄资料，经过3年的努力，征集资料2000多万字，还征集实物、照片、文献一批，为撰写志稿打下了坚实基础。编写志稿是修志中关键环节，孙明钦主持志书的总体设计和志稿编纂，又亲自承担撰稿任务。那时候没有微机，全部是手写，即所谓的“爬格子”。特别是在总纂合成阶段，他总是早上班晚下班，加班加点习以为常，夜以继日，苦干实干。终于完成了120万言的县志初稿。首届《利津县志》历时8载，跨入全省首批出版新志书行列。志书出版后，荣获全国新方志评比二等奖。《利津新县志》不仅在国内发行，还向国外发行50多套。修志任务完成后，孙明钦审时度势，创刊了《利津年鉴》（初名《利津县情总览》），此后，每年出一册，延续至今。修志期间，孙明钦在省级以上方志刊物上发表论文30余篇，其中《避免“政治化”倾向之浅见》一文被评为全国地方志学术年会优秀论文，获荣誉证书，并应邀出席第四次全国地方志学术年会。孙明钦在职期间，两次被评为山东省史志系统先进个人。

退而不休　发挥余热

孙明钦于1998年退休。退休后，没有安闲自在，先后被东营区、河口区、东营市民政局等单位聘请，指导或主编志书。远离家乡，外出工作，而且还要乘交通车往返黄河两岸。老伴和子女担心他吃苦受累，他说：“人老了，不光有所养，身体好就要有所为，有所乐，有苦才有为，有为才有乐。”在外地连续工作了4年，经过他的悉心指导和具体帮助，首届《东营区志》《河口区志》和主编的《东营市民政志》先后正式出版。此后，还应邀撰写了首届《东营市志》的3部分志；参写了山东省史志办的《方志学基础教程》、吉林省史志办的《方志编纂备考》等专著。2003年，应聘回原单位担任第二轮《利津县志》的编修指导，在两年多的时期内精心阅稿、改稿或组稿，夜以继日地工作，使《利津县志》稿顺利通过评审，得以按时出版发行。2011年6月，《利津县志》续志获得齐鲁新方志奖。

爱岗敬业　精心审评

2005年至今，孙明钦应聘承担全县的部门志、乡镇志和村志的审稿与评稿。此间，一部乡镇志的初稿均不低于100万字，部门志的初稿，每部志稿一般在80万字左右，村庄志，每一部多者60万字，少者20万字左右。篇幅巨大的志稿，每看一遍要花费几十天时间，消耗很多精力。孙明钦不惮其烦，不畏其苦，对志稿始终坚持高标准严要求，不仅严格把关还敢于正面解决问题，被同人称为志稿“铁门关”。近十多年间，他先后审评部门志30多部、乡镇志3部、村志7部。其中《西街村志》获得齐鲁新方志奖、《临河村志》获市社科优秀成果奖。其间，他个人出版了《志苑文集》《部门修志30题》《利津史略》等3部专著。其中《利津史略》获东营市社科成果二等奖。还应邀给东营市史志办公室撰写了“东营市移民垦荒”图志稿。他在2015年撰写的《利津县中小学生地方教材》获山东省优秀地情研究成果奖。

抢救旧志　虽苦亦乐

旧志是祖国的文化宝藏，重要文化遗产，整理旧志服务当代是史志部门的重要职责。孙明钦应邀主管利津旧志的校点工作。

整理旧志专业性强，要求严格，任务繁艰。首先是搜集稿本。起初，县志办公室只有两种旧志书，一种是清“光绪志”，另一种是“民国志”。调查得知，利津县志的编修最早始于明代，嘉靖年间和万历年间曾两次修志，但已经失传。在全国和山东省“藏书目录”中记载的清代有四部，民国时期有一部。为了查找上述旧志，他南到山东图书馆，北去北京的国家图书馆和首都图书馆，乘火车、挤公交、乘出租，往返奔波，终于在国家图书馆找到了利津县康熙志、乾隆志补，此后又征集到电子版的乾隆二十三年《利津县续志》。至此，利津县的旧志方才齐备。

整理旧志最关键最艰难的是校点、注释，繁体字改简体字，以及版式的排列。旧志书皆繁体字、竖排版、无标点，整理的任务繁重，工作又苦又累，孙明钦老而弥坚，不惮劳苦，以苦为乐，昼夜奋战，三年如一日，对每部志书逐字逐句校点推敲，反复修改，5 部旧志，先后修改了 8 遍。特别是在版式上大胆创新，他博采众长，独辟蹊径，创造性地运用原文缩影重现、字迹深浅处理，保留原貌，同时简体字横排，校点注释，将古文繁体竖排文与简体字横排文在同一页码对照重现，既忠实还原了旧志原文原貌，又能再现简体横排原文，读者可以繁简对照，甄别阅读。让读者不再畏惧旧志的晦涩难懂。

所整旧志展现了利津旧志的全貌，既完整地保存了利津史料，又能更好地服务于当代。利津县旧志新版本被评为山东省旧志整理优秀志书。

热心培育修志专业人才

利津县和其他地方一样，首届修志任务完成后，由于人员调动以及其他原因，导致修志力量薄弱，专业人才短缺。面对现实，钟情史志事业的孙明钦利用各种机会传播方志知识，采用开办“方志学习班”，组织志稿评讲，编写方志基础知识读本等多种方式，培养部门志供稿员、乡镇村志编辑，使县、乡（镇）、村三级的修志工作后继有人。目前，部门志完成 50 部，乡镇志完成 3 部，村志也完成了 6 部。

莫道桑榆晚，为霞尚满天。我热切希望孙明钦这位史志战线上的“开拓者”“耕耘者”再出成果，再创辉煌。

我的史志情缘

王海荣

王海荣，女，汉族，山东省广饶县人，现供职于广饶县史志办公室。业余致力于散文、小小说、文史纪实类体裁的创作，作品散见于《光明日报》《农民日报》《羊城晚报》《大众日报》《乡镇论坛》《山东文学》《时代文学》等报刊。

前缘：爷爷的读报人

人生的某些机缘、某些遇合，总似早有“伏笔”。我半路出家投身史志，也似冥冥中早有定数。

小时候的记忆总混混沌沌，如烟如雾。这种感觉，源自那时触目所及的环境：20 世纪 70 年代的鲁北农村，矮屋、黑墙、土炕、坎坷的村街。没有电灯之璀璨，没有电视电玩之热闹，连人们身上的衣服也都是灰色的。那时，人们的文娱生活较为单调，每个家庭很难找出一两本书，唯有田野是乐园，大人耕作，孩子疯玩。

可是，我就在那时开始了阅读。

我的爷爷是个老农民，也是一位老党员，1928 年入党。他是省政协委员，常外出参加省市县政协会议，带回很多红头文件和党史资料、文史资料。爷爷心明如镜，但却是文盲，大字不识一个，那也是他一生最大的遗憾了。于是，刚上小学的我，有空就给爷爷读书读报。我借《新华字典》帮忙，磕磕绊绊地读，有的字来不及查，就读半边或者漏掉。就这样，断断续续读完一份份文件和一本本党史资料、文史资料。什么“刘集惨案”“二十一天反扫荡”“血战清水泊”“广北大参军”“广饶南宋大殿”“傅家遗址的发掘”，等等。在那个物质和娱乐生活都贫瘠的时代，在那混沌懵懂的童年，那些书报，照亮了我蒙昧的双眼，开启了我想像的大门，为我展开了一个个世界。

那也是我最早的文学启蒙。从此，我爱上了阅读，凡能借到的书，不论多么厚的“大部头”，都能如饥似渴一气读完。语文、历史，成了后来我最喜欢、最拿手的功课。我也爱上了写作，动不动就凭着心情和想像在纸上天马行空地涂鸦。这些爱好影响了我的性情，影响了我的人生。我喜欢读文史书刊，从历史中参详世事变迁、世道人心；我喜欢听老人们拉呱儿，讲那遥远的时代、过去的事情；我喜欢寻访古迹，一次次在古殿旧屋、断瓦残垣间徘徊、伫望，遥想逝者如斯。

工作几经变动，最终走进史志办，成为史志人。翻开一册册史志资料，再次读到那一段段似曾相识的历史，多年前为爷爷读书报的情形重新浮现。此时恍然，始知机缘绝非巧合。

恍惚间，离开童年已太远太远。任我回过头，伸长手臂，或极尽目光，也终无法触及我的童年。如果，真的有“时光穿梭机”，我只愿穿越回去，在爷爷膝下，展开我参与编写的史志资料，像当年一样，一字一句读给他听。

续缘：那些不该遗忘的人和事

因为喜欢写作的因缘，十二年前我从学校调到镇政府从事新闻宣传工作，常骑着电动车下村采访，于是认识了许多民间文化老人。听他们讲过去的种种，成了我最喜欢的事情。

李湘山老人是大王桥一带有名的文化人，亦是当地古老的民间小调“枣木杠子乱弹”的传承人之一。当时，他七十多岁，清瘦矍铄，童颜鹤发，颇有仙风道骨。他的家古香古色，挂满字画，摆放古籍，分明一所书斋。在古朴的茶几旁，品着新茶，在他的讲述中，一幅古老的乡村历史画面徐徐展开——

大王桥曾为唐建石桥，据传桥头的石兽嘴中含有“避水珠”一枚，故阳河每有洪水暴涨，至此桥处则风平浪静，安然无恙。后来此珠被盗，从此当地水患频繁；本村曾有一处古迹曰“三元阁”，阁上有一菩萨，奇怪的是这菩萨却面壁倒坐。旁边有联曰“问菩萨为何倒坐，缘世人不肯回头”……

这些历史故事或细节，常让我如痴如醉，进入一个神奇的世界。而李湘山老人不仅通古文、诗词、曲赋，还懂中医、易经。面对他，如同面对一片浩瀚的文化海洋。令人意外的是他竟然只上过三年学，其渊博全部来源于自学与积累，让我不得不叹服“学在民间”。

我将听到的民间故事、历史传说等抽空整理下来。李湘山等文化老人，他们每人也都是一本厚重的书，都有一段段曲折动人的故事，我也将他们的故事写下来。

吕致斋是早期中共党员，他家原本富甲一方，其祖宅“南宅子”颇有牟氏庄园之风，自他参加革命后，“南宅子”遂成为当地革命活动地点。他变卖家产干革命，建立了后来成为革命摇篮的吕庄大寺小学，建立了东营地区第一支抗日武装——鲁东抗日游击队九支队。在他的影响下，其长子吕乙亭成为革命栋梁，后在“太河惨案”中牺牲。长子尚未安葬，吕致斋又强忍悲痛为其他四个子女开会，动员他们全部走上抗战前线。

几经风雨变迁，“南宅子”除三间东屋外，其余已荡然无存。那年，我偶然遇到回乡祭扫的吕国庆老人，他是吕乙亭之子，吕致斋长孙。从他那里，我听到了“南宅子”这个革命家庭的许多真实故事，更觉震撼。近年电视屏幕上满眼“抗日神剧”，荒诞不经。那些编剧们并不知道，其实真实的故事、真实的情节，远比他们瞎编的要精彩。可惜他们从未走进真实。

我将这些故事和细节写成《南宅碎影》等纪实散文。

……

这些写作，都是业余挤时间完成。我深深知道，这些散落在民间的历史文化本是珍宝，如果无人整理，随着时间流逝，它们会湮没无闻。将来，没人知道历史上曾经存在过的精彩与美好，没人知道人类曾经的苦难与曲折，没人知道先人们真实的生活与奋斗，没人知道有人为了人类理想曾怎样奋不顾身……

了缘：我的半亩田园

工作，有人将它作为发展平台，有人将它视为养家糊口的工具，有人将它称为枷锁牢笼……我更愿意将其看作属于自己的田，我今生相守的半亩田园。我，是田的主人，是耕作者。耕作之乐，只有乐于此者才能知道。欲知其味，你可以去问稻花香里的老农，也可以去读吴伯箫的《菜园小记》。

“……那些新芽，条播得行列整齐，撒播得万头攒动，点播得傲然不群，带着笑，发着光，充满了无限生机。”我田园里的新芽，就是那一行行记载历史的文字。穿梭其中，排列它们，侍弄它们，梳理它们，浇灌它们，删刈其间的野草，修剪多余的枝杈，看着它们一点点茁壮成长，绿得养眼，花开喜人，至丰收时节，化作金色的汪洋，化成累累的果实。它们真像自家亲生亲养的孩子，最高兴的事情就是亲眼看着它们由弱小的婴孩，一天天成长为健壮的成人。

一部部县志、年鉴、行业志、乡镇志、村志，一部部地方历史文化图文集……长年累月，搜集资料、制定框架、编辑校对，直至出版成书。其间要做大量的工作，有些工作表面甚至是单调、重复和枯燥乏味的。目光抚摸一个个汉字，翻阅一页页纸张，久而久之，目不窥园，兀兀穷年，颈椎在“抗拒”，腰背在“呻吟”，头脑、双眼都在酸涩中“叹息”。但就在擦拭汗水时，伸腰抬头间，回顾那不断成长不断变浓的新绿，成就感油然而生。恰如吴伯箫文中所说“人勤地不懒，出一分劳力就一定能有一分收成。”所有的工作任务都有不可尽数的辛劳，但其中所蕴含的喜悦和慰藉、成就感和自我实现感，最终消解了一切艰辛乏味。

从事史志工作，很像老工匠做活，刀雕斧凿，精描细绘，沉静如水，任时光悄悄染白双鬓。而造就的，是能够定格历史时光、经久而不贬值的东西。

从事史志工作，很像在寻宝，从故纸堆中到千家万户，去回溯和搜寻那曾经发生过的真实。近三年来，为编辑《广饶影存》，我与同事们足迹遍布北京、济南、青岛等地，拜访一位位老文化人和革命后人，抢救性地搜集了大量老照片，整理了数万字口述史文本，收获颇丰。

从事史志工作，半忙又半闲。忙，是指业务工作的性质与工作量;闲，是指工作的节奏与心态。做的本是记录、传承历史文化的大事、难事，但从世俗眼光却又是“冷板凳”。其实，重与轻，冷与热，皆是人们分别心作怪而已。真正的史志人，不随波逐流，只在内心看重自己所看重的，坚守自己该坚守的。

时间的河，不断地流。一个人一生可以有无数的工作，这些工作的过程与细节终将远去。唯一能留下的，只是它带给你的感悟与成长，它对你精神的扩容。这些，永远属于你自己。

结缘史志，何其幸哉！愿彼此珍惜。

为了一位老方志人的梦想

王永歧

王永歧，男，1953年出生。1973年参加工作，中共党员。先后任教师、莱州市委组织部电教中心副主任、党史研究室副主任等职，副编审。2003年退居二线返聘于史志办，现为《莱州市志》业务主编。1981年开始在《当代》等刊物发表小说，其小说、电视专题片、党建及学术论文共十余篇次在全省、全国获奖。2012年由中国文联出版社出版长篇小说《五枝梅》。

2003年夏天，我从莱州市委党史研究室退居二线。恰适全市启动第二轮修志，于是，我被莱州市政府办返聘到市史志办担任责任编辑。当时想：报酬虽不多，可也累不着，反正闲着也是闲着，不如脚踏西瓜皮，滑到哪算哪，等有给报酬多的再说，便走马上任了。当时，莱州市史志办只有主编是在编人员，其余四位和我一样，都是返聘的老同志，其中有一位是原史志办退休的老主任杨宏俊，他被聘为顾问。

杨宏俊，1940年出生，在五个人当中年龄最大，我们都称之为杨大哥。

他1984年任莱州市史志办主任兼主编，对我们这些新手来说，属于老一辈的方志人。20余年的史志工作，使他的脸上过早地布满纵横交错的深深的皱纹，正如那志书横排竖写的框架结构。交往中了解到，他起初从事教育，是一处高中的教导主任，后调入县文化馆任馆长，修志工作告急时充任了救火队长。他主持修编的《莱州史志》是一部质量较高的志书，2003年被国家出版总署评为优质产品，获三等奖。工作干了，成绩也有了，然而工资待遇却因为最后这次调动吃了大亏。假如继续从事教育或者文化事业，凭他的文凭和职务，无疑是副高职称，而副高职称与副科的工资相去甚远。我经常就这个问题替他惋惜并忿忿不平，而他总是微微一笑：人要知足，知足者常乐嘛。再说，在别的单位，我也不可能主编这么一部传世之作啊。说这话时，书捧在手里，脸上洋溢着满满的幸福，仿佛一生的知足都写在了这部书里。

修志初期的工作并不紧张，闲暇之余，杨大哥经常结合实际给我们讲授修志的体会和技巧，尤其对我这位年龄最小的小兄弟更是格外关注。言谈中，他可能觉察出我有时刻想改换门庭的歪心，经常通过谈古论今的方式给我洗脑。什么司马迁身残写《史记》青史留名，什么班固两代修《汉书》成为千古美谈，等等。还给我反复讲本地人毛纪的故事，身为宰相的毛纪辞官回乡的第一件事就是编纂了莱州第一部志书《莱州府志》。每每讲完这些名人先贤，他都要发一通感慨：人啊，还是为后世留下点有价值的东西有意义。钱是个好东西，但一个人光为了钱，那就一钱不值了。久而久之，我也就安下心来专心修志。可就在这时，一场灾难，差点让我彻底告别方志队伍。

2005年春天，我被查出患了喉癌。癌症，谁都知道意味着什么。手术是在济南一家很出名的医院做的，主刀医生是科主任，现在已经升为院长，省内医学界权威。我永远忘不了他在手术前谈话中对我今后寿命的评估，虽然现在看人是可以创造奇迹的，可当时的我却是万念俱灰。尤其是手术后的放疗又出现意外，我的脖子被烤开一公分长的大口子，并且因放射的缘故久久不能愈合，吃饭喝水疼痛难忍。为此，我在这家医院整整住了半年，充分体验到什么叫做生不如死。感谢同事们关键时刻赶到我的病床前，送来一大堆的鼓励和安慰。尤其是杨大哥，我从他的眼神里不仅看到关切，更看到期望。我始终记着他反复叮嘱的一句话：挺过来，修志还需要你。

靠着顽强的毅力，我终于挺过来重新归队。事后得知，住院期间，当领导想调整人员时，杨大哥极力作保，这才使我能够留下来继续修志。

可是，正当多数单位交来初稿，市志工作按部就班进入编撰的关键时期，杨大哥却因长期高血压引起半身不遂而无法继续工作。我们去看他的时候，他正打着点滴，我们关心他的病情，他却关心着修志，不无遗憾地说，本打算大家一起努努力，二轮修志出个精品，谁知人有旦夕祸福，看来要实现这个梦想就靠你们了。说这话时他没想到，时隔不久，主编辞职，只剩下我们三个返聘的老东西整天闭门造车、各自为战，修志工作实际上已经停滞不前。在此后近六年时间里，我除完成自己分担的编撰任务，看了大量修史撰志的有关书籍，起初是为了把分担的部分写好，以对得起自己的良心，再后来不知不觉渐渐对这门学问产生了浓厚的兴趣。在这期间，杨大哥对修志现状非常焦急，多次托人捎话，打听进度，等等，似乎修志比他身体的康复更重要。

再次看杨大哥的时候，是2013年春天他第二次住院期间。他的嘴有点歪，说话也含混不清，他拉着我的手说：我向领导推荐了多次，让你来当主编。我了解你，梦想靠你了……觉得出，他想用力握我的手，无奈没那么多力气，只好用那黯淡的眼神久久盯着我的脸，似乎要找到肯定的答案。记得我当时只是安慰他：别想多了，谁当主编不重要，安心养病才是关键。在我看来，他可能是老糊涂了，上级明确要求，主编是在职领导的事，怎么轮得到退休的老家伙呢？

想不到两天后，时任莱州市史志办主任彭国兵连续两次找我，要我做业务主编，并要求三年拿出初稿。起初我说什么也不同意，因为我清楚地知道，现在这主编的角色，已经不是一个烫手的山芋，而是一块烧红的烙铁。本来5个人的活，现在只剩下2个（另一位几年前也辞职了），百万字的志书，三分之一的篇章属于残缺不全的资料性素材，20余个供稿单位连初稿尚未形成。更为可怕的是，许多单位的初稿当初根本不过关，甚至是一团乱草，而我们有的编纂人员已经通过了，时隔十年，人家不可能组织人员重写……这好比要盖一座高楼，盖了几层觉得不行，就不能接着往上盖，必须拆了备料重来，而重来的人手和材料都是个未知数，工作量和难度可想而知。可是，最终我还是接下这差事，因为人都不是冷血动物。除彭主任一次比一次诚恳的谈话，还有那位杨大哥，他在病床上给我写了一封信。那肯定是一只颤颤巍巍的手写出来的信，虽歪歪扭扭，可言之凿凿、情之切切，充分体现出一位老方志人为实现梦想而作出的努力，让人却之不能。

市政府办又返聘两位老同志，修志工作重新启动。编纂中发现，成书的困难远比想象中大。政府办连续召开了四次调度会，但由于中断时间太长，加之原来的撰稿者数易其人，好多单位无法提供应有的资料。这种无法克服的先天不足，成为修志中的一个症结。所以，尽管老同志不计较每月只有 1000 元的报酬加班加点，甚至双休日都不休息，效果仍不尽人意。于是有人说，别说出精品，照这样下去，残品也够呛。

我是一个不轻易言败的人。我不想因为困难和我的无能拿不出合格的志书而成为千古罪人。特别是省市志办刘爱军主任任职以来，真抓实干，给人一种催人奋进的时代感和紧迫感，于是，我和大家一起，振作精神，攻坚克难。根据志书要求，结合本市实际，我们对原来篇章节目进行反复梳理和调整，使之更加科学合理。实践中发现，千载延续的述、记、志、传、图、表、录 7 种体裁固然可作为承载新方志的固定形式，并且编纂体例的独特性充分体现出科学的资料性，但不可否认的是，志书缺乏应有的可读性。这也是目前绝大多数人不喜欢看志书，只有少数人为查找某个资料才翻志书的重要原因。既然如此，能不能在传承前人成果基础上有所创新，使志书吸引更多读者呢？这个念头一闪，我又马上为自己的胆大妄为吃了一惊：志书的体裁是经过多少代名人专家的实践验证才自成体系的，岂是我等无名之辈随意更改的。又一想，7 种体裁也不是天生固有的，而是逐步形成的，谁也不敢说到目前已尽善尽美，随着社会的进步肯定会不断完善，既然如此，作为改革年代的方志人，为什么不能大胆去探索呢？

抱定革新的观点后，每天饭前茶后，甚至睡梦中我都琢磨着如何让志书从虽严谨却又古板的模式中跳出来，成为大多数人所喜爱的读物。功夫不负有心人，经过无数次探索与实践，我终于归纳出一种新的志书体裁："忆"。就是让亲历、亲见、亲闻的人，对志书中所需要的内容或事件进行回忆，然后由撰稿人整理而成的一种文章体裁。由于这种体裁大多采用记叙的语言，并且拓宽了原有修志人的思路，所以大大丰富了志书内容，增强了可读性。起初，我对这种体裁是否站得住脚不敢肯定，这时，有个村找我们帮助写村志，正好给了我一次实践的机会。在我的倡导下，该村在村志中用了 20 多篇"忆"，通过健在老人的回忆，真实而又生动地再现了村庄沧海桑田的巨大变化。特别是原黑龙江省大同区人大常委会主任那篇"心系故乡"的"忆"，内容丰富多彩。他通过"那棵树""那片林""那些人"的回忆，使当年家乡的情和景、人与事跃然纸上，引起全村人的强烈共鸣，村志被抢售一空。村志的尝试，使我初步看到"忆"在志书中的可行性，此后，在《莱州市志》编纂中，也增设了"忆"的体裁。对我的这种探索，烟台市史志办季胜林和李迎春两位主任给予充分肯定，李迎春主任说，看了这些"忆"，给人耳目一新的感觉。

续修的《莱州市志》还在修改中，"忆"能否在志书中占有一席之地还是个未知数，需要各级领导和专家论证以及社会的认可。无论结果如何，我都可以问心无愧地说，为了完成本轮修志，为了一位老方志人的梦想，我已经付出了心血和努力。

老骥伏枥　志在千里

——记原潍坊市史志办主任杜书乐

刘伟勋

刘伟勋，男，1966 年 4 月出生，五莲县人。1999 年转业到潍坊市史志办，现任副主任科员。

2015 年全省史志系统优秀史志成果评选中，《潍坊八年抗战史》获优秀地情资料奖，其主编就是年过八旬的原潍坊市史志办主任杜书乐同志。

在潍坊的方志界，提到老主任杜书乐，可以说是无人不知无人不晓，83 岁高龄了，还是一心扑在史志事业上，天天关心史志动态，年年都出新史志成果。杜书乐与史志结缘，还得从 1982 年说起，在首轮新方志启动之初，各地都在成立史志工作机构，这也是潍坊市的史志工作机构从无到有的年代，人员、经费、办公条件，特别是人们在思想观念上对地方志这项工作的认识理解处于最为困难的起步阶段。那时的杜书乐年富力强，又处在被大多数人认为非常有前途的市政府办公室副主任职位，但他毅然放弃优越的岗位，自告奋勇平级调到市政府办公室的下属单位做史志工作。俗话说，万事开头难，白手起家谈何容易！但是，杜书乐始终坚定地相信史志事业是一项功在当今、利在千秋的伟大事业，把史志工作当作自己终身的事业来做，把史志视为党的一项重要事业，在编史修志路上勇往直前，鞭打不回头。

1982 年史志工作启动之初，没有专门经费，甚至没有办公场所。他从出版办（后来的新闻出版局）借了三间房子，桌椅条凳也是出版办的，办公用品是从行署办领取。发动各部门写分志，几乎没有当回事的。到单位去对接供稿工作，往往是“坐冷板凳”。1984 年机构改革，史志办正式列编，每年拨经费 5 万元，只发工资，没有任何福利。选调人员，人家一听都不愿来这样的单位工作。但是，多年的政府工作实践，使他认识到了方志的“资政”功能，他看准了这是一项既有历史意义又有现实意义，非干好不可的工作。他相信这个单位是市委、市府的“智囊团”“参谋部”，历朝历代的执政者都把修志当作政府的一项大事列入重要的议事日程，随着社会经济的发展，党委和政府也一定会越来越重视这项工作的。他认为他选择的事业是大有可为的，眼下一些不如人意的状况是会改变的，将来编出《潍坊市志》不仅会为领导资政，使民众受益，而且可以传给后世。过去编写的州府县志供后人借鉴、使子孙受益的例子比比皆是。凡他认准了的事，八个大牛也拉不回来，就这样，他专心致志地干起了史志工作。这一干就是 8 年潍坊市史志办公室主任，两届《潍坊市志》主编，可以说是潍坊市的地方史志工作的奠基人。

至今，杜书乐从事史志工作已 30 多年了，发自内心的热爱，使其心不忘初衷，其志历久弥坚，史志更是成了他晚年最大的兴趣爱好，同时也为他带来了无限的快乐与充实感，用他自己的口头禅来说就是“我这个人唯一的爱好就是史志”。退休后，更是“老牛自知夕阳晚，不用扬鞭自奋蹄”，成果丰硕。他不顾年老体弱，多次为潍坊市史志办、潍坊市志的承编单位义务讲课、辅导，无偿为史志办修改志稿，亲自为潍坊军事志编写志稿，义务为《潍坊文史资料》当编辑，并自费编写了《怎样写好县志概述》《新方志编纂百问》《潍坊市文化大革命纪略》《潍坊八年抗战史》，在潍坊解放 70 周年纪念日到来之际又将出版《潍坊解放战争史述》等。

老主任杜书乐 1935 年 2 月出生于高密县（今高密市）。从战争年代过来的人并没有太多的读书学习机会，靠着上过私塾的一点功底，他边学习边工作，当过小学教师，任过县委办公室秘书、潍坊行署办公室副主任，潍坊市地方史志办公室主任等职。在第一轮修志工作启动之初，杜书乐既是潍坊史志工作的主持人，又是各项编辑工作的操盘手。在任史志办主任之初，他就充分认识到要做好史志工作，最基础的就是得有“志才”，除了自己苦学之外，他的重要工作首先就是选“人才”。因为修志不同于其他工作，不仅要有丰富的知识，还得“坐得住冷板凳、拿得起笔”。可是这样的人才确实是很难找，常常是愿意干的不能写，能写的又不愿意干。开始时他调了四五名大学教师，虽然大都能写，但基本上不愿意干这种“清苦”的差事，没过多久，有的要求回去，有的另选职业去了。经过考察，他决定到各县市区去选“志才”。凡是经过实践考验能胜任修志工作的，不管遇到什么困难，也得做工作调来，这个办法很成功，两年多就把人员调齐了。还从社会上聘请了 2 位学者，长期在史志办工作，实践证明他们对提升工作质量起了非常大的作用。之后，通过编辑《潍坊史志通讯》期刊，举办史志理论研讨会，编辑出版地情资料书籍等作为方志理论研究与提高工作能力的平台，组织全市史志工作者开展方志理论研究，这些措施，打造了非常精干而高效的第一届史志工作队伍，顺利完成了第一轮《潍坊市志》的编修任务。

“打铁还得自身硬”，为了提高自己的史志工作水平，50 多岁的杜书乐曾上过北京社会函授大学方志系，参加过人民大学方志班学习方志理论。有效地提高了自己作为史志办主任的方志理论水平和方志业务能力。“活到老，学到老”，即使在 80 多岁视力极差的情况下，还是坚持阅读《中国地方志》《山东史志》《潍坊文史资料》等刊物，阅读大量全国各地的方志典籍并笔耕不辍，这也是他年逾八旬仍能保持观念不落后、知识不陈旧、思想不落伍的秘诀。

几十年来，他最大的体会就是真切地认识到资料是史志工作的源泉，干史志，凭的就是“资料”二字，资料就是根本，资料就是关键。他收集资料的基本原则就是“菜”就往篮子里剜，绝对摒弃功利思想。晚年更是视他 30 多年精心搜集的各种地情资料为珍宝，并把精心收集来的资料转化为成果。他常说，史志这项工作，乍看起来像是不难，但是越干时间长了，越能体会到它的难度和博大精深。他文化水平并不高，历史知识也不丰富，但是，他坚信学而知之，而不会生而知之，不会就学。苦学之外，广采博取，必能积少成多，集腋成裘。他每得到一条资料都如获至宝，制卡建档。退休以后也是坚持了积累资料这个好习惯，凡是党史、文史、史志的资料，都注意搜集，党史委出版的资料书，政协文史委出版的资料汇编，各县市区的各种资料书籍都注意收藏。他晚年最大的成果就是把“志”变成“史”。这在他编写地方史的时候就真切地体会到资料积累的重要性了。依托大量的资料，编写了《潍坊八年抗战史》《潍坊解放战争史述》《潍坊文化大革命史略》等书籍，以自己辛勤的工作努力使史志工作更好地为现实服务。值得说明的是，这些成果是在多年的糖尿病严重损害了他的视力的情况下编写的，为此，他动员他的孩子们动手抄写稿子。每次来到他家，我们都会看到几尺厚的稿子和大半箱子用过的中性笔芯。2019 年是新中国建立 70 周年纪念日，届时全国一定会开展一系列纪念活动。刚做完眼睛白内障手术的杜书乐又着手编写《潍县史鉴》，实际是一本潍坊通史，现在已写了一半，他将以此献礼共和国 70 周年华诞。

杜书乐已年逾古稀，虽然体弱多病，但仍壮志不已，一个史志人所具有的强烈事业心、责任感促使他在退休后更加勤奋地工作，他最大的愿望就是把自己积累的史志资料留给后人。现如今，他天天都在工作：编写地方史志资料；对第一轮《潍坊市志》进行了查漏补缺；写自己对史志工作的体会与经验教训。感觉比在职时更忙了。他说在有生之年，把自己收藏的史志资料汇编成册，留给后人，不辜负党培养一个方志人的期望。

衣带渐宽终不悔

刘建国

刘建国，1963年生，中共党员，研究生学历。1982年参加工作，先后任临朐二中、一中教师，县委宣传部干事，县委办公室秘书、科长，县委政研室副主任，县委副秘书长，县政府副秘书长、砂管办主任，县农综办党组书记等职。2008年1月任临朐县史志办公室主任。2016年12月调临朐县政协工作。先后荣立二等功3次，系统内嘉奖1次，2015年被评为全国地方志系统先进个人，2017年被聘为方志出版社专家委员会成员。

2015年12月29日，全国地方志系统先进集体、先进个人表彰大会在北京隆重举行。作为全国10名先进个人之一，我有幸站在人民大会堂北京厅观礼台上接受中共中央政治局委员、国务院副总理刘延东等领导的接见，心情久久不能平静。我感谢组织给予的荣誉，同时深深懂得是方志事业成就了我的人生，而未来的时光也必定和方志事业连在一起。

2008年1月，我由临朐县农业综合开发办公室党组书记调任县史志办主任，9年间，我和史志办的同事们克服人员少、经费少等困难，解放思想，大胆探索，干事创业，累计编辑出版各类志书22部，先后完成旧志整理，地情网站建设，口述史研究和方志学会创建，一些工作走在了全省乃至全国前列，探索出一条具有临朐特色的史志工作模式，受到领导高度重视和同行较高评价。回顾这些年的工作经历，主要有三方面的感受。

一、任何时候都不要抱怨

“假如生活欺骗了你，不要伤悲，不要心急，忧郁的日子需要镇静，相信吧，快乐的日子终将到来。”说实话，当年我是带着一肚子怨气、怒气到史志办工作的，在此之前，我工作过的地方都算得上比较强势的部门，压根儿没想到调我到这样一个没职没权的小单位来。也许正是普希金的这几句诗影响了我，一段苦闷纠结之后心境慢慢平静下来。事实上，工作生活中难免有不顺心的时候，抱怨也是难免的，但抱怨永远解决不了问题。非但如此，它还是一种极坏的情绪，它遮挡你的视线，压抑你的心灵，使你走向沉沦以至不能自拔。回想当年的情形，真是既可笑又可怕，那时为什么会有怨气？无非就是把名利这些身外之物看得太重，气度太小，格局不大；长期生活在抱怨中，自暴自弃，自我毁灭，这辈子定然一事无成。对一个人来讲，消除了怨气，方可有静气，静能生慧，你就容易发现人生的价值和乐趣。后来我衷情于史志工作，甚至不愿意离开史志办主任这个岗位，很大程度是因为心境发生了变化，对方志事业、对人生有了深刻的感悟和理解，说到底是人生观、价值观发生了变化，特别是明白了“人生的意义不在于索取而在于奉献”这句既简单又费解的格言。

二、靠事业凝聚人心

解决史志工作有人干事的问题，单靠金钱不行，靠封官许愿也办不到，唯有靠事业凝神聚气，形成合力。单位不论大小，长期不干事，对外没有形象；内部也会无事生非，容易出现矛盾和混乱。2008 年以来，我们以“有压力才有动力，有思路才有出路，有作为才有地位，把工作当事业干”为座右铭，工作一项接着一项干，不仅单位内部人心齐了，风气正了，而且吸引了一批素质较高的同志到史志办工作。史志办编制只有 4 人，实际在岗人员却达到 22 人；聘用人员工资最初只有 560 元，最多也不到 1600 元，但 9 年间没有一人因工资少离开。后来组建地方志学会，130 多名会员义务撰稿、改稿，8 名兼任学会副秘书长的企业经理、董事长主动捐钱捐物，出谋划策。大家在编史修志的过程中展示了才华，实现了人生价值，也正是通过干事创业，为社会作出了贡献，受到领导和社会的好评，赢得了人们的敬重。

在临朐县史志办，大家经常说的一句话就是“人活着就要干点事”。“找事干”成了我们的生活常态，这些年，编修的志书，开展的工作，绝大多数是自己“找事”找来的。正是因为把工作当事业干，大家心往一处想，劲往一处使，才铸造了精气神，培育了团队，形成了正能量。2008 年以来，临朐县专业从事史志编修的 20 多名同志以及参与编修《临朐村镇志略》的 1000 多名村级撰稿人通过培训和实践锻炼，目前已成为全县文化建设的中坚力量。

三、心有多宽舞台就有多大

史志工作纵贯古今，横及百科，是一个广阔的舞台，能不能有所成就，关键在心有多宽，有没有梦想。2008 年我到史志办工作的时候，临朐县第二轮县志已经出版，也就是说分内的工作已没有了压力。但我们自我加压，一是搜集县内老字画，编纂《骈邑遗墨》，二是开始了口述史的录制工作。《骈邑遗墨》的出版，不仅为我们赢得了良好的声誉，而且取得了可观的经济效益，为史志办淘来了“第一桶金”；口述史的研究经过 9 年的不懈努力，先后采访 200 余人次，积累了大量珍贵的历史资料，县电视台与史志办合作录制的《发现临朐》成为群众喜闻乐见的品牌节目。2009 年下半年，我们又开始编纂《临朐村镇志略》，这是一项庞大的工程，要将全县 1335 个村自立村以来的历史整理出来绝非一件易事，四易寒暑，2013 年，当 10 卷共计 500 多万字的《临朐村镇志略》精装丛书放在人们面前，从不绝于耳的赞扬声中，我们才感到真正是做了一件大好事，如今这套被誉为“临朐村庄档案”丛书已成为解读临朐、宣传临朐的典籍文献。

奋斗永不止步，梦想从未停歇。2011 年，当县委提出“突破沂山”旅游发展战略之后，我们再次发力，着手编纂《东镇沂山志》，这是一项极具挑战性的工作，沂山山脉方圆近万平方公里，覆压潍坊、淄博、临沂、日照四个地级市 9 个县市区，勿说编纂，单就协调和征集资料任务就十分艰巨。5 年过去，2016 年 10 月，就在我调离史志办前不到两个月，《东镇沂山志》终于通过省级终审。2014 年我们接受中指办名镇志编修试点的任务，当时全国参与试点的单位只有浙江的周庄、河北的山海关和山东的冶源，跻身全国名镇志行列确是殊荣，但以全新的思路编修名镇志，我们心中没底，如履薄冰。接下来的300多个日夜，我们殚精竭虑，精心打造。2016年5月，中国名镇志首发式在人民大会堂隆重举行，我们的耳边再次响起了喝彩。从此又一扇窗口打开，伴随着中国名镇志、名村志的强力推进，一年来，我先后在省内和青海、湖南、江西、上海等地参与或指导编修名镇志、名村志20余部。

有时候我想，舞台其实更需要自己去打造，把小事做成大事，把大事做成好事，把好事做到极致，其实就是为自己创造了舞台。

2015年夏天，县里把修建淌水崖水库纪念馆的任务交给了我，淌水崖水库有着林县红旗渠一般的身世，为当年的建设者树碑立传，我责无旁贷。那个夏天，我跑了13个纪念馆，采访了56位建设者和见证人，搜集了300多幅照片，整理了10余万字的口述资料。三个月之后，淌水崖水库纪念馆落成开馆，一年多来，共接待观众10多万人次，被确定为省、市党校教学基地和山东省党性教育基地。新的平台给了我更多的感受和启发，随后我又建成了两个村史馆，现在正着手沂山革命历史陈列馆的筹建工作。我认为这是一个史志办主任的分内工作。

妻子有时问我，你累不累？我说不光累，有时还很苦，但因为心中有梦想，一切也就释然了。人各有志，选择方志事业我自感三生有幸，秉笔写春秋更是无怨无悔，把冷板凳坐热，是我这辈子的人生追求。2017年，我年满五十三周岁，按照惯例，离开了史志办这个工作岗位，但我始终澎湃着一颗方志人的心。“莫道桑榆晚，为霞尚满天”，五十三岁对一个方志人来讲，依然律动着青春的色彩，正好书写动人的诗行，未来的日子，我会怡然前行！

修志感悟

袁绍信

袁绍信，男，1953年2月生，梁山县人，大学文化，中共党员，1971年12月参加工作，2013年2月退休。原任县卫生局党委书记、局长，曾任县政府办公室副主任、县政府研究室主任。长期从事并主管政府文字工作，曾主持修订、续编首部《梁山县志》。任县卫生局局长期间，以显著工作成就获市、县领导高度评价，并获嘉奖和记功奖。多篇文章在省市级报刊发表，先后获省、市、县科技进步奖和优秀调研成果奖，被县委县政府授予“优秀知识分子”称号。2013年3月，被县政府聘为《梁山县志（1994—2013）》执行主编。

2013年3月，应县政府之邀，开始从事二轮修志工作，编纂第二部《梁山县志》，自此，我成为一名史志工作者。四年多的修志工作实践，使我对修志事业的认识越来越深刻，感悟越来越丰富。

修志是一项崇高而又伟大的事业。说起修志，首先想到习近平“无论走到哪里，第一件事就是要看地方志”的高尚情怀；想到他要求把地方志“当个事业来办”、并把修志作为有文化、有远见表现的高瞻远瞩；想到李克强倡导“修志问道，以启未来”“直笔著信史，彰善引风气”的修志精神。正是由此，我认识到，“一邑之典章文物，皆系于志”，地方志记载一个时代、一方水土的人物、事件、社会及气候、地貌、山川、城镇，是一方人的精神家园；在中华传统文化中，地方志自成一脉，独树一帜，记载内容纵贯古今，横陈百科，历史底蕴深厚，是历史智慧的结晶，具有独特的魅力，成为最具有民族特征的标志性传统文化形式之一。

梁山历史悠久，文化灿烂，特别是一部《水浒传》使梁山闻名天下。但由于梁山置县较晚（1949 年建县），县志修编始于 1982 年，首部《梁山县志》1997 年出版。2012 年 6 月，梁山县启动二轮修志筹备工作；2013 年 3 月，第二部《梁山县志》编纂工作正式启动。该部《梁山县志》主要记载梁山县 1994—2013 年间经济社会发展成就，再现梁山人民光辉业绩和精神风貌。四年多的修志工作实践，使我进一步感知了修志事业的崇高，修志不仅是传承中华文明、建设文化强县的有机组成部分，而且是存史、育人、资政、“以启未来”的神圣事业。随着对修志认识的升华，为自己较快进入角色、投身修志事业、做好县志编纂工作奠定了良好的思想基础。

全县二轮修志筹备工作启动后，当时的县政府办公室主任告诉我：经反复物色挑选，县长亲自点将，政府确定让您担当《梁山县志》编纂工作。其后，新上任的县政府办公室主任又多次找我，盛情难却，只好应下这份差事。实话实说，我当时的心情是矛盾的，政府领导的信任不好辜负，文字工作的艰辛有点怵头。然当接受任务后，我便全身心投入，并从头学起，认真学习国家地方志工作条例及省市有关修志文件，学习方志编纂知识及行文规范，广泛阅览各类方志书籍及相关资料，特别幸运的是有机会参加了 2012 年 7 月举办的全省第二期志书年鉴编纂业务培训班，让我不仅进一步学习丰富了修志专业知识，而且目睹了修志专家们的风采，领略了修志人的渊博学识和高尚情操，为自己做好县志编纂工作奠定了良好的业务知识基础。

修志是一项平凡而又艰苦的职业。为做好《梁山县志》编纂工作，在制订编纂方案、拟定篇目、完成总体设计的基础上，随即组织部门单位供稿。但由于相当一部分单位领导没把县志供稿当回事，仅指派一名机关工作人员临时应付，结果所供资料有头无尾、有果无因，有的时段成为空白，特别是一些重大决策、重大事件等资料提供不上来，不能体现20年来的发展变化，基本资料匮乏成为制约修编工作的突出问题。对此，县政府办公室采取多种形式多次予以督导，但效果不佳；分管副县长及办公室主任多次调度，仍收效甚微。在单位供稿不能如愿的情况下，为确保基本资料的完整，我以对党负责、对人民负责、对历史负责的精神鞭策自己，采取双管齐下的方式，一方面在边催稿、边阅稿、边约谈、边修改、持续督促单位提供相关资料的同时，主动钻进“故纸堆”中查阅、整理县委、县政府及有关档案，集中搜集具有历史意义、具有特色和亮点的原始材料；另一方面通过媒体、网络等不同渠道，抢收自然环境、民俗、文艺、人物等大量宝贵的社会资料，并加强历史文化名镇名村、重要历史文化人物、水浒文化等地方特色资料、非物质文化遗产文献等资料的搜集，然后进行鉴别利用。还有，我在县政府办公室工作16年积累的资料，也派上了用场。

实践使我认识到，修志绝不像有人说的“单位供供稿子、编辑改改字词、通通句子”那样简单，而要从大处谋篇布局、从小处精雕细刻，既要核对史实、去伪存真，去粗取精；又要严格体例，条理层次，编辑文字，是一项浩繁、复杂的系统工程。比如篇目拟定之后，仍需反复锤炼，不断调整完善，并本着突出特色的原则，编纂“水浒文化”“梁山景观”等特色篇；再如在“社会生活”篇中，要适当运用网络媒体资料，记载人们饮食的变化、衣着的演进、婚恋的进步、以至语言的丰富等，体现梁山特色及百姓日常生活变化，以提高志书的可读性。特别是在供稿质量差、基本资料匮乏的情况下，加之梁山地方志工作从机构到人员的特殊情况，大大加重了修志工作难度，总感觉几乎是一个人在工作，重担自己挑，压力自己扛，我不仅担当执行主编，而且集撰稿、编稿、审稿于一身，又身兼资料搜集，还要承担县志办的责任、充当县志办秘书的角色，起草文件、领导讲稿、工作汇报等，都需我一一去做，更要在修志标准和质量上实施自我加压。在这种情况下，不得不加班加点，四年来，除了不得不回老家看望年迈的父母外，我全身心投入到修志工作之中，没有星期天，没有节假日，没有按时上下班，有时累得头昏眼花，脊背酸痛，这几年，头发越来越稀，白发越来越多，眼花度数越来越高，甚至还患上轻度白内障。所幸有位年轻得力的助手协助我，让我在这份平凡、寂寞、清苦的工作中坚持着。

修志是一项重要而又光荣的使命。说到修志，自然想起司马迁著《史记》，《史记》囊括黄帝至西汉三千多年社会风貌，从天文到地理，从教育医学到贸易战争，从诸子百家到三教九流，形形色色人物无不真实生动，成为“史家之绝唱，无韵之离骚”。历代史志人秉持信念、执着守望、辛勤耕耘的丰采，都给我以深深地感动，让我深知，从事修志工作是何等重要、何等光荣。正是基于这种认识，让我自觉地从感知到行动，发扬坚守使命、修志问道、直笔著史、甘于奉献的史志人精神，承担起传承文明、记录历史、弘扬文化、服务社会、借史鉴今、启迪后人的光荣使命。

开始接触修志工作是在 20 多年前。1993 年 12 月，梁山县县志办公室撤销，其职能划归县政府办公室；其时，第一部《梁山县志》稿虽基本完成，但因其下限为 1985 年，与现实时间跨度较大，县政府确定将志稿下限延至 1993 年 12 月；续修 1986—1993 年内容，统筹修订包括 1985 年前的全部志稿，是当时修志工作面临的任务。作为时任县政府办公室分管副主任，我具体主持了续修和统筹第一部《梁山县志》的任务，从 1994 年初着手，至 1995 年底完成定稿，于 1997 年正式出版。现在回顾那段修志工作，深感自己知识浅陋，以致留下些许遗憾。但或许从那时起，让我和修志结下不解之缘。2006 年，在我任县卫生局局长期间，尽管当时急事难事一大堆，各项工作千头万绪，但我本着统筹安排、先急后缓的原则，各项工作均走在全市前列，更值得骄傲的是忙里偷闲主编了全县第一部《梁山县卫生志》。

编纂第二部《梁山县志》，并有幸担当执行主编，这对我来说，不仅是一种缘分，更是一项使命。为此，我把编纂《梁山县志》，作为党和人民赋予的一项重要而又光荣的使命，既全力做好志书的设计和总纂，又努力当好调度和指挥，为编纂一部高品质的《梁山县志》勤奋工作。尽管第一部《梁山县志》前前后后历时 15 年，但责任感和使命感让我不能墨守成规，特别在人员少、时间紧、难度大的情况下，更须开拓创新，抢时争速，保质保量地完成编纂任务。从 2013 年 3 月志书编纂工作启动，至 2016 年 3 月 136 万字初稿形成，仅用 3 年时间，其间，几经修改，数易其稿。2016 年 7 月，济宁市史志办主持召开志稿初评会，其后，经进一步修改完善，形成 126 万字的评审稿；同年 11 月，山东省召开志稿评审会。经省、市两级专家评审，对《梁山县志（1994—2013）》志稿给予充分肯定，并予以高度评价，济宁市史志办对梁山县志编纂工作以及修志人员的敬业精神大加赞赏，称之为“梁山速度”“梁山经验”。

修志是一项修功而又修心的历程。从事地方志编修工作，对我来说，是人生一大机遇，有幸参与两次修志，亦是我人生的幸运。我更深知，编修一部优秀志书并非易事。编纂第二部《梁山县志》，可以说是数调篇目、数易志稿，备尝其中甘苦。为搜集一份资料、为修改一段文字、为完善一个篇目，常常是走路想着、吃饭想着、梦里想着。有人曾对我说：“你太认真了，好孬编出来就行呗。”我回答说：“不行，因为我既要对党和人民负责、对历史负责，更要对自己负责，这不是唱高调，这是我做人做事的原则。”为坚守这一原则，面对寂寞清苦的修志工作，我以勤勉、踏实、严谨的态度，耐住寂寞，倾心尽责。无论是多繁重的劳动、多艰辛的付出，还是多复杂的问题、多激动的心情，每当坐在桌前，望着显示屏、敲打着键盘，我都会静心、从容修志。有付出就有收获，有耕耘就有成果，每修成一个章节，每做一次修改，喜悦之情便会油然而生，由此，我收获的是历练、是沉稳、是成果。方志真实记载历史，修志需要秉笔直书，文字需要朴实无华，当历经修改、数易其稿，志稿反映出实事求是的历史真相、彰显出言简意赅的文字魅力，心中自然升腾起一种快意和满足感，由此我感受的是快乐、是幸福、是成功。

修史编志，不仅社会意义重大，而且是个人寄托人生理想、实现人生价值的极好机会。古人把立德、立功、立言作为“三不朽”事业，一代代两袖清风、一身墨香的方志人，兢兢业业、青灯黄卷、铁心修志、默默奉献，都在追求立德、立功、立言的理想境界。古人尚且如此，作为新时代的方志工作者，更应淡泊人生，无私奉献，因此，我把编纂《梁山县志》作为为世修志、为业存史、为人立传的光荣使命和崇高理想，用心去做。

尽管自己付出很多，但我无怨无悔，特别是“众手成志”，让我心存感恩。县委书记贾治阜任县长时对修志工作作出批示，后主持书记办公会听取修志工作汇报；县长侯典峰到任后多次过问修志工作，对修志予以大力支持；分管副县长孙颖多次调度修志工作，并直接约谈重点部门主要负责人；县政府办公室主任孔庆金直接主持县志编纂工作；县政府办公室分管副主任努力协调督导修志工作。济宁市史志办领导对梁山县志稿的形成倾注大量心血，多次到梁山指导编纂工作，还确定将《梁山县志（1994—2013)》推荐为济宁市第一部全省重点志书，并得到省史志办大力支持。还有我的几位小同事，都在不同的方面为志稿的形成作出了积极的贡献。所有这些，都鞭策和激励着自己，努力把《梁山县志》打造成为一部朴实、严谨、科学的精品佳志。

盛世修志，志载盛世。回首四年修志工作，收获颇丰，感慨颇多，受益匪浅，修志事业给予我很多很多，不仅让我感知了修志工作的艰辛、品尝了奉献修志工作的欢乐，而且让我感知了修志事业的崇高、领略了从事修志事业的光荣，更体现了自己的人生价值。我将以自己对修志事业的热爱和忠诚，弘扬方志人秉笔直书、褒贬分明、文史并重、经世致用的优良传统，把修志当作学问来做，以一部高标准、高质量、高品位的优秀志书，竭诚回报修志事业。

甘于清苦　乐在其中

王圣雨

王圣雨，男，汉族，1965 年 9 月生，1995 年 9 月入党，1987 年 7 月参加工作，大学学历，毕业于曲阜师范大学汉语言文学专业，现任东平县党史史志办公室主任。1987.7—1996.2 在东平县教委工作；1996.2—2003.3 在东平县委组织部工作任县下派办主任；2003.3—2006.10 任东平县卫生局党组书记，副局长；2006.10—2012.11 任东平县公共行政服务中心党委书记；2012 年 11 月至今任东平县党史史志办主任。

有一个故事：烈日炎炎下，几个人正汗流浃背搬砖。有人问：“你在干什么？”第一个人没好气地说“我这是服苦役”；第二个平和地说“我在垒墙”；第三位兴奋地说：“我在修建一座高雅的教堂”。对于辛勤耕耘的方志人来说，不就是在为修建文明大厦增添一砖一瓦的搬砖人嘛！

2012 年，组织上任命我为东平县史志办主任，自此与方志结下不解之缘。5 年来，我先后主编《东平年鉴（2004—2012）》《东平风物志》等 8 部志书，《东原星火》《灾难与抗争》《中共东平历史大事记》3 部书，分别获全省优秀史志成果奖、党史研究成果著作二等奖和三等奖。组织评审、修改《东平湖移民志》《县人民医院志》《教育志》等 17 部志书文稿，其中《东平湖移民志》获山东省优秀史志成果奖。开发利用史志资源，编辑出版《乡情》刊物 18 期，被评为全省优秀期刊。执笔撰写“中共东平县早期革命活动”“万里与永安寺武装起义”等党史研究文章25篇。其中，“1939，八路军一一五师在东平”“抗日战争时期中共东平县党的建设和革命活动”文稿，除收录志书外，还被省政协主办的《山东抗战编年纪事》和北京八路军山东抗日根据地研究会《齐鲁烽火》《泰汶春秋》等书刊登载。

五年来，我品尝了修志工作的酸甜苦辣，但心无旁骛，生活非常充实。特别是获得一个个优秀史志成果的时候，感到十分欣慰和自豪。我觉得当好方志人，必须做到以下三点。

一、坚守使命　爱岗敬业

修志工作艰苦、辛苦、清苦，是好汉不愿干、赖汉干不了的差使，许多人对它望而却步。上任伊始，曾有人对我说：“修志不得志，得志不修志”。但我却认为，史志部门肩负着传承文明、记录历史、服务社会、以古鉴今，启迪后人的神圣使命。组织上把这项任务交给我，就是对我的信任。人生难得几十年，岂为衣食名利权。秉笔直书著信史，寂寞清苦也心甘。就是在这样的信念下，我下定“为党立言、为国存史、为民修志”的决心，坚持长年默默地耕耘着。我平时忙于工作，不能在老人面前尽孝。2015年7月，年迈的老父亲患病住进县人民医院，做了手术。当时，正主编《灾难与抗争》一书，时间紧，任务重。我安排家人到医院照顾老人，不分昼夜，加班加点，审阅、修改书稿。通过大事记、日军暴行、血泪控诉、调查报告、口述证词、图片等内容，打开尘封的记忆，还原当年的历史，在纪念抗日战争胜利70周年之际出版发行。

二、秉笔直书　求实创新

2015年7月，万里同志逝世后，我向县委提出征集万里同志早期在东平革命活动的资料的建议，引起领导的高度重视，召开县委常委专题会议，作出具体安排。我与党史办同志们一道，不分昼夜，精心查阅有关万里同志的书籍和档案资料；带领杨福中等几名同志，先后到梁山县田大店小学、永安寺武装起义旧址、县工委纪念馆、万里故居、无盐等地走访调查；赴济南、泰安登门拜访省委党史研究室主任丁龙嘉、市委党史办牛之营、吴绪伦、李耀德等专家，收集大量珍贵的文字、图片资料。在此基础上，我主编《东原星火》这部书。从篇目设计到撰写文稿、图片插配、文字校对、出版印刷等每一个环节，亲力亲为。从内容到形式进行创新，从基本观点到事实记述，从时间、地址到人物名称进行严格审查，甚至连一个标点符号都不轻易放过，生怕出了纰漏和差错。《东原星火——万里在东平早期革命活动资料专辑》，全书42万字，图片125幅，由中国文化出版社出版后，我又从头至尾看了一遍，没有发现任何问题，才放下这块“心病”。更让我感到惊喜的是，这本书，在纪念万里诞辰100周年活动前，被中共中央办公厅选中。我乘车到石家庄印刷厂，协商加印700册，抓紧送往京城。2016年12月5日，纪念万里诞辰100周年座谈会在北京人民大会堂举办，习近平总书记发表重要讲话。《东原星火》作为唯一读本，在纪念会上公开发行，受到参加会议的社会各界人士好评。纪念活动后，中国传记文学学会会长万伯翱（万里同志长子）将“中共中央纪念万里同志诞辰100周年纪念邮票”和本人的著作图片资料光盘，作为特殊礼物，赠送给东平县党史史志办公室，表示谢意。20世纪五六十年代，国务院批准建设的东平湖水库，为确保黄河安澜做出重大贡献。由此形成的东平湖移民数量，使东平县成为全省第一、全国第二移民大县。2006年，国务院出台移民后期扶持政策，让库区移民共享改革发展成果。至2016年，全县累计发放移民后期扶持资金14亿元，实施扶持项目12000多个，库区移民非常感恩党的好政策。在实施这项政策十周年之际，我在深入调查研究、广泛收集资料的基础上，主编《东平湖移民后扶十年回眸》一书，全书30万字，图片300多幅，全面系统总结移民工作取得的丰硕成果及经验，充分体现党和政府对库区移民的关心与厚爱，得到水利部水库移民开发局充分肯定，并在全省移民工作会议上发行。我撰写的“一一五师在东平”文章及图片，在《齐鲁烽火》刊物发表后，抗日战争期间曾担任罗荣桓元帅（时任115师政委）警卫员的原济南市文联副主席王汇川，看到这篇文章，心潮澎湃，思绪万千。虽然90多岁，仍然怀着对罗帅的敬佩与怀念，把文章复印下来，专门邮寄给当年罗帅曾经两次住过的东平无盐村老房东后人陈云景。并捐资1000元，盼望能够把罗荣桓办公室旧址修缮起来。抗战老战士的心愿，在《乡情》期刊发表后，引起社会和相关领导的关注。

三、带好队伍　形成合力

东平党史史志办公室，两块牌子，一个机构，人手少，业务多，任务重。我刚到任时，仅有5名工作人员，其中一名女同志借调离岗，一名同志被派到县组织部帮忙。每编纂一部志书，开展一项专题调研，举行一次宣教活动，无不是一项系统工程，仅靠主任自己的智慧和能力是不行的，必须建立一支品德高尚、业务精通、乐于奉献的团队。为此，我身先士卒，发挥示范带头作用，以自己的学习力、影响力，增强史志办的向心力和凝聚力。李姗姗是位女同志，怀孕九个月，每天总是腆着个大肚子上班。不少人见了她感叹道："这个人真是要工作不要命了。"我多次让她在家休养，可她却说："年鉴资料正在收集，《乡情》期刊编排未完，我怎么呢安心休养呢？"直到临产才被送进县人民医院，展现出志坛巾帼的亮丽风采和魅力。2017年3月，张作彬得知80多岁的母亲病危，才匆忙赶回老家，与老人见上最后一面。论研究党史、编修志书，张作彬舍得付出，问心无愧！每当想起父母的养育之恩，他总感到内疚。近年来，杨福中的岳父患病先后三四次住院医治，因抓紧收集整理县委书记口述资料，他只是趁赴泰安开会，才抽空到医院看望老人。今年春季的一天，在仓库装运图书时，杨福中主动爬到两米多高的书堆上，抱着20公斤重的图书箱子往下传，不慎扭了腰，强忍疼痛，坚持把书装完。王圣斌是位退休干部，编修史志10多年，积累了丰富的经验。2013年，我聘请他到县史志办工作。5年来，编纂出版的《东平年鉴》《东原星火》等多部志书，都凝聚着他的心血与汗水。他在做好日常工作、圆满完成任务的同时，利用节假日、双休日，编修《唐营村志》。历时三年，五易其稿，2016年底编纂成书。当他得知村里资金匮乏、无力支付印刷费时，主动拿出自己全部的积蓄，又给亲友借钱，为村里解决燃眉之急。今年初，王圣斌被评为全县十佳有为退休干部。常言说："人生难修两回志"。可邢道彦这位年近古稀的老年人，十二年如一日，醉心于史志天地，曾参与编写《东平县志》《东平县民政志》《东平县军事志》《东平县移民志》，执笔撰写志稿150万字，手指上磨起厚厚的茧子。2013年应聘到县史志办工作时，不会操作电脑。他像个小学生一样认真请教，刻苦练习。一个字一个字地把资料输入电脑，一点一滴地把感情融入了这份事业。去年夏季，他帮助编修《东平县自来水志》。每天从县史志办下班后，再骑着自行车，到县自来水公司整理资料、撰写志稿。每去一次，来回足有 20 里，晚上十点多钟才回家休息，是常有的事。有一次，赶上刮风下雨，自行车又坏了，直到夜间一点半钟才走到家。仅用 5 个月的时间，《东平县自来水志》出版发行。正是因为有这样一支甘于清苦、乐于奉献的团队，形成集思广益、众手修志的强大合力，“冷部门”变成“热事业”，“小单位”干出大成就。

习近平总书记指出：“要高度重视史志工作”。李克强总理说：“修志问道，以启未来。”对编修史志提出了更高的要求。在今后的工作中，我将进一步执着守望、辛勤耕耘，以更加饱满的热情，以求真务实的作风，做好史志编修工作，为弘扬优秀传统文化、服务经济社会发展作出新的贡献。

做个快乐的史志人

毕吉玲

毕吉玲，1957年2月出生，威海市环翠区田村人（现属高技术产业开发区），1975年8月参加工作，1989年1月加入中国共产党。高中毕业在田村小学做了2年半民办教师，1977年考入文登师范学校。1980年毕业分配到烟台地区经委工作至1987年11月，主要从事办公室的文秘工作和工业企业管理工作。这期间于1984年至1986年在烟台电视大学党政干部班脱产学习2年，取得专科毕业证。1987年12月调入威海市计划委员会至1997年6月，主要从事社会事业的计划管理和大中专毕业生分配工作，先后任科员、副科长、科长，这期间于1994年至1997年参加了山东干部函授大学经济管理专业的学习，取得本科毕业证。1996年底，参加全市副处级干部一推双考，取得了所报职位笔试第一，口试第二的良好成绩。1997年3月至9月，参加了市委党校中青年干部培训班的学习。1997年6月至2005年7月，任市史志办副主任。2005年7月至2014年10月，任市史志办主任。2006年晋升编审。曾被聘为山东省史志专家组成员和省出版系列职称高评委。2014 年 10 月至 2017 年 2 月，任市史志办调研员。2017 年 2 月退休。

1997 年 6 月，通过“一推双考”，我到史志办任副主任，主持日常工作。2005 年通过岗位竞争答辩，提升为主任，至 2014 年 10 月转任调研员。在史志办领导岗位一干就是 17 年。2017 年 2 月退休，在史志战线上工作了 20 年。

20 年，弹指一挥间。收获颇多，感慨良多。怎样做好一个主任，做好一个主编，相信同人都比我做的好，无庸赘述。我就谈一下，怎样做个快乐的史志人。

修志快乐、快乐修志的理念是史志界一位老前辈提出来的。我非常认同这个理念，并一直奉行着，践行着。“以苦为乐，助人为乐，自得其乐”是我人生的座右铭。

履行职责　以苦为乐

我 1975 年参加工作，当过教师，1977 年参加高考，考入文登师范学校，毕业后分配到烟台地区经委，从事文秘和工业企业管理工作。1987 年调入威海市计划委，从事大中专毕业生分配和社会事业的计划管理工作。1997 年，我到史志办，对于从未编过书的我来说，是一个非常陌生、全新的工作。此时，史志办刚由科级单位升格为正处级，主体工作还未起步。我接到的第一个电话是文登史志办的初钊兴主任打来的。他说，你是蜻蜓点水，点一下就走呢？还是俯下身子，长期干下去？如果想长期干下去，就送你八个字“如履薄冰，如临深渊”。我知道我是干什么来的，所以我在工作中始终谨记这八个字，战战兢兢，不敢有半点的含糊。

到任后的第一项工作，就是筹备《威海年鉴》的创刊。万事开头难，当时全办 6 个人，没有一个人编过年鉴。我更是两眼一抹黑。面对困难，只能迎难而上，边学边干，边干边学。我们行动起来，先请求上海、广州、大连、济南、青岛、泰安、深圳、西安、成都等地年鉴编辑部的支援，寄来了他们的年鉴，我们日夜研读，吸取营养；又走出去到济南、泰安、青岛等地学习经验做法；再利用参加全省会议的机会，向老前辈求教，他们都毫无保留地把经验传授给我们，令我们非常感动。与此同时，认真学习省里的年鉴培训讲义，这套讲义是我迈入史志门槛的主要教科书，当时几乎能把它从头背到尾。

省史志办分管年鉴工作的孙其海副主任和年鉴处的处长手把手地热情指导，使我逐步树立起编好年鉴的信心。当时我就暗下决心，不干则已，要干就要干最好的。从内容到形式都要创新，既要学习别人的先进经验，又要形成自己的特色。从篇目、框架设置到内容收录、标准要求，从条目编写操作到整书的装帧设计，反复研究，逐条落实。

就《威海年鉴》的装帧设计而言，在当时也是颇费一番周折的。首先是开本的确定。1997 年国内已有了大度 16 开本（889×1194），而当时全省已出版的年鉴，包括《山东年鉴》都是正度 16 开（787×1092）。我们研究了国内外图书开本设计的潮流和威海这座城市的特色，到一些大书店、书城实地考查图书开本的多样化，请教有关专家意见，确定采用大度 16 开本。当完成整书编辑，送到省史志办印务中心排版时，有关领导提出全省年鉴的开本要一致。我们只得按正度 16 开排好版，并进行了三校。但是我总觉得没有达到预期的效果，脑子里反复思量，彻夜难眠。特别是有位同志提醒我，如果再过一两年，其他市地都改为大度 16 开，我们是改还是不改呢？

正在犹豫不决的时候，省领导陪同陕西省史志办的董主任到威海考察，在接待的过程中，我认真请教董主任有关年鉴编纂的一些问题，特别请教年鉴开本的问题，董主任谈到了陕西年鉴已改为国际流行的大 16 开本。至此我已坚定信心，并请示省史志办领导同意，威海市年鉴的开本确定为大度 16 开（889×1194）。这也是全省第一个大度 16 开本的年鉴。现在看，这个决策是正确的，目前全省甚至全国出版的年鉴和志书绝大多数都采用了大度 16 开本。

《威海年鉴》在封面设计上，注重既突出威海特色又体现年鉴的年度性和连续出版的特点。封面上用威海风光的图片来设计，在书脊上用不同的色块来标注出书名、出版社和版次年号。威海年鉴创刊 10 周年，我们及时总结经验教训，从第11年开始，将封面设计为刘公岛与城市风光的组合，每年换一个颜色来展示。既突出了威海特色，又体现了年鉴的庄重。2017年是《威海年鉴》创刊20周年，20本年鉴排列起来，仅从书脊上即可看出，这是连续出版的一套书。

“如履薄冰，如临深渊”这八个字，使我在工作中深有感悟，受益匪浅。在首部年鉴进入编校流程的三个月里，我和同志们天天加班，有时甚至是通宵达旦。“宁肯十宿不睡觉，也不让书里有一个错”，这是我对自己的要求。在总结经验的基础上，制定出年鉴编辑“五审六校”责任制，要求所有编审人员都要把好最后一关，“精心精艺创精品，在我手中不出错”。

功夫不负有心人。首部《威海年鉴》出版后，第一次参加全省评奖，即获得特等奖，排名全省第一。《威海年鉴》始终保持了不超过四万分之一的差错率。参加全国举办的年鉴编校质量评比，曾获得全国第五名的好成绩。参加全省、全国评比，多次获得特等奖、一等奖的好成绩。

在开展年鉴工作的同时，相继建设了地情库（网站），启动编修威海市志，建设方志馆。宣传落实省和国家的地方志工作条例，制定市及县级市的地方志工作条例。围绕中心工作，编写地情书，修正史志书，整理旧志，等等。每项工作的开展，由于事前论证充分，向市领导汇报及时，争取了市委市政府的重视，做到经费到位，人员到位，项目落实到位。

“淡泊名利，求真求实”是我们倡导并遵循的史志精神。在工作中，很多时候要忙于汇报、开会，走出去协调各方，坐下来潜心研究书稿的时间往往偏少，周六周天节假日加班审稿是家常便饭，平常晚上回家审稿子也是常态，有时通宵赶稿子。史志工作行政、业务一肩挑，清苦、艰苦、辛苦，但自己从未有过怨言。

在推动威海市史事业发展中，史志工作不断拓展到“志、鉴、库、馆、开发利用”五业并举，创造了依法修志的新模式。在威海市志编修紧张进行的同时，仅2012年一年就出版了《汶川特大地震威海市求助援建志》《历史上的今天》《威海年鉴》等多种志书。并且，多部书籍走出大陆，远销香港，产生了良好的反响。

2008年，中国社会科学院副院长、中国地方志指导小组常务副组长朱佳木到威海视察，对威海史志工作给予了充分肯定。威海市史志办先后被授予“市级机关先进单位”“全省史志工作先进集体”、全省“八个一优秀”史志单位等称号，并被列为全国第二轮修志工作试点单位。我本人也先后获得了国家和省市的表彰，2010 年 12 月，被人力资源和社会保障部、中国地方志指导小组表彰为“全国地方志系统先进工作者”。

不留遗憾　助人为乐

作为一名史志办的负责人。既要以身作则，带头苦干，更要启发调动全体员工的积极性和主动性。在科学管理、制度管人的前提下，要设身处地地为每一位员工着想，通过发现员工的特长，知人善任，让每个人都找到适合自己的位置，并给予充分的信任、尊重、关心和爱护。工作中当好领头人，生活中当好知心人。哪里有困难，哪家有病人，哪个心里不愉快，我都及时地帮忙，找其谈心、鼓励、化解。

有位老同志因机构改革的原因，调到史志办比较晚，原来的科级职务一直没有明确，又临近退休，却未有正高职称聘用名额，几次争取未成，无奈之下，我将自己解聘，空出名额聘用了这位同志，让其安心退休。有一职工突然患了大病，做手术需要几十万元的治疗费，且大部分不能报销。当时，我正随省里考察团在外地学习考察，得知这个情况后，马上请假，返回单位，通过向红十字会、慈善总会、工会等机构求援，并发动职工爱心捐款，很快筹集了 6 万元送到了医院，同时协调有关部门在政策允许的范围内提高一部分手术费的报销比例，解决了燃眉之急，使这位同志增强了战胜疾病的信心，经过一段时间的治疗，完全康复，已返回工作岗位。

这些年，有孩子上学需要调整学校的，有住院需要找医生的，等等，我都会全心全意、通过所有能借助的渠道，把事情办好。十几年来，我从未因自己的私事找过领导。但为了给员工申请住房，争取职数、职称、名额，我不怕门难进、脸难看，用好用足政策，做好做足文章，直到把事情办好。这些举措赢得了大家的理解和支持。平时工作中，大家积极进取、奋发向上，多名员工先后获得提拔。

陪伴家人　自得其乐

十几年来紧张的史志工作，我亏欠家人很多。每年15天的带薪休假从来没休过。但是家人却给了我最大的理解和支持。

1997年到史志办上任时，爱人大病初愈刚上班，下班回家需要有人陪伴，儿子读高中，父母身体尚好，帮忙照顾儿子做中午饭。碰到我加班和出差，爱人总是默默地支持我，帮助做些家务和照顾孩子。我有时遇到难题，还能帮我出出点子，提点建议。

家人的温暖，鼓励着我更加努力地工作。回到家里，我努力尽到自己的本分，转化好每一个角色。教育呵护孩子，关心照顾丈夫，孝敬双方父母，关心兄弟姐妹，等等。这些都是我应尽的本分，都是应该做的。只有做的不够好，没有不应该做的。

今年我正式退休了，又翻开了新的一页。孩子已成家立业，有了自己的幸福生活；父母年龄大了，尽量多些时间陪伴老人，抓紧尽孝；老伴身体越来越好了，动不动就拉起他那心爱的京胡；我也学起了摄影、太极拳——乐在其中……

但我史志情结依然很深，以前工作的画面时总会时常浮现在眼前，幸福快乐的感觉会油然而生。现在，我依然喜欢，在力所能及的情况下，做些地方史料收集和研究，娱悦身心，健康体魄，继续做一个快乐的史志人。

《乳山市志》编纂记忆

宋吉泽

宋吉泽，男，1947年11月生，1966年3月加入中国共产党。1971年9月参加工作。历任公社党委组织干事、县档案局科员、镇党委副书记等职。1985年5月任乳山县县志办公室主任兼主编，1992年9月任党史市志办公室副主任兼《乳山市志》主编。从事修志工作17年，主持编纂的《乳山市志》获山东省新编地方志优秀成果一等奖。另撰有《乳山游子》《乳山村庄志》和《乳山民间文学丛书》(含胜景神话、民间传说、名人故事3集，该书尚未出版)。

我1985年春调任乳山县县志办主任，主持首届《乳山市志》编修工作，至志书问世，前后经历了17年的辛勤笔耕。现将《乳山市志》编纂中的一些做法与体会回忆记录下来，与修志同人共勉。

激活“志”心，勇于担当。我在调任修志工作之前，在乡镇当了十几年“跑腿官”。面对突如其来的改行，我六神无主，先后多次找领导要求调离修志工作，县委领导总是鼓励我克服困难，敢于挑起这个重担。烟台市志办领导及周边兄弟县市的修志同人也苦口婆心安抚我、鼓励我。后自己经反复考虑，认识到人生不在干什么工作，不管干什么工作，只要干成一件事就是成绩，后来下定决心在修志这行试一把。我原来只有初中文化程度，古文水平很低，查阅古籍资料还有不懂，以前也未从事过文秘工作，驾驭文字的能力也很低。为了提高业务能力，我利用业余时间自修大学语文（三册），学习了《古代汉语》《编辑必备》等书籍，使个人的语言文字有了很大提升，也增加了我做修志人的决心。“志”心激活，勇气倍增，决心带领修志同人圆满完成修志任务，并拿出好志书。读懂“志”体，下笔有章法。作为修志人，我们的工作首先从认识什么是“志”开始的，花气力学习方志理论，读懂志书体例。我们先后阅读了《方志文集》《方志编纂基础》《方志论坛》等方志理论书籍。另外还订阅了《中国地方志》及全国 20 余家省级方志刊物，做到每期必读，从中吸取修志“营养”。从而明白了什么是“志”，“志”写什么、怎么写，让每名修志者成为修志明白人。在读懂“志”体的基础上，转入志稿试写。

志稿试写阶段，我们强调掌握三点：一是严守记事的区域性，严禁越境记述。乳山境地汉初曾设育犁县，育犁县撤后，境域长期归属牟平县（含宁海州），海阳设县后，境内南部又划归海阳县。凡发生在境外的重大事件且主要组织者又不是境内人，皆不入志。二是严守记实性，持论不可不恕、立例不可不严，坚持实事求是、秉笔直书。三是语言文字的严谨性，严禁出现空泛的议论、溢美之词及“简化词”，严禁使用文学通讯报道、工作总结式语言形式，保持行文与志书体例的统一。

严守志体，优化篇目。志书的基本体例是横排竖写，因而篇目设计的优劣是志书质量的基础。它涉及志书内容是否缺项，命名是否恰当，排序是否科学，能否体现地方特点等诸多方面。在整个修志过程中，我们始终把篇目设计放在首要位置，不断修改完善。最初的篇目采用自然、经济、政治、文化、社会大编结构，经反复研究，认为大编结构有叠床架屋之感，且“社会”编命名有概念模糊之嫌，遂改为小编条目体。志稿动笔后，又发现小编条目体在结构上缺乏严谨性和著述性，似一部结构松散的资料汇编。后又经反复探索，决定改用中编结构的编、章、节、目体，从而确定了《乳山县志》的基本框架、结构模式。在整个撰稿过程中，我们不断吸取全国各地的经验，紧紧围绕乳山的地情特点，先后 8 次修改篇目。篇目设计主要本着下列原则进行：一是严守“辈分”，科学横排，各编的设置统一按事物、事业分类，原设置的人事、民政、劳动、信访、外事、侨务等编合并，专设“行政事物”编，计划管理、土地管理、矿产资源管理、工商行政管理、计划生育管理编合并，设“综合经济管理”编，原在“城乡建设”编中设置“建筑业”章，从该编析出，独立设置“建筑业”编，对各编下辖的章、节、目的横排，也按其各自的“辈分”统一调整，保持了横排的“胞弟”关系。二是严守内涵，保持编、章、节下辖部类的“亲缘”关系。三是准确命名，科学排序，将“人口”编改为“居民”编，这一命名更符合志书体例，且增加了内涵，下辖章、节增加了“居民姓氏”“家庭、婚姻、生育”“居民职业”“居民生活”章，原“人口”编列为“居民人口”章，且回避了“社会”编的出现。四是统一按“事业”分类立篇，清除部门痕迹。“政党”编中的“中国共产党乳山地方组织”章中原下设“组织机构”“组织工作”“宣传工作”“统一战线工作”“纪律检查”节，我们改为“组织机构”“党的建设”“统一战线工作”“纪律检查”节，删去“组织工作”“宣传工作”两节，“党的建设”节分“组织建设”“思想作风建设”两目。由计生委提供人口生育资料在“居民人口”章中记述，“综合经济管理”编中设“计划生育管理”章，因人口控制也是国民经济的重要因素之一。

立足“志”用，广集资料。修志目的在于用“志”，志书有了丰富资料才能保证应用。乳山于 1941 年置县，建置时间短，文献资料缺乏。面对现实困难，我们决心“找米下锅”，集中所有修志力量，在全国范围开展“觅米”工作，先后走访了近百名乳山籍在外地工作的老干部，调阅了 10 余名境内古代官员任职所在地的地方志，从而积累了大量的历史人文资料。同时，在全市范围内开展“部门志”“行业志”和“乡镇志”编写工作，为编纂《乳山县志》提供了 1000 余万字的资料，初步解决了“无米之炊”问题。

为了让志书容纳更多资料，我们在撰稿过程中采用各种措施增加志书的资料性：一是巧定上限增加历史资料。按志书要求记述上限以置乳山县时间为准，但以1941年置县为上限，置县前境内发生的许多重大事件包括中共乳山党组织的早期活动、群众反帝反封建斗争等重要资料无法入志。有人主张上限定为境内中共党组织开始活动的1931年，但志书不是写党史，有悖于志书上限以置县时间为准的界定。后又有人提议上限定至近代即第一次鸦片战争的1840年，即使这样，境内有的重大历史事件、自然灾害及事物的发端情况仍不能记载，跟乳山置县时间仍不合拍。后来经反复研究，决定以境内汉朝初年曾设育犁县时间为今志上限，这样即有置县依据，又可丰富志书的记述内容。二是反复挖掘，填补断线资料和事物发端资料。“居民”编“居民人口”章缺乏历代人口数量资料，我们依据明《宁海州志》所记历代人口，根据当时的人口密度和乳山境域面积与宁海州境域面积之比推算出乳山境内当时之人口数。三是记述因果，增添背景资料。乳山境内人口曾在不同时期出现大增大减现象，对此类现象均记载了人口增减的原因，如社会安定、经济发展或移民政策带来人口大增，自然灾害、瘟疫或战乱带来人口减少，充分记述了人口增减的因果关系。四是增设附录，彰显个体资料。对志书正文无法展开记述的个体事物、事件，采用正文下设附录的方法对其进行完整记述。五是志末设附记。辖“丛谈”“文录”“考评”三章，“丛谈”章下设“经济史迹”“名人轶事”“奇闻异事”三节，“文录”章下设“文献选录”“碑文石刻选录”“诗文选录”三节，“考证”章下设“地名小考”“名人祖籍考”二节，从而弥补了无法归类、弃之可惜的资料入志的困难，并增加了志书的可读性。

三延下限，迎难而上。1989年底，正值《乳山县志》初稿出炉之时，县委领导提议将志书下限延至1992年，此时第二稿已拟定过半，大家多有无所适从之感，我们认识到，延下限尽管推迟出书时间，但可以纳入更多反映改革开放成果的内容，增加志书的资料性和可读性，大家抖擞精神，继续奋战。此时又遇县志办与党史委机构合并，修志骨干多数调离，我们采取熟悉业务者能者多劳、刚接触修志工作业务不熟者边学边干的办法，历经两年，至1995年春，终将《乳山县志》第三稿完成并送审。1995年5月，经市委研究决定改写《乳山县志》，县志改市志，虽为一字之差，但志书从拟定内容到志稿编写都要撇开原稿重新编写。大家感到像千斤重担压到肩上。为了确保按全省1998年完成首届修志任务的要求，完成《乳山市志》编纂任务，我们重整旗鼓，确定新的编纂要点：增加反映城市特点的内容，强化对改革开放的记述，增加人文方面的资料，加强事物发端和早期情况的记载。经过两年奋力拼搏，于1997年上半年《乳山市志》初稿完成。

质量唯上，精雕细刻。1997年下半年，志稿进入总纂修改阶段，《乳山市志》初稿200万字。要逐字逐句完成改稿任务，时间紧，压力大。但我仍坚持质量唯上的原则，对志稿进行精雕细刻。为预期完成送审，坚持昼夜奋战。改稿的重点放在压缩文字、统一文风上。为了使志稿达到文风朴实、语言简明的要求，定出志稿要达到“五个美”的目标，即：删除异体，据事直书，努力追求志书语言的严谨美；删除修饰、溢美之词，努力追求志书语言的真实美；删除重复，精炼文字，努力追求志书语言的简洁美；删除俗语，规范用词，努力追求志书语言的庄重美；删除病语，调整句型，努力追求志书评议的韵律美。经过总纂修改，志稿压缩近40万字，因补充内容新增3万字，《乳山市志》最后定稿为163.5万字。在校勘过程中，我们除了查找错字、别字，还对行文中引用的数据与所附表格数据是否统一、表格纵横栏目的数字与合计数字是否相符等进行了认真核对，使志稿的差错率比出版社要求的不超过万分之一的标准还低。1998年6月，总纂修改结束，志稿送审。年底，省志办审稿结束，由齐鲁书社出版。

志书问世，问心无愧。《乳山市志》面世当月，我们先后收到10多位国内方志专家的来函和稿评，对《乳山市志》给予较高的评价。我长期悬着的心终于放了下来，就像从如履薄冰的征途上走到了目的地。山东省方志专家王复兴来函肯定：“《乳山市志》观点正确、资料翔实、篇目科学、语言精炼，多有创新之处，是一部优秀的社会主义新方志。”南开大学教授、方志专家来新夏先生来函：“我荣幸获此志，循读一过，确有与他志相异者，足以见修志诸君之艰难。”黑龙江省志副主编、《黑龙江史志》期刊主编梁滨久先生评稿写道：“《乳山市志》历17年的艰难曲折，终于玉汝于成，这是乳山文化史建设上的一件大事，《乳山市志》虽为晚出，但得益于充分吸取了新方志编纂的诸多宝贵经验和方志理论研究的最新成果，并融会贯通地运用到志书编纂中，这是《乳山市志》臻于上佳之境的一个重要原因，《乳山市志》可谓后出转精之典范。”2005年3月，《乳山市志》获省新编地方优秀成果一等奖。这些褒奖和鼓励，让我们修志人感到只有尽职尽责，才能问心无愧。

“资治当代，惠鉴后世”，刘明祖书记（曾任乳山县委书记）为《乳山市志》的题词是我们修志人的永远信念。

使命与担当

——记日照市史志办主任李世恩

范芳丽

范芳丽，女，栖霞人，汉族，1979年4月出生，2008年毕业于山东师范大学文学院，文学硕士，2013年9月到日照市地方史志办公室工作。

“在岁月的长河里，我们负重跋涉；在记忆的画卷上，我们用心描摹。不言清苦，甘于寂寞，执着的脚步从未停歇。在岁月的长河里，我们一起走过；在记忆的画卷上，我们真情铭刻。四季轮回，风霜雪雨，坚定的信念永不褪色。啊，把历史告诉现在，把现在告诉未来。光荣使命，任重道远，我们修志问道，与天地同在。啊，把历史告诉现在，把现在告诉未来。光荣使命，纯真本色，我们传承文脉，为盛世添彩！”

这是日照市史志办主任李世恩作词的歌曲《光荣使命——史志之歌》，这首歌既是史志人也是他自己内心的真实写照。

2012年7月，组织上安排李世恩到市史志办工作，开启了他的另一段人生经历。他受命于危难，敢于大刀阔斧开展工作，短短五年时间，日照市的史志工作发生了翻天覆地的变化，成绩让人刮目相看，二轮修志、年鉴编纂、旧志整理、方志馆建设等多项工作曾经一度是全省的短板，而今一跃成为全省的亮点。2014 年 3 月，他被省政府办公厅、省人力资源社会保障局和省公务员局联合表彰，并记个人二等功。并多次获得日照市委、市政府和市直机关工委、市政府办公室表彰的“先进工作者”“优秀共产党员”和“先进个人”等荣誉称号。2017 年，在第一届“山东史志”十大年度人物评选活动中，李世恩以其过硬的工作成绩和强大的号召力，以 57257 票高票当选本届“山东史志”十大年度人物，取得第一名的好成绩。

提到他，省市领导说，“这个史志办主任选对了”，史志同行和其他部门熟悉他的朋友说，“这是个有才情的史志办主任”。以前提到日照市史志办，许多人会疑惑地问：“哪几个字？是干什么的？”现在提到日照市史志办，人们会心一笑，“李世恩？！”“李世恩”这三个字成为了日照市史志办和史志事业的形象代言人。

有担当、有闯劲、会创新。

他有担当　敢于知难而上

李世恩到史志办之前从未接触过史志工作，但他没有畏难发愁，没有任何怨言。他一上任先到区县调研、到兄弟地市交流学习，之后就把市史志办的现状摸得一清二楚，把当前的困难估计得很准确，市史志办人手少且年龄结构不合理，7 个在编人员，70 后只有两个人。他找准问题症结，审时度势，积极向市委、市政府和省史志办汇报，争取支持，克服各种困难，将停滞了整整 10 年的二轮修志工作重新启动起来。《日照市志》是日照升格为地级市后的第一部志书，意义重大，市委、市政府对李世恩给予厚望和重托。李世恩也深刻认识到肩上这副担子的分量，一刻也不敢轻松，边干边学，全身心地投入到修志工作中去，从零做起，从每一个细节做起，扎扎实实向前推进。《日照市志》编修工作三次写进《政府工作报告》，市委、市政府主要领导和分管领导先后 8 次对史志工作作出重要批示，足见日照市委、市政府的重视和支持，这在全省各市是不多见的，与他的积极争取是分不开的。

他有闯劲　敢于啃硬骨头

市方志馆机构编制于2011年12月30日经市机构编制委员会办公室批复，同意市史志办公室内部增设方志馆，增加编制2人，但这个项目迟迟未能破题。李世恩上任后，一直在积极争取这个项目，向分管领导汇报，向市领导请示。最终，他用事业心、用真诚感动市委、市政府领导，感动有关部门，得以同意立项建设市方志馆。

在项目资金的争取上，2015年市财政只拨付了30万元用于市方志馆建设。李世恩为了让市财政局的领导多了解方志馆，多争取一些项目资金。2016年6月，邀请市财政局的分管领导到深圳、常州、杭州、余杭等地一同考察了方志馆建设。到杭州时，市财政局领导有急事要尽快赶回日照，李世恩协调杭州市方志馆，连夜进行参观，确保市财政局领导能够对各种级别、各种形式的方志馆多了解一些。通过这次考察，市财政局了解到方志馆建设不是简单地几个书架几排桌椅就能够建成的，明确表示将给予人力支持。2016年，市财政局给市方志馆项目批复资金500万元。

2017年3月份，市方志馆项目又出现了一些变故，由于种种原因，原定于2017年建成开馆的项目被告知可能会暂时搁置。李世恩着急了，满嘴都起了水泡。那几天他带着国家和省里的文件四处奔走，向市领导汇报，向市财政局争取。他几次到市财政局找局长都不在，他愣是赶在早上8点半上班前，到市财政局楼下等。他的这份执着深深地打动了市财政局的孙局长。孙局长说，“世恩啊，就冲你这股劲头，这个项目我一定帮你保住！”在随后的办公会上，终于通过了市方志馆项目继续建设的决定。

之后，他又发扬蚂蚁啃骨头的精神，从主体馆到附属设施再到书库，一项一项争取，一步一步为营，一点一点扩大面积，由最初的1500平方米逐步扩大到目前的4000多平方米，不仅实现了零的突破，还实现了跨越式、可持续发展。

目前，方志馆正在紧张的装修、布展过程中，今年6、7月份即可建成并对外开馆，将成为日照一张亮丽的、独具特色的“文化名片”。

他会创新　勇于打破常规

他对《日照年鉴》进行大胆改革创新，从版式到内容，从框架到结构，从选题到条目，从装帧到印刷，他都进行了颠覆性的改革，由里到外，实现了脱胎换骨的变化，内容丰富多彩，可读性极强。短短三四年时间，《日照年鉴》由过去的被人随意丢弃、不受待见变成了一本好评如潮、争相阅读和收藏的"畅销书"，连续多年获得山东省优秀年鉴和全国优秀年鉴等称号，其独特的版式和表现形式，深被史志同行推崇和模仿。

他主编的《清·光绪〈日照县志〉点注本》，运作精细，聘请知名专家点注，不拘一格，独辟蹊径，创造性地采用原文缩影重现、字迹深浅处理、简体重排、点校注释的方式，将古文繁体和简体点注在同一页对照呈现。这种独特的表现形式，不仅可以让读者一睹旧志原貌，而且繁简对照、甄别阅读，从而大大提升对古文的辨识力、理解力和鉴赏力。该书以其首创性、专业性和可读性，广受好评和追捧，成为全国各地的样板书，并争相收藏。该书在山东省人民政府办公厅举办的山东省优秀史志成果奖评比中脱颖而出，被评为"优秀旧志整理成果"。

在方志馆建设中，他敢于打破常规。一边进行招投标的准备工作，一边让一些资质好的公司先行介入，进行前期的规划设计和基础施工。2015年，市政府将市图书馆四楼一侧区域划为方志馆后，他就和有建设意愿的公司接触，精心挑选，选出资质好、实力强的公司，让他们先设计图纸，再从中挑选符合方志馆建设需求的公司，让他们先行介入设计规划。去年6月份和今年4月份，他带领市史志办工作人员和区县史志办主任到南方一些先进的方志馆考察学习，也邀请了方志馆展厅设计公司一同前往，一边参观学习，一边和公司方面进行交流，让他们知道我们的要求。这样，大大缩短了建设周期。

善于借势、借力、借智

他善于借势，加强史志工作。上任伊始，他就积极争取市领导重视和支持史志工作。五年来，两任市委书记、三任市长、四任分管市长都对史志工作高看一眼，厚爱一层，先后对史志工作做出批示，给予了最大支持，有力地提升了史志部门的知名度和美誉度，促进了史志工作的开展。同时，也积极争取省史志办领导的支持，学会快乐修志，修志问道，修志得志，使一个落后的市在全省史志系统中一跃而起，后来居上。

他善于借力，壮大史志工作。在志书年鉴编纂、旧志整理和方志馆建设等方面，他积极向市政府办公室、市财政局、市行政事务管理局、市文广新局等部门沟通交流，协调关系，争取资金、办公场所、库房等方面的支持和帮助。在修志过程中，更是巧借督查之力，有效推动修志工作，起到事半功倍的效果。过去，市史志办一直在三间办公室里办公，其中一间办公室有 6 个人，拥挤不堪，无法正常开展工作。他积极向市政府办公室和行政事务管理局汇报争取，用作为赢得关心和支持，今年三月份，市史志办喜迁新的办公地点，办公场所由过去的三间一下子扩充到八间，极大地改善了办公条件，大家欢欣鼓舞，干劲倍增。

他善于借智，运筹史志工作。二轮修志重新启动后，他精心筹划、运作，精心挑选修志人员，聘请了七八位人品好、素质高、文字强的离退休老干部、老教师，成立编修办公室，集中办公。他关心他们的日常工作和生活，经常组织一些有益于身心的活动，做到劳逸结合，让他们感受到尊重和温暖，充分发挥他们的智慧和力量。同时，他实行 1+1 工作法，市史志办全员靠上，积极配合，众手成志，使得修志工作扎实有序和快速推进，深得领导赞赏，赢得社会各界的好口碑，外地同行也纷纷慕名前来学习取经。短短四年的时间，就顺利完成了《日照市志》总纂稿，分上、中、下三卷，计 360 万字。目前已进入征求部门意见阶段，今年 7、8 月份进行专家评审，2018 年 6 月出版发行。

将自身优势运用到史志工作中

近二十年在市政府办公室从事文字、督查等工作，使他具有更敏锐的政治视角，使《日照年鉴》能够更好地发挥资政作用，使它成为领导们案头书桌不可缺少的资料书。多年的文学写作功底，使他在主编《清·光绪〈日照县志〉点注本》时，充分考虑到这本书的大众需求，为全民读志用志奠定了良好的基础。他还兼任日照市作家协会副主席，他的 500 余篇散文、诗歌、小说、杂文散见于《中国作家》《人民日报》《诗刊》《瞭望》等全国五十多家报刊杂志，有十多篇代表作被选入全国几十种文学选本，拥有众多的读者和粉丝。作为日照市文学界的名人，在作协的许多活动中，他都在不遗余力地宣传史志工作，对史志工作起了有力推动作用。

他从事史志工作之后，为了尽快适应工作，他利用一切机会学习“充电”，不仅学习国家、省、市的与修志相关法律法规文件，学习志书的体例和年鉴的框架，他还学习如何统揽全局、涵养队伍。先后多次参加各种业务培训班，到先进地市交流学习，很快他就转化了角色，迅速对史志工作有了自己的独特见解，撰写出了一批有分量的史志论文。他的论文不拘一格，风格鲜明而独特，引领方志论坛新文风。譬如，他撰写的《创新，是年鉴健康发展的不竭动力——以〈日照年鉴〉为例谈年鉴编纂如何创新发展》，选题独特，语言鲜活，没有套话和废话，让人耳目一新，成为第七次全国地方专业（行业）年鉴研讨会上被选用交流学习的9篇论文的第四篇，并在大会上做主题发言。他撰写的《方志馆：最原创、最民族、最个性的中国城市文化服务设施——结合日照方志馆建设实践浅谈方志馆如何如何实行可持续发展》，更是以自己的亲身经历写出了自己的实践、体会和经验。

他热爱史志工作，热心宣传史志工作，从不放松学习和探索，慢慢的，他的作品也从文学领域向史志领域延伸。他的散文《这五年，我和日照一起走过》，既是从文人的角度看日照市的发展变化，也是2007—2012年日照市五年的大事记。他牵头创作的歌曲《光荣使命——史志之歌》，歌词大气不失亲切，厚重不失文雅，意蕴深刻，鼓舞人心，充满正能量，力图打造一首属于全市、全省乃至全国史志系统自己的歌曲。目前，这首歌正在进行后期录制工作，不久将向社会推出这首单曲。

2017年，日照市方志馆要开馆，要向社会和市民开放；2018年，二轮《日照市志》要出版发行；2019年……

一步一个脚印，他亲自带头参与各项工作，熟悉各项业务，不当甩手掌柜。他想干、敢干、会干、干得好，短短几年，由史志新兵成为史志事业的带头人。“记录当代，传承历史，史志部门因使命而存在，史志工作者因尽责而光荣”是李世恩的座右铭，他用自己的行动践行了自己的光荣使命。

三次谋面　一生教益

——记我与山东省人民政府办公厅党组成员、省史志办刘爱军主任的三次谋面

高仲平

高仲平，山东沂水人，研究生学历，现任沂水县史志办主任、党支部书记。中国诗歌学会会员，中国人像摄影学会会员，山东省青年作家协会常务理事，山东省青年诗人协会常务理事，山东省散文学会会员，临沂市作家协会会员，山东电视台齐鲁网特约评论员，《悦读》杂志特约责任编辑，当代校园文艺长期签约作家。被评为中华文艺最具影响力诗人和当代散文百家称号。

缘分是什么？缘分就是茫茫人海中不经意间的相识与相知，直到成为知己知心的好朋友。幸福是什么？幸福就是相识与相知后带来的内心情感升华，幸福更是相识与相知后带来推动事业前进的正能量和动力之源。我与山东省人民政府办公厅党组成员、省史志办刘爱军主任的三次谋面就足以见证了什么是缘分和幸福。仅仅三次谋面，却让人一生教益。

一切都是天意，恰似“心存美好，美好便如约而至”一个道理。

我是2016年4月2日被组织上选派到沂水县史志办担任主要领导的。

刚来史志办上班，新的环境、新的同事让我非常开心，但同时也有了很大压力。一开始，外界说什么的都有，有的说那个地方很清闲，又那么小，去那里咋？养老啊？有的说那个地方什么知名度也没有，去哪里干嘛？还有的说一定要小心呀，那里的专家多，人与人之间可不好相处，怎么去那里咋？可真没多少意思……凡此种种，我只能左耳听右耳冒了。上任伊始，经过一段时间的调研，我才知道这些年沂水史志工作“三全目标”都已经完成，底子很好，同志们不但都很直爽，而且非常能干，并不全像外界说的那样，知名度低倒是真的，但这是个普遍性的问题。明白了个大概后，接下来如何去更好地提升和突破就成了我的心头大事。不管上班还是下班，我一头扎进工作上，拼命地学习史志知识，想短时间快速了解史志工作，迅速进入角色，我认真拜访请教一些和史志相关的领导、专家、老同志，虚心听取他们的意见建议，想从他们那里得到发展的新思路。经过认真调研和全体干部职工的共同努力，我选择了新形势下的史志工作转型升级这个新思路来突破沂水史志工作，全力让史志工作服从、服务全县经济建设发展大局，全力提升史志工作在外知名度，率先在全国开先河，创办了史志开发利用服务基地这个新项目。

万事开头难，但是不论干什么工作，只要领导带头，大家齐心协力，一切都不难。

2016 年 5 月，经过一短时间深入细致地调查研究，大家一致认为当前史志工作在基层没着落成了工作发展的一个短板。为着力解决这一棘手问题，我们率先在国家级非物质文化遗产高桥手绣之乡——高桥镇试点建设了开发利用服务基地。选取有出口经验的高桥镇沂水县新大洲体育用品有限公司为生产高桥手绣的主要场地，在其厂里设立了 500 多平方米的高桥手绣制作车间和展示平台。把会高桥手绣手艺的农家妇女集合起来当产业工人，成立了高桥手绣协会，注册了高桥手绣商标，找到了精准扶贫新路子，开辟了致富新途径。与此同时，我们充分利用山东沂水政府网、沂水县情网、沂水史志公众号等宣传平台加大了对高桥手绣的宣传力度。很快，很多商家慕名而来，新大洲体育用品有限公司与日本、韩国、马来西亚等商家建立起来良好的合作关系。通过史志开发利用服务建设基地，

1200多件高桥沂蒙手绣产品漂洋过海，远销海内外。高桥手绣的发展为沂水史志开发利用服务基地走出了可喜的一步。在此基础上，我们因势利导，在全县范围内筛选了沂蒙山根据地、沂水革命纪念馆、沂蒙红嫂祖秀莲纪念馆、沂山林场、跋山水库管理处、齐长城穆陵关旧址、雪山风情街沂蒙非遗馆等20多处具有开发价值的史志资源为重点进行打造，取得可喜成效，得到了省、市、县主管部门主要领导的赞誉和认可，县里并把此写进了沂水史志工作长远规划。

有了开发利用服务基地，就有了我们深入基层工作的结合点，更有了我们融入经济发展的平台。在建设过程中，我了解到这些基地大多数迫切需要宣传提升知名度，我是个老宣传，心想宣传这应该是我们为开发利用服务基地服务的一条好路子。于是，我们在山东沂水政府网、沂水县情网、沂水史志公众号等宣传平台上打造了“沂水名片”这个宣传品牌，重点推介开发利用服务基地的产品，提升其知名度，收到很好的效果。在此基础上，为更好地宣传沂水，让外界深入了解沂水、认识沂水，在建设开发利用服务基地的同时，我们充分挖掘沂水地方古迹、民俗风情、人文景观、文化资源，以纪录片形式打造“沂水名片”系列产品，多角度展示沂水史志资源和成果的价值与魅力，从而达到提升沂水知名度和树立沂水在外良好形象。今年以来，先后制作完成了沂水名片专题片《高桥手绣》《桑皮纸》《裘皮画》《印象桃棵子》等多部专题片，沂水水名片专题片《大美沂水我的家》也正在筹化拍摄中。沂水名片的打造，不但使全县史志工作知名度随之提升，而且社会反响良好。

经过2016年半年多没白没黑的拼搏，工作上是略微有了点起色。首先是《沂水县志》（康熙、道光版）在全省优秀史志成果奖评选中，获得“优秀旧志整理成果”荣誉称号，紧接着《沂水年鉴（2012）》在全国地方志优秀成果评比中，被评为二等县区级综合奖。12月，《沂水年鉴（2015）》又被评为全省优秀年鉴特等奖、全省优秀志书成果奖。特别是年底，在县委工作会议上，被县委、县政府授予“服务经济发展先进单位”和“三引一促工作先进单位”荣誉称号，这在全县史志历史上还是首创。但是到底做的对不对，好不好，符合不符合上级要求，不但我自己心里也没底，大家也好多疑惑，好长一段时间以来一直是闷在心里的一块石头，始终是难以释怀。

机会终于来了，相信一切都是最好的安排。2016年11月4日，省史志办在临朐召开《沂山志》评审会，我有幸被邀请参加评审，这也是我第一次和刘爱军主任的会面。那天，我很早就去了，和临朐史志办的程国栋同志接上头后直接去了会场。中国地方志指导小组办公室主任冀祥德和省政府办公厅党组成员、省史志办公室主任刘爱军，在临朐县委书记、县人大常委会主任顾建华的陪同下一起来的会场，会场响起热烈的掌声。刘爱军主任身穿一件黑色的夹克衫外套，里面是蓝色的V领毛衣和一件白色的衬衣，他头发很短，两眼炯炯有神，面像慈善，一脸睿智，让人一见面就感觉非常亲切。可我在台下，他在台上，根本就不可能有机会和他说话啊。休会期间，都出来透透气，我也从后门闷闷不乐地溜达出来了。在走廊里，因没事，一边伸伸懒腰，一边来回踱步。无巧不成书，就在我无聊踱步的时候碰巧遇到刘爱军主任。刘爱军主任一句很客气的"你好！"一下子让我的心情温暖起来。我赶紧和刘爱军主任握了握手，自我介绍了一下，并迅速趁机汇报了几句，我说："刘主任，我是沂水的，一个史志新兵，我们县陈永生县长连续两次批示给两个分管县长要求建设高标准方志馆；我们还建设了开发利用服务基地，全国独创；我们还打造了沂水名片，大力提升了史志工作知名度，全力融入了全县经济建设发展大局……请领导多给予批评指导！"没想到刘爱军主任听了我这几句话，立即停下来，很仔细地询问起来，他对我们的做法非常肯定，我的心一下子兴奋起来。但令我万万没想到的是，刘爱军主任在我们合影期间，当场就安排了省史志办方志馆馆长李坤和我对接，并要求专门写个汇报材料给省里。领导的立说立行让我满腔热血沸腾起来。刘主任在会上讲的两句话更是深深地印在了我的心里，那就是："盛世修志，史志工作迎来了新春天"和"不重视史志文化的领导不是好领导"。

有了上级领导的肯定，我带领全体干部职工干得更有劲头了，在继续巩固好"三全目标"的基础上，开始全力推进沂水史志转型升级工作，一手抓开发利用服务基地建设，一手抓沂水名片打造。

2017年3月28日，临沂市全市史志工作会议召开，刘爱军主任出席会议并讲话。刘爱军主任还是那么慈祥和蔼，穿一件黑色的西服和白色的衬衣，显得格外清新。这次，我是县区第一个典型发言的。心想，自上次谋面至今，自己站在这里做典型发言，也算是没给领导丢脸了。主席台上，虽近在咫尺，但是却不能和刘主任说话，别提心里是多么的遗憾了。发完言，我在台下，聆听着刘主任的讲话，难以抑制住自己激动的心情。刘主任在讲话里大篇幅对沂水的工作给予了高度评价，他在讲话里说到："在这里表扬一下沂水的高仲平主任，除了狠抓'三全'目标落实，各项工作也是全面发力。去年5月份一上任就积极找主要领导做工作，最多的时候一周7次找县领导汇报，最终县长批示决定高标准建设方志馆。同时争取编办支持成立沂水年鉴编辑部，在多个单位设立沂水县方志馆分馆，推进史志成果'六进'活动，运用微电影、专题片等形式打造成沂水名片，特别是创造性地建设史志资源开发利用服务基地，探索地方特色历史文化遗产开发利用新模式，有力促进了地方经济社会发展，在全省乃至全国开创了先例，拓展了史志工作领域，提升了史志工作知名度和影响力，这些做法和经验值得总结推广。大家要向高仲平同志那样善于借势借力，锲而不舍地找主要领导做工作，积极争取党委、政府和有关部门支持，把'三全'目标任务落实到位，开创史志工作新局面。"我在台下，听得格外认真，格外激动，眼泪也不知不觉地流了下来。但遗憾的是只能在台下看到刘主任那慈祥的脸庞，倾听刘主任那和蔼的讲话。这次谋面，不但没能握手，而且还连半句话也没能说上，非常非常的遗憾。

2017年5月15日，这是个最令我最激动的日子了。刘爱军主任来沂水调研史志工作开展情况。临沂市副市长常红军、市史志办主任刘志强，沂水县委书记薛峰、县长陈永生、副县长何法江等领导陪同参加了有关活动。在迎接刘主任的路上，我瞅准时机，和县委薛书记简单汇报了一下沂水史志的一些做法。薛书记高度重视，充分肯定，很健谈地说起了史志和文化的魅力，等等，直听得我是心潮澎湃，更感叹感受到了领导对史志文化知识的渊博和重视程度。当我聊社会上个别人问我史志办的史是那个史的时候，薛书记一脸严肃，他的回答和刘主任出奇的一致，他说："高主任，问你这句话的人一定是没文化的人，更是没素质的人。我认为，不重视史志文化的领导就不是好领导！”薛书记这番话感动的我差点落了泪，也更加增强了我做好史志工作的信心和决心。随后，我们和刘爱军主任一行实地考察了沂水县史志办建立的高桥手绣民俗馆、沂水县方志展览馆、沂水县非遗馆、沂蒙红嫂祖秀莲纪念馆等开发利用服务基地。参观完后，刘爱军主任召开了座谈会，听取了沂水县史志工作汇报。刘爱军在座谈上指出，临沂市委、市政府和沂水县委、县政府高度重视史志工作，为史志工作营造了良好的发展环境，史志工作呈现良好发展态势。沂水县史志办有思路、有热情、有韧劲，狠抓“三全”目标落实，较早完成第二轮志书编纂，综合年鉴编纂实现“一年一鉴”，方志馆规划面积 2100 平方米，建设工作顺利推进。同时建设了一批开发利用服务基地，阐发弘扬红色革命文化和优秀传统文化，积极服务经济社会发展，取得显著成绩，社会反响良好，形成的“沂水经验”，值得在全省推广，为史志事业全面转型升级提供借鉴。刘爱军主任在座谈会上强调，当前史志事业受到党中央、国务院和省委、省政府高度重视，迎来前所未有的大好形势。临沂市、沂水县要抓住机遇，趁势而上，积极作为，尽快完成“三全”目标，推动各项工作全面发展。特别是沂水县史志办，要认真建设好方志馆，打造一流公共文化服务平台，挖掘好、阐发好红色革命文化和优秀传统文化，不断创新思路方法，服务县域发展、服务人民群众，努力走在全省前列。活动结束后，刘爱军主任紧紧地握着我的手，认真地告诉我：“你全力好好干，我全力支持你！”一年多来的辛苦和劳累顿时如烟消云散，我的眼泪都在眼眶里打了好几次转，差点掉下来了。我心里默默地想，我一定要好好努力工作，绝不辜负领导们对我们的深情厚意。

我想，以后我还会有机会和刘主任谋面的，但就是这短短的三次谋面，历历在目，如同昨天，一定会激励着我今后的日子里始终更加努力地拼搏自己的人生。

我想，我一定要以刘主任为我人生的榜样，像刘主任那样，亲民，爱民，全身心地为基层着想、为工作着想、为人民着想，全身心地推动史志事业大发展。

我想，我一定要和刘主任那样始终温暖人心。

我想，我一定要“不忘初心，方得始终！”

痴心一片系春秋

——记山东史志人物李祥琨

王颖锋

王颖锋，男，汉族，1977年1月出生，无党派人士，出版专业副高级职称，现任莒南县史志办副主任。自1997年参加工作以来，从事新闻编辑工作16年，2014年1月起从事史志工作。先后参与编辑出版《莒南年鉴》4卷、地情资料《莒南抗日烽火》《山东水库之母石泉湖》《莒南民间故事》3部、部门志《莒南一中志》1部，参与布展曹玉海纪念馆、莒南历史纪念馆2处。其中，任主编的《莒南年鉴（2014）》获第五届全省优秀年鉴综合奖项一等奖和条目编写奖、全国地方志优秀成果三等县区级综合年鉴，任副主编的《莒南抗日烽火》获山东省优秀地情研究成果奖，任副主编的《莒南年鉴（2016）》获全省县级综合年鉴一等奖，曹玉海事迹挖掘整理及纪念馆建设获山东省优秀地情研究成果奖。

李祥琨，出生于1944年，中共党员，正高级职称。曲阜师范大学本科毕业。曾任高中语文教师、教研组长、教导主任、分管教学副校长，当选过市、县模范教师，模范党员，县人大代表，地县骨干教师。1995年调任莒南县史志办副主任，分管编纂业务，任《莒南县志》副主编，1997年被山东省史志办评为省年鉴优秀撰稿人，1998年因编写出版《莒南县志》被莒南县政府记三等功一次。在任期间撰写了军事、水利、城建、风俗、宗教、帮会、艺文、附录及部分人物等篇章，为县志撰写了序言，凡例，并负责志书统稿修改工作。此后一直致力地方历史文化研究著述工作。近年已出版专著11部，对地方历史文化建设做出了很大贡献，受到社会好评，其总纂的《大店镇志》获山东省史志成奖。1998年后，自费跑遍北京、保定、武汉、东北等地，采访38军第一英雄曹玉海的事迹，历时十几年，于2011年出版了《特等功臣曹玉海》，在社会上引起了很大影响。2005年编写了《山东大药房》一书，填补了省内革命医药史的空白。2008年出版了《明代重臣王璟》一书，开创了莒南县地方人物研究之先河。2011年出版了《东鲁史缀》。2012年，总纂的《莒南县地震志》出版；7月出版《红色莒南》67万字。2013年担任组稿和总纂工作，编纂出版了《马鬐山研究》刊物，第一、二辑20万字。2007至2014年编纂出版了《大店镇志》和《大店镇村庄志》。2015年出版了《山东水库之母石泉湖》67万字。另外为庆祝抗日战争胜利七十周年，担任执行主编，参与编纂了《莒南抗日烽火》一书。

2016年8月22日上午9时，在济南山东行政学院大会堂召开的六省史志工作会议上，山东省地方史志编纂委员会办公室副主任刘娟介绍了山东史志年度人物获奖者李祥琨的模范事迹。在热烈的掌声中，中国地方志指导小组秘书长冀祥德向李祥琨同志颁发了奖状。山东省情网和山东电视台对此做了报导，引起了社会广泛关注。在经政府组织的网上投票选举中，2016年3月27日零时，莒南县史志工作者李祥琨同志以32496票的绝对优势，高票当选为全省唯一的山东史志人物，并入选全国史志人物。这件事在全省引起轰动，并被全国许多地方有关部门所重视。

不熟悉的人会问：在全省史志界群英荟萃的情况下，他为什么能够脱颖而出？然而，了解情况的人就会觉得这一切都是那么自然，那么顺理成章、实至名归。多年来，李祥琨先生的学识、专业水平和治学治史态度令无数人折服。先生善良正直的品格和忠诚执着的敬业奉献精神感染了无数的人。

一、丰硕的成果

李先生从1992年投身历史工作以来，以浓厚的兴趣和极大的热忱，深入农村、工厂、机关，足迹踏遍祖国各地，到处采访、考察，挖掘了许多史料，撰写了大量史稿，编纂了数以千万字的史书。可谓著作等身，硕果累累，成绩斐然，为地方文化建设树立了丰碑。

1993年编辑了《莒南文史资料》第二、三辑，撰写发表了《莒南石刻》《陡山水库》《大圣堂烟花》《高榆木梳》《大店地主庄园》《渊子崖喋血》《日寇飞机炸射刘庄集惨案》等重要历史研究文章，在社会上发生了很大影响。其中《大店地主庄园》收入山东省政协编纂的《山东省文史集粹》,《渊子崖喋血》收入临沂市党史委主任朱兆彬主编的《沂蒙烽火》《日寇飞机炸射刘庄集惨案》发表于台湾《古城阳》杂志，并被收入台北大学历史系教科书。《陡山水库》《莒南石刻》等文章收入《山东农田水利建设五十年》、临沂市政协所编《光辉的历程》《临沂文史集粹》等书。

1995—1998年，担任县志办公室分管业务副主任，编纂出版《莒南县志》，亲手撰写了大量史稿，被莒南县人民政府记二等功一次。1997年被山东省地方史志编纂委员会办公室授予“优秀撰稿人”称号。

2000年7月24日，撰写的《曹玉海：沂蒙山走出的特等功臣》一文在《临沂日报》第7版整版刊发，在社会上引起了极大反响。2001年为病中的老干部整理出版了《毛华臣诗文》一书。

2005年以来，出版专著十几部：《山东大药房》填补了山东革命根据地战争年代红色医药史的空白；2008年出版《明代重臣王璟》，开创了莒南县地方历史人物研究的先河；2009年出版《东鲁史缀》，记录了莒南县及周边地区的许多重大历史资料，涉及人物、风俗、文化、自然、科技、军事、经济、政治、宗教等领域，是一本小百科式地方历史著作；同年出版《三烈士之父刘永良》产生了广泛影响；2010年出版《特等功臣曹玉海》，受到济南军区和38军领导的重视，获山东省地方志优秀成果奖；2012年总纂《莒南县地震志》，是国内地震工作领域一部水平较高的志书。2011

年出版《红色莒南》，是一本集大成式的地方红色史籍。2013 年总纂《大店镇志》获“山东省优秀成果奖”（见山东省人民政府办公厅鲁政发字〔2015〕62 号文）。2014 年出版《大店镇村庄志》，2015 年 2 月出版《山东水库之母石泉湖》；8 月，为纪念抗日在战争胜利 70 周年编写了《莒南抗日烽火》,获山东省政府优秀成果奖。2016 年初,为民政局编纂《光照千秋》系列丛书《莒南英烈》《莒南革命遗址》，成为革命传统教育的好教材。

另外，撰写并编辑了《马鬐山研究》一、二辑。2011 至 2015 年，撰写了论文 7 篇，分别获得山东省史志办和临沂市史志办一、二等奖及优秀论文奖。2012 年写的《十八大感赋》古体诗被全国十七家老干部刊物评为一等奖。

同时还为弘扬地方历史文化做了大量的工作。为《大众日报》《联合日报》《人文与自然》《临沂日报》《沂蒙晚报》《莒南新闻》《临沂广播电视报》等报刊和《莒南艺苑》《乡土》《马鬐山诗刊》《马鬐山研究》《乡音》等刊物撰写了上百篇文章，引起了社会关注和欢迎。

为县志、镇志、部门志、专业志、村居志培训修志人员十几批（如水利志、法院志、教育志、地震志、温水泉村志等）。指导编写了《高家安村史》。

整理了马鬐山的古碑文和卧佛寺的古碑文，为保存历史文物做出了贡献。对莒国故都渠丘和商周古国向国做了大量考证工作，有重大发现，如莒子墓主人身份，铭文的背景，此地与安邱渠丘的关系等等。编修了《莒南扁山李氏族谱》《莒南怪草王氏家谱》等谱书数十卷。为建曹玉海纪念馆撰写了布展大纲和文字版面，搜集照片数千幅，征集许多实物。为山东水库之母石泉湖纪念馆撰写了布展大纲和解说稿。2015 年为莒南县博物馆和马鬐山展览馆撰写了历史部分的版面内容。

李先生是当地有名的高产作家，每年都有大作问世，且作品水平高、质量高、影响大，已是公认的事实。

二、深厚的学养

李先生于抗日烽火中的 1944 年，生于既是山东抗日根据地中枢机关驻地，也是历史文化古镇大店。自幼受到浓重传统文化氛围的熏陶强烈红色文化的感染，对历史文化有着浓厚的兴趣，为后来治学、工作打下了良好的思想基础和文化基础。上学时，他学习成绩优秀，参加工作后，多次被评为先进模范。1963 年临沂地区十三县高中（含中专）大会考，以八门学科平均 96 分的优秀成绩，力压群雄，荣登全地区榜首。20 世纪 60 年代，曾受领导委托，为沂水县革命委员会和大店镇政府起草会议文件，写过典型报道。主编《三夏战报》《三秋战报》，为莒南县编写过乡土教材，在临沂师专主编过《教改通讯》小报。在高中语文教学阶段，深入研读古今中外传统经典，对历史、文学、哲学、文学理论、文学史、语法、修辞、逻辑学、训诂学、古文字学等作了精心研究，打下了深厚的功底。

他通过广读史书，长期考察采访，掌握了大量历史资料，不管是古代近代历史，还是红色革命历史；不管是自然地理，还是社会政治经济文化风俗，他都能娓娓道来，如数家珍，因此被称为莒南“活档案”和“国宝人物”。有外地来调查采访历史的人，不管是到宣传部、文化局、档案局还是其他部门，常听到的一句话就是“到史志办找老李去吧”，这已成为一种共识。

李先生在史志方面建树颇多，在谱牒学方面也有很深的造诣。他编的家谱，从体例、世表、图记、考证、序跋到版面设计、内容编排都有独到之处。他经过精心研究，融合历代谱牒之长，改进其缺陷不足之处，根据当今社会现实，创立的“扁山体”家谱，是迄今为止最科学、最完善的样本。

修史纂志不仅要有深厚的历史知识和文字水平，还要有相当高的哲学、社会学功底和政策水平，这样才不会目迷五色，才会明辨是非，避免走极端或陷入片面性、碎片化的泥潭，才能把握住公允准确的分寸。在编纂《大店镇志》时，对土改、合作化、“大跃进”“文化大革命”及党内历次矛盾斗争中的一些敏感问题，坚持实事求是的原则，坚持历史唯物主义和辩证法，不夸大、不回避，对人物历史功过给以公正客观的表述，避免了“左”和“右”的干扰，受到史志界领导、专家好评，和社会各界的肯定、认同。

李先生曾为中学高级语文教师、省语文学会会员，正高级职称，仍不断学习研究新事物，经常充电，提高自己的理论水平和编纂能力，随时了解史志动态，改进编纂方式方法。平时坚持阅读《求是》《人民日报》《山东史志》等主流报刊，及时把握文史动态和社会动态，使自己的思想观念始终处于时代的前沿地位。

史志具有存史、资治、教化的功能，负有“究天人之际，通古今之变”文以载道的历史使命。这就要求史志工作必须求真务实，为人民代言，为真理正义发言、为苍生社稷立言。编修工作人员首先要有高尚的史德，秉执古代董狐、司马迁等史家秉笔直书、仗义执言的传统，坚守不唯书、不唯上、只唯实的原则。几十年来，先生耐得住清贫，经得住诱惑，目不迷，心不乱，给大家树立了很好的榜样。

在编写县志过程中，他对每一个细节、每个数据都不马虎。为了核实城建志中道路桥梁等章节中的说法，他曾多次冒着烈日酷暑，带着卷尺，亲自爬上桥栏，钻到桥洞底实地测量，获得真实确切的数据。为考察一个村庄的起源，他多次查阅家谱、古碑、地方志资料，走访老人，弄清了真相，纠正了某些志书的错误。如考察宣文岭村史时，查阅了许多资料，其中大店庄氏家谱记载，乾隆十二年（1747），大店庄姓迁往宣文岭。而宣文岭村古庙碑文有“明永乐年间，史姓先祖史喻、史伦等人建真武大帝庙”的记载。证实最早史姓建村的事实，据此，纠正了《莒南县地名志》和村碑上所谓庄姓建村的史实。另据道光年间家谱，纠正了李家武阳村出自莒县黑涧的说法，平息了家族内部纠缠多年的矛盾。为了调查境内驻军6088部队的历史，先生曾跑遍济南、临沂等地的军队机关和军队干部休养所，才调查到真实具体的内容。

一部志书囊括万事、陈述百年，真正写好实在不易。为了探求历史事实真相，李先生经常深入农村、矿山、工厂、机关、军营，找亲历者、知情者座谈、采访、记录，有时要到干休所甚至医院病房中采访抢救历史资料。

最令人感动的典型事例是：1996年秋，一个偶然的机会，他了解到有一个抗美援朝的特等功臣、一级战斗英雄曹玉海烈士是本县人。因特殊原因，他的事迹被埋没50年。出于一个历史工作者的强烈责任感，他开始了艰难的采访。历时十几年，自费跑遍北京、保定、武汉、济南及东北各大城市，寻找当年烈士的领导、战友及知情者。如114师老师长翟仲禹、老团长孙洪道、宋文洪，师政治部主任余琳，曹玉海的战友孙运勤，通讯员陈书和等人，获得了大量第一手资料，终于在2011年出版了关于曹玉海英雄事迹的专著，在社会上产生了巨大影响，受到军队高层领导与社会各界的重视。根据采访获得的文字和图片资料，2013年6月建成了曹玉海纪念馆（迟浩田将军题写馆名），成为山东省革命教育基地的重要组成部分，对外开放，每天都有大量参观者前来参观，接受教育。英雄的事迹成为鼓舞千千万万人民前进的巨大力量。

三、敬业的精神

先生在十几年的采访过程中，历尽波折。不顾烈日酷暑，或者是风雪严寒，到处打听线索。到外地调查，往往自带煎饼、咸菜、大葱或饼干、方便面。饿了就在街边花几元钱买点米饭或大包子对付一顿，住最便宜的旅馆。在武汉、济南、保定就住过每晚20元的房间。他学习发扬革命前辈的精神，为红色文化宣传做了大量工作。

在人人拼命挣钱的社会，李先生选择了与众不同的人生价值取向，甘于淡泊清苦的史志工作。他认识到文化对道德人心和社会发展潜移默化无与伦比的作用，毅然接受了历史文化薪火传承的责任担当。为了历史文化事业，他宁愿舍弃了许多报酬不菲的工作机会。例如他在高中教师中知名度很高，在历年高考中，他教的学生屡次拿到市、县第一名。因此各地有许多民办学校高薪聘请他去任教或担任教学管理工作，都被他婉言拒绝了。因为他觉得，他搞的历史研究工作，是没有人能替代的。如果停下来，这些宝贵的资料就可能就永远湮没或失传了。为了这份文化事业，他必须奉献出自己的热血和痴情，更不用说什么经济利益了。所以，这么多年来，他不分白天黑夜，不管春夏秋冬，放弃了一切星期天和假期，一头扎在历史资料的采访、搜集和写作中，几乎舍弃了一切生活中的娱乐和家务。这样的例子很多，如：他的住处离集市不过800米，但七八年未去集上买过东西。他老家的院墙塌了十几年，也未顾上回家修理，致使存放在老家的许多古书和历史资料被小偷偷去当废纸卖了，造成很大损失。

先生平时工作不讲条件、不计名利，不分白天黑夜，忘我地工作。撰写修改稿件，往往熬到深夜12点以后。他手写和修改的稿件，摞起来就有几米高。有时晚上月亮老高了，邻居们都吃完饭在门口聊天或散步时，才看到他骑自行车从办公室回来。大家都说："退休的老李比上班的年轻人还要忙。"有些人对他不理解，说："我打牌钓鱼都腻了，老李还忙着写什么书？这年头不挣钱，反而搭上工夫，倒贴钱去搞历史，简直就是傻冒一个。"

当然大部分人还是给予了赞扬、理解、同情和支持。2008 年 11 月，38 军军长张美远听到了李先生的事迹后，十分感动地说："李老师十几年来，自费跑遍全国名地，为宣传我们的英雄不辞劳苦，这样的人现在已经很难找到了。我代表全军指战员表示感谢！"县委宣传部长曾感慨地说："李老师一个人干了好几个单位的工作。"有个在中央机关工作的李先生的学生评价："李老师向来一心耕耘，不问收获，是个只想着干事业的人。"有个学生写诗引用了鲁迅的名言："吃的是草，挤出来的是牛奶和血。"这都是对李先生妥帖的评价和形象的写照。他到各地采访时，有许多单位和个人给予了热情帮助。

近几年，李祥琨先生看到日本右翼竟然不承认侵略行为，台独分子不承认自己是中国人，国内有些人否定历史、歪曲历史，造成严重恶果，因忽视道德文化建设而产生大量触目惊心的腐败堕落现象，从而更加认识到历史文化工作的神圣和伟大意义。特别是党的十八大以来，以习近平同志为总书记的党中央大力倡导文化兴国，重视历史文化工作，更坚定了他做好历史研究工作，为实现中华民族伟大复兴做出贡献的决心。先生虽然已过古稀之年，仍然老骥伏枥、志在千里、宝刀不老、精神矍铄，英雄不减当年。他说，要趁如今身体尚健的年月，尽力把自己的研究成果奉献给社会。正可谓"穷且益坚，不坠青云之志；老当益壮，宁移白首之心。"他现在正在落实一套宏伟的计划：编写几部重要志书，整理几部古籍，编写几本谱牒讲义和志书理论文集，帮扶培养一些青年史志人才。在这次六省史志工作会议上，中国地方志指导小组冀祥德秘书长号召大家要学习李老师把史志工作当作重要事业来做的精神。李老师深受鼓舞，表示决心，今后要作出更大贡献。

李先生几十年来，兢兢业业、勤勤恳恳，不怕苦、不怕累，献身于文化教育和出版事业，付出了巨大的牺牲，取得了光荣的成绩，为地方文化建设作出了重大贡献。他忘我的奉献精神、执着的工作态度，赢得社会的尊重和赞誉，多次获得省、市、县级先进人物、模范党员、模范老人等荣誉称号。在获奖和受到赞扬时，他总是说:“这都是我应该做的。宣传历史，传播正能量是我们历史工作者的光荣使命。现在历史研究还有很多事需要我们抓紧去做。”

先生的人品、文品，是众所公认的榜样，先生渊博的学识、丰厚的著述成果、高尚的敬业精神和忘我的工作态度，感动了无数的人。他的一些过去的学生，如今在高校担任教授、博导或党政领导工作，对先生都表示由衷的敬佩和赞扬。相信李祥琨先生的付出，一定会开出灿烂的花朵，结出丰硕的成果。先生治史精神和研究成果，必将在历史文化和史志事业中永放光彩。

编修《苍山县志》的心得历程

陈永亮

陈永亮，男，1966年3月生，汉族，兰陵县兰陵镇人。中共党员，大学学历，律师。1990年7月至1993年12月任苍山县法制局科长，1993年12月至1998年10月任县政府办公室法制办副主任，1998年10月任县法制局副局长，2010年10月任县史志办公室主任、《苍山县志（2016版）》主编、《苍山年鉴（2014）》、《兰陵年鉴》（2015）、（2016）、（2017）卷主编，《兰陵抗战大事记》主编。

《苍山县志》自2011年启动以来，其间经历了资料搜集、分志编纂、统稿总纂、省市专家评议、省专家委员会专家评审、反馈补充、修改完善等多个阶段；体验了四更篇目、五载笔耕、十易其稿的过程。该志于2016年4月被省史志办列为全省两部重点志书之一，2017年4月26日又被省政府办公厅评为全省优秀市县级志书。

作为史志人，一路走来感触颇深。有人说，志书编纂是一项枯燥的工作，实际上当你的身心投入进去的时候，其中的乐趣也是圈外人所体会不到的，身为主编，我实实在在感受到了其中的苦涩和甘甜。

一、艰难起步　勇往直前

迎着困难前进，是我们史志人的必然选择。2010年10月，我从县法制局调到史志办担任主任一职。当时的史志办有工作人员6人，总体年龄偏大，有的面临退休，只有一名年轻同志也30多岁了。从当时全市二轮修志情况来看，已有部分县已经出版发行，而我县尚未起步，且单位无办公车辆、缺办公经费、缺少必要的办公室场所和办公设备。

面临这种局面，我感觉当务之急是解决人、财、物的问题，因而，我积极给县委、县政府的主要领导和分管领导汇报工作，同时积极寻求相关部门的支持。在较短的时间内，县里相继给我们解决了办公车辆、办公场所和办公经费。另一方面我们走出去学习外地的先进经验，掌握了一定的修志专业知识。在此基础上我们整理出了20余万字的《苍山县志》编纂方案和培训材料，制定了二轮修志工作《实施意见》。并于2011年3月25日，召开了全县二轮修志工作大会，对新一轮修志工作进行了全面部署。

为确保二轮修志按时保质保量的完成，县委组织部从有关部门和单位抽调了三名年富力强的编辑人员，充实到县志编纂队伍中来，形成"老中青结合"的修志队伍结构形式，组建了县志编辑部。2013年初调入一名专家型人才，2013年9月县委调进一名年轻的副主任，2014年7月组织部以高层次人才引进的方式引进一名研究生，充实了编辑队伍，保证了二轮修志的顺利进行。

二、克服困难　搜集资料

《苍山县志》时间断限是从事物发端至2010年，时间跨度之长前所未有。如何做到"横不缺项，纵不断线"，是我们面临的一大难题。首先，我们学习一些优秀志书，制定了县志篇目，尽可能地做到传统篇目不缺项。当然，在以后的编辑过程中，这些篇目是根据实际情况不断修改完善的，最终使内容结构趋于合理。其次，就是搜集资料的过程。县志编修时间跨度长，涉及部门多，工作千头万绪。为了保质保量完成工作，编纂人员不等不靠，主动担当，迎难而上。我们要求各个乡镇、部门和单位抽调专门人员组成编纂小组并上报编纂人员名单，同事对县志办的编辑进行了分工，每名编辑人员负责联系一定数量的单位和部门，由一名分管领导带队，采取电话催缴、上门指导等方式，并于每周五召开碰头会，汇报本周工作情况，安排部署下周工作任务，确保材料收集工作按时保质完成。对无对口单位的部分，我们编辑人员主动出击，深入一线走访调查，收集资料、进行编写。对无法提供资料的个别垂直单位，我们在得到相关单位主要负责人的认可和支持后，及时组织业务人员到相关主管部门和统计局寻求资料和数据，自行进行整理、撰写，确保不影响整体进度。

对于一些态度不认真、不按时完成稿件任务的供稿单位，我主动联系其主要负责人，或者亲自赴该单位督促其尽快完成，以免影响全县编修进度，对极个别拖着不提供材料的单位，给分管领导汇报，由县领导进行调度。

由于《苍山县志》跨度大，需要的材料多，而由于历史原因，一些部门档案缺失严重，所以，光靠供稿单位提供材料远远不能满足修志需要，因而，需要我们博览群书，在历史资料中汲取养分。比如大事记的编写，就需要阅读大量历史资料，找出符合苍山县境内大事记要求的条目。另一方面，还需要利用网络和档案局查询一些资料，为我所用。所有这些，都耗费了我们大量的时间和精力。

三、挖掘优势　突出特色

志书编修之初，我们设计出了《苍山县志》编纂篇目，除了按照建置沿革、自然环境、经济、政治、社会、人文等格式编排。在继承传统篇目的同时，针对苍山实际，设置了苍山大蒜、苍山蔬菜、兰陵美酒、荀子等彰显苍山特色的编章。

我县是蔬菜之乡、大蒜之乡、山东南菜园，蒜文化源远流长，为突出这一地方特色，我们设立了苍山蔬菜这一特色编，对我县蔬菜的生产、加工、贮藏、销售及社会化服务，对大蒜的品种、种植、贮藏加工、市场销售及科学研究等方面进行了全方位立体式的记述。

我县作为荀子的第二故乡，受荀子文化的影响极其深远。近年来，我县成立了荀子研究会，举办了多次在全国乃至世界都有一定影响力的学术研讨会。由山东大学、临沂市人民政府与苍山县人民政府共同举办的儒学全球论坛荀子思想当代价值国际学术研讨会，影响深远。因而，我们把荀子作为特色编入志，对弘扬宣传兰陵文化将起到至关重要的作用。

我县作为兰陵美酒的原产地，我们将“兰陵美酒”作为重要一编单列入志，这既是尊重历史，也是突出地方特色。该编从历史渊源、工艺和品种、产业发展等方面进行重点记述，形成图文并茂的特色编，增强了志书的地方特色，为乡土教育提供了史料，具有较强的社会价值。

另外，在乡镇（街道）中增加了地名渊源，对全县大多数村庄名字的来源进行了考证说明，增强了县志可读性和实用性。

四、确保质量 争创一流

质量是志书的生命。为了高质量完成这部志书，我们建立了主编、副主编、编辑、供稿人为一体的责任体系，从条目设置到资料收集整理，从志稿编纂到评议、评审，我们均进行了明确分工，确保志书编修的每一个环节和方面都责任到人。

作为主编，我除了负责大事记的编写外，还对全书进行了统稿，使全书在语言上、数字上表述一致，尽量不出现重复记述以及前后矛盾的现象。

2015 年，我们在县志稿多次修改的基础上，再次邀请多名省、市及其他县区有关专家审阅，对专家提出的宝贵意见建议精修细改、仔细打磨，对资料不完善的部分作进一步补充，志书内容涉及的有关单位又进行了走访，核实相关内容，补充了部分欠缺的宝贵资料。比如志稿中的工业企业相关内容，特别是破产企业一直是薄弱环节。我们通过大量走访咨询有关人员，特别是退休老职工，他们提供了许多宝贵资料或线索。到法院有关庭室、档案室查阅卷宗，从而获得第一手资料，充实完善相关内容。下半年，各位县志编辑们除修改自己负责的各编外，交换修改各编的内容，互相提意见、找问题。最后是集中修改，每周两编，所有编辑同时逐编再审，每周末交流会诊，提出各自见解或疑问，然后确定修改意见。到 2016 年 4 月份，评审稿正式完成。我们将志稿分别报送省、市史志办公室审阅，两级史志办对志稿给予处分肯定，被市史志办申报为 2016 年度省级重点市、县级志书，并被省史志办列为全省两部重点志书之一。6 月 13—14 日，在我县召开了有省级专家委员会成员参加的《苍山县志》评审会。下半年，我们的主要工作就是总结整理专家组成员的意见建议，再一次对县志稿进行了精修。经省、市史志办审查同意后，印发出版。

五年多的修志工作，我们经历过不少的曲折和坎坷，但同时也得到了社会的认可和赞扬。可谓是小单位也能干出一番大事业，有为才能有位。不经风雨，难见彩虹，不受百炼，难以成钢，史志人就应该这样一路走下去。

冷人史事

陈宝安

陈宝安，男，汉族，中共党员，1977 年出生，本科学历。1999 年 5 月参加工作，先后任城北镇宣传办主任，费城街道党政办副主任，现任费县史志办业务科科长。工作以来，先后在各类党报党刊上发表稿件 600 多篇。其中，国家级 50 多篇，省级 100 多篇。2013 年从事史志工作以来，先后参加《费县志（1986—2010）》《费县年鉴》等 11 部（13 卷）志书的编纂工作，其中 4 部志书获山东省史志成果奖。2013 年，参与成立了费县首个方志馆，并于 2013 年至 2015 年期间兼任方志馆馆长。先后多次被评为史志工作先进个人、宣传文化工作先进个人等荣誉称号。

先后参加完成《费县志（1986—2010）》《费县年鉴》等 11 部（13 卷）志书的出版发行，其中 4 部志书获山东省史志成果奖……从事史志工作 4 年多的时间，我甘于做痴心史志事业的“傻人”，干工作的“愚人”，名利面前的“憨人”，无论办公室的大事小情，还是志鉴资料一字一节的修改，我都亲力亲为，用心做事、用情工作，在清苦的岗位上，任劳任怨，加班加点，无私奉献，用“加班熬夜换来了志书的厚度，用眼镜的度数换来了志书的质量”。

自讨苦吃的“傻人”

2012年《费县志（1986—2010）》编纂工作启动后，费县史志办由于原有工作人员年龄偏大退休等原因，没有一名工作人员可用，别说编史修志，就连办公室接听电话等日常工作都无法正常开展，各项工作一直停滞不前，二轮修志更成为一句空话。编史修志不同于其他工作，既要有扎实的文字基础，更要有甘于坐冷板凳的吃苦精神。为组建一支精干的编史修志队伍，经过反复斟酌，费县史志办先后拟从全县不同单位挑选多名合适人选到史志办工作，可一听到要到史志办这个“无权无钱、提拔无望”的清水衙门工作后，都纷纷予以回绝。

2012年年底，当时在费县费城街道任党政办副主任的我接到消息后，不少周围好心领导和亲朋好友纷纷找我做工作，他们苦口婆心地劝道：“你现在在县城工作，离家近；又为主要领导服务，属于重要岗位，以后混个一官半职是早晚的事，你何苦要到史志办那个要钱没钱、要前途没前途的单位去当个‘傻出力’的呢？再说那单位一连招了好几年的工作人员都无人报考，现在连一个干活的都没有，到了那里什么活都是你的，还不累死你！听说，就连下边偏远乡镇的普通工作人员都不愿意去，你又何苦呢？”

面对领导的好心挽留和同事们的苦劝，经过反复思想斗争后，我毅然决定放弃炙手可热的工作岗位，到县史志办当一名普普通通的“大头兵”。经过近半年反复做工作，至2013年4月1日，主要领导看到我铁了心要干史志工作，最终还是无比惋惜的将我送到县史志办工作。

专干苦活的“愚人”

“千滴汗水一行字，万般辛苦一卷书”，要想修出高质量、经得住检验的志书，必须有“坐得住‘冷板凳’，耐得住寂寞”的精神。由于官多兵少，动嘴的多、动手的少，进入史志办后，我以一当十、甚至当百，平常除了完成省市志鉴的供稿，承担《费县志（1986—2010）》、年鉴等十多部志书的编纂组稿、旧志整理等业务工作外，还要负责上级组织开展的党的群众路线教育、"三严三实""两学一做""结亲连心""三问三清"扶贫、党建、廉政建设、办公室材料等工作，就连平时办公室里扫地、接电话、倒水等小事都是我的专利，忙的时候每天都要同时承担几十项工作任务。

2013 年，《费县志（1986—2010）》、首部《费县年鉴》《费县志》（康熙版）3 部志书编纂工作同时展开，面对五六百万字的志稿资料，我用加班加点争取时间，把吃饭、休息的时间都挤出来审稿、改稿、写稿，每天一坐就是十几个小时，一天下来，脖子和眼睛都会累得酸痛难忍。忙时，中午就在办公室里边改稿边吃口盒饭。几年下来，不仅从来没休过一个完整的假期和周末，就连家人生病住院都没能好好照顾。在 2015 年《费县志（1986—2010）》《费县年鉴（2015）》《费县金星砚》等志鉴编纂的关键时期，怀孕两个多月的家属因年龄大，加上劳碌，不幸流产住院。"你对象属于大龄孕产妇，能要上孩子已经很不容易啦！你却让她整天骑个电动车接送孩子上下学、干家务，也太不负责任了……"面对医生地责备和不满，我内心充满了深深的愧疚。

有人说：史志部门是个不受人待见的"冷部门"。在志鉴资料征集修改过程中受冷遇是常事，还往往要遭人白眼。2014 年，在《费县志（1986—2010）》资料修改补充阶段，先后多次向某单位催要补充资料，最后该单位供稿人连电话都不接啦！没办法我只好主动上门找供稿人催稿，没想到该同志突然生气地指着材料，大声朝我吼道："你要补充材料的单位都撤了好几年了，我们就这些资料，其他的都找不到了！你想怎办就怎办，不信你自己找去！"没办法，我只能强陪着笑脸，恳求该同志帮忙一起查档案、走访当事人，经过两个多星期的软磨硬泡，总算是完成了该章节内容的补充。

多年的修志经历让我深深体会到：修志最难的是搜集无对口单位的资料。对无对口单位的部分，我总是深入一线走访调查，亲自收集资料、亲自编写；比如，"文化"编中的"沂蒙山小调"一章就属于无对口单位提供资料的部分，但费县是沂蒙山小调诞生地，写好该章意义重大。可是前期联系的撰稿人却迟迟写不出内容。为节省工作时间，我主动出击，先后10多次到沂蒙山小调诞生地搜集资料、找人座谈，仅用不到半个月的时间就完成了4000多字的志稿编纂任务。对无法提供资料的个别垂直单位，我在得到相关单位主要负责人的认可和支持后，及时到相关主管部门和统计局寻求资料和数据，自行进行整理、撰写，确保不影响整体进度。几年来，我先后深入相关单位收集、撰写志稿80多次。

冷板凳上的“憨人”

2013年8月，费县方志馆建成使用；同年，《费县年鉴》实现按年出版；2015年11月，《费县志（1986—2010）》出版发行会召开……加倍的付出，数载的汗水，让费县史志之树茁壮成长，并结出了累累硕果。费县史志办也由过去“无人接电话”到全市工作领先、全省获奖。

2016年年初，在费县史志成果大丰收的季节里，却迎来了新的摘果人。在县里组织的中层干部人员交流中，县史志办交流来方志馆馆长一名。我主动放弃兼任了近三年的方志馆馆长一职，把最难干的工作留给自己。“拿着史志办最少的工资，干着最多、最难、最苦的活，到最后啥也捞不着！”面对别人的冷嘲热讽，我心里久久不能平静。回想这几年：忘不了冒着将近40度的高温，一趟趟地向三楼扛成箱的《费县年鉴》，衣服干了又湿不说，还造成脊柱扭伤，每逢阴天下雨至今还疼痛难忍；又怎能忘了为了加班修改志鉴资料，一个人在大雪弥漫的深夜里，骑电车重重摔在雪地上的那种寒痛；又怎能忘记为了按时完成“结亲连心”联系户的信息录入，挤掉吃晚饭的时间，通宵趴在电脑前工作……“有肉的都让别人争去了，连汤都是别人的，留给自己的只是难啃的骨头。”是呀，别人说的没错，目前，就别说晋职称没有希望，就是单位有晋升职务的机会，轮到我的希望也不太大。

每每想到这里，我总是在内心深深地告诫自己，4年前，既然你选择坐上这个“冷板凳”，你就注定已经与名和利无缘啦，就必须以持之以恒的“憨人”之心去走好自己的路。2016年5月1日，是我家盖新房起屋的日子，上午10点的时候，正在跑前跑后的我突然接到要在下午5点前完成“三问三清”贫困户信息的采集和上传工作，作为联络员的我，只好一个人跑到50多里远的联系村，挨户照相、采集信息，连中午饭都没吃一直忙碌到下午三点多钟，这时天空突然雷雨大作，毫无准备的我被淋成了“落汤鸡”，看着别人都忙着往家赶，我却要冒雨往外走，一阵阵狂风夹杂着豆大的雨滴砸来，只感到浑身充满了寒意。

人生四季已进秋，冷板凳上坐冷人，双鬓斑白心无悔，不计功名修志路。望着十多部亲手编纂的志书，看着摞在一起有3米多高的纸质修改稿，我感到苦过之后的一丝丝甘甜，内心由衷地感觉到做好史志工作的重要意义，并为自己的辛勤付出感到无比的骄傲和自豪。

用赤子心　圆史志梦

渠志国

渠志国，费县人，2016年年初从事史志工作，现为费县史志办方志馆馆长，曾主笔点校出版《费邑艺文存》。

在来到费县史志办工作前，我在费县电视台从事新闻工作。也许在别人的眼里，这还是有别于史志工作的光鲜工作，并且我也在这一行业取得了一定的成绩，在全县有着小小的知名度。但在我心里，还有个史志梦。在上学期间，我便对史志工作有着浓厚的兴趣，县志当中季文子、羊续、羊祜、高智周、颜真卿、苏唐卿、杨果、王雅量、舒化民、王薪传、王景禧、庄清吉等那一个个伟岸的名宦乡贤在我心里留下了深刻的印象，他们如高山仰止，使仁义中正千年不坠，卓行懿德百世流芳。我想，如果能通过新时期的史志工作把他们的优秀品质和过人业绩整理出来，对费县来说那将是多么有意义的一项工作。2015年，费县县政府组织中层干部竞岗交流，这其中便有史志办方志馆馆长这一工作岗位，于是我毅然选择了这个在别人的眼中近似于冷板凳的工作，成为一名真正的史志工作者。

在史志办工作期间，我对史志工作的博大精深和史志工作者的无私奉献有了更深层次的认识。老一辈史志工作者在第一轮修志过程和资料整理过程中，骑着自行车走街串巷，穿得布底鞋翻山越岭，秉笔直书引领实事求是之风，焚晷继膏以履鞠躬尽瘁之义。在第二轮费县志修纂过程中，以刘露为首的新时期史志工作者承前辈之志，夜以继日，废寝忘食，为修志累花眼、熬白头。有耕耘就有收获，在刘露和同志们的努力下，2015年《费县志（1986—2010）》出版发行，成为全市用时最短，质量最高的县志，得到省市专家的一致称赞，在山东省人民政府办公厅关于山东省优秀史志成果奖的通报中，《费县志（1986—2010）》成为全省五部优秀市县级志书这一。这其中县志只有两部，《费县志（1986—2010）》就是其中之一。

除了《费县志（1986—2010）》这部鸿篇巨制，我县的史工作者还校订出版康熙《费县志》、光绪《费县志》，并获山东省优秀旧志整理成果奖；创刊了首部《费县年鉴》，并达到一年一鉴；主编第二轮《费县简志》和第一部费县金星砚专著——《费县金星砚》。史志队伍也不断壮大，由2012年的1人增至现在的7人，其中班子成员4人，史志工作得到社会各界的空前重视。

未能搭上第二轮修志的末班车，是我很大的遗憾，可史志工作取得的丰硕成果成为我前进道路上的不竭动力。我主动加压，在繁忙的工作之余，主动校对了《费邑艺文存》这一古籍，并得到史志办领导的鼎力支持，使之顺利出版，填补了费县古籍出版的一项空白。

来到史志办后，我从事的最重要的一项工作便是方志馆建设。费县方志馆始建于2013年11月，最初位于费县图书馆三楼，面积仅有15平方米，各类图书2000余册，远远不能达到资政、育人的基本功能要求。在县史志办的积极争取下，县政府将位于县城核心区、温凉河畔、颜真卿公园内的仿古建筑博雅楼作为县方志馆新址，并划拔专项资用于新馆建设工作。

方志馆新馆建设工作得到县委、县政府主要领导的高度重视，县委副书记、县长矫晓斌，副县长侯素云等县领导对方志馆新馆建设多次作出书面指示，为方志馆建设提供程序上的便利和资金上的便捷，并要求尽快建成并投入使用。

费县方志馆新馆建设开始于2016年9月份。我们严格按照工程建设施工管理和方志馆建设标准和规范要求。征求有关专家和多方面的意见，在保证建筑安全的情况下，打破博雅楼原有的独立封闭式建设布局，拆除隔离墙，巧妙利用楼阁式建筑特有的结构，形成回环式展陈空间。在新馆建设上，我们没有对方志馆进行过多的装饰，在保证水、电等基础设施和基本办公条件的情况下，将有限的资金尽可能多的用在购置书架、书橱、展柜等硬件上来，为方志馆今后的扩容增量提供充分的空间。

由于时间紧、任务重、人员少，方志馆工作人员放弃了节假日休息和带薪年休假，紧靠施工现场，与施工方一起优化施工方案，对工程质量和进度进行监管，并身体力行地参与到方志馆建设中来，其中二楼的4000余册图书就全部是我和工作人员一箱箱搬上楼并及时归类整理的。

为解决方志馆建设资金不足的难题，我们还与县文广新局联合，共同打造地情展厅，由县文广新局出资用于室内装修和实物购置，县史志办进行展陈设计并提供地情资料，双方共同使用。

通过2个月的紧张施工，县方志馆基本建成使用，成为费县传统与现代相结合，集存储、研究、咨询服务为一体的公益性基础文化设施，并获得了2016年省优秀史志成果奖优秀方志馆奖，成为全省唯一一个获此殊荣的县级方志馆。

县方志馆一楼为地情展厅，通过图版和实物展示费县历史沿革、名人乡贤、风土人情、物产民俗。二楼分为地情资料库和第二展厅。地情资料库集收藏和阅览功能于一体，现有志鉴等各类藏书8000余本。第二展厅可随时举办各类小型展览。三楼为地情网站和接待场所，也可举办小型书画笔会。

作为县级方志馆，馆藏是方志馆的灵魂，然而众所周知，方志馆和当地的图书馆、文化馆不同，没有专门购书经费，要想短时间内丰富馆藏，就必须发动社会力量。一是广泛交流志鉴。我们与周边县史志办建立了通畅的志鉴交流渠道，通过邮寄等方式不断置换新书，并利用外出机会，拜访当地的史志办，进行志鉴交流。二是多方征集地情资料，我们以《费县志》和年鉴编写为契机，与各乡镇街道、各县直单位建立了长期的地情资料征集渠道，广泛征集在费县具有一定影响力的人物资料、反映费县县情的作品、民间流传的文献资料及其他地情文献资料等，努力做到应征尽征。三是鼓励社会捐赠。我们与县内老史志工作者、文化工作者、藏书家建立广泛联系，鼓励他们积极将个人著作与藏书捐赠给方志馆，并对一次性捐赠图书300本以上的，在方志馆内设立个人捐赠图书专柜，在给予捐赠者应有的荣誉的同时，也鼓励更多的人投入到捐赠活动中来。通过积极运作，半年多的时间，我们在没有投入专门购书经费的情况下，新增图书3000余册，大大丰富了馆藏。

国有史，邑有志，家有谱，中华民族历史上第一部内容丰富，体系宏大的家训——《颜氏家训》的作者颜之推就是费县人，我们立足于费县千年古县，家风文化绵延流长的资源优势，创新性地在方志馆开设了费县家谱中心，将家谱征集、研究和服务作为方志馆工作的主攻方向。一是广泛发动，全民动员。我们通过政府行文，在临沂市协同办公系统上向全县各乡镇街道、各县直单位告知家谱征集活动，通过网络媒体广泛宣传，使广大人民群众对家谱征集活动有个初步了解，为征集活动奠定良好的舆论基础。二是晓之以情，主动上门征集家谱。对于新修家谱来说，大多数修纂人都还愿意将家谱放在方志馆保存。但对于老家谱而言，因年代久远，数量有限，大多数持有者都将其视作传家宝，轻不示人，我们主动上门，以情暖人，让他们明白方志馆是最佳保存地点，不仅可以永久保存，还可以使家族文化发扬光大，打消他们的顾虑，赢得了他们的理解和配合。今年以来，已通过各种方式征集家谱100余部。三是建立家谱数据库。为方便修谱者查阅，我们初步建立了简易的家谱数据中心，目前已整理全国各地数字家谱400余部，其中大多数为清代家谱。

社会服务是方志馆价值的终极体现，我们不断夯实方志馆服务功能，发挥人才优势、资源优势，信息优势，主动作为，强化服务，方志馆地位和影响力不断提升。一是主导或协助修志。我们借助二轮修志和一年一鉴的契机，鼓励各单位积极修志，方志馆为其提供外地部门志的成功经验和模板，并随机上门指导服务。2017年，《费县物价志》《费县粮食志》在我们工作人员的协助下，已进入收尾阶段，《费县上冶镇志》编纂工作正积极进行，《费县教育志》《费县工会志》《费县民政志》正在积极筹划中。二是服务家谱编修。费县民间家谱修纂方兴未艾，但普遍存在修纂人员水平不高、体例不严谨、意见不统一等诸多问题，我们针对这一实际，积极与家谱修纂人员进行对接，为其提供成功模版作为借鉴，制订编修标准，统一编修意见，并免费为他们提供查阅、复印等服务，使家谱编纂编一部成一部，真正发挥家谱在家风建设中的作用。三是积极组织参与全县重大活动。我们利用馆藏和研究成果，挖掘整理出一批费县古典诗词和费县古代书画作品，镌刻在主要景观之中，使历史文化融入城市建设之中，进一步映画千年古县的独特风韵。

方志馆建设是新生事物，犹如一张白纸，工作如何进行，业务如何拓展，有待我去不断克服困难、探索思考和迎接挑战。在下一步的工作中，我将进一步充实方志馆力量，在数据库建设、目录编排上多下功夫，补齐短板，使其能力得到更大彰显，作用得到更大的发挥，地位得到更大提升，为山东史志事业的大发展、大繁荣、大跨越作出应有的贡献。

退休献余热　秉笔写春秋

——记山东省齐河县人大常委会原主任、《齐河县志》主编郝德禄

葛全恩

葛全恩，1974年6月生，山东省齐河县晏城街道人。大学学历，1995年7月参加工作，1998年9月加入中国共产党，先后任刘桥乡党政办公室通信员、秘书，组织干事，纪委委员，党政办公室副主任；2007年8月，借调齐河县地方史志办公室工作；2012年10月，调入齐河县地方史志办公室；2014年3月，任齐河县地方史志办公室副主任。参与评审部门志、乡镇村志20多部。2005年，获县优秀通讯员称号；2012年2月，被齐河县委、县政府授予“全县史志工作先进个人”称号；2010、2012年，获“全市史志系统先进工作者”称号，2014、2016年度，被市地方史志办公室评为史志工作先进个人。

在齐河县，有一位30多年矢志不渝、心系史志的老人，他就是县人大常委会原主任郝德禄，其精神之动人，其事迹之感人，让人感叹之余，也无不赞许钦佩。

首轮修志任主编　休息时间改志稿

郝德禄对修志工作情有独钟。1986 年，他担任县委常委、县委办公室主任期间兼任县志、党史办公室主任，负责第一轮县志编修工作。1989 年首轮《齐河县志》初稿完成后，作为主编，他亲自修改志稿。工作忙，就利用早晚时间、中午时间。时值七八月份，天气炎热，他早晨 5 时起床，修改稿子。中午回家不午休，晚上一干就到 12 点。整整一个半月，完成修改任务，平常稳定的血压却升至 95 ～ 145，从此患上了高血压病。但他主编的《齐河县志》终结硕果，被中国地方志指导小组等单位评为山东优秀成果奖，被德州地区评为优秀成果一等奖。

岗位变动不忘志　两部县情再折桂

首轮县志完成后，他深知编修县志的艰辛、征集资料的艰难，便萌生编写县情的想法。他利用自己的职务和威信，组织县委办公室的人员开展编写《齐河县情（1986—1990）》的工作。没有专门的办公室，没有专职编辑，他的办公室就是编辑办公室，编辑都是兼职。他工作利用休息时间编写大事记，只用一年的时间，《齐河县情（1986—1990）》便出版了。1995 年，他当选为县人大常委会副主任，县委任命他为党组书记，1996 年当选县人大常委会主任。1995 年春，市史志办公室要求各县编辑年鉴。县委书记王德椿请郝德禄再次任主编，编辑《齐河县情（1991—1995）》。人大常委会的人员编辑县情，离本职工作差着十万八千里。但他不以为苦，反以为荣，利用人大常委会的人才优势，组织起编写班子，统编全稿。仅二年余，《齐河县情（1991—1995）》出版发行。他主编的两部县情，均被评为全县科技成果一等奖。

退休不甘夕阳乐　主动请缨再出山

2003 年 1 月，他从县人大常委会主任（正县级）的岗位上退下来了，每天骑着自行车去钓鱼，过起了悠闲自在的退休生活。但当他听说上级又要求修二轮志书，其他县市都在行动，而齐河却按兵不动时，他便再也坐不住了。2007 年，他给刚上任的县委书记翟长生写了一封信，信中阐明当前修志的形势，最后说，“如果需要的话，我可以尽一臂之力”。不久，县政府办公室的同志便找上门，请他出来编修县志，县委任命他为续修《齐河县志》主编。虽然老伴反对、女儿不解、一帮退休老伙计笑他没事找事干，但他心系史志，经过多次苦口婆心的思想工作，老伴和女儿终于勉强同意了。

走马上任后，面对千头万绪的工作，他首先挑选人员，从县直部门和乡镇抽调精干力量，搭班子、建队伍。他制定严格的考勤制度、学习制度、请假制度，自己模范遵守。他坚持早上班晚下班，有时还加班。他把自己的工具书、县志、数码相机拿出来供办公室使用。他自己花钱买来电脑，每天晚上在家苦学电脑。在旧志录入工作中，他自己承担了接近三分之一的打字任务，速度和准确程度一点也不比用五笔打字的年轻人差。他慢慢摸索学会了在 Word 中插放图片，志书中 500 多张照片都是他亲自安放在稿件上。自 1986 年开始，他就自己积累资料，有专门记大事记的本子，直到 2001 年，一记就是 16 年，每年一本。他积累的这些内容，后来成为县志大事记的主要资料来源。

齐河县南下干部多，但资料少，需外出调查，他亲自带队，吃在路边店，睡最便宜的旅馆，一人一顿饭不超过 10 元，住宿不超过 40 元。他没去过南宁，12 点下火车，立即开展调查，第二天下午 1 点就乘车去了贵阳。8 个人用 17 天的时间到了 9 省市 13 个大中城市调查，获得了大量有价值的资料。县志评审会后，他将 100 多个单位的县志修改意见统一在电脑上修改，仅用一个月的时间，天天从上午一直忙到晚上 7 点多。就这样，他每天早晨 8 点以前到办公室，中午 12 点回家稍事休息，下午 1 点左右回到办公室直到 5 点半以后，一天至少有 8 个小时在电脑前忙碌，包括节假日、星期天。他总觉得时间紧迫，不够用，恨不得一秒当作一分钟用，钓鱼的事早已抛到九霄云外去了。

经过近 3 年的艰苦奋战，续修《齐河县志》评议稿送审。在 2010 年 5 月的评审会上，与会的省、市史志专家们一致认为：此稿观点正确，体例完备，篇目结构合理，地方特色和时代特征鲜明，是一部资料丰富、具备创新意识的志稿。

鞠躬尽瘁修志书　直笔著史心无愧

从《齐河县志》编修伊始，郝德禄就把“高质量，出名志”定为奋斗目标，他决心为齐河留下一部永作镜鉴、资政存史、全面系统的地方文献。在遵循地方志普遍编纂规则的前提下，为了大胆继承和创新，他明确提出，本志重视经济部类记述，但绝不轻视人文部类记述；重视对成绩记述，但绝不忽视对教训记述；既重视表述的准确性，又注重文采和可读性；既用文字记述存史，同时要用历史图照等直观资料存史，要使这部志书融资政书、资料书、地方百科全书为一体，融实用性、文献性、知识性、可读性为一体。为了这个目标，郝德禄呕心沥血，细化每一个工作进程和环节。

为了修出精品，他引入激励机制，采取百分倒扣法，即每人 100 分，按病句扣 10 分，错字、别字、数字错、标点符号错一处扣 5 分。第一遍扣责任编辑的分，第二遍找出第一遍的错误加倍扣分，即病句扣 20 分，其他扣 10 分。第三遍找出第二遍的错误再加倍扣分，并且加扣第二责任人的分，以此类推，直到找不出差错为止。此法大大调动了编辑的积极性，也增强了编辑的责任心和压力感，人人字斟句酌，认真纠错。他写的论文《续志补修和篇目设置的几点想法》获全省修志理论文章三等奖。

在首轮修志中，对地方志如何记述“文化大革命”，众说纷纭，莫衷一是，全国许多志书采取了回避态度，不敢面对祸害十年、在中国历史上造成巨大灾难的浩劫。在续志中，大部分志书的做法仍然是回避。他吸收《中国地方志》介绍的经验和建议，大胆补修“社会主义教育运动”“农业学大寨运动”“文化大革命运动”3 卷，在社会上引起强烈反响。《齐河县志》，以改革纵贯全志，新生事物跃然纸上，省市专家给予了较高评价，省史志办副主任王文恒、市县基层志编纂指导处副调研员李天程对郝德禄补修的 3 卷内容多次在不同会议和场合中表示肯定和击节赞赏，对郝德禄的敢于探索和直笔著史的精神表示赞赏和敬佩。2011 年，他主编的《齐河县志（1986—2008）》先后获山东省“八个一”优秀县级志书提名奖、“齐鲁新方志奖”优秀三级志书奖。

抢救旧志不余力 “南征北战”苦亦乐

编修新志，免不了要查阅旧志。但可惜，县邑只存民国旧志，其余皆散藏异地。偌大的一个县，大张旗鼓地搞县志续修，却无旧志可查，从哪去找寻历史的渊源，不搞明白，上愧对先辈，下贻误子孙。郝德禄认为，旧志及历史典籍的整理，是地方志工作的重要方面，也是继承、发掘传统文化宝藏、为当代事业服务的重要途径。一个合格的方志工作者，也必须对本地历史上的所有志书及其内容了如指掌。为此，他下定决心要把旧志抓紧抢救整理出来，用自己的劳动，为齐河多抢救和保存一些旧志和典籍。

得知清朝知县蓝奋兴所修《齐河县志》藏于国家图书馆善本阅览室和北京大学图书馆后，为把旧志补充完整，2007 年 11 月，郝德禄让老伴陪着去了北京。国家图书馆有微缩胶片，按规定只能拍摄全书的三分之一。全书有 226 拍，可拍 75 拍，经软磨硬缠拍了 100 拍。然后他又马不停蹄地奔向北京大学图书馆，那儿也只能复印全书的三分之一。抄写可以全部抄写，复印却只能三分之一。在北京大学古籍室里，郝德禄只好和老伴坐在白炽灯下，一笔一划地抄写。临近午饭时，老伴突感不适，低血压的老毛病又犯了，于是拿出带的黄瓜一连吃了 5 根，仍觉不好。郝德禄扶老伴走出古籍室，坐在台阶上，快步去学生食堂，食堂买饭需要刷卡，不卖给外人。郝德禄只好去求一女生刷卡买一烧饼，让老伴吃下，老伴吃下感觉还是不好。这一情况被一 40 多岁的北大工人发现，主动走过来问明情况，当听说是查资料的，便立即领着去了食堂，用自己的卡买了饭菜。在北京，他和老伴挤公交、乘出租，奔波、穿梭于北京大学图书馆、国家图书馆新、老馆之间，饱受路途颠簸之辛、头昏脑涨之痛，经苦口婆心之恳求，花甲鬓发两位老人，戴花镜，孜孜不倦抄写旧志，终于把散落在外的清代《齐河县志》资料收集齐全。2011 年初，经他亲自录入、点校的《清康熙 民国〈齐河县志〉校注汇编》出版后，社会各界赞叹不已，珍藏者甚众。

纵深拓展齐头进 再谱史志新篇章

在高质量完成《齐河县志（1986—2008）》《清康熙 民国〈齐河县志〉

校注汇编》《齐河风云录》后，他又主持开通“齐河县情网”，建成存书近2000册的齐河县方志馆。

看到全县两区同建、农村合村并居工作如火如荼，大批村庄迁居到新型农村社区中，郝德禄在感慨、欣喜之余，又增新愁：大批的村庄消失了，随之的历史、文化、农村底蕴也消失了，如何留住老家的记忆，让人们记得住乡愁？在2010年，已经67岁的他又启动了《齐河县农村简志》的编纂工作，把全县1016个村的历史、人物、风土人情、历史故事等集于一册，此书出版后，引起了全县各界的交口称赞，并屡被全省史志界所效仿。2011年始，他又将全县的史志工作向纵深拓展，先后组织乡镇志、部门志和村志的编纂工作。他亲自统筹规划，审核审定各单位报送的编写目录。在全县遴选成立了13人的地方志指导评审验收小组，他亲自任组长，评审小组定期召开业务会议，学习方志知识，不断提高评审人员的业务能力。为了保证每部志书的质量，送审的每部志书，他都严格把关，亲自逐字逐句的修改，每部志书的每页志稿上都留满了他圈划的红红的笔迹。有时几部志书赶到一块送审，他就再次牺牲双休和节假日的时间，早上4点起床，审到7点，晚上晚饭后再审到10点，利用一早一晚的休息时间，保证将所有送审的志书完整看完。

在完成全县第二轮修志任务后，郝德禄启动了对历史名人的人物志编修工作。先后组织编纂《郝秋岩志》《左宝贵志》《时传祥志》《王祝晨志》等4部人物志，在全国抗日战争胜利70周年来临之际，又组织编纂了《齐河县抗日战争志》。2016年，为展示2007年以来全县取得的重大成就，他组织编修《春华秋实——2007—2016年齐河县重大事件记》。

2011年，他又组织开展了年鉴编写工作，创刊为“两年一鉴”。2012年便由“两年一鉴”过渡到“一年一鉴”，自《齐河年鉴（2011）》始，实现按编纂内容年度命名年鉴名称，且出版时效每年均有提前，《齐河年鉴（2015）》6月6日在全省首发，是全省出版最早的县级综合年鉴。《齐河年鉴（2011）》《齐河年鉴（2015）》先后被省地方史志编纂委员会评为县级综合年鉴特等奖。

在他的领导下，齐河县的史志工作已经形成以修志编鉴为主业，乡镇志、部门志、村志齐头并进，方志馆、县情网等各项工作协调发展的事业格局，多项工作走在了全市地方史志工作的前列，创造出了“齐河经验”。2010年，听闻他事迹的省史志办公室主任刘秋增备受感动，派《山东史志》副主编孙春丽到齐河采访，写出《老骥系志苑 奋笔书春秋——记山东省齐河县人大常委会原主任、〈齐河县志（1986—2008）〉主编郝德禄》一文，刊载在《山东史志》2010年第2期。2015年6月26日，德州市地方史志办公室在齐河召开现场推进会，提出“远学临朐，近学齐河；以临朐刘建国为榜样，以齐河郝德禄为标杆”。号召全市史志部门向花甲之年的郝德禄学习。至2017年5月，全县已出版地方志丛书50余部。

郝德禄不仅对本县的史志工作情有独钟，同时他也关注着全市、全省的史志事业的发展。2013年，全省史志工作电视电话会议，要求编写乡镇村志，齐河县早在2011年就有部署，但行动迟缓。全省会议后，立即行动，召开全县动员会议，又召开85人的村志主笔会议，亲自讲解村志的材料收集与方志的基础知识。并先后5次在全省举办的培训班上讲课，1次在德州市培训班上讲课。2016年12月16日应邀去博山区讲课时，4点早起做饭时，不小心摔倒，疼痛剧烈，难以忍受，因答应的事，必须去，何况有近200人在等着听课，当时认为是扭伤，忍一忍就好，4点半去地铁站，走半小时，7点10分乘高铁去淄博。下车后无法上车，只好让人帮着抬腿，迈台阶疼得厉害，晚上不能脱衣服，只好和衣而睡，疼醒后，就改稿。17日讲完课后，下午返回北京，第二天到医院检查，原来是8、9肋骨骨折，并错位。

2008年，山东省政府办公厅、人事厅授予郝德禄“2005—2008年全省史志工作先进个人”称号，记三等功奖励；2010年12月，中国地方志指导小组授予他“全国方志系统先进工作者”称号；2011年6月，获“齐鲁新方志奖先进个人”称号；2013年6月，获“全市‘五好’离退休干部党员”称号；2014年12月，被德州市地方志编纂委员会授予“特殊贡献奖”。2016年3月，被山东省地方史志办公室评为“山东史志”年度人物。

固守志苑　劬勤砚田

——李宏升史志事功纪略

栗心利

栗心利，男，汉族，1978年5月出生，夏津县银城街道人。中共党员。2003年在夏津县政府办参加工作；2007年5月，任县志办副主任（股级）；2007年6月，任县志办主任（股级）；后夏津县志办公室更名为夏津县地方史志办公室，升格为正科级科室。2009年9月，任史志办副主任；2017年5月，任夏津县政协提案委办公室主任。曾参与《夏津县志（1986—2009）》《夏津县农村简志》《夏津历史文化概览》《夏津县人物志》《千年棉都——今日夏津》《夏津民间故事集》《夏津概况（2004）》等多部书的编写工作。2006年度（德州市）政府门户网站内容保障先进个人；2010年全市史志工作先进个人；2011年《德州年鉴》组稿工作先进个人；2012—2016年连续多年被评为全市史志工作先进个人。

李宏升固守志坛，孜孜秉笔迄今已达35年了。“人到无求品自高”这话很有道理。但是，为事业锲而不舍，精益求精之人，应是更高一筹。

1983年夏天，在县地名办公室帮忙的李宏升，被人事局一纸“临时调令”，转来县志办帮助工作，至2年后正式调入，迄无更动。初来时，是管理资料，后来因修志执笔人员太少，四处寻觅仍不敷用，编辑李养兴乃向主编刘承智进言“有现成人才不用，何故舍近求远？”主编遂将“林业”“邮电”“交通”的编写及“人物”“杂志”一部分的编写任务付与李宏升。工作任务不便于推托，于是“上套”修志，迄无休止了。

1990年，首轮志书出版发行，随之修志人员陆续调离，最后仅剩2人，另一人又被调往政府打字室，其时县志工作仅是李宏升只身固守。

业内人士周知，新志出版后，县志办有整理旧志的职责。夏津原有明、清、民国3部旧志，雕梓之后，一直白文、线装，无人整理校勘。李宏升夙嗜古旧书籍，寂寞之下，遂兴校注旧志之念。3部旧志，本办原有庋藏，然为某领导“借去”，而不知所终。后得朋友相助，才将旧志搜集齐全。

旧志的点校注释，其实谈何容易！辞书自是必备工具，并须有关资料辅助。李宏升平时有购书藏书之癖，所藏字辞典籍，如《中华大字典》《康熙字典》《辞海》《辞源》《辞通》《古今地名大辞典》《古今人名大辞典》《文学家辞典》《历代官职辞典》等大小各种不下数十本；另有《二十五史》《明通鉴》《明史记事本末》《清实录·山东卷》等史书若干部，其他还存有史志资料单行本近千种，足不出户，幸可藉以校勘、注释。

于是，制定“校注方案”，先以明嘉靖《夏津县志》启笔。此书为雕刻版本，32开两小册，宁波天一阁旧藏版印刷，字迹清晰古雅。继之校注清乾隆《夏津县志》，此书修纂于乾隆五年（1740），一函6册，楮墨精良，字迹清雅。李宏升乃按时间纵线，将3部旧志依次整理。不舍昼夜，无怠暇隙，逐篇逐句，校勘注释。

当时对旧志校勘工作影响最大的是每年的“经贸洽谈会”的参展设计。因李宏升曾就读于德州师专美术专业，遂被指定为设计师，设计本县的参展小样。后来形成惯例，每年凡到7月初即组成班子，搞方案、绘图样，插制模型，一直干到10月中旬的展出才算结束。

“经贸洽谈会”布展工作每年需3个多月，一连数年，李宏升都任总设计，带领布展小组日夜奋战。在此期间，他并没把旧志校注工作丢开，每天都把旧志携带于身边，一有闲暇便取出抄录，句读，埋头整理，晚上回家再于灯下查阅辞书，寻觅资料作注释。

1998年的初夏，其因不慎将脚踝扭伤，而在家休养，于是就埋头校勘旧志。因行动不便，遂把各种辞书及有关资料放在座侧，水杯、暖水瓶也伸手可及，便在一“鸿运”电扇之下奋然操笔。时正值溽暑，热气蒸腾，汗涔涔如雨，于是以湿毛巾披于肩头降温，虽然如此仍大汗淋漓，为防稿纸浸湿，遂以报纸垫于肘腕之下，而奋笔书写。忽忽7月，时届初冬，脚伤已愈，书稿既成。乃携之班上，向县长复命。县长甚喜，赞不绝口。又经月余检阅、调整，即选定出版社，交付印行。

天津人民出版社是全国重点出版单位，夙以精细严谨而屹立于全国同行之中。书稿送达，复倩南开大学中文系两耆硕教授进行复校，月余而稿竣，继之排版印刷。期间，李宏升与另一助手曾7次赴天津校订清样，前后约月余。2人于宾馆寓所，摊书满床，分工校对，交互检查。一日三餐于房间内吃盒饭，冲沏方便面。因活动太少，大便秘结，有时三日不下，苦不堪言，

但仍矻矻努力，秉笔不辍。终使这部集明嘉靖、清乾隆、民国3部旧志于一册的《夏津县志古本集注》问世。此书横排版、简体字、标点加注释。圆脊硬壳，外带护封。书名由著名书法家沈鹏题写，国学大师任继愈先生为本书题词。全书170余万字，因内容、装帧精良，此书被国家出版署评为优良成果（天津人民出版社报批）。《夏津县志古本集注》的问世，可谓夏津空前之最大文字工程，县长欣慰，政府上下也交口赞誉，李宏升更是喜之不尽。该书曾被评为“齐鲁新方志奖·读志用志优秀成果奖”。

早在校注旧志之前，李宏升即征集全省“八景诗”资料，拟将全省各县市旧志中的“八景诗”汇集校勘，结集出版。后因县志编写紧张，遂将“八景诗”搁笔。迄于2000年之初，《夏津县志古本集注》出版发行之后，复又兴起重编“齐鲁八景诗”的想法，乃赴省图书馆查阅资料。是时，查阅资料须付费用，每调一函旧志，需费20元，总算起来共须费用数千元之多，真是欲进不能，欲罢不忍。后一省图人员见李宏升等一筹莫展，怏怏欲归，遂答应将所需资料复印后陆续寄往夏津。真是大旱逢甘霖，深谢不已。自此，校勘、整理“八景诗”是如鱼得水，似船顺风，不数月而成稿，及拟书名为《齐鲁八景诗大观》。于是携志稿赴山师大，趋谒安作璋教授台端聆教。安老见稿，大加称赏，连说:“你们为山东人民做事了”。

这位国学泰斗、史学权威，虽年已耄耋，欣喜之下为本书作序；著名书画家张鹤云先生又为题写书名，得两位大师相助，这本“八景诗”集身价陡增。该书收录齐鲁大地各县市旧志中的“八（十）景诗”近千首，图画240幅，计50万字，由山东省地图出版社出版。该书后获政协山东省委员会“文史资料”二等奖。至今仍不断有本省及河北、河南、山西等省的索书函寄来，足见此书颇受人们喜爱。

夏津二轮修志，初启于2003年冬，动员大会甚为隆重，以会代训，各县直部门及乡镇到会者近300人。编委会（县长任主任）决定，先组编写班子，首先编写《夏津县概况》及《夏津县棉花志》练兵、练笔。《概况》部头小，文字含量少，省便快捷，仅3月而成稿。遂索准印号，由德州新华印刷厂印刷。此书大32开本，装帧精美，为夏津有史以来第一本“概况”资料书。“概况”既梓，编写仅留3人，遂迅即转入《夏津棉花志》的编写。3人分工执笔，边索询资料，边加工整理，最后形成“资料长编”，反复梳理、修订，逐渐成稿。总成自是李宏升执笔，其废周末、节假休息，加班改稿。清晓阅之窗前，晚间携归灯下，临晓星伴残月，艰苦之状概可想见。几近一年，全部稿竣。《棉花志》成稿，亦由山东省地图出版社出版发行。将棉花自浸种、播耩、管理、直至收获、加工、纺织、成衣等全部收载书中，全书50余万字，图片200余幅，精装带护封。此书在全市为首部，在全省为第二本，填补了县、市该类专业志的空白。

2008年夏季，夏津县志办更名为史志办，李宏升退休，新主任到职，于是新志编纂重新启动。李宏升受聘返岗，为首执纂。组班子、写材料、以会代训，培训各部门各乡镇的执笔人员。当初组成10余人的编写班子，后经汰选仅剩李宏升等4人。分工承编，孜孜伏案，寒暑不避，经年余而“资料长编”成型。李宏升是在编写所承编的“分志”的同时，统览总纂，这就需要处理好二者之间的关系，白天与各分编人员当面研讨修订，晚上则编写所承编的资料，使之并行不悖，而互辅共进。总纂工作，首先对各编志稿依次详阅，尔后调整、核对。继之修改章法、词句，使之成为语言协和，行文统一，富于“著述性”的志稿。劬劬挥翰，不遑私事。既恐舛紊纰谬遗误后世，又忧懈怠耽延付梓期限，简直诚惶诚恐，敬谨从事，不敢稍或松弛。

2011年9月4日，夏津二轮新志稿评议会在双鸿宾馆举行，市、省领导、专家济济一堂，褒美指瑕，广开言路。省史志办评审专家王耀生评道:“整部志稿文字表达简洁、流畅，有些章节文字表述精准，颇具文采”。二轮《夏津县志》由方志出版社出版发行，大16开本，平脊精装，图文并美。全书30编140章175万字。2011年度被评为全省史志系统“八个一优秀”市县级志书。

二轮新志出版，夏津县史志工作转入《夏津年鉴》编写，一年一度，年各一册。此外，早在2006年李宏升即为县政协编写《夏津文史资料》，迄今已达十余辑。另自首轮志书出版后，即参与省、市、县各有关书籍资料的编写，如《夏津历史文化概览》《夏津农村简志》《夏津民俗拾趣》《千年古刹——大云寺》《山东风物大全》《山东土特产大全》《山东概况》《德州概况》《市县名考与乡情》，以及《中国市县大全》《中国市县大辞典》，等等，诸如此类，不胜枚举。

李宏升勤谨笔谈，在县志编写的同时，利用业余时间撰写出各类史志类文章百余篇，其中论文20余篇，如《鄃与夏津之考释》《修志方家方学成与清乾隆本夏津县志》《我国历史上对大运河的治理与方略》《伟大的史学家——崔鸿》《周庆祥与衡阳保卫战》等文皆达万字以上，分别刊发于《山东史志》《春秋》《齐鲁文史》《联合日报》等报刊。论文《鄃与夏津之考释》及《利用县志记载豁免500年丁粮》两文，前者于2012年7月被省史志办、省地方志学会评为“山东省首届齐鲁新方志论坛优秀论文”，后者于2011年5月，被省史志编委授予“齐鲁新方志奖，优秀业务论文奖”。《修志方家方学成与清乾隆本夏津县志》2015年初冬被省史志办评为优秀业务论文，并参加论文讲述。《坚持精品意识，范铸一方佳本》获2016年度山东省方志理论研究论文二等奖。除业务成果的奖项，还另有其他诸多奖励，1987年元月，李宏升被德州地区行署授予“史志工作先进工作者”称号。1990年3月，被省史志编委授予“1987—1989年全省史志工作先进个人”称号；1995年4月，获省史志编委颁发的“参加史志工作十一年”荣誉证书；1997年元月，被省史志编委评为“全省年鉴工作先进个人”；2005 年 3 月，被省史志编委评为“全省史志工作先进个人”；2011 年 6 月被省府办公厅评为“‘齐鲁新方志奖’先进个人”。其他另被市县授予“史志工作先进个人”“先进工作者”“模范党员”“模范退休干部”等称号近 20 次之多。

艰难的任务　美好的记忆

马金成

马金成，男，中共党员，回族，1963年1月出生，大学学历，学士学位，1981年9月至1985年7月在山东冶金工业学院（现青岛理工大学）矿山系采矿专业学习，1985年7月至1990年4月，在聊城运输机械厂任技术员、助理工程师，1990年4月至1994年7月任聊城市（县级）对外经济贸易委员会外资科科长，1994年7月至2002年1月任聊城市（县级）外经委副主任（其中2000年10月至2001年7月公派驻阿拉伯联合酋长国贸易代表），2002年1月至2009年11月任聊城嘉明经济开发区党委委员、管委会副主任（正科级），2009年11月至2010年11月任东昌府区经贸局党委副书记、副局长、机械电子总会会长，2010年11月至今任东昌府区地方史志办公室主任，2016年12月当选中共东昌府区第十三次党代会代表，2017年1月当选东昌府区第十七次人民代表大会常务委员会委员。

我从事史志工作七个年头，和史志办的同志们一道经历了一些大事、难事，完成了二轮修志，开创了年鉴工作并逐步实现了一年一鉴，整理影印了部分旧志，丰富了方志馆馆藏图书，推动了镇村志、部门志、家谱等多层次修志工作。六年多过去了，修志编鉴的累累硕果让我受到鼓舞，年轻同志在磨炼中的成长和对史志工作的热爱让我感到欣慰，尤其令我感动和难忘的是二轮修志过程中的一次“从头再来”。

在二轮修志经过六年的艰苦努力，完成了所有环节的工作即将批量印刷的当口，你是否会选择“重头再来”？当经历了这么多年反复打磨的拉锯战，经历了评审会和各级各部门征求意见并完成修改，当已完成出版审稿并接到通知准予出版，当这支疲惫的修志之师经过六年多的苦战长舒一口气准备欢庆胜利的时候，你是否选择“打破结构、补充资料、提高定位、重头再来”？这是史志工作经历中一次艰难的抉择，也是最难忘最值得回味的一个选择。

那是 2011 年 10 月，几位年轻的编辑管振芹、杨静、李敏、白雪多次去济南某家印刷公司改稿、校对，按照方志出版社二次编审意见作了修改、补充和更正，大家松了一口气，期盼着弥漫墨香的新书的到来。一天中午快下班的时候，我接到市史志办宋士功主任打来的电话，大意是《东昌府区志》基础不错，按照省史志办有关专家和方志出版社编审的意见，你有两个选择，一个是现在出版，也是一部不错的志书，二是推迟一两年，重新再来，打破原有结构，插入随文照片，再上一个档次，再经历一段时间打磨，打造成精品佳志。我犹豫起来，这能行吗？能重新整合吗？能面对各方面的期待有个完美的交代吗？我和史志办王健副主任向分管史志工作的郭海英副区长做了汇报，研究分析了现状和基础、目标和差距、思路和举措，认为有决心有条件打赢这场硬仗，她坚决支持，让我放心干，人力物力财力给予充分保障。下定了决心，赶快通知印刷厂停止排版印刷，召集史志办全体同志动员部署，抖擞精神，重整旗鼓，向更高的目标冲刺。经过几个月加班加点、日夜奋战，对原书稿作了充实完善，补充了 100 多张老照片，完成了新的征求意见稿。

2012 年 4 月，按照省里提供的咨询组专家名单，给 13 位专家寄送书稿。2012年7月9—10日,《东昌府区志》专家评审会在山东省方志馆召开,省史志办主任钟华、副主任刘娟、翟世林及专家组成员等23人参加评审会,与会领导、专家发表了审读意见,提了一大堆精准尖锐的修改意见,当时我和区史志办的同志们听得直冒汗,头都大了,这么多史料要核实,这么多没有着落的资料要补充,这么多的编章要写序,还有这么多的老照片要补充要素,能完成吗?压力就是动力,问题就是导向,“质量是志书的生命”“进度服从质量”,这些耳熟能详的方志理念可不是用来装点门面的,落实起来真需要深刻的理解,考验的是责任心、功利心理和耐力毅力,经历了半年多的艰苦努力,不折不扣地落实了省专家咨询组成员的修改意见,硬是把这项看似不可能完成的艰巨任务完成了,当年被评为省优秀志书。钟华主任、翟世林副主任等省市史志办领导亲临东昌府区参加首发式,区政府对区史志办通报表彰并给予嘉奖。

经历了这次“重头再来”的考验,区史志办的同志们收获的不仅是优秀史志成果,还有意志品质的磨炼、修志能力的提高和精益求精的追求,在以后的工作中长期受益。年鉴工作从无到有,从多年合编到一年一鉴,《东昌府年鉴》2006—2011卷、2012—2014卷、2016卷先后公开出版并获得全省特等奖。旧志整理、方志馆建设、镇村志、部门志、族谱编修等各方面都取得较好成绩。2014年3月28日,省政府办公厅党组成员、省史志办主任刘爱军到东昌府区调研并召开座谈会。2015年11月3—5日,全省名镇名村志编修培训班在东昌府区举办,东昌府区史志办在培训班上作经验交流。我本人在史志工作岗位上也获得一些荣誉,2013年7月被区政府记个人三等功,2014年2月被省政府办公厅、省人力资源和社会保障厅、省公务员管理局记个人二等功,2016年12月当选中共东昌府区第十三次代表大会代表,2017年1月当选东昌府区第十七届人大代表、常委会委员。

一分耕耘,一分收获。越是艰难困苦的经历,越是值得欣慰和回味。每每翻阅起这部沉甸甸的志书,省市史志办和区领导的点拨叮嘱犹在耳畔,各级各部门广大史志工作者团结协作、众手成志的精神令人难忘,区史志办的同志不惮劳苦、伏案笔耕、任劳任怨、铁心修志的场景历历在目。

正是有赖于各级各部门的关心支持和参与，有赖于经济社会的快速发展，有赖于“一纳入，八到位”的工作机制，有赖于广大史志工作者“修志问道，直笔著史”的方志人精神，才能完成这部卷帙浩繁的系统文化工程。

我参加工作32年了，从1985年7月大学毕业算起，先后从事过机械设计、职工教育、外经外贸、驻外国贸易代表、开发区建设、招商引资、经济管理等多个岗位，没想到史志工作让我痴迷挚爱，当成孜孜以求的事业，那种探询历史的神秘感、与古人对话的穿越感、汇集地方史料的成就感、传承文化脉络的责任感，鼓舞着我不懈地为之奋斗。说起对史志工作的认识，还真有一个说来惭愧的转变过程。2010年11月，组织上调任我为史志办主任，在这之前，我一直在经济部门工作，而且已担任正科级公务员职务十多年，现在平级调整到史志办，还是个事业单位，又面临着从没涉足过的陌生行当，对史志工作的认知是个空白。当时就感觉被边缘化了，坐冷板凳了，甚至认为学历高、资历深，到了史志办算是怀才不遇了。上任之初，找来史志办所有的法规和文件汇编、领导讲话、志书样本，阅读、分类、整理、记笔记，逐渐觉得涉入一个新领域、走进一个新天地，原来一直在经济工作一线干事创业，真不知道这么多历史的智慧需要挖掘整理传承，深感自己知识不够、眼界不宽、能力不高、本领不足，通过借阅和购买图书，恶补历史知识。几个月下来，通读《资治通鉴》《上下五千年》《左传》《史记》等名著，并注重知识积累，采用抄写、做卡片、写心得等，整理简报资料100多本，面对浩如烟海博大精深的历史知识，面临挖掘整理地情资料的繁重任务，深感责任大、担子重，诚惶诚恐、不敢懈怠，为当初的所谓“怀才不遇”倍感羞愧。

六年多来，通过上级领导的指导和同志们的共同努力，虽然取得了一些成绩，但由于个人能力不够或是方法不当，还有不少想干而没有干好、没有干完的事。谈几点粗浅认识和地方志同人共勉：

一是坚持“一纳入、八到位”的工作机制。健全法规条例，坚持以法治志，认真领会，及时贯彻落实上级部署，多向分管领导、党政主要领导汇报，争取领导的关注和支持。

二是坚持质量第一的工作要求。志、鉴都是大型地方性、综合性、资料性、权威性工具书，一经出版，几乎没有更正和再版的机会，宁愿出版时间延长一下也不能放过任何差错，不能留有遗憾。从篇目设计到印刷出版的各个环节，都要始终质量第一的高标准。

三是认真研读地方志古籍。尽快成为研究地方史料的行家里手，只有完整准确地掌握地情资料，才能有更多的机会直接服务于经济社会建设，有为才有位。

四是注重方志馆和资料库建设。采用购买、交换、征集等多种方式，把史志办建成当之无愧的地情资料储备和研究中心。

五是开门修志，提高全社会对史志工作的认知和参与度。史志办在完成二轮修志和一年一鉴的“规定动作”后，要大力推动镇村志、部门志、家谱的编修，不怕遭冷遇，不怕苦累烦，既要下文件发动，也要跟踪服务，既要靠督导，也要靠引导，利用多种机会向部门、镇、村主要负责人宣传史志工作的意义、作用、方法步骤，让更多的人了解、参与史志工作，运用志鉴成果。

在职业生涯中，有这样一段史志工作经历，是艰辛的更是快乐的，是清苦的更是富有的，是付出的也是最有收获的。感恩方志！

筚路蓝缕二十年

陈庆立

陈庆立，男，汉族，生于1954年10月，莘县王庄集镇蒋店村人。1984年10月加入中国共产党。莘县政协第八、第九届委员，第九届常务委员，文史委员会副主任。山东省地方史志学会会员；山东省楹联艺术家协会会员。莘县革命老区建设促进会副会长，《莘县老区建设》副主编。1977年7月毕业于莘县师范学校，1982年1月毕业于曲阜师范学院中文系，分配到莘县人民政府办公室任干事。1984年11月任莘县史志办公室副主任兼县志主编，主持工作。1994年12月任主任。1987年晋升编辑职称，1996年12月晋升副编审职称。先后主编《莘县县志资料》8辑，主编出版《莘州风华录》《莘县志》《莘县乡村志》和《莘县财政志》。编辑《朝城志》稿（下限至2002年）；负责完成《天南地北莘县人·濮阳》文字编辑等。先后在省、市志类书刊等发表作品近百篇。多次获全省地方史志先进工作者等荣誉奖励并获市地方志工作先进单位奖牌。事迹载入百度、《二十世纪人才库》等多部典集。2007年3月离岗待休，2015年3月退休。

消溶了我青壮留华二十余春秋的方志岁月，给我留下了太多的迷惘、探索、悲愤和欢悦，一时不知该从何说起。平静一下心情，望望云卷云舒的天空，立马有些释然。世态炎凉经多了，该看透看透，看不透的也就放一马，琐屑烦恼、苦难辉煌终究都要成为过眼烟云。悟到此，不仅释然，自觉心灵有些升华了，还试图条分缕析，有板有眼地说些与《方志志》相关的心语。

古人曾经的路，久没人走，自然荒芜。今人前行，既非老路，又没现成新路，需要筚路蓝缕，以启山林，这是首届修志人绕不开的话题和使命。

我1984年涉足志坛，跨世纪不久，于2007年离岗待休，舍去两头，也足足22年。然而，我并非时时都处于“筚路蓝缕”状态，偶尔也充实调整一下自己，读读相关的书，光顾一下学习与观光相兼的各类业务培训班，在无缘“何不潇洒走一回”的境况下，躺在河畔林间的芳草丛中，一边吮吸大自然的馈赠，一边静静地“闲观云雾会天机”……大好光阴让我蹉跎了何止两年！回首从青春到白头的峥嵘历程，有时激动，有时冷静，情绪很难稳定。年岁大了，又得过脑栓，思维运转有时不受支配，想到哪说到哪吧，故曰“散忆”。若碍着谁，请不要对号，也不必计较，权当痴人呓语；后之修志人与读者诸君，亦权当看历史故事，均可一笑置之，是为序。

历史选择

进入20世纪80年代，“文化大革命”虽已结束数年，但百废待兴的华夏大地并非处处春意盎然。就编史修志而言，老一代专家学者在中华人民共和国成立不久就发出呼吁，在条件并非成熟的情况下，上到省，下到县乡村机关学校，一度出现以阶级斗争为纲的编史修志狂热，但像当年的大炼钢铁一样，功效不著，废品一堆。中断近二十年后，作为国家的统一安排，“盛世修志”热潮渐次遍及全国。就拿聊城来说，所辖八县市都成立了史志办，有的很快就进入状态，如冠县、东阿、阳谷等。方志界一度把“远学司马迁，近学张怀萱（冠县），外学燕居谦（山西）”当做励志口号。但也有形同虚设的，其中就有莘县，史志、地名和职工教育混在一起。王鲁主任聪明博学，顺口韵文名噪城乡，被时人赞为“出口成章”，职工教育工作曾很有成色，做史志办主任时也没有放弃老本行。由于工作能力强等因，常被抽出突击别的任务或另派他用，比如1984年初的机构改革工作组，又比如同年六月的调任文化局长等。史志工作自然无暇顾及。剩下两个小伙，“群龙无首”，还要应付一大摊子杂物，活作难。上头追得紧了，组织部才想起选将。

1984年10月，县委组织部姜峰副部长找我谈话：咱曾是政府办的伙计，有机会我就提提你；现在史志办缺领导人，同时麻棉局负责人打招呼愿要你去当副局长。（注：我曾写过棉花收购加工的有关报道并获地区奖。）何去何从，给你三天时间考虑。我是受过高等教育又正在申请入党的热血愤青，参加工作两年多就有了提拔机会，感恩尚不够，哪能给组织提要求，于是当场表态：党叫干啥就干啥，绝不挑肥拣瘦，一切听从组织安排。三天后，县委孔繁森副书记找我谈话：叫你当史志办副主任是因为那里缺人，也是我的意见。你是学中文的，史志正好是文字活。先干一段试试，不行的话，我再给你调调。说得我心里热乎乎的。我知道孔副书记是拿话激我，知道我不会轻易说“不行”。1982年我被派驻在董杜庄包村工作组，孔副书记分工联系董杜庄公社（驻俎店），因此常去董杜庄看望曾广福劳模，自然吃住就与工作组在一起。他在莘单身，有时因工作天晚了，就跟我睡一个铺上。他生活不讲究，好文善讲，尤喜与青年人交友谈心，一拉就是多半夜。我一个刚步入社会的小青年，很快被他充满激情的谈吐折服，并自任是他的学生和无话不拉的朋友。他的信任是我的造化，我怎会见难却步。可惜，他半年后调聊城任职，和我渐行渐远，直至化为雪域高原的一道炫目彩虹。

“天将降大任于斯人也”，是我选择了史志，也是历史选择了我，我只能义无反顾。

艰苦跋涉

1984年10月，没待任命状下来，我的第一任领导县政府办公室马自越主任就跟我谈话：史志办归口政府办代管，有啥事找我，我解决不了的再找县长；地名办机构没了，工作交给了史志办，有几项地名成果省和聊城地区催得很紧，先办这个事。我得令即赴。从教育部门抽调几位熟悉汉语拼音的老师给全县地名注音建卡归档，用一年的时间方完成地名五项成果的梳理和上报工作。我借此熟悉了莘县的沿革、村庄的来历，地名的形成演变等诸多知识、趣闻轶事等，为进一步深入史志工作打下一定基础和知识积淀。首战告捷，开门大吉。

这本是好的兆头，也着实令我对工作前景充满信心。一度不无癫狂，决心效班马再著“无韵之《离骚》”。在做好地名工作的同时，我利用晚上、星期天的时间翻阅省市志刊，了解开展方志工作的性质、特点和方法步骤，通读《二十五史》、民国版《山东通志》及现搜到的几套莘县、朝城县、观城县旧县志，不放过任何一次省市及外地学习培训修志知识的机会。我如饥似渴地学习，向专家请教，很快掌握了修志工作的基本知识。

宋朝陆游说：纸上得来终觉浅，绝知此事要躬行。我的理解是你不下去走一走亲身感受感受，不了解县的四至八到、不了解南北近二百华里的风土民情，不了解主要河道的来龙去脉、名胜古迹，甚至农业作物和微地貌的关系等，你就不配称一个地方的史官。我用近半月的时间，骑车周游莘县大地，除了跟县长当秘书期间熟悉过的一些地方以外，有重点性的将全县跑了一遍。各乡镇的秘书、文书我大都相熟，所到之处，他们都给我热情的食宿招待并给我做向导、介绍属地情况。我很快制定出工作方案，请示领导召开全县地方史志工作会议，号召各部门单位和关心、了解莘县情况的老领导老同志，大家一起行动，为早日修出新观点、新资料、新方法编纂的新《莘县志》，尽快形成“众手修志”的热潮。正在摩拳擦掌、欲大展宏图、指日志成的关键时刻，不期接踵而来的数起风波，在我近十年的副职生涯中，搅得“周天寒彻”，几近崩盘。但是正如古人所言“病树前头万木春”，坚冰下仍不乏春的信息。这是遇到艰难后我没有趴下，继续前行的动力。

1994 年 11 月终于结束“三个副帅搅马勺”的乱局。说来也怪，一“正”还真能压“百邪”“风正一帆悬”，冬去春来百花艳，我衷爱的方志事业终于迎来了“科学的春天”！

测字先生说：你大难不死，必有后福，将有高人相助。我更愿复述孟老夫子的名言：“天将降大任于斯人也，必先苦其心志，劳其筋骨，饿其体肤，空乏其身，行拂乱其所为，所以动心忍性，增益其所不能。”

司法局长，我的乡望、知名史志爱好者刘广恩老先生常到史志办坐坐，默默地做些力所能及的有益修志事业的工作；文史界泰斗、县志主审杨巨源先生在县志稿修订急需进位的关键节点，跃马扬鞭、横空出世，协助史志办把行将功亏一篑的百万字志稿推进出版社的大门（详见《巨擘襄志录大端》）

人逢喜事精神爽，春风得意马蹄疾，剪尽诗家名句也难形容我久旱逢甘露般的畅快心境。常常大汗淋漓且日渐消瘦的我，顾不得斯文，将书桌搬到吊扇底下，撇去上衣，一杯茶一盒烟，伴我奋笔疾书。困了累了或自觉脑子“短路”了，就躺在桌子上眯一会。写到顺畅痛快处，时常哼几句杨子荣的京剧名段“甘洒热血写春秋”。饿了吃几颗糖块或高糖饼干，以补充能量。约年余竟吃掉不下三抽屉糖果饼干等高糖食物。体力不支了就吃，越吃脸越瘦削，体重由正常时的 120 多斤猛降到不足 90 斤。可能有点脱形，熟人多惊讶“咋的了这是，恁瘦哇？”“没大事，能吃能喝的。”坚持到县志出书，在家人的催促下到医院检查，半天后结果出来了：血糖毫摩尔超正常近 4 倍。立马中西药并用，胰岛素一天两次。医生半开玩笑地正告我：这是终身病，再这样吃糖恶干不惜命，用不了两年可就真没命了。吓了我一大跳。那一年，我刚四十半，还未到知天命之年，但是书出来了，值了！我虽用了我的洪荒之力，闹了一身病，心里还是有一种超凡脱俗般的极大快慰：我成功了！

身体严重透支后，很难恢复原状，而糖尿病的杀伤力和反复无常又是那样难以令人捉摸，虽然老想再展雄风，并一度编纂出版风华录、乡村志、财政志等。还设想着编写续志、年鉴等。毕竟“廉颇老矣”，心有余力不足，加上没有培养出理想接手，许多事都与愿望相违！

糖尿病不仅灭了我的雄心，还给我的正常生活带来不便，离岗的当年得了脑栓，剥去了右半身的灵动，继之眼底病变，两次手术后方保住一目的半个视力，究其原因，大夫说：除遗传因素外，情志不畅、饮食不节、过度集中劳累是其主要原因。我老辈人没一个染此病的，除此，我都信了。

点点滴滴

一是良师益友。我的史志生涯中，逢增智教诲的际遇颇多，有国内著名专家、省市学者、外地同行的佼佼者等，都曾给我干好专业以启蒙和帮助。但最能感动我、帮助我的还是来自身边的良师益友和走出莘野而又成功成名的乡望。如曾为中共中央委员、北京军区司令员、全国人大常委的李来柱上将，多次为史志办题字题词赠书，召见史志办作者座谈莘县革命史，面授编史修志的真谛；从莘县北街走出的李振华先生，是河南省方志学会会长和饮誉全国的史志名家，腾达不忘故里，常给我惠书惠刊惠教惠信息，每次回乡探亲，均不忘与家乡的史志工作者抵膝会晤，给年轻后昆以启迪、教诲。给予史志工作者更多襄助的还有来自身边的热爱修志事业的长者良师。如山东省爱书人奖获得者，司法局的刘广恩局长，文水并不太深，但酷爱地方史志事业，早在建国初的濮、范、观、朝工作期间，就习惯搜集地方史料、绘制各县区地图等，并把自己收藏的资料、绘制的地图等无偿地提供给史志办；一中老教师康苏先生曾为我的旧志诗文点校给予细心指导匡正；特别感人的是毕业于北师大中文专业的我中学时期的恩师张式祥老师，接受我关于莘县一千余条地名卡片注音排序帮忙的请求，把一中分给他的仅为20个平方米大小的卧室铺满一张张卡片，左捡右排，在不误教课的情况下利用午休、熬夜、星期天等能利用的一切时间按要求完成任务，使我能在规定时间内顺利向上级交差。还有聊城师院教授张鹤泉老师，坐班车每次往返莘县，经过调查研究将莘县大体分为几个方言区块，分别在各方言区块筛选几位小学以上初中以下文化水平的年龄在50岁以上、口齿比较清楚的没有长期外出过的本地人作生活用语发音等方言调查对象，几经学术论定，写出莘县方言调查论著，不仅给县志提供较科学完备的方言资料，而且给史志工作者上了生动的一课——啥叫做学问。

二是领导小照。副县长李东兰给我的印象是干脆利落、说干就干、不等不靠、当场拍板的那种工作方式。刚接头不久，我还不好意思将几个落后单位的情况详作汇报。她说:“没事。你说一下都是哪几个单位没跟上。”我刚说完一个单位的名字，她就一边听一边拨电话。“某局长吗？我李东兰，请到我办公室来一趟，有事相商。”再说一个单位名字，又是一个电话。人一会齐了。“陈主任你先说说情况？让各位部门领导表个态，三天以后见效果。再不行的话，咱们一块去见白书记。”结了，三天内完活没完活都给了回话，直到大家都满意。

副县长骆怀宝属于典型的聊城人说话办事风格，俗称“慢牵牛”，有时还“牵”的真准。在后进单位加工会上，他先环顾一圈，然后半严肃地说：“大家都是熟人了，好听歹听的话不用我再说了。我安排的事你们不给办，以后你们有啥事也别来找我。大家没事的话，就到这里？”还别说，蹭蹭地，立马有了效果。

县长赵润田有名的智慧风趣干练，说出话来让人舒服。一次，我汇报工作加要钱，他认真听并不时提问，最后说：“史志工作非常重要，没有钱也要把这一项工作做好，你们几个辛苦了。过个年把，财政日子好过了，不光满足工作需要，还都孬好给你们配辆车。现在先煞煞腰，帮我过段苦日子。但是苦谁也不能苦史官。你要四千先给你两千，那两千先记着，一旦财政好了，我加倍给你。”还没有别的领导对我这样热乎过，还能说啥？

老书记孔繁森以情真务实闻名，他离莘出任行署办副主任后分管史志工作，他始终不忘莘县的下属朋友，其中也包括我。有次我去聊公干，时值中午赴包子铺的路上。“吱”一辆轿车停在我面前，孔书记从车窗探出头，不容推辞地说:“陈，上车，吃饭去”。上车后他又说:“我那里来了几个朋友，不差你一个。你们‘包子办’穷单位，能省两毛就省两毛。”县史志办开会就餐多吃包子，故有“包子办”雅称。孔书记风趣幽默务实情真可见一斑，我只有感动。

三是我的伙计。这是一个怎么绕也绕不过去的话题。人员少、单位小，二十几年也就际遇了十几个人，却构成了一个小小世界。总其特点：年轻的多，年老的少；有来史志办前就是同事的，多数都是后来才相识的新友；有来得早来得晚的，有来后三两年就走的，也有一待就达二十多年的，还有的中间去了两年后又调回来的；论原始学历，有本科、有专科、有中专、有高中、还有初中功底的；有来自乡镇机关的，有来自基层教育的，也有县直部门调剂的，还有三篇文章考进来的；有下乡当副乡长、副书记的，有出门即飞黄腾达连升几级的，也有受处分丢官蹲大狱的；有退下来携子弄孙颐养天年的，也有进入二轮修志继续从事著述大业的，不提名姓，大家自会对号。大家围坐一起同甘苦共患难，共谋修志大业，累了、倦了，想出去透个新鲜，我理解并一一欢送；留下来陪我继续战斗我敬佩并致敬。不管什么来路，走到一起都是缘分，聚是缘，离也是缘，但愿大家都能珍惜相处的历史，谅解过去的你，也谅解过去的我，毕竟多数都一把年纪了，相逢一笑，大家都好好的！请接受老伙计的殷殷之意！

最后，选离岗不久发表在《诗词楹联》第三期的拙诗以充是文结尾。

离岗情怀

苦耕志坛逾廿年，
常将迁翁铭心间。
曾穷碧落得珠醒，
几近黄泉抱玉眠。
县志乡志部门志，
汇编长编续修编。
廉颇能饭又奈何？
莘州风华期大贤。

梅花香自苦寒来

颜廷勇

颜廷勇，男，汉族，莘县莘州街道东段屯村人，中国共产党党员。1963年生人，1982年7月，毕业于聊城师范专科学校，分配到莘县第三中学任教。1990年，参加第四次全国人口普查，被国务院第四次全国人口普查领导小组评选为“国家级先进个人”之后，任政府办公室秘书。1996年3月，被山东省人民政府评为“1995年度全省政府系统信息工作先进个人”。1996年9月，挂职莘亭街道党委副书记。2002年1月，任政府办公室纪检组长。2010年11月，任县史志办主任。主持编纂《莘县志（1988—2010）》《莘县年鉴（2011—2013）》及《莘县年鉴》2015年卷、2016年卷。参与整理点校明正德十年（1515）《莘县志》。整理点校清光绪十三年（1887）《莘县志》。其中，明正德十年《莘县志》点校本，在2015年度聊城市优秀史志成果评奖中荣获优秀旧志整理成果奖，填补莘县没有旧志点校的空白。《莘县年鉴（2011—2013）》是莘县第一部年鉴。《莘县年鉴2016》在2016年山东省优秀年鉴评选中荣获二等奖。

2010年底，我到县史志办工作。之前，对史志办工作职责不清楚、不熟悉。当时史志办只有一名同志坚持工作。

四楼的办公室里，只有一张四腿三抽屉办公桌、一把椅子、一个黄色办公文件橱、一个吊扇。办公室空间很大，设施很简陋，从此开始史志工作。

县政府分管副县长给我说："你去史志办有一项重要工作要立即开展，就是编纂第二轮县志。"以前没参与编纂县志，一听说让编县志有点畏惧感，自己不知道怎么编？回办公室抓紧查找资料，从电脑上百度、搜索。找1997年出版的第一轮县志书。才知道第一轮县志出版发行后，已有23年未编修县志。才知道县志有上限，有下限。才知道县志的体例、语言要求，等等。于是，着手准备编县志。2011年上半年，边学边干，以书为师，到5月底终于完成准备工作。6月21日，召开《莘县志（1988—2011）》编纂工作动员会，会上发放了准备材料《莘县志（1988—2010）》编纂篇目、编纂凡例、编纂委员会成员调整的通知等。7月8日，举办《莘县志（1988—2011）》编纂培训班，参与供稿单位的主笔参加培训。聘请杨巨源为主审，高怀柱、张建增为副主编。虽说是编修县志，可对编修工作知之甚少，而又深知编修县志绝非小事，不可轻率。怎么办？开弓没有回头箭，既然进军的号角已吹响，再坚固的碉堡也要攻克，不但要干，还要干好。我们采取走出去、请进来的办法拜师学艺。当时阳谷、东阿两县已经开始编纂二轮县志，就把这两县的史志办主任请到莘县来，请他们介绍修志经验，介绍修志过程。后又听说邻县大名也开始编纂二轮县志了，就请大名县史志办主任来介绍经验。在市史志办主任的协调下，我们去泰安市史志办取经，听他们介绍经验，了解他们修志过程，后又去大名。同时与范县、高青县、宁阳县、东阿县、临清市等县市交换志书。莘县没有志书，我就用两本《莘县乡村志》、两本《莘州风华录》和他们交换一本二轮县志。交换县志也有难处，我打电话他们听说没有二轮县志，个别县史志办就不同意给换。得到县志，如获至宝。听他们谈经验、说教训，以书为师，真的可以学到很多东西，避免走弯路，避免犯错误。后多次给阳谷韩学斌主任打电话，或请教、或探讨，每次茅塞顿开，思路愈加清晰。

编纂工作动员会，要求各供稿单位三个月完成供稿任务，县史志办要做好材料搜集的指导工作。当时正值高温酷暑季节。史志办没有车辆，我们骑自行车到供稿单位了解情况、指导搜集材料。走在路上，汗流浃背，我对张建增局长说："三哥，大冬天里难找这天吧。"张局长说："别浪费了资源。"烈日炎炎衣衫湿，不知汗蒸啥滋味；头顶烈日为修志，敢说苍天不丈夫。你一言我一语，笑声中酷暑灰飞烟灭。一个单位一个单位地跑太慢，时间都消耗在路上了。便把一编涉及的供稿单位通知到一个地方，集中了解情况。在教育局，召开教育、科技、卫生、地震、气象、旅游等供稿单位主笔参加的编纂工作调度会。在县法院，召开公安、法院、检察院、司法等供稿单位主笔参加的调度会。在农业局，召开农业局各科室供稿人员参加的研讨会。在住建局，召开住建局各科室供稿人员参加的研讨会，等等。这样做解决了各单位存在的共同问题，节省了时间。通过督导，各供稿单位加快了工作进度。邮箱里的稿件不断增加。按要求，需把邮箱里的稿件下载、打印后修改纸质版。可是我们不会操作。难啊，怎么办，当时的分管副县长贾相云同志和县委组织部协调，先后由王洋、陈道伟、刘文三位同志到县史志办帮忙，负责在电脑上下载、打印、修改材料。现在说起这事还应该表示感谢，更应该学习这三位同志的无私奉献精神。王洋同志是第一个到史志办帮助工作的，他会操作电脑，就由他在桌面上建立文件夹，每编材料建立一个文件夹，把邮箱里的材料下载到文件夹里，然后打印出来，然后修改。这些都是最基础的工作，也是最重要的工作，对于推进修志进度有着不可替代的意义。好景不长，不久，王洋同志要去读研究生，又一道难坎摆在面前。没办法，再去找分管副县长贾相云同志再次与县委组织部协调，派来陈道伟同志帮忙。当时陈道伟同志已考进法院，还没上班，来帮忙属纯义务工作，不要一分钱的报酬。但咱总得解决吃饭的问题吧，给政府办公室领导汇报后，安排陈道伟同志吃大餐厅。道伟家在农村，母亲在家务农，当时正是秋收秋种时节，农活很多，家里还有冬暖式大棚，可道伟同志在史志办帮忙从不请假，从不耽误工作。把帮忙这种活完全当作自己分内的本职工作，这种高尚的品质、无私奉献精神是值得我们学习的。他有这种品德，有这种精神，应归功于良好的家庭教育、社会教育、个人修养。后来法院通知他去上班，我忙不过来的时候还让他晚上来帮忙，陈道伟同志没有一点怨言。再次感谢。刘文同志是

“三支一扶”大学生，到史志办义务帮忙的第三个同志，陈道伟到法院上班后，刘文接替他的工作。刘文同志帮忙期间，所有材料全部报上来了，修改工作量很大，刘文同志任劳任怨，工作认真勤劳，给史志办每一位同志都留下了深刻的好印象。

个别供稿单位因工作繁忙，未能按时报送，我便多次打电话催。不料被呛白一顿，自己哑口无言。此时真想撂挑子不干了。图啥，这都是为了工作，前日无怨，近日无仇，白白被呛白一顿，气不打一处来，情绪极为低落。张局长耐心开导我：“别心急，别跟他一样的，慢慢来。”还有一次，在整理“人物”时，要了解一位老干部的情况，这位老干部退休于南方某省城乡建设厅，当时退休时叫某省城乡建设委员会。接电话的是一位刚参加工作的年轻同志。不知道现在的住建厅曾经称为城乡建设委员会，一接电话就急眼，最后说要报案，真是哭笑不得。谁有理？什么是理？给谁说理？

县供电公司聘请了5位离岗的老同志负责搜集材料，比我们年龄大，史志办又在政府四楼办公，他们上下楼不方便。特殊情况，特殊对待，我们三个骑自行车去供电公司找他们研究材料。大热天的，每次都是大汗淋漓。世上无难事，只要肯登攀。奋斗了三个月，至9月底，90%的供稿单位完成了资料收集。10月，开始对收集到的资料进行整理，着手编写初稿。方法是边整理、边编写、边补充。12月中旬形成初稿。2012年3月底完成各分编编写任务，随即发往各有关单位征求意见。修改后编纂合成，然后打印成册，送主审杨巨源主席审定。给主审送去志稿后，长长出了一口气，认为总算可以歇一歇了。一个多月后，主审有了修改意见，遵照主审的意见继续修改，补充材料。2012年11月6—8日，《莘县志（1988—2010）》志稿评审会召开。省市县史志办主任及省、市有关部门、专家参加评审会，并提出系列修改意见。尔后，我们认真研究评审意见，制定修改方案，调整编章布局，补充资料，对志稿进行精心修改。

2013年7月，志稿送交方志出版社，由方志出版社专家对志稿进行审查。责任编辑王笃银同志的审稿意见是：“通过审读，感到该志布局有序，结构严谨，文字流畅，特别是在编写方式上有许多优长，比如，编或章下的无题序，上溯至新中国成立前后，起到了承前简述的作用。又如，正文中未能充分记述的重要事类，在相关后设附，延伸了资料链，增加了记述深度。再如，有历史价值但又不宜入编者，辑于附录，增强了志书的可读性和历史价值。”中指组秘书长、方志出版社社长冀祥德同志的审稿意见是：“《莘县志（1988—2010）》较全面地反映了山东省莘县1988年至2010年间自然、地理、政治、经济、文化、宗教、风土人情、风景名胜等历史的变化情况。编纂者以辛苦的努力不仅记述了该县20多年来取得的成绩及其经验做法，而且记载了存在的问题及其原因分析，为人们了解、研究莘县提供了有重要价值的历史资料，是一部质量较高的地方志。”方志出版社审查很严格，经过初审、复审、终审（一）、终审（二）四遍审查。专家的审查意见，是对我们辛苦努力的肯定，也是对我们的鞭策和鼓励。我们只能砥砺奋进，遵照专家的意见进行再次修改。皇天不负有心人，水到渠成，年底《莘县志（1988—2010）》排版印刷。

抚摸着县志，心潮澎湃；回忆着经历，思绪久久难以平静。看着一本本志书，仿佛看到一个个鲜活的生命。三年，弹指一挥间。牺牲了多少个休息日，经历了多少个不眠之夜，拨打了多少个电话？……任思绪飞扬，任泪水打湿脸庞，整理引装，我们方志人重新起航。

《邹平县志（1986—2005）》与我

王青山

王青山，男，1962年8月出生，邹平县黛溪街道办事处北关村人，大学文化，1981年参加工作。1981—1991年，在原邹平镇小学、初中任教师、校长；1991—2013年，在邹平县纪委、长山镇、韩店镇纪委、县直纪委工作，2013—2016年，在邹平县党史研究室、史志办工作；2017年1月开始，在邹平县人大工作。2011年，编辑《沧桑巨变看邹平》画册，2013—2016年，出版多部《邹平年鉴》、历史资料集，在省市县多家刊物发表多篇文章，并多次获奖。

我对地方志书总是怀揣着崇敬心情来对待，每本志书都记载着这个区域一段时光的社会发展全貌，承载着存史、资政、育人的重要作用，是社会文化、社会文明传承的重要载体。对我家乡《邹平县志》等志书的认识也是同感。邹平县作为西汉就置县的历史名县，历史文化底蕴深厚、人文荟萃、源远流长。作为记述邹平县历史进程的《邹平县志》有好多版本：顺治十六年（1658）版、道光十六年（1836）版、民国2年（1913）版、1936年志稿（遗失）、1960年志稿版、1992年版等。没成想，在我的人生中还与《邹平县志（1986—2005）》结下不解之缘。

踌躇满志

2013 年，51 周岁多的我，早已经做好离岗的心理准备，按照以往惯例 52 周岁可以离岗，再有半年我就达到，12 月，组织上考察提拔任命我为县党史研究室、史志办公室主任，成为方志人。得到任命后，一时成为人们关注的焦点，好多领导、朋友祝贺、道喜，戏言我大器晚成，要像司马迁一样秉笔直书邹平历史，我也觉得自己没有白坚持，这些年来提笔讴歌社会的经历又历历在目浮现在眼前，踌躇满志地想为邹平历史作点贡献。

进入视野

喧嚣过后，冷静直面工作，首当其冲的就是第二轮县志编修工作，全国层面第二轮续修县志工作启动于 1998 年，邹平县始自 2006 年，经过几年努力，编出了《邹平县志（1978—2005）》志稿，2013 年 4 月，对志稿召开过一次由省市县领导专家参加的评审会，结果未予通过。什么原因？人们都不愿谈起，有人建议我找几个文化人批批改改，经过半年后就可以出版，当时刚到单位，什么情况不了解，还真认为这样可行。这部没有被通过的志稿就在我的手边，已经进入我的视野，暗下决心要将这部志稿打磨好，争取出一部精品、极品志，遂开始了艰难编修历程。

艰难前行

虽然以前没有直接接触县志编修工作，但对县志书不陌生，祖父生前就给我留下半部《邹平县志（民国 2 年版）》，2012 年，在续修家谱时，就从里面查找过历史信息。

《邹平县志（1978—2005）》志稿为什么未通过？哪里出了问题？我在寻找着答案。

通过阅读，逐渐发现里面的硬伤与不足，整篇布局上、语言结构上、图片、人物，表上、下限等问题都比较突出，志稿没有通过是必然的，也看出领导专家对志稿的负责任程度。

面对志稿，从哪里入手？看看哪里都觉得不可以、有问题，无从插手，足足思考了几个月没有行动。

我是从志稿瘦身开始的，原先这部志稿分上、下两册，有 180 万字，按照要求，第二轮修志一般控制在 80 万字左右，考虑到社会变化对信息量要求的变化，计划控制在 100 万字左右，怎样减掉 80 万字呐？

邹平第一轮志书于 1992 年出版，下限是 1985 年，这部志稿上限是 1978 年，这样重叠了 8 年，经过调查得知，当时在策划第二轮修志时考虑到编修一部完整记录改革开放以来的志书，所以从 1978 年为编修上限。当时我在思考：志书是非常严谨的记述历史的特殊载体，容不得个人感情色彩，重叠 8 年，大没有必要，我与周边的史学界的朋友在交流这件事，他们一开始有看法，经解释后逐渐接受了我的想法。主要考虑是减少历史局限性，一些当时被认为是重大的历史事件，在历史的长河中都会被冲刷成一般历史过程，显不出其重要性，500 年后虽然我们看不到，500 年前我们看得很清楚，我们传递的信息需要对久远的未来负责。基于这样的认识把这本志稿时限从 1978—2005 年，调整为 1986—2005 年，开始大量删减这 8 年间的材料。自然，为了对第一轮志书内容作有益补充，时间点完全可以上溯。

大海捞米

在编修过程中最难的莫过于历史照片的寻找、取舍使用。当初，志稿上没有一张照片，一图胜千言，在读图时代，整部志书没有照片显然不行，历史照片在哪里？我们在《今日邹平》上发文征集 1986—2005 年间照片，那时还没有数码相机，本来照片就少，有的也仅是胶卷照片，像素低、图面不清，搜集起来困难，能用上的就更少了。搜集照片使用过程我们称之为“大海捞米”过程。

2011 年 6 月，在庆祝建党 90 周年之际，当时我在县直机关工委工作，曾编过《沧桑巨变看邹平》大型画册，当时面向全社会征集有关党务活动的照片上万张，用在画册里的照片虽然不多，有些照片放在县志里完全可以，我们复活了很多照片。我们博采了多部志书的优点，借鉴了好多经验，对照片作了精细解读，每张照片尽量有发生时间、事件内容，画面追求艺术精美，这样读起来、看上去让人舒服，读文字同时欣赏画面，也减少后人疑义。我们上溯了好多历史事件照片，对下限事件尽量不打扰，但毕竟有几张照片还是突破了下限，实属无奈。

深度思考

1986—2005 年间，国家层面发生的重大事件在一个县是怎样表现的？怎样在志书里表现出来？一些特殊社会现象怎样表现？邹平县有什么特殊事件发生？我们在作梳理思考，在志书里都予以表现。

国家层面：香港回归、澳门回归、庆祝新千年开始、2001 年获得 2008 年奥运会举办权等这些影响国家、世界的重大事件自然在我们的视野里，我们是通过国家印发邮票小型张、纪念币、纪念册等物件照片形式放进志书里告诉今人、告诉后人，曾发生的事情。

邹平县层面：1986 年，邹平县作为中国第一个对美国学者开放的县；1995 年，美国前总统吉米·卡特对邹平进行为期 3 天的到户、企业、学校访问考察。这些活动在国家层面上都是唯一的，对一个县来讲更是有着特殊意义，我们作特别记述。

历史上曾经发生过的社会现象，如使用过的粮票、自行车执照、结婚证、离婚证、订婚证书、户口簿等物件，我们通过照片形式放进志书里，是对 20 年来社会生活的总结，也告诉后人们这 20 年社会曾发生什么。我们觉得这样做挺有意义。

魏桥创业集团、山东西王集团作为影响邹平 1986—2005 年间经济、社会发展的大型企业，它们的发展有着特殊性、重要性，我们把它们从工业编中独立出来，单独设编，突出这两家企业，作特别记述。

在邹平历史星空中，有两位世界顶级的思想家在邹平生活过、工作过，留下许多励志故事，为教育今人、后人，我们从多个角度予以记载、表述。

取舍两难

对入志人物，以前没有资料，我们是现整理的。什么人可以入志？标准是什么？多少人？我们拿不准，只能探索前行。

自然，第一轮志书上已有的人物，尽量避开，对上轮志书没有入志，在邹平历史上又有贡献的人物我们选择了部分，不宜过多，在记述字数上控制在 300 ～ 500 字之间，可少，特殊人物可多，不做硬性规定。对近现代人物，由于资料来源关系，都做了艰难取舍。对 1937 年 10 月，邹平七君子赴延安参加革命人物，作了特别记述。在 1986—2005 年期间对邹平做过特殊贡献的人物入志，我们非常谨慎，列出名单，征求社会有关人员意见。

我们在想：古人不古，对每个入志人物我们都一视同仁，不偏不倚。

精雕细琢

1000 多个日夜过去了，我们的修志团队夜以继日地工作着，节假日不休息，冒酷暑补拍照片、访问事件知情人、考证事件真伪，对志书做着结构上调整、语言上精雕细琢，想法很朴素，就是为这部志书负责，为这 20 年负责，争取早日出书。

没成想，2016 年 12 月底，组织上把我调整到县人大工作，匆忙之中，离职前终于印出《邹平县志（1986—2005）》样书，经过这三年不懈修改，这部志书发生了重大变化，向前迈进了一大步，离正式出版越来越近。也算对自己这三年来日夜工作的总结，心里觉得很充实，没有虚度。

共同期待

离开史志办后，依然关注着这部志稿的走向。

领导通过组织希望我继续完成这部志书的成书工作，我乐意地接下工作，对结构、对文字、对图片、对人物再度审视、再度微调、再度修正不足。

志稿已经交付印刷厂调版、对图片调色，作最后出版准备，离成书还有段时间，我们团队正积极利用这短暂时间做最后修改，尽量减少失误、减少遗憾。

让我们共同期待《邹平县志（1986—2005）》早日面世出版。

回望　成长

谢玉洁

谢玉洁，1981年10月生，山东惠民人，本科学历，工学学士。2005年7月分配至惠民县史志办工作。2009年11月入党。2011年被滨州市人力资源和社会保障局与滨州市地方史志办公室评为全市地方史志工作先进工作者，并记嘉奖一次。2013年11月，考取中级职称。2017年3月选派到省史志办年鉴工作处挂职。现任惠民县史志办公室主任。

2005年7月，我大学毕业后，分配至惠民县史志办工作，基本上参与了惠民县二轮修志初稿的征集、稿件的完善补充到一审、二审、终审的全过程（惠民县第二轮修志2005年启动，2016年10月完成志稿评审，预计2017年10月出版），见证了这一项文化工程的实施过程，见证了地方志事业的发展壮大，认识了在平凡的岗位中默默无闻、锲而不舍、甘于清苦、勇于奉献，用青春和汗水忠实记录中华文明进程的一代方志人。12年的工作历程，12年的人和事，以“学习、提升、收获”六个字记录我经历的第二轮修志的点滴。

学习。记得2005年7月，当我踏进惠民县史志办时，惊诧于这里工作的安静，那一刻，我是懵懂的、怯生生的，都不知“地方志”为何物？不知“志”为何义？慢慢的，我认识到，地方志博大精深。确实如此，地方志涵盖自然、政治、经济、文化、社会等各个方面，而每一个方面又由多个领域、多个专业组成。而作为地方志工作者，不仅要掌握地方志书的编纂业务，还应涉及社会百科，对地方志书记叙的各门类内容有所了解，这样才能知道地方志书记叙是否全面、客观。因而，学习，一直与我的工作历程相伴而行。认真研读国务院《地方志工作条例》《山东省地方史志工作条例》《地方志书质量规定》等有关法规规定，同时较为系统地学习了《编志手册》《方志编纂学浅说》等理论书籍，以及《高青县志》《淄博市志》等优秀市县级志书，通过反复研读，对史志工作的主体业务和工作流程、志书体例和行文的基本要求有了较为清晰的认识和把握。2014年7月21—27日、12月9—11日，我有幸参加了全省第四期修志业务培训班和全省乡镇村志编修业务培训班，对于从来没有经过专门培训的地方志工作者来说，这大概是提高业务水平最系统的方式，在这里，聆听了全国知名修志专家、学者和一线地方工作者的授课，还聆听了方志界前辈的讲课，他们分别就志稿中常见的问题、新方志理论研究重点问题及研究现状、年鉴编纂、方志编纂基本理论与方法、框架结构设计和内容记述方面易出现的问题、公文规范与写作、年鉴的基本常识和条目撰写、省志编纂过程中存在的问题及处理措施、资料工作与长编、初稿的撰写等进行了系统讲解，他们有的已年过70，凭借着深厚的学术功底与渊博的知识，旁征博引，谈古论今，向大家介绍着地方志的渊源变化与价值，我想这就是方志精神的力量。一个普普通通的方志人，以其真诚与坚持，感染着我们，引领着我们。除了书本外，身边的领导、同事就是最好的学习榜样。三人行，必有我师。很庆幸，我能与众多学识渊博、慷慨相助的前辈们相伴而行，时时得到帮助与指点，助我成长。有时聆听他们的讲话、评稿，也能从中学到许多东西，有时还会豁然开朗，解决了困扰多时的问题。

提升。学习永远只有“入学”之时，而无“毕业”之时。提高业务水平最便捷的方式就是向实践学。初来史志办，接触的第一项工作是从《惠民县志》的编纂开始的，面对全新的环境和业务，鉴于对地方志工作的一无所知，只好努力学习有关方志的基础知识，并形成数万字的读书笔记。通过理论书籍和修志前辈编辑的稿件、志稿评议意见的学习，虽然对编写地方志的要求、条目及编纂修改史志稿件的基本方法和技巧等有了浅显的了解，但对编写还是感到无从下手。百学不如一练。在老前辈的鼓励和指导下，我尝试着承担志稿的审读工作，我先把志稿通读几遍，了解其记叙内容的大概脉络，然后根据自己掌握的知识，列出修改意见提纲。在此基础上，请教身边的领导同事，与大家共同交流改稿心得；查阅多部相关的优秀志书，汲取他们好的经验和做法，对草拟的提纲进一步修改完善。随后对志稿再进行认真研读，反复推敲，然后归纳整理，就这样一步步积累，争取一次次提高。从最初拿到稿件时的无从下笔，只能简单地改一下标点、文字，到独立承担了党政群团、政权政协、民政、人事劳动和社会保障、政法、军事、教育等七编共 28 万余字的分纂及改稿、校稿、核稿任务。同时通过认真地审读、查阅资料，了解了许多部门的工作职责、具体工作的开展情况，也从中丰富了知识积累。根据工作安排，分别于 2010 年、2013 年参与《惠民年鉴》的编纂。因为有之前的基础，有为编写年鉴工作积累的经验。也因年鉴与史志在内容侧重、记叙方式、内容时限、时效性等方面，编纂中体例、纲目设置、写作方法、写作要素等方面的不同，为防止年鉴当成史志来编，我边学习边摸索，从年鉴基础理论入手，以求尽快掌握年鉴的编辑方法。在领导和同事们的悉心指导下，我逐渐进入年鉴编辑角色，从稿件的框架设计、条目编写等方面，对照往年的、兄弟县区的、优秀的年鉴及修志前辈编辑过的稿件，用心揣摩，反复学习、吸收和借鉴，认真核实内容归属是否得当、条目要素是否完整、资料是否翔实，在与编纂实践相结合的过程中，对编鉴理论的理解也变得系统、清晰和条理。就这样，在一点一滴的积累中，参与完成《惠民年鉴》2001—2009 卷 65 万字、2010—2012 卷 57 万字的组稿、编辑、校对工作。

我所在的惠民县史志办，人员少、任务重，“麻雀虽小，五脏俱全”，我一人同时担负着业务、政工、财务、党建等多方面工作。2015 年，根据《关于开展抗战胜利 70 周年纪念宣传活动的通知》要求，通过联系民政、党史、档案等有关部门，搜集登记在册抗战老兵。老兵是人类生命史上关于抗战最后的记忆载体，我们必须迅速抢救老兵口述史和挖掘老兵文化，最终确定并深入挖掘采访一名抗战老兵李绍云，之后在《山东抗战将士记忆》一书记载。同年，完成《山东省志·地方史志志（1981—2018）》约 35 万字的资料搜集、整理，最终形成 2.3 万字的初稿撰写、上报任务；完成《山东省地方史志年鉴》3200 余字的供稿工作；同时结合工作实际和任务目标，完成2006年和2014年两次工资套改、2005—2016年度文书档案归档整理、账务处理等其他方面的工作。也正是这些工作，练就了我责任意识和担当意识，使各方面能力均有所提升。

根据组织安排，我于今年 3 月，选派到省史志办学习锻炼，对我而言，我十分珍惜这次难得的机会。半年时间已过半，在这三个月的学习实践中，省史志办领导严谨的工作态度、务实的工作作风给我留下了深刻的印象，他们勤学习、肯研究，率先垂范、用实际行动创先争优的精神深深打动了我。同时，也让我更加清醒地认识到在今后的学习和工作中要勤学习、善学习，充实个人的知识储备、完善知识构架，为推动工作提供不竭的动力。在接下来的三个月我将继续虚心向领导、专家学习，全方面锤炼自己，补齐“短板”，提升水平，努力成为熟悉本职工作的行家里手，实现个人和派出单位“双赢”的目标，我将以一名合格的挂职干部向各位领导、同志们交一份满意的答卷。

收获。回顾第二轮修志及年鉴编纂历程，其过程有些艰辛，也会碰到一些困难与挫折，有时打电话向部门催稿，得到的是“善意”的推脱应付；亲临每个单位摘录资料受到的是冷遇与敷衍……我也常常安慰自己，我们为的是什么呢？回答是为了我们的工作，更是我们的职责所在。都说史志部门是“艰苦、辛苦、清苦”的单位，史志工作者是坐冷板凳的，我们史志人的工作虽平凡，却是一项功在当代、利在千秋的崇高事业，能够经历此项工作是每个史志工作者的人生幸事，12 年的志鉴路，我工作得无怨无悔。在第二轮修志及年鉴编纂中，我真正认识到地方志是什么，编修地方志的不易以及地方志工作者身上背负的重大历史责任，真正懂得地方志的价值，从而更加坚定从事这项光荣事业的决心；我学习了作为一名地方志工作者需要具备的业务知识和业务能力，丰富了知识积累，优化了知识结构，为做好以后的工作打下坚实的基础；我有幸与一批淡泊名利、爱岗敬业、埋头苦干的地方志工作者共事同行，他们给予了我无私的指导和帮助，他们对待史志事业严谨细致、精益求精、开拓进取的精神一直影响着我，指引着我，成为我学习的楷模，我正为成为他们中的一分子而努力。

点赞我的史志同行们

王新春

王新春，男，汉族，1975年11月出生，中共党员，1998年7月参加工作，获南京林业大学森林资源与环境学院林业经济管理专业在职农业推广硕士学位，2009年任职史志办编辑科科长至今，主要负责菏泽市志、部门志、党风廉政建设、大事记、旧志整理等工作。2017年5月，在鄄城郑营镇西于庄行政村挂职第一书记。负责编辑的《菏泽历史文化集萃》，2008年荣获第二届全省史志系统“八个一优秀”读志用志成果奖、菏泽市社科一等奖。2010年在全省学习优秀志书活动中，分别荣获济宁分赛区以及菏泽市一等奖，在12月济南总决赛中荣获三等奖。在《山东史志》《菏泽日报》、山东省情网、菏泽市情网发表业务文章30余篇。

大海的壮丽辽阔，是因为有无数细流的容纳汇集；高山的雄伟绵延，是因为有白云的缠绵围绕；鲜花的风姿绰约，是因为有绿叶的陪衬簇拥，我们的一部部宏篇巨著的成功编纂，又怎么能离开史志工作者的默默耕耘和无私奉献呢？在这里，我要为我的史志同人点赞！

2005年，一个偶然的机会，我与史志结缘，非常荣幸地跨入史志行列，从此便与史志同行12载。在此期间，领导换了一茬又一茬，有的职务得以晋升，有的更换了工作岗位，有的从工作岗位退下来。我耳闻目睹了不少默默无闻、辛勤奉献的史志前辈的先进模范事迹，正是在他们的精神感召下，我逐步成长。作为一名普通的地方史志工作者，面对祖国的发展，史志事业的进步，我深感骄傲和自豪。因为这些成就的取得，凝聚着一辈辈史志人的辛勤和汗水，是我们普普通通的史志人立足本职、爱国爱岗、艰苦奋斗、无私奉献的结果。在此，我们应当感恩当政领导给予的悉心指导与热情勉励，感恩广大关注着给予的建议，感恩那些默默无闻给予我们帮助的人们。

“国之有史，州县有志，夫家有谱”，中华民族很早以来就有编史修志的传统，这种独特的文化传承方式延续了数千年，为历代当政者所重视。从国家一统志、省市县三级志，到乡村史志家谱，是一个统一完整的编修体系。其从自然到社会、从政治到经济、从历史到现实，全面、系统、客观地记录着中华民族上下五千年的发展脉络，承担着传承文明、记录历史、弘扬文化、服务社会、借史鉴今、启迪后人的光荣使命。据不完全统计，全国现存新中国成立前编修的旧志 8000 多种、10 万多卷，约占现存古籍的十分之一。它们是我国历史文化遗产中弥足珍贵的部分，是推动中华文化繁荣发展的资料宝库、知识宝库、智慧宝库，是传承和彰显中华文明、发掘历史智慧的重要载体。古人常讲，“治天下者以史为鉴，治郡国者以志为鉴。”地方史志是中国独特的文化典籍，作为全面、客观、系统记载历史和现状的资料性文献，具有存史、资政、教化的重要功能，对于继承和弘扬传统文化，推动精神文明建设，服务经济社会发展，具有重要意义。

修志是一项辛苦、清苦、艰苦的工作，多年如一日每天和文字打交道，与“故人”言说，在旧纸堆里寻找史实，枯燥而繁琐、冷清而寂寞，非常人能坐得住修志这个“冷板凳”。众所周知，西伯姬昌被拘禁而扩写《周易》；孔子受困窘而作《春秋》；屈原被放逐，才写了《离骚》；左丘明失去视力，才有《国语》；孙膑被截去膝盖骨，《兵法》才撰写出来；吕不韦被贬谪蜀地，后世才流传着《吕氏春秋》。这些圣贤们是为抒发愤懑而写作的，感情有压抑郁结不解的地方，因为不能实现其理想，所以记述过去的事迹，让将来的人了解他的志向。章学诚是我国清代著名的史学家，一生虽生活穷困之极，却坚辞国子监博士，不做肥缺知县，甚至病饿死子孙 8 人，依然矢志不渝，热爱文史事业。他的论著《文史通义》《校雠通义》，集古之大成，成一家之言。在中国文化史上继孔子的“春秋笔法”之后，又提出了“笔削之义”的重要理论。他独创了一整套系统完整的史志理论体系。为国、省、州、府、县修志十六部之多，他的许多修志理论，中外方志学界至今都在使用。梁启超称他为方志圣人，世界尊其为颇有影响的国际文化名人。

纵观历史，真正能够惠及当代、传承后世的都是一流质量的经典之作。《史记》之所以能够流芳千古，就在于司马迁在编史修志中不以个人的好恶为出发点，坚持以历史事实为依据，秉笔直书，不仅反映出帝王将相和高层统治者们的生活，也以其宏大的历史画卷，展示了各个时期的各类人物的生平大事，对他们进行客观的褒贬，进行适当的历史评价，为后世治史树立了光辉的典范。我们续修《菏泽市志（1986—2005）》，得到了省地方史志办公室和市委、市政府的高度重视、关心及社会各界的大力支持帮助。省史志办刘爱军主任一直关心菏泽的修志工作，省史志办副主任翟世林、市县志指导处处长李刚等领导对组织召开评议会议给予了很多支持帮助。菏泽市委、市政府一直把修志工作作为“官职”“官责”来抓。市政府解维俊市长、分管史志工作的副市长黄秀玲，多次督促解决供稿难点问题。素质决定质量，队伍决定成败。在《菏泽市志（1986—2005）》编纂过程中，我们始终把队伍建设放在重要位置。一方面争取经费聘请各行业退休的老同志充实到编辑队伍，在人员数量上给予保证；另一方面加强对编辑队伍的培训，不断提高编辑人员素质。10 年间，整个编纂团队殚精竭虑，埋头伏案，鞠躬尽瘁，无私奉献，将自己的全部力量和心智都献给了这部志书。史志办原主任王伯涛、原业务副主任许明华为前期志书编纂做了大量工作，为评议稿的形成奠定了坚实的基础。市人大原副主任潘建荣，为志书的编修工作提出了很多指导性意见建议。史志办原副主任、首部市志总纂任孔闪，理论水平高、文字功底扎实、修志实践能力强，2008 年已经退休的他，不计名利，受聘负责续志的统编统审工作，除了统编总纂外，有的篇目是他亲自搜集材料撰写，为打造出一部精品佳志立下了汗马功劳。成武县史志办副主任李丙新，除做好自己的本职工作外，对市志的修改经常加班加点，认真负责，为评议稿的形成作出了重要贡献。因此，我们把精品理念贯穿于编史修志始终，坚持用辩证唯物主义和历史唯物主义的立场、观点和方法观察问题、分析问题，保证史志政治观点正确。始终保持科学严谨的态度，认真分析自然社会发展变化，深入研究时代发展特点，力求全面、系统、客观、准确地反映时代特色和地域特色。实行严格的质量责任制，从基础抓起，层层把关，每个环节都精益求精，确保志书修编内容翔实、体例完整、特色鲜明，经得起群众的推敲和历史的检验。

高质量的志书，离不开高素质的修志人员，高素质的修志人员，最可贵的是无私奉献精神。正如当代大诗人臧克家在《老黄牛》中赞美道：块块荒田水和泥，深翻细作走东西。老牛亦解韶光贵，不待扬鞭自奋蹄。这首脍炙人口的诗句，借助不辞辛苦、老当益壮、自强不息的老黄牛的形象，赞美了劳动人民“老骥伏枥，志在千里，烈士暮年，壮心不已”的豪情壮志，这不正是史志工作者的真实写照吗？

忆往昔峥嵘岁月，展未来任重道远。自20世纪七八十年代山东社会主义新方志编修以来，史志工作适应形势发展，推进以修志编鉴为主业，理论研究、开发利用、信息化建设、方志馆建设等工作协调开展的事业格局。史志工作不再是单纯的修志编鉴工作，而是全体方志人“修志问道，以启未来”的一项事业，这一事业包含着巨大的时代担当与使命追求。《全国地方志事业发展规划纲要》明确提出，到2020年，基本形成地方志编修体系、理论研究和学科建设体系、质量保障体系、资源开发利用体系、工作保障体系“五位一体”的地方志事业发展综合体系。山东史志事业转型升级，从近处说，就是要完成“两全”目标；长远的目标则是形成成熟的地方志事业发展综合体系，从“一本书主义”向志、鉴、库、馆、网、用、会、刊、研、史“十业并举”转型。《全国地方志事业发展规划纲要（2015—2020）》提出“修志问道、直笔著史”的方志人精神，蕴含着方志人“爱岗敬业、淡泊名利、甘于奉献”的价值追求，“经世致用、秉笔直书、锲而不舍”的史官风范，“恪尽职守、真抓实干、开拓进取”的职业操守，体现了方志人的精神追求。作为史官，我们要进一步弘扬方志人精神，不为任何风险所惧，不被任何干扰所惑，勇做时代弄潮儿，在“冷”部门做出一番“热”事业，在“小”单位干出一番“大”成就，才能彻底改变被“边缘化”的命运，做到有为才有位。

三十六年写春秋

惠正法

惠正法，男，1957年9月出生，山东单县人。1979年参加工作，任中学语文教师。1982年调入单县史志办，任编辑。1987年任副主任，1994年任单县党史县志办主任。2009年内退。系菏泽市地方志协会会员、山东省地方志协会会员。在职期间，先后主编了单县志、中共湖西党史人物、单县通史、中共单县党史大事记、单县组织史等。指导编写部门志多部。参编省市党史、地方志、地情书刊多部。内退以后，在史志办支持下组建了周自齐研究会、吕后文化研究会、单卷与善文化研究会、单县历史文化研究会、红色文化研究会等社团组织，任会长。2012年创办了《单州古今》，任主编，已印行25期。主编参编了《单县人民法院志》《单县教育六十年志》等书。聘为续修菏泽市志特约编辑。因贡献突出，评为山东省史志系统先进工作者，山东省年鉴工作先进工作者，山东省党史系统先进工作者，获省记三等功一次，评为山东史志十大人物。

我和我的家族都与史志工作有缘。单县第一部县志就是先祖惠镒所编。惠镒，明初单县人，举人，河南沔池县令，年老致仕回到单县颐养天年期间编了单县第一部县志。但没来得及出书就仙逝了。明隆庆年间，夏维藩出任单县县令，适逢朝廷召令天下修志，夏维藩便觅得本县志稿，组邀同僚（好在大家都是文化人）修改补充了一下，便付梓印刷，刊行天下。此为单县第一本县志。

400多年后，20世纪80年代初，在中国这块古老的土地上又开始了轰轰烈烈的修志大业。单县作为文化大县，当然也不甘落后。县志办成立，县委、县政府在人员配备上是相当重视的，从县内机关和学校调来一批有一定知名度的老笔杆子。我作为二十几岁的年轻人进入县志办既有必然性也有偶然性。

我自幼爱好写作，初中毕业后在乡劳动期间就搞文学创作，且有不少作品发表。有了一些知名度。恢复高考后考上了单县师范学校，毕业回乡教了三年学。县政府办公室物色秘书，我是其中人选之一。政府办未进去，我就到了县志办公室，哪知，这一干就是三十多年。

一

进入县志办以后，也算进入党政机关，对于我这样一个年轻的“老九”，以前家庭被人看不起的贫家子弟来说，我感到是莫大的荣幸，发誓好好学习，努力工作，干出个人样来。

为了尽快熟悉业务，一是向老同志学习。当时单县县志办的几个老同志理论水平高、人品好、业务棒。蔡敬超、唐怀勋同志都参加过60年代的首次修志，王锡卿、李仪轩同志都是单县有名的笔杆子。我虚心拜其为师，向他们学习。二是多读书，读书首先学习修志理论，我读了很多书，记了很多东西，现在手头还有二十几本日记。二是认真学习琢磨外地出版的成功志书和史志刊物上及我办老同志撰写的成功稿件，比着葫芦画瓢。县志办购买的几本县志，如《如东县志》等我都翻看了数十遍。这样一来，很快进入了角色，适应了工作。

我原来是搞文学创作的，进入县志办时，年龄不大，文学创作史不短，已写了二十几篇小说和散文。文学创作是形象思维，史志编写是抽象思维，由形象思维到抽象思维的转变可不是简单的事。编写县志资料或试写县志某章节时，我自觉不自觉地就透出了散文和小说的风格。这正应合了清代修志大家章学诚的文人不可以修志。

怎么办，怎样彻底消除志书中文学作品的痕迹，我下决心停止了文学创作。逐步扭转了一写就像散文，逐渐符合史志行文规定了。了解我的人给我总结了两句话：成就了一个局长（县志办主任），耽搁了一个作家。正法到了县志办，文章倒退十几年。是说，我的文章文采没了。

随着时间的推移，老同志逐步退休，1987 年，我被提拔为县志办副主任，1988 年，我又被破格评聘为中级职称——编辑，1992 年，主持工作的副主任调出，由我主持全面工作。

作为县志办当家人和业务主力。为了推动《单县志》尽快出书，一是找领导汇报，争取支持。县里领导工作千头万绪，你不找他，他绝不会找你。你说的多了，他对你的工作逐步熟悉、同情，也就支持了。在经费、人员配备、干部提拔等方面都会认真考虑。二是到县直各承编单位跑催材料。有些单位材料不及时或质量不高的原因是我们的话没有说到、说透。第一次修志期间，我跑遍了县直各部门，多的一个单位几十趟，少的几趟。十年间绝对在千余趟不止。通过跑催即使促进了工作，也加强了单位间的沟通了解，逐步熟悉了一些老领导。他们认为，我这个年轻人还是个干工作的，有了好印象，再促进工作就容易了。

很快，在县领导的大力支持下，县直各单位积极配合，缺的材料补上来了，质量不高的重写了。县志评审稿完成了。《单县志》评审后，与会专家提出了很好的修改意见，为了进一步提高质量搞成精品，我们又组建了一个强有力的班子修改审定。经过努力，《单县志》很快出版发行。先后被评为山东省优秀志书和山东省优秀出版物。

二

史志工作清苦、艰苦、辛苦，不是过来人很难体会到这一点。

20 世纪 90 年代初，大家的工资还很低，我们单位的几个老同志都是单方工作，父母需赡养、孩子要培养，生活十分艰辛，甚至每天都要为生计操心劳神。

怎样为大家创收，改善一下生活。我经常考虑这个问题，偶然的一次，省内某报社编一本书，聘为我编辑，让我帮助组稿，每篇稿子给点稿酬。我试着组了几篇稿子，还真不难。第二次我又组了十几篇稿子。这时我想，省史志办很应该编一本这方面的书，这是我们的职责范围，是我们的蛋糕，不应该叫别人抢去。我带着稿子到了济南，向省史志办领导汇报了我的体会和做法。

省史志办当即作出了编辑《山东新时期人物传》的决定，并要求单县带好头，大力组稿。这事我县不用多动员，大家都有认识，我们前后县内组稿一百多篇，到县外组稿数十篇，即宣传了单县，宣传了企业，也取得了很好的经济效益，初步扭转了同志们生计维艰的状况。鉴于我的贡献，省史志办给了我可观的物资奖励。

我深深体会到：工作要干，同志们也要关心，我们也是人，我们也要过上起码的、一般人应该享受的生活。苦行僧是当不长的。在我当县志办主任的十几年中，只要不违法乱纪，我尽量给大家开辟创收渠道，发放一些补贴和福利。

三

单县是千年古县，人口大县，又是财政穷县。经济的欠发达制约了文化等社会各项事业的发展。

史志办的主要工作一是编写新志，二是旧志整理。新志出书后，我一直考虑旧志整理，但由于经费所限，迟迟未能进行。县财政拿不出钱来，只好另辟蹊径。

听说我县有个台胞刘巍先生十分关心家乡，对文化事业心也很上心，且有经济实力。后来我打听到刘先生是我在师范读书时我的老师王念蔼先生的舅父，我找到王老师，把我整理出版旧志的想法一说，王老师很赞赏，让我写了一个材料，造了一个预算，整理出版单县六修县志——民国《单县志》。王老师拿着我写的材料专门跑到上海时，刘先生正在上海小住，老先生看了我的材料，听了王老师的介绍，当即表态捐资 15 万元赞助民国《单县志》重印。资金很快打入县财政账户。

经费有了着落，我立即组织县内古典文学基础比较好的老教师、老干部史绍贤、唐怀勋、郑燕、王存中、朱瑞宽等同志校点整理民国《单县志》。半年以后，校点本民国《单县志》面世，由扬州古籍刻印社印刷出版，缎面、绢签、绸盒、白玉宣纸，丝线装订，一函五册，古香古色，十分养眼，县内外纷纷索要。当时的县委主要负责同志说，这是宝贝，正法同志办了一个大好事。县领导在以后的对外活动中，都要送给客人一套民国《单县志》，县里外出招商引资，联络老乡，也要带几套。

以后，我又动员刘巍老先生捐资数十万元在单县开山公园建立了开山碑林，给公园增添了不少文化气氛，成为一道亮丽的风景线。

单县是革命老区湖西区的中心区。对湖西革命史的研究是单县史志工作的一个重要课题。我把自己的想法向当时的县委、县政府主要领导同志汇报后，他们亦有同感。但一说到经费，领导就犹豫了，怂恿我到省市跑一跑，能不能取得一些支持。我跑市跑省，功夫不负苦心人，省市财政先后拨付 20 万元给予支持。我组织人员完成了《中共湖西党史人物》和《中共单县党史大事记》的编辑出版。

四

内退以后，我不宜再到单位上班了，但继续承担了很多工作，一是帮助推荐了一些史志新人，对新参与修志的同志现身说法帮助其提高，二是帮助制订了续修《单县志》篇目，撰写提供了一批材料，对县志初稿认真审阅，提出了一些修改意见，三是主编参编了《单县人民法院志》《单县教育六十年志》《单县一中校史》《单县纪检监察志》《单县农村信用社志》《尚舜化工志》《单县历史文化丛书》（五本）、《红色湖西》（已出版两本）、《红色统战》《乡情恋歌》《四君子在单县》等 20 多本部门志和地情书。

在县政协、县纪委、县志办、县联通公司和单县在京青年联合会的支持下，以我为主先后组建了周自齐研究会、单卷与善文化研究会、吕后文化研究会、单县历史文化研究会、红色文化研究会，我任会长或常务副会长。2011 年创办了以史志内容为主的季刊《单州古今》，我任主编，已编印 20 多期，每期印发由开始的 500 份发展到现在的 2000 份。此外，我还兼职于单县关工委、单县老促会、单县老年学学会、菏泽学院湖西红色文化研究中心，还被聘为菏泽市人大立法咨询员。

我只是做了点微薄的工作，取得了一些成绩，但组织上给了我很多荣誉。评为山东省史志系统先进工作者、山东省年鉴工作先进个人、省记三等功一次。在今年山东史志十大年度人物评选中，我被推荐为菏泽市唯一候选人，并成功入选省前十。

成绩的取得，固然有我辛勤的工作，但更多的是大家的支持和厚爱，我衷心地感谢各位师长、领导、同行和社会各界对我的关心支持。

屈指算来，我从事史志工作已三十六年了。人生有几个三十六年？从当初风华正茂的小伙子到年过花甲两鬓斑白的老人，真如白驹过隙，期间的风风雨雨，酸辣苦甜，使人不胜唏嘘。诌诗一首以志之：

人生有几三十六，青灯黄卷写春秋。

个中滋味谁偿得？募然回首已白头。

望峰不坠青云志，瞰河崇尚大江流。

干将常在匣中鸣，志林史海任悠游。

体会：

修志工作是一项艰苦、清苦、辛苦的工作，但苦中也有乐。任何一项工作，只要用心去做，都能做得风生水起。史志工作也是这样。每年干成一两件说得起话的事，有作为才有地位。史志工作要紧紧围绕党委、政府的中心工作，对社会的贡献才会更大，也才能取得同情和支持。